Herbert Altrichter, Peter Posch (Hrsg.)
Mikropolitik der Schulentwicklung

Studien zur Bildungsforschung & Bildungspolitik
Band 13

herausgegeben von Herbert Altrichter und
Michael Schratz

ISSN 1022-2324

Mikropolitik der Schulentwicklung

Förderliche und hemmende Bedingungen für Innovationen in der Schule

herausgegeben von

Herbert Altrichter
und Peter Posch

StudienVerlag
Innsbruck-Wien

Gedruckt mit Unterstützung durch das Bundesministerium
für Unterricht und kulturelle Angelegenheiten, das
Bundesministerium für Wissenschaft, Forschung und Kunst
und die Leopold-Franzens-Universität Innsbruck.

Die Deutsche Bibliothek - CIP-Einheitsaufnahme

Mikropolitik der Schulentwicklung : förderliche und
hemmende Bedingungen für Innovationen in der Schule /
Herbert Altrichter/Peter Posch (Hrsg.). - Innsbruck ; Wien :
Studien-Verl., 1996
(Studien zur Bildungsforschung & Bildungspolitik ; Bd. 13)
ISBN 3-7065-1103-7
NE: Altrichter, Herbert [Hrsg.]; GT

Gedruckt auf umweltfreundlichem,
chlor- und säurefreiem Papier.

INHALTSVERZEICHNIS

Wie Innovationen in Schulen Wurzeln schlagen können. Zur Einführung in den vorliegenden Band.

Herbert Altrichter und Peter Posch

Schulen sind Spannungsfelder - geprägt vom komplexen und zum Teil widersprüchlichen Charakter ihrer Aufgaben: Sie sollen statische und zugleich dynamische Fähigkeiten vermitteln. Sie sollen alle Kinder und Jugendlichen fördern und zugleich gesellschaftliche Privilegien selektiv zuteilen. Sie sollen auf Kulturtechniken, auf Wissen und auf Schlüsselqualifikationen gleichermaßen Wert legen. Kurz: Sie sollen einer Vielzahl von sehr unterschiedlichen und zum Teil diffusen bis widersprüchlichen Interessen entsprechen.

Vor diesem Hintergrund erweist sich die *mikropolitische Betrachtungsweise* als fruchtbarer Erklärungsansatz: Sie sieht Schule weniger als monolithische Organisation, in der sich alle Aktivitäten, wie man es nach der Lektüre der österreichischen Schulgesetze annehmen könnte, an der Allgemeinen Bildungs- und Lehraufgabe orientieren, sondern als Feld, in dem verschiedene Handelnde die unterschiedlichsten Interessen verfolgen, die z.T. miteinander im Widerstreit stehen. Die jeweilige Kultur des Lehrens und Lernens an einer Schule ist Ergebnis eines Kräftespiels, in dem Personen (vor allem Leiter, Lehrende, und Schüler, aber auch die Verwaltung, Eltern sowie schulexterne Gruppen und Personen) versuchen, ihre Wertvorstellungen in der Institution zur Geltung zu bringen, und in dem Aushandelungsprozesse an die Stelle autoritativer Entscheidungen treten.

Die mikropolitische Perspektive hat vor allem dann aufschlüsselnde Kraft, wenn in einer Institution Veränderungen eintreten, *wenn Innovationen gewohnte Routinen infrage stellen.* Die wichtigste Erfahrungsbasis für dieses Buch bot ein - auf die Unterstützung von Innovationen zielendes - Schulentwicklungsprojekt mit dem Titel *Förderliche und hemmende Bedingungen für Innovationen in der Schule* (kurz: *Innovationsprojekt* genannt).

Wie kam es zu diesem Projekt und welches waren seine Merkmale? Wir hatten in den Jahren zuvor mit einzelnen LehrerInnen und kleinen Lehrergruppen verschiedene Projekte durchgeführt, bei denen *PraktikerInnen als ForscherInnen* eigenverantwortlich Unterrichtsentwicklung betrieben hatten (vgl. ALTRICHTER/POSCH 1994). Dabei hatte sich gezeigt, daß manche dieser Unterrichtsinnovationen in den Klassenzimmern der forschenden LehrerInnen zwar ausgesprochen erfolgreich waren, es jedoch schwer war, deren 'Grenzen' zu überwinden und die Innovationen in ihren Schulen wirksam werden zu lassen. Das 'Ausufern guter Ideen in einer Institution' stellte sich als bedeutend schwieriger heraus, als jene, die von der Qualität ihrer Entwicklung überzeugt sind, sich das zunächst träumen lassen. Diese Erfahrung war die erste 'Quelle' des Innovationsprojekts: Wir wollten genauere Aufschlüsse darüber, welches Schicksal Innovationen haben, die von einem Teil eines Kollegiums initiiert werden und Ansprüche entfalten, die über den Kreis der ursprünglichen Proponenten hinausgehen. Und wir wollten auch genauer wissen, über welche Prozesse Innovationen in Schulen wirksam oder von ihnen abgestoßen werden sowie welche schulinternen und -externen Unterstützungsmaßnahmen den Prozeß der Integration einer 'Innovation' in der Organisation 'Schule' fördern können.

Etwa zur gleichen Zeit, zu der wir die oben angesprochenen Projekte durchführten, wurden wir vom österreichischen Bundesminister für Unterricht und Kunst eingeladen, Chancen und Gefahren einer weitergehenden *Autonomisierung des Schulwesens* sowie Möglichkeiten ihrer Umsetzung in einem Gutachten zu erörtern (vgl. POSCH/ALTRICHTER 1993). In dieser Arbeit hatten wir gemeint, daß eine wesentliche Voraussetzung für eine inhaltlich sinnvolle Schulautonomie der *Aufbau arbeitsfähiger Zusammenarbeits- und Entscheidungsstrukturen in den Schulen* wäre. Diese Arbeit lag - im Gegensatz zum *Klassenzimmer*schwerpunkt der Unterrichtsentwicklungsprojekte - auf Systemebene und stellte die zweite Quelle des Innovationsprojekts dar: Wir wollten genauer verstehen, wie an Schulen Entscheidungen über organisatorische und pädagogische Maßnahmen, die das 'Profil der Schule' verändern, zustande kommen und unter welchen Bedingungen diese Entscheidungen zu praktischen Verbesserungen führen, ohne das Arbeitsklima in der Organisation zu beeinträchtigen.

Das *Innovationsprojekt* sollte jedenfalls Hilfen zur Beantwortung dieser Fragen geben. Es wurde in den Jahren 1991 bis 1993 in Kooperation mit dem Landesschulrat und dem Pädagogischen Institut für die Steiermark in diesem Bundesland durchgeführt und vom Fonds zur Förderung wissenschaftlicher Forschung sowie vom Bundesministerium für Unterricht und Kunst finanziell unterstützt. Entstehung und Struktur des Projekts werden im *1. Kapitel* kurz skizziert.

In seinem Verlauf initiierten Teams von LehrerInnen aus zehn steirischen Schulen pädagogische und organisatorische 'Innovationen' unterschiedlicher Reichweite. Ein wesentliches Element des Projektdesigns war die begleitende Erforschung der eigenen innovativen Tätigkeit durch die beteiligten LehrerInnen. Im *2. Kapitel* werden drei Aktionsforschungsstudien vorgestellt, die im Rahmen des Projekts entstanden sind. Sie bieten *eine Sicht von innen*, eine Auseinandersetzung von PraktikerInnen mit den Konflikten und Aushandelungsprozessen, welche die Einführung von Innovationen begleiteten. In der ersten Studie (Kap. 2.1) wird untersucht, wie der Projektunterricht in einer Schule aus einer Randexistenz langsam befreit wurde. In der zweiten Studie (Kap. 2.2) wird der steinige Weg einer Innovation von der fixen Idee einer Person zur begrenzten Anerkennung in einer Schule nachgezeichnet. Ergänzt wird diese Studie durch den Kommentar einer Kollegin (Kap. 2.3). In Kapitel 2.4 analysiert ein LehrerInnenteam den anspruchsvollen Versuch, in einer höheren Schule selbst einen Organisationsentwicklungsprozeß durchzuführen. Auch diese Studie wird durch einen Kommentar ergänzt, in dem einige mikropolitisch besonders interessante Aspekte herausgearbeitet werden (Kap. 2.5).

Das *3. Kapitel* ist der *Sicht von außen* gewidmet und enthält vier Studien, die im Verlauf des Innovationsprojekts entstanden sind. Dabei werden einzelne mikropolitisch bedeutsame Erfahrungen analysiert, u. zw. aus einer Perspektive, die durch schulübergreifenden Vergleich der Erfahrungen 'Distanz' gewinnt. Die ersten beiden Kapitel dieses Abschnitts wurden von BeraterInnen des Projekts geschrieben und dienten zur Reflexion ihrer eigenen Beratungs- und Betreuungstätigkeit. Kapitel 3.1 ist eine Metaanalyse zweier Fallstudien des Projekts; an einer erfolgreichen und an einer fehlgeschlagenen Innovation werden die Rolle von Kommunikation und Reflexion bei der Entwicklung von Regeln gemeinsamer Arbeit untersucht. Im Kapitel 3.2 wird eine Methode zur Weiterentwicklung von Strukturen der Zusammenarbeit, das Rollenverhandeln, vorgestellt und anhand von Erfahrungen eines Lehrers illustriert. Diese beiden Kapitel bieten nur kurze illustrative Einblicke in die Beratungstätigkeit und die schulinternen und -externen Unterstützungsmaßnahmen für Schulinnovation, die im Rahmen des Innovationsprojekts erprobt wurden. Eine ausführlichere Darstellung der verschiedenen Ansätze zur Unterstützung von Schulentwicklung und eine Analyse der damit gemachten Erfahrungen findet sich in einem eigenen Buch von KRALL et al. (in Vorb.).

In den Kapiteln 3.3 und 3.4 wird ein sehr direkter Einblick in die Arbeit während des Innovationsprojekts geboten. Im Verlauf eines Seminars wurden die bis dahin erstellten Fallstudien der TeilnehmerInnen von schulübergreifenden Arbeitsgruppen von PraktikerInnen nach mehreren Gesichtspunkten analysiert. Die Produkte dieser Analyse bestanden aus einer Reihe kommentierter Hypothesen, die in diesen beiden Kapiteln vorgestellt werden. Zwei Gesichtspunkte sind mikropolitisch von besonderem Interesse: Das Verhältnis von 'Innen und Außen' in einem Innovationsprojekt und die 'klimatischen Bedingungen innovativer Arbeit'.

Das *4. Kapitel* fällt insoferne aus dem bisherigen Rahmen des Buches, als es nicht innerhalb des Projekts „Förderliche und hemmende Bedingungen für Innovationen in der Schule“ entstanden ist. Allerdings gibt es einige indirekte Zusammenhänge, und die Kontrastierung zwischen der Schulentwicklungsarbeit in einer längerfristigen Projektstruktur und einer, die mit Einzelschulen unterschiedliche Prozeßverläufe aushandelt, erlaubt es unseres Erachtens, einige interessante Hypothesen zur Diskussion zu stellen. Der Beitrag enthält auch einige Überlegungen darüber, welche potentiellen Auswirkungen sich auf Schulentwicklungsprozesse ergeben, wenn in ihrem Verlauf Infrastruktur und Formen der Lehrerfortbildung genutzt werden.

Wer sich über Schulentwicklung Orientierung verschaffen will, stellt fest, daß es im wesentlichen zwei Ansätze gibt, die eine umfassendere Sichtweise anbieten: Einerseits *Phasenmodelle*, die auf der Basis von rationalen Planungsmodellen, die mit konkreten Entwicklungserfahrungen angereichert wurden, eine Logik von Interventionsschritten bei der Schulentwicklung vorschlagen (vgl. z.B. DALIN/ROLFF 1990) und andererseits *Beratungsansätze*, die sich durch Auseinandersetzung mit *systemtheoretischen* Annahmen eine umfassendere Perspektive verschaffen wollen (vgl. z.B. KÖNIG/VOLMER 1993; WIMMER 1992). Das *5. Kapitel* will hier zu einer Befruchtung der Diskussion über Schulentwicklung beitragen, indem es den *mikropolitischen Ansatz* als eine theoretische Alternative entfaltet. In Kapitel 5.2 wird dieser zunächst skizziert. Kapitel 5.3 zeigt anhand zahlreicher Beispiele, wie mittels einer solchen mikropolitischen Perspektive einige - für rationalistische Organisationstheorien überraschende - Prozesse in Schulen erklärt werden können. In Kapitel 5.4 werden einige Stärken und Schwächen dieser Perspektive herausgearbeitet und einige Präzisierungen vorgeschlagen. Abschließend werden einige Überlegungen zur Gestaltung von Innovationsprozessen zur Diskussion gestellt.

Kapitel 6 bietet schließlich eine *zusammenfassende Analyse der bildungspolitischen und -praktischen Implikationen* der Projekterfahrungen sowie einer mikropolitischen Interpretation von Schulentwicklung. Insbesondere werden die Fragen erörtert, welche strukturelle Bedingungen (z.B. Teamkonzepte) innovative Arbeit an der Schule begünstigen (Kap. 6.2), wie das an den Schulen verfügbare menschliche Potential durch kollegiale Lehrerfortbildung für Schulentwicklung genutzt werden kann (Kap. 6.3) und auf welche Weise Schulverwaltung und Infrastruktureinrichtungen Schulentwicklungsprozesse unterstützen können (Kap. 6.4). Die große Bedeutung der *Entwicklung einer Kultur der Kommunikation und des Aushandelns* erweist sich als die zentrale bildungspolitische Botschaft des Buches. *Kapitel 7* vertritt abschließend auf unernste Weise die ernste These, daß erfolgreiche Innovationen viele Mütter und Väter - und noch mehr Stiefmütter und -väter - brauchen.

Abschließend sei den Institutionen, die die in diesem Buch dargestellte Forschungs- und Entwicklungstätigkeit unterstützt haben, für ihre Kooperation herzlich gedankt: Das Projekt *Förderliche und hemmende Bedingungen für Innovationen an der Schule* wurde durch den Fonds zur Förderung wissenschaftlicher Forschung (Wien), das Bundesministerium für Unterricht und kulturelle Angelegenheiten, den Landesschulrat für die Steiermark und das Pädagogische Institut des Bundes für die Steiermark gefördert. Die Schulentwicklungsprojekte, die in Kapitel 4 analysiert werden, wurden durch das Pädagogische Institut das Landes Tirol sowie durch das Pädagogische Institut des Bundes in Vorarlberg unterstützt. Die abschließende Analyse unserer Erfahrungen, wie sie in den Kapiteln 5 und 6 zum Ausdruck kommt, konnte sich auf das Forschungsnetzwerk des Projekts *Management for Organisational and Human Development* stützen, das durch die Europäische Union im Rahmen des Programms *Human Capital and Mobility* gefördert wurde.

I. DIE PROJEKTERFAHRUNGEN

Kapitel 1
Das Innovationsprojekt.

Franz Rauch

In diesem einführenden Kapitel wird eine kurze Skizze der Genese und der Organisation des Projektes „Förderliche und hemmende Bedingungen für Innovationen in der Schule", aus dem dieser Band hervorgegangen ist, gegeben.

Wie alles begann

In der Steiermark bildete sich Anfang der Achtzigerjahre eine Gruppe engagierter LehrerInnen und VertreterInnen der Schulverwaltung, um nach zwanzig Jahren zentralistischer Schulversuche und einer Fülle nach wie vor ungelöster Probleme etwas für die Entwicklung der Schulen zu tun. Die Gruppe wollte sich für die Durchsetzung einer Schulentwicklung von "unten" einsetzen und gab sich den Namen ARGIS (Arbeitsgemeinschaft für Innovationen an Schulen). Die erste und langwierigste Aufgabe war die Formulierung der Ziele, ihre Eingrenzung und die Erarbeitung eines gemeinsamen Konzepts.

Am Anfang plante die ARGIS den Entwurf eines groß angelegten schultypenübergreifenden Bildungskonzepts. Dies erwies sich als wenig realistisch und über mehrere Um- und Irrwege entwickelte sich schließlich eine fruchtbare Zusammenarbeit mit Peter Posch und Herbert Altrichter von der Universität Klagenfurt. Eine der InitiatorInnen dieser Idee schrieb Jahre später dazu in einem Artikel: *„Lang - zeitlich und räumlich - war auch der Weg nach Klagenfurt, wo wir nach vielen gescheiterten Versuchen und vergeblichem Suchen ... einen interessierten wissenschaftlichen Betreuer für unser Konzept fanden. Veränderungen in der Schule sollten von den Betroffenen konzipiert und ausgeführt werden. Wissenschaftliche Betreuung und Begleitung sollte vor Ort, also in der Schule stattfinden." (HOHENWARTER 1992, 15)* Im Sommer 1990 wurde schließlich beim Fonds zur Förderung wissenschaftlicher Forschung der Antrag für ein Forschungsprojekt zur Untersuchung förderlicher und hemmender Bedingungen für Innovationen an Schulen eingereicht.

Ziele des Projekts

Wir gingen im Projekt davon aus, daß sich die Strukturbedingungen in der Arbeitswelt, im öffentlichen und privaten Leben immer rascher verändern und die Schulen mit neuen und komplexen Ansprüchen konfrontiert werden. Mit diesen Ansprüchen

können Schulen konstruktiv umgehen,
- wenn ihnen ein Handlungsspielraum für die Entwicklung eigenständiger, innovativer Lösungen gegeben wird und
- wenn eine unterstützende Infrastruktur geschaffen wird, auf die sie bei ihren Entwicklungsbemühungen zurückgreifen können.

Durch das Projekt sollten Schritte zur Verwirklichung dieser Überlegungen gesetzt werden und gleichzeitig ihre Brauchbarkeit untersucht werden. In diesem Zusammenhang sollte das Forschungsprojekt vor allem Aufschlüsse darüber geben,
- wie LehrerInnen Veränderungen wahrnehmen,
- durch welche Innovationen sie darauf antworten,
- welche Bedingungen sie als förderlich bzw. hemmend für Innovationen wahrnehmen und wie sie damit umgehen.

Ergebnisse sollten nicht nur auf der Erkenntnisebene gewonnen werden (Fallstudien, Projektberichte, Aufsätze), sondern auch zur Weiterentwicklung der Unterrichts- und Schulqualität, der Rahmenregelungen für das Lehren und Lernen und der LehrerInnenfortbildung führen.

Die Laufzeit des Projekts wurde mit zwei Jahren anberaumt. Im Mittelpunkt sollten LehrerInnenteams stehen, die in ihrem beruflichen Verantwortungsbereich Innovationen durchführen und untersuchen. Den Teams sollten zur Unterstützung zwei BetreuerInnen zur Verfügung stehen. Darüber hinaus waren im Verlauf des Projekts sechs Fortbildungsseminare vorgesehen.

Die Forschungsmethode

Als Forschungsmethode wurde die Aktionsforschung gewählt (vgl. ALTRICHTER/ POSCH 1994). Bei diesem Ansatz sind die primären Forscher LehrerInnen bzw. LehrerInnenteams, die ihre eigene Innovation untersuchen und dokumentieren. Eine sehr prägnante Definition gibt John ELLIOTT (1991, 69): *„Aktionsforschung ist die systematische Untersuchung beruflicher Situationen, die von Lehrern selbst durchgeführt wird, in der Absicht, diese zu verbessern."* Aktionsforschung ermöglicht PraktikerInnen, Innovationsprozesse selbst zu kontrollieren und dabei professionelles Wissen zu produzieren. Diese Forschungskonzeption weicht in zweifacher Hinsicht von bisherigen Forschungsansätzen im Bildungswesen ab:
- Forschung wird an die Schulen verlagert und primär von den Beteiligten selbst durchgeführt.
- Erkenntnisgewinn und Veränderung von beruflichen Situationen stehen in einer Wechselbeziehung zueinander.

Beide Merkmale schienen geeignet, die traditionelle Spaltung zwischen Erkennen und Handeln zu verringern und damit den Nutzen von Erkenntnis für das Handeln und umgekehrt zu erhöhen (vgl. POSCH/ALTRICHTER o.J., 18).

Wie die Idee zu leben begann

Noch bevor der Antrag für das Forschungsprojekt genehmigt war, organisierte die ARGIS in Zusammenarbeit mit dem Landesschulrat an vier Orten der Steiermark schultypenübergreifende *Foren für Innovationen an der Schule*. Bei diesen Foren erhielten LehrerInnen(gruppen), die Innovationen durchführten, Gelegenheit, einander und interessierten KollegInnen über ihre Arbeit zu berichten. Mit Hilfe der Methode des Analysegesprächs (vgl. ALTRICHTER/POSCH 1994, 69f) wurde versucht, trotz begrenzter Zeit ein vertieftes Verständnis jeder Innovation zu erreichen. Die Ergebnisse der Analysegespräche wurde protokolliert und veröffentlicht (vgl. ARGIS 1990). Die Foren waren ein bemerkenswerter Erfolg und erreichten 56 Schulen. Auf diese wurde auch bei der Auswahl jener Schulen zurückgegriffen, die schließlich am Projekt mitarbeiteten.

Nun galt es, zwei wissenschaftliche BetreuerInnen zu finden, die die fachlichen Voraussetzungen hatten, teamfähig waren und möglichst schon über Schulerfahrung verfügten. Ein sechswöchiges Ausbildungsprogramm in „Aktionsforschung und qualitativer Methodologie" an der University of East Anglia in Norwich, UK, sollte diese Suche erleichtern. Über eine öffentliche Ausschreibung konnten schließlich Elgrid Messner und Franz Rauch für diese Aufgabe gewonnen werden.

Teil der Vorarbeiten war auch die Einleitung der für das Projekt entscheidenden Zusammenarbeit mit dem Bundesministerium für Unterricht und Kunst (Finanzierung eines Gehaltsdrittels des Betreuers und der Projektzeitung INNONET), mit dem Landesschulrat für Steiermark (Finanzierung eines Gehaltsdrittels der Betreuerin, Büroraum in einer Schule) und mit dem Pädagogischen Institut in der Steiermark (Finanzierung von sechs begleitenden Seminaren). Die folgende Anekdote soll diese intensive Vorbereitungszeit illustrieren:

„Gerda und ich sitzen vor dem Büro des Landesschulratspräsidenten. Wir warten - weil wir mit ihm sprechen wollen. Über unser Projekt. Über den Stand der Dinge und unsere Schwierigkeiten. Wir brauchen seine Hilfe. Sonst stirbt das Projekt, bevor es begonnen hat! ... Gerda und ich sind verärgert. Nach unendlich vielen Gesprächen, Telefonaten, Briefen, Fragen, die nicht beantwortet wurden und Gesprächen, die nicht zustande kamen, sehen wir nur noch eine Möglichkeit: Wir müssen mit dem Präsidenten persönlich sprechen. Und nachdem er nie zu erreichen war, sitzen wir nun vor besagtem Büro und wollen unangemeldet vorsprechen.
Wir warten und warten, fast gleicht es einer Besetzung - und werden empfangen! Der Herr Präsident ist freundlich und gut gelaunt, er scherzt und lacht, trotz der Krücken, die hinter seinem Schreibtisch stehen. Das Büro ist überraschenderweise sehr klein (auch hier sieht man den Geldmangel im Bildungssektor), die Gesprächsatmosphäre unkompliziert und locker.
Und das hängt wohl auch mit unserer scherzhaften Begrüßung zusammen. Als Gastgeschenk - quasi als Versöhnung für unser Vordringen und als Unterstreichung unseres Anliegens - haben wir ein 'Federl' mitgebracht.
Warum? Nun, Herbert Altrichter, der zweite wissenschaftliche Leiter des Projekts, hat einen Aufsatz mit dem Titel 'Der-Federl-am-Hut-Effekt' geschrieben, dessen Kernaussage die Durchsetzbarkeit von Innovationen im Schulsystem betrifft. Will man eine Idee verwirklichen, muß man die dafür entscheidenden Personen in den verschiedensten Institutionen vom Gewinn, den sie durch eine eventuelle Unterstützung hätten,

überzeugen. Man muß ihnen die Innovation als Federl anbieten, 'das sie sich an den Hut stecken können.'
Diese ironisch-kritische, aber so menschliche Weisheit hat Gerda und mich kreativ werden lassen. Wir wissen, daß das Innovationsprojekt viele Ergebnisse bringen und somit viele 'Federln produzieren' wird. Und so eilen wir während unserer vierstündigen 'Bürobesetzung' in die Innenstadt, um eine Feder zu kaufen. Wir finden einen originellen Bleistift und fünf kleine Federln: gelb, grün, schwarz, rot und blau. Die Verkäuferin befestigt lachend die flaumigen Bettfedern am Bleistift, und wir eilen zurück in den Landesschulrat.
Noch eine halbe Stunde und wir sind im Zimmer des Präsidenten. Das 'Federl' ist überreicht, die Geschichte dazu erzählt, und das Gespräch entspannt. Er hat verstanden: unsere Verärgerung, unsere Ungeduld, unsere Kritik, seine Verpflichtung, seinen Gewinn. Mehrmals greift er zum Telefon, um sich zu informieren und zu delegieren. Dann verspricht er uns, sich für die Sache einzusetzen. Man hofft wieder. Später erfahren wir, daß mehrere Anrufe im Ministerium von Mitarbeitern des Präsidentenbüros und von anderen uns unterstützenden Personen Erfolg gezeitigt haben." (MESSNER 1991, 17f)

Die beteiligten Schulen

Im September 1991 zogen wir in unser schönes und helles Büro in einem funkelnagelneuen Schulgebäude ein. Noch eine Vorarbeit war zu bewältigen: Die Auswahl jener zehn Schulen, mit denen der zweijährige Forschungsprozeß bewältigt werden sollte. Durch eine neuerliche Ausschreibung wuchs die Zahl der an Mitarbeit interessierten Schulen in der Steiermark inzwischen auf etwa siebzig an. Folgende Kriterien bildeten die *Leitgedanken für die Auswahl*:

- Möglichst alle Schularten sollten beteiligt sein.
- Die Innovation an der Schule sollte bereits initiiert sein.
- An der Innovation sollte ein LehrerInnenteam beteiligt sein.
- Die Innovation sollte durch die Direktion der Schule unterstützt werden.
- Die Schulen sollten eine gewisse geographische Streuung aufweisen.

Das Team einigte sich nach vielen Gesprächen mit LehrerInnen und DirektorInnen auf folgende Schulen und Innovationen:

- *Volksschule Wetzawinkel:* Landschule als Kulturträger
- *Viktor Kaplan-Volksschule:* Gesamtunterricht
- *Hauptschule Frohnleiten:* Binnendifferenzierter Unterricht
- *Hauptschule II Gleisdorf:* Schulversuch 'Soziale Integration'
- *BHAK für Berufstätige Graz:* Organisationsentwicklung
- *HTBLA Weiz:* Soziales Lernen - Teamarbeit - Kommunikation
- *BG/BRG Bruck an der Mur:* Akzeptanz von alternativen Unterrichtsformen am Beispiel von Projektunterricht
- *BRG Körösistraße:* Berufsorientierung
- *BG/BRG Klusemannstraße:* Lernzielorientierte Leistungsbeurteilung
- *Modellschule Graz:* LehrerInnen-SchülerInnen-Vertrag

Insgesamt beteiligten sich zehn *Schulteams* aus steirischen Volksschulen, Hauptschulen, berufsbildenden und allgemeinbildenden höheren Schulen und „Alternativschulen“ am Projekt. Die oben angeführten Innovationen beziehen sich auf den Beginn des Projekts. In einigen Schulen änderten sich die Arbeitsschwerpunkte im Verlauf der zwei Jahre. So weitete sich im BG/BRG Klusemannstraße im zweiten Jahr die Forschungsarbeit von einem auf vier inhaltliche Arbeitsschwerpunkte (Innere Differenzierung, Teamteaching, Themenzentrierter Unterricht, Teamentwicklung) aus. In der Hauptschule Frohnleiten beschäftigten sich die LehrerInnen vor allem mit der Zusammenarbeit und Kommunikation innerhalb des Lehrkörpers.

Das Betreuungsteam und das KonsulentInnenteam

Das Betreuungsteam bestand aus den beiden Projektleitern Univ.Prof. Dr. Peter Posch, Univ.Prof. Dr. Herbert Altrichter, dem wissenschaftlichen Mitarbeiter Univ.-Ass. Dr. Hannes Krall und den wissenschaftlichen BetreuerInnen Mag. Elgrid Messner, Mag. Dr. Franz Rauch.

Als ein weiteres wesentliches Element des Projektkonzepts wurde ein *KonsulentInnenteam* eingerichtet. Es setzte sich aus VertreterInnen des Landesschulrates (u.a. den Landesschulinspektoren), des Pädagogischen Institutes (den Abteilungsleitern) und einer Vertreterin der ARGIS zusammen. Damit sollte die Kommunikation mit der regionalen Bildungsverwaltung und der LehrerInnenfortbildung sichergestellt werden.

In einer Vereinbarung wurden die Leistungen, die von den verschiedenen Gruppen im Rahmen des Projekts „Fördernde und hemmende Bedingungen für Innovationen an Schulen” (Innovationsprojekt) zu erbringen waren, festgelegt.

Zu den Aufgaben der Schulteams gehörten:

- Durchführung der eigenen Innovation und Bemühung um ein innovatives Klima an der eigenen Schule
- Erforschung der eigenen Innovation durch Aktionsforschung
  - Entwicklung der Fragestellung und der Forschungsstrategie
  - Datenerhebung und Datenanalyse
- Verfassen von Fallstudien
- Mitarbeit an den Fortbildungsseminaren
- Weitergabe der gewonnenen Erfahrungen und Erkenntnisse an andere LehrerInnen
- Mitarbeit an der Projektzeitung INNONET

Zu den Aufgaben des *BetreuerInnenteams* gehörten:

- Beratung und direkte Unterstützung der Forschungs- und Entwicklungsarbeit der am Projekt teilnehmenden steirischen Schulen:
  - Unterrichtsbeobachtung
  - Durchführung von Interviews mit DirektorInnen, LehrerInnen, SchülerInnen und Eltern
  - Moderation von Teamsitzungen
  - Einzelberatungen

- Regionale Koordination, Organisation des Erfahrungsaustauschs und der begleitenden Seminare
- Herausgabe der Projektzeitung INNONET zur laufenden Kommunikation über Erfahrungen mit förderlichen und hemmenden Bedingungen für Innovationen an Schulen
- Ausarbeitung analytischer Studien über die Beratungs- und Koordinationstätigkeit
- Theoretische Arbeit über Schulentwicklung und Innovationstheorie
- Vergleichende Analyse von Aktionsforschungsstudien über Innovationen an Schulen

Zu den Aufgaben des *KonsulentInnenteams* gehörten:
- Periodische Diskussion und Kommentierung der Berichte über den Verlauf des Projekts und Beteiligung an der Reflexion über Innovationen an der Schule.
- Berücksichtigung der Erfahrungen, die im Rahmen des Projekts gewonnen wurden, bei bildungspolitischen Initiativen zur Verbesserung infrastruktureller Bedingungen im Schulwesen.

Das Projekt nimmt seinen Lauf

Die Startschwierigkeiten waren überwunden, die organisatorischen Voraussetzungen geschaffen - nicht zuletzt durch den guten Willen und die Kooperationsbereitschaft der Verantwortlichen im Bereich der Schulverwaltung. Jetzt lag es an den Beteiligten, das Beste daraus zu machen:
- Innerhalb des Betreuungsteams entwickelte sich eine tragfähige und fruchtbare Zusammenarbeit. Vor allem erwies sich die gegenseitige Unterstützung und Ergänzung der beiden BetreuerInnen im 'Tandem' als außerordentlich wichtig, um die wegen der Heterogenität der Anforderungen fachlich und psychisch anspruchvolle tägliche Arbeit erfolgreich zu bewältigen.
- Obwohl die Prozesse an den Schulen nicht einheitlich waren, ließen sich dennoch grobe Arbeitsschwerpunkte unterscheiden. Zu Beginn ging es vor allem um die Klärung des Ausgangspunktes und des Entwicklungsinteresses der LehrerInnenteams sowie um die Vermittlung der theoretischen Grundlagen und Methoden der Aktionsforschung. Dann standen Untersuchung und Weiterentwicklung der jeweiligen Innovation im Mittelpunkt des Interesses jedes Schulteams. Die Ergebnisse dieser Arbeit wurden in Fallstudien verschriftlicht und in der Reihe *Schule gestalten: Studien aus dem Innovationsprojekt* veröffentlicht. Die Kapitel 2.1, 2.2 und 2.4 dieses Buches sind aus solchen Studien hervorgegangen.
- Im Verlauf des ersten Jahres hatte die Arbeit aller Schulteams weitere Kreise in den jeweiligen Kollegien gezogen. Im zweiten Jahr hatten daher viele Teams auch die Auswirkungen ihrer Arbeit an der eigenen Schule untersucht.
- Zwei Schulen schieden vor Abschluß der Arbeiten aus dem Projekt aus, während sich die Arbeit in einer Schule beträchtlich ausweitete. Dort waren schließlich vier Teams (statt ursprünglich einem) an unterschiedlichen Fragestellungen tätig.
- Die Kooperation mit dem Pädagogischen Institut und dem Landesschulrat für die Steiermark wurde durch die Einrichtung des KonsulentInnenteams auf eine tragfähige Grundlage gestellt. Zweimal jährlich wurden Berichte der BetreuerInnen

über Prozesse und Ergebnisse des Projekts sowie deren Implikationen für die LehrerInnenfortbildung und die Schulaufsicht ausführlich diskutiert.

- Ausgehend von der Arbeit der Schulteams entwickelte das Innovationsprojekt eine zusehends stärkere Außenwirkung. Dazu hat nicht zuletzt die Netzwerkzeitung INNONET beigetragen, die in einer Auflage von anfangs 200, später 450 Exemplaren fünfmal jährlich erschien. Der Bezieherkreis setzte sich vor allem aus LehrerInnen, aus MitarbeiterInnen in der Schulverwaltung sowie der Lehreraus- und -fortbildung zusammen.
- Die Außenwirkung zeigte sich in Einladungen zu Seminaren im Rahmen der LehrerInnenfortbildung, zu Referaten und Präsentationen auf Tagungen, zu Informationsveranstaltungen und Moderationen von pädagogischen Konferenzen in Schulen, zu Expertenarbeitskreisen u.ä. Vor allem aber versuchten immer mehr Schulen außerhalb des Innovationsprojekts, die Betreuungsstruktur für die Weiterentwicklung ihrer Initiativen zu nützen. Um die Mitte des zweiten Jahres nahmen diese zusätzlichen Aufgaben so stark zu, daß darunter bereits die eigentliche Arbeit im Projekt beeinträchtigt wurde. Gleichzeitig wurde dadurch der große Bedarf an einer Unterstützung basisnaher, schulinitiierter Entwicklungsarbeit deutlich. Der Aufbau eines finanziell erträglichen Systems gegenseitiger kollegialer Unterstützung, die das bestehende Potential an professionellem Wissen nutzt, wurde daher zu einer immer wichtigeren Projektaufgabe.

Eine genauere Darstellung des Projektverlaufes und eine Analyse der verschiedenen Unterstützungsmaßnahmen für Schulentwicklungsinitiativen findet sich in dem Band von KRALL et al. (in Vorb.).

Kapitel 2

Die Sicht von 'innen' - Fallstudien von PraktikerInnen.

Ein wesentliches Merkmal des Projekts „Förderliche und hemmende Bedingungen für Innovationen in der Schule" bestand darin, daß PraktikerInnen die Einführung und Umsetzung ihrer 'Innovation' in der Schule begleitend reflektierten und ihre Erfahrungen und Interpretationen in Fallstudien KollegInnen zur Diskussion stellten. Im zweiten Kapitel werden drei dieser Aktionsforschungsstudien vorgestellt ebenso wie zwei Kommentare dazu, die für die kollegiale Diskussion über diese Enrtwicklungserfahrungen stehen. Sie bieten eine „Sicht von innen", eine Auseinandersetzung von PraktikerInnen mit Konflikten und Aushandelungsprozessen, welche die Einführung von Innovationen begleiten.

2.1 Projektunterricht und die Probleme seiner organisatorischen Einbindung.

Günter Hirner, Heidrun Huber-Klammer, Grete Müller und Johann Schögler

Einführung

Um das Umfeld, in dem Projektunterricht bzw. projektorientiertes Lernen am Brucker (Real)Gymnasium stattfindet, besser darstellen zu können, ist es zunächst notwendig, die besonderen historischen Bedingungen dieser Schule zu beschreiben. Sie sollen die Schwierigkeiten der Arbeit verständlicher machen, aber auch aufzeigen, daß sich trotz sehr hemmender Faktoren ein Innovationsschub entwickeln kann.

Oberflächlich betrachtet erschien das B(R)G Bruck schon längere Zeit ein guter Boden für Reformen. 1972 wurde an dieser Schule ein Oberstufen-Schulversuch eingerichtet, der neben Leistungsdifferenzierung (Leistungsgruppen, höhere Stundendotierung) und geänderten Lehr- und Lerninhalten eine Schwerpunktsetzung im Hinblick auf allgemeine Bildungsziele (mit teils verbindlichem Projektunterricht) vorsah.

Doch die Praxis sah anders aus. Die Direktion hatte den guten Ruf unserer „Anstalt", wie unsere Schule immer wieder bezeichnet wurde, zu verteidigen. Der „gute Ruf" und das „hohe Niveau" basierten auf traditionellen Unterrichtsformen (vorwiegend Frontalunterricht) und einer gewissen „Strenge" des Lehrkörpers. Die Direktorin verlangte von den LehrerInnen „exakt" aufbereiteten Unterricht, ein schönes Tafelbild und vor allem Sauberkeit in den Klassen. Ein Teil der LehrerInnen, die andere Formen des Unterrichts ausprobierten, stieß auf starke Kritik. Die Einteilung der LehrerInnen erfolgte vorwiegend nach den Kriterien „mild" und „streng" (= die, die etwas verlangen). Schülerfreundlichkeit war suspekt.

Bei den allgemeinen Konferenzen war kein Platz für Diskussionen. Bürokratische Angelegenheiten (Erlässe, Klassenbuch, Ordnungsmaßnahmen an der Schule) nahmen die Zeit zur Gänze in Anspruch. Pädagogische Fragen kamen nicht zur Sprache, da die Direktorin als Kontroll- und Aufsichtsorgan auftrat.

Innerhalb des Lehrkörpers kam es zu Spannungen. Es bildeten sich vorwiegend zwei Lager. LehrerInnen, die leise (einige auch laute) Kritik übten, wurden als Nestbeschmutzer bezeichnet. Nach einer der seltenen pädagogischen Konferenzen, in der von seiten des damaligen Landesschulinspektors die Schulangst als wesentlich für den Bildungsprozeß bezeichnet wurde, kam es zu einer offenen Spaltung des Lehrkörpers. Beinahe die Hälfte des Lehrkörpers unterschrieb eine Resolution, die sich gegen Angst als Erziehungsmittel aussprach. Das Arbeitsklima war denkbar schlecht. Die als „Nestbeschmutzer“ und „Drahtzieher“ bezeichneten LehrerInnen bekamen Schwierigkeiten.

Der Wunsch nach Veränderungen hatte aber bereits eine große Gruppe von LehrerInnen erfaßt. Im Rahmen des Alternativunterrichts der letzten Schulwoche fanden Projekte statt, „schülerfreundliche“ LehrerInnen schrieben Artikel in der Schülerzeitung und gaben Interviews. Einzelne LehrerInnen führten andere Sozialformen des Unterrichts ein. Viele hatten aber auch Angst, sich auf Neues einzulassen und damit Fehler zu machen, und viele litten unter der „Eiszeit“, wie das Klima an der Schule seitens der Direktion bezeichnet wurde.

1987 erreichte eine Namensliste fast die Mehrheit bei den Personalvertretungswahlen. Die Liste wurde vorwiegend von LehrerInnen getragen, die sich gegen den autoritären Führungsstil aussprachen und schulische Innovationen verlangten. Jedoch: *„Solange ich noch Direktorin bin, gibt es keine Glasnost“*, war der Leitspruch der Direktorin. Bis zu ihrer Pensionierung am Ende des Schuljahres 1989 konnte sie Reformen weitgehend aufhalten, förderte aber mit dieser Haltung unbewußt den dringenden Wunsch nach Veränderungen. Es bildete sich ein „Innovationsstau“.

Mit dem Direktorenwechsel im Herbst 1989 änderte sich die Situation am B(R)G Bruck grundlegend. Partnerschaftliche Leitung der Schule, Förderung neuer Formen des Lehrens und Lernens, Vertrauen auf Eigenverantwortlichkeit der LehrerInnen und eine Auseinandersetzung mit pädagogischen Problemen waren der Stil des neuen Direktors.

Die Bereitschaft, Innovationen an der Schule durchzuführen, wurde zusätzlich durch die Zuteilung eines neuen Landesschulinspektors gefördert. Dieser stand modernen Unterrichtsformen aufgeschlossen gegenüber und zeigte großes Interesse an innovativen Prozessen an einer Schule.

Innerhalb sehr kurzer Zeit wurde in einer Schule, in der jahrzehntelang nur wenige Innovationen vorgenommen worden waren, über Schulentwicklung, alternative Unterrichtsformenund vieles mehr gesprochen. Allgemeine Bildungsziele und Unterrichtsprinzipien waren nicht mehr Nebensache, sondern sollten auf einmal auch umgesetzt werden.

Unter der neuen Schulleitung fanden noch im Herbst 1989 erstmals Gespräche über "Unsere Schule" innerhalb des Lehrkörpers statt. Es fanden Treffen von KollegInnen auf freiwilliger Basis statt, bei denen über Zielvorstellungen, aber auch über Probleme gesprochen wurde.

Um die allgemeinen Bildungs- und Erziehungsziele besser umsetzen zu können, wurden projektorientiertes Lernen und Projektunterricht stark forciert. Projekte wurden in den einzelnen Klassen durchgeführt, ja sogar klassenübergreifende Großprojekte zu aktuellen Themen wurden organisiert. Eine Gruppe von ca. zehn LehrerInnen machte sich Gedanken darüber, wie man körperlich und geistig behinderte Kinder im Rahmen eines Schulversuchs "Soziale Integration" auch auf AHS-Ebene betreuen könnte. Der Schulversuch wurde im Herbst 1992 begonnen.

Bei der Durchführung dieser Projekte traten aufgrund mangelnder Erfahrung Fehler in der Organisation auf; die Koordination war teilweise unzulänglich (ungleichmäßige Verteilung der Projekte auf die einzelnen Klassen, Projekte in einzelnen Klassen liefen parallel ab) und es zeigte sich, daß die Erwartungen und Zielsetzungen der KollegInnen in bezug auf Projektunterricht unterschiedlich waren.

Die plötzlichen Veränderungen verursachten aber auch Verunsicherung. Von manchen LehrerInnen wurden alternative Unterrichtsformen von vornherein abgelehnt, aber auch die bei der Durchführung der ersten Projekte aufgetretenen Probleme erhöhten nicht gerade die Akzeptanz solcher Unterrichtsformen.

Damit die ersten Projekte, die die Erwartungen nur teilweise erfüllten, nicht zu einer Resignation führten, erschien es notwendig, sowohl positive Erfahrungen als auch Schwierigkeiten mit dem Projektunterricht zu untersuchen. Im Laufe der Arbeit stellten sich folgende Fragen als bedeutsam heraus:

- Worin bestanden die Mängel fach- und klassenübergreifender Projekte?
- Welche Widerstände traten auf und wie lassen sie sich erklären?
- Was kann aus den Erfahrungen gelernt werden?

Erfahrungen mit einigen Projekten

In den letzten Jahren vor dem Direktionswechsel (1989) fand lediglich in der letzten Schulwoche des Sommersemesters eine "Alternative" zum ohnedies nicht mehr abhaltbaren Regelunterricht statt. Es handelte sich um keinen Projektunterricht, sondern um eine einigermaßen sinnvolle Beschäftigung der "noch" anwesenden SchülerInnen. Trotzdem gelang es, eine gar nicht so geringe Anzahl von SchülerInnen (50-60) aus der gesamten Oberstufe für eine zweitägige thematische Überlegung zum Thema "Aggression und Kriegsursachen" zu interessieren. Es zeigte sich, daß das Interesse vieler SchülerInnen an anderen Unterrichtsformen groß war. Erste Ansätze einer Zusammenarbeit zwischen KollegInnen für klassenübergreifenden Unterricht gehen auf diese Erfahrungen zurück.

An die Möglichkeiten eines Projektunterrichts während des "Kernjahres" und mit mehreren Klassen hatte kaum jemand geglaubt. Ein im Februar 1988 während einer Pädagogischen Konferenz vorgebrachter Vorschlag, eine Projektwoche zu den historischen Ereignissen „1938 in Österreich“ durchzuführen, stieß weder bei Historikern noch bei Germanisten auf irgendein Echo, nicht weil niemand interessiert gewesen wäre, sondern weil es nicht realisierbar erschien. Die Argumente lauteten: *„Das ist bei uns unmöglich; es würde ohnedies von der Direktion und Administration verhindert.“* Die damalige Direktion war sehr darauf bedacht, daß sich nichts an den bestehenden Gepflogenheiten und täglichen Abläufen änderte, und so wagte auch niemand den Versuch. Bei Entschlossenheit einer kleinen Gruppe hätte die Durchführung eines solchen Projektunterrichts wahrscheinlich nicht verhindert werden können.

Gleich in der Anfangsphase der neuen Direktion (1989 - 1991) sahen mehrere KollegInnen bessere Chancen, Projekte durchzuführen. Bereits im Jahre 1990 kam es zu einigen Klassenprojekten, in denen zwar der Stundenplan für die Projektwoche aufgelöst war, sonst aber kaum organisatorische Änderungen notwendig waren. Im Verlaufe des Schuljahres 1990/91 traten aber bereits die ersten Probleme auf, weil mehrere Projekte unkoordiniert beschlossen und parallel durchgeführt worden waren, ohne daß dabei auf die Auswirkungen auf die nicht teilnehmenden KollegInnen geachtet worden wäre. Eines dieser Projekte hatte keinen zeitlich definierten Endpunkt und eine Klasse sollte in einer Woche sogar gleichzeitig an zwei Projekten teilnehmen, da eines der beiden Projekte Woche um Woche verlängert worden war.

Zu diesem Zeitpunkt begann vor allem von den nicht an Projekten beteiligten KollegInnen die Kritik, daß sie die SchülerInnen in ihren „Fachstunden„ fast nicht mehr zu sehen bekämen und daß sie mit dem Stoff nicht durchkämen. *„Ich habe die SchülerInnen in meinem Fach nur einige Stunden im ganzen Semester gesehen“*, lautete der Kommentar eines Lehrers während einer Notenkonferenz.

Da es an der Schule keine eigene Struktur für die Projektkoordination gab, liefen alle Informationen über die einzelnen Projekte (Dauer, Verlauf, Teilnehmer) in der Direktion und Administration zusammen und blieben auch dort. Ein erstes Koordinationstreffen zum Projektunterricht fand Anfang November 1991 erst auf Anregung der am Innovationsprojekt beteiligten KollegInnen statt. Thema war die Feststellung von Problemen, die der Projektunterricht aufwarf. 15 (von insgesamt 65) LehrerInnen und der Direktor nahmen daran teil.

Ziele des Nachfolgetreffens im Dezember 1991 waren eine bessere Koordination zwischen den bereits geplanten Projekten und die Vereinbarung organisatorischer Rahmenbedingungen. Vor allem klassenübergreifende Projekte sollten organisatorisch koordiniert werden. Es sollte geregelt werden, wie viele Projekte pro Jahr eine Klasse machen darf, ob die Teilnahme freiwillig oder verpflichtend ist, was mit den SchülerInnen geschieht, die nicht teilnehmen wollen, wie der Informationsfluß verbessert werden könnte und wie die Mitteilung über Anfang und das Ende eines Projekts erfolgen sollte. Auch eine für Projekte geeignete Lehrer/Schülerquote (z.B. für 15 SchülerInnen - ein/e Lehrer/in) sollte festgelegt werden.

Obwohl alle KollegInnen eingeladen worden waren, nahmen nur 25 (also etwa 30%) und nur jene, die mit Projektunterricht zu tun hatten, daran teil. Die Größe des Lehrkörpers, die traditionell fehlende Kommunikation zwischen den Fachgruppen, eine starke Gruppenbildung in der Kollegenschaft und der Umstand, daß über 50% aller LehrerInnen mehr als zwei Stunden pro Tag pendeln, stellte hemmende Bedingungen für derartige Treffen in der Schule dar.

Die Direktion reagierte auf die in ihren Augen zu geringe Teilnahme an dem Koordinationstreffen mit einer schriftlichen Information an alle KollegInnen und mit dem Hinweis, daß der Projektunterricht eine verbindliche Lehrplanvorgabe sei. Da die Einladung jedoch an *„freiwillig Interessierte"* gerichtet war, rief dies einen gewissen Unmut unter jenen KollegInnen hervor, die nicht teilgenommen hatten.

Während eines Aktionsforschungsseminars (11. bis 13.12. 1991 in Krieglach) einigte sich das am Innovationsprojekt beteiligte Team darauf, noch im Dezember einen Fragebogen an den gesamten Lehrkörper zu richten, um die Akzeptanz des Projektunterrichts zu eruieren. Nur sieben von sechzig Fragebögen kamen ausgefüllt zurück. Die Gründe für diese schwache Rücklaufquote sind wahrscheinlich vielfältig: *„Wieder was auszufüllen; man ist ja nicht verpflichtet, seine Ablehnung offen auszusprechen. Wozu soll das alles gut sein? Wem dient die Sache? Da wollen sich wieder einige profilieren."* Da uns nur ein schriftlicher Aushang zur Verfügung stand, konnte wahrscheinlich auch die Sinnhaftigkeit des Fragebogens nicht vermittelt werden.

Das Koordinationsproblem im Projektunterricht hat ein Lehrer auf folgende Weise zum Ausdruck gebracht: *"Nichts spricht gegen einen Projektunterricht, wenn er entsprechend organisiert und koordiniert wird. Einzelne SchülerInnen nehmen nicht aktiv teil, und ich kann sie als Lehrer dafür schwer belangen. Die Organisation ist schwierig und noch schwieriger ist die Zusammenarbeit mit den KollegInnen, da der Stundenplan vollkommen aufgelöst ist."*

In dieser Äußerung wird die bekannte Lehrerangst vor dem Chaos sichtbar, vor einer Situation, die man nicht voll im Griff hat. Projektunterricht verlangt die Fähigkeit, auf unvorhergesehene Situationen reagieren zu können. Erschwert wird die Situation dadurch, daß diese Art von Unterricht von Schülerseite nicht als zum Lehrstoff gehörig aufgefaßt wird und auch nicht in die Leistungsbeurteilung eingebunden ist. Das Argument der fehlenden *„Druckmöglichkeiten"* stammt allerdings eher von jenen LehrerInnen, die dem Projektunterricht skeptisch gegenüberstehen. Jene, die damit Erfahrungen haben, sind immer wieder erstaunt, mit welchem Einsatz der größte Teil der SchülerInnen während einer Projektphase miteinander arbeitet. Zudem könnte das Analysieren von Schwierigkeiten, die während eines Projekts auftreten, als gemeinsame Aufgabe von LehrerInnen und SchülerInnen gesehen werden, Probleme rasch zu erkennen und zu bewältigen. Es hat sich gezeigt, daß die Beteiligung von SchülerInnen an der Koordination gewisser Bereiche in einem Projekt selbst einen bedeutenden positiven Einfluß auf ihre Arbeitshaltung haben kann.

Ein Problem, das auf Lehrerebene auftauchte, bestand darin, während des Projektes den Überblick zu behalten, vor allem wenn die SchülerInnen nicht kontinuierlich daran teilnahmen. *„Ich habe während der Projektwoche den roten Faden verloren, weil ich nicht immer dabei war und weil das Team (fünfzehn LehrerInnen) zu groß war".* Dieses Dilemma läßt sich wohl nur lösen, wenn alle am Projekt teilnehmenden LehrerInnen von Anfang bis Ende dabei sind und die gleichen Möglichkeiten haben, einzugreifen.

Im folgenden möchten wir anhand von zwei klassenübergreifenden Projekten zu zeigen versuchen, welche Probleme auftauchten und wie die Projekte aufgrund der praktischen Erfahrungen organisatorisch weiterentwickelt wurden. Das erste Projekt fand im Februar 1991 in der letzten Phase des Golfkrieges unter dem Titel *Aspekte des Golfkrieges* statt. Das zweite, mit dem Titel *Liebe, Sexualität und Gefühlswelt von Jugendlichen und Erwachsenen*, fand im Februar 1992 statt. Beide Male handelte es sich um Schülerwünsche aus der 7. und 8. Klasse. Einwände der Eltern, die über den Elternvertreter des Schulgemeinschaftsausschusses an uns weitergeleitet wurden, *„wir mögen doch von so einem heißen Thema Abstand nehmen", „die Gefahr des Anti-Amerikanismus sei groß ...",* beantworteten wir mit der Einladung, daß die Teilnahme der Eltern am Projekt sehr willkommen sei. Der Elternvertreter machte sich auch ein Bild davon und sein Kommentar nach dem Projekt war eigentlich sehr positiv.

Organisatorische Probleme des Projekts *Aspekte des Golfkriegs*

Bei der Reflexion über dieses Projekt zeigten sich folgende Problembereiche:

(1) Die *zeitliche Vorplanung* war *zu kurz*. Zwischen dem Beschluß (d.h. der ersten Koordinationssitzung, in der festgestellt wurde, ob genügend KollegInnen interessiert waren, damit das Projekt auch betreut werden konnte) und der Durchführung des Projektes lagen nur zwei Wochen. Dies erwies sich als viel zu gering, um eine detaillierte gemeinsame Planung vornehmen zu können, zumal sich die gesamte Oberstufe (acht Klassen) für die Projektteilnahme entschieden hatte.

(2) Die *Interessen* waren *nicht ausgewogen*. Die gleichzeitig mit der Teilnahmeentscheidung eingeholten SchülerInnenwünsche über die Gestaltung des Projekts umfaßten zwei Hauptinteressen: Einmal ging es darum, verstehen zu wollen, was vorging und über verschiedene Themen (Kriegsursachen, Feindbilder, ökologische Auswirkungen ...) Zugang zum Problem des Golfkrieges zu erhalten. Zweitens erschien ihnen die Erarbeitung eines Fragebogens für die Befragung von SchülerInnen anderer Schulen und der Bevölkerung an öffentlichen Plätzen der Stadt Bruck wesentlich. Die Mehrzahl der SchülerInnen stürzte sich auf die neue Erfahrung mit dem Fragebogen (wohl weil dies auch außerhalb der Schule und alleine möglich war), ohne die anderen Angebote genügend zu nützen.

(3) Die *Tagesplanung* erfolgte *zu kurzfristig*. Die SchülerInnen konnten sich während des Projektverlaufs (vier Tage) jeden Tag für die am nächsten Tag geplanten Aktivitäten eintragen. Diese Art der Gruppenbildung erwies sich jedoch nicht immer als gün-

stig. Teilweise entstanden zu große Gruppen, die nicht früh genug wieder aufgeteilt werden konnten. Andererseits stand für Beiträge geladener Gäste (z.B. eines Palästinensers) nicht das entsprechende Publikum zur vorgesehenen Zeit zur Verfügung, bzw. mußten Gruppen eine andere Arbeit unterbrechen.

(4) *Hintergrundinformationen* zum Golfkrieg wurden *kaum erarbeitet*. Sie erschienen möglicherweise zu anstrengend bzw. zu schulähnlich, sodaß sich nur eine kleine Gruppe von SchülerInnen damit beschäftigte. *„Projekte haben nichts mit der Schule und dem Lehrstoff zu tun"*, meinte z.B. ein Schüler.

(5) Eine genaue *Anwesenheitskontrolle* war aufgrund der Arbeitsmethode - fluktuierende Gruppen - nur *schwer möglich*. So ergriff z.B. der Großteil einer 5. Klasse während der Abschlußdiskussion (Plenum) die Gelegenheit, einfach wegzugehen.

(6) Ein weiteres Problem ergab sich aus dem Umstand, daß die Auswertung der Fragebögen zu lange dauerte und während des Projekts *keine Zeit für Überlegungen über die Schlußfolgerungen* aus der Umfrage blieb.

Probleme des Projekts *Liebe, Sexualität und Gefühlswelt von Jugendlichen und Erwachsenen*

Dieses Projekt wurde zwölf Monate nach dem Golfprojekt durchgeführt. Dabei wurde versucht, aus den Erfahrungen mit dem Golfkriegprojekt zu lernen und dessen organisatorische Schwächen zu vermeiden.

(1) Die *Einschränkung der Teilnahme* war eine wichtige strukturelle Änderung. Nur die siebten und achten Klassen erhielten die Möglichkeit, an diesem Projekt teilzunehmen; drei der vier Klassen, die infrage kamen, entschieden sich für das Projekt.

(2) Es gab eine *längere Vorbereitungsphase*. Die Vorbereitungen begannen bereits zwei Monate vor dem festgelegten Projekttermin (1. Schulwoche nach den Semesterferien). Ein Monat vor dem Projektbeginn fand unter Teilnahme aller SchülerInnen und eines Teils der am Projekt interessierten LehrerInnen ein Vorbereitungstag statt. Hier wurde in Plenarform und in Kleingruppen gearbeitet und das Resultat war eine sehr große Streuung des Problemfeldes aber auch die Herauskristallisierung einer Anzahl von inhaltlichen Schwerpunkten. Auch hinsichtlich der Erstellung eines Fragebogens zum Thema wurden Vorarbeiten geleistet (z.B. Einigung auf die Fragen), sodaß während der Projektwoche noch Zeit für eine Interpretation der Ergebnisse war. Zu den Vorbesprechungen des LehrerInnenteams wurden aus jeder Klasse zwei SchülerInnen eingeladen. Allerdings ergriff nur eine Klasse die Gelegenheit zur Teilnahme.

3) Eines der organisatorischen Ziele des Projekts bestand darin, die Möglichkeit einer *Integration aller Unterrichtsfächer* in das Projekt zu überprüfen. Vierzehn KollegInnen hatten sich für die Mitarbeit am Projekt interessiert. Bei siebzig SchülerInnen war die Lehrer-Schülerrelation zu eng, und so konnten nicht alle bis zum Ende dabei sein,

was zur Folge hatte, daß das Projekt für einige KollegInnen wieder *nicht ganz transparent* und die Kommunikation innerhalb des Teams nicht ausreichend möglich war.

4) Das Projekt erstreckte sich über mehr als ein Semester. Für alle beteiligten LehrerInnen bedeutete dies Mehrarbeit, wobei der *Zeitaufwand* für die Koordination und die Vorbereitungen wesentlich größer war als für die Durchführung, die nur eine Woche in Anspruch nahm. Derartige Projekte sind in gewissem Sinne 'Liebhaberprojekte' und so lange es keine Infrastruktur mit leicht zugänglichem Projektmaterial und ReferentInnen gibt, ist eine Institutionalisierung nicht denkbar (etwa in dem Sinn, daß jede Klasse sich einmal im Jahr an einem derartigen Projekt beteiligen kann).

Die Schwierigkeiten aus der Perspektive von LehrerInnen und SchülerInnen

Im folgenden Abschnitt soll etwas näher auf die Schwierigkeiten, die im Zusammenhang mit Innovationen am B(R)G Bruck aufgetreten sind, eingegangen werden. Es soll versucht werden, die Probleme zu beschreiben, sie kurz - soweit Datenmaterial vorhanden ist - zu belegen und Lösungsmöglichkeiten - soweit welche gesehen wurden - vorzustellen.

Dieser Teil wird in vier Abschnitte gegliedert. Der Beitrag der Schulleitung und die Position der Eltern können mangels Daten nur sehr grob dargestellt werden. Etwas ausführlicher werden Situation und Probleme auf LehrerInnen- und SchülerInnenseite behandelt.

Der Beitrag der Schulleitung
Das gleichzeitige Auftreten einer neuen Schulleitung und von Innovationen war nicht zufällig. Von der neuen Schulleitung wurden Projekte nicht nur gefördert, sondern (im Sinne des Lehrplans) ausdrücklich als erwünscht bezeichnet Dies geschah sowohl in pädagogischen Konferenzen - von seiten des Schulleiters und der Schulaufsicht - als auch in Form eines Lehrerläufers. Ein kurzer Ausschnitt daraus soll im folgenden zitiert werden:

„1. Der Lehrplan der AHS stellt eine verbindliche Verordnung dar. Es ist darin festgehalten, daß zur Umsetzung der allgemeinen Unterrichtsprinzipien, die ja bekannt sein sollten, vor allem projektorientierter Unterricht und Projekte geeignet sind.
2. Als geeignete Lehr- und Lernform weist der Lehrplan unter anderen Formen ebenfalls den projektorientierten Unterricht aus.
3. Es darf daran erinnert werden, daß eine Unterrichtsplanung zu erfolgen hat <...>. Damit die Jahresplanung koordiniert werden kann, ist es notwendig, über geplante Projekte möglichst frühzeitig informiert zu werden. Die Aufgabe, geplante Projekte zu registrieren, zu koordinieren, zu administrieren und gegebenenfalls einzuschränken, hat dankenswerterweise eine Gruppe interessierter Kolleginnen und Kollegen übernommen.
4. Die Schulaufsicht wünscht pädagogische Konferenzen auch über projektorientierte und fächerübergreifende Unterrichsterfahrungen <...>. Zu einer derartigen Konferenz wurde mit Lehrerläufer 18 vom 24. 10. 1991 eingeladen. Es ist für mich nicht

ermunternd, daß nur 16 Kolleginnen/Kollegen Interesse an Planungen von Aktivitäten zeigen, die der Lehrplan vorsieht."

Aus Gesprächen mit einigen KollegInnen erfuhren wir, daß dies als *„Beinahe-Verpflichtung"* und somit als Einschränkung und Einmischung in ihre Unterrichtsarbeit aufgefaßt wurde. Das Eintreten des Schulleiters für projektorientierten Unterricht rief somit sicherlich auch Unmut hervor. Die aktive Rolle des Direktors und sein Einsatz für den Projektunterricht ermöglichten jedoch erst Innovationen dieser Art, verringerten bürokratische Hemmnisse und trugen somit wesentlich zur großteils positiven Aufnahme der verschiedenen Projekte bei.

Die Position der Eltern

Eltern erwarten heute zwar, daß Schule neben kognitivem Wissen auch Selbständigkeit, Selbsttätigkeit, Kommunikationsfähigkeit, Teamfähigkeit usw. vermittelt, glauben aber oft, daß dies auf die gleiche Art und Weise erfolgen könne, wie sie selbst Unterricht erlebt haben. Diese Auffassung wurde aus vielen Gesprächen mit Eltern deutlich. Es gibt keine Daten über allgemeine Einschätzungen von Eltern. Eltern und die Öffentlichkeit wurden jedoch teilweise über die Projekte informiert und haben diese durchaus positiv zur Kenntnis genommen (Brief an alle Eltern einer Klasse über das Projekt „500 Jahre Lateinamerika - Begegnung zweier Kulturen"; Radiosendung „Zick-Zack" anläßlich des Projekts „Liebe, Sexualität und Gefühlswelt von Jugendlichen und Erwachsenen"; von SchülerInnen organisierte Pressekonferemz zu „Ausländer in Bruck", Berichte in Tageszeitungen usw.).

Insgesamt ändert das jedoch nichts daran, daß es sich beim Projektunterricht um eine Unterrichtsform handelt, die sehr vielen Eltern unbekannt ist. Sie bemerken aber, daß SchülerInnen (mit Fragebögen) in der Stadt *„spazieren"* und ohne Schultaschen in die Schule gehen.

Probleme aus der Perspektive der LehrerInnen

Neben den reinen Organisations- und Koordinationsproblemen sind bei der Ein- und Durchführung von Innovationen immer auch Schwierigkeiten aufgetreten, die mit unterschiedlichen Auffassungen über „Schule", über das, was Schule vermitteln und bewirken soll, über LehrerInnen- und SchülerInnenrollen, über Bewertungen und Bewertbarkeit zusammenhängen. Ein Kernproblem dabei war u.E. die unterschiedliche Schwerpunktsetzung und Gewichtung der allgemeinen Bildungsziele bzw. Unterrichtsprinzipien im Verhältnis zu den Fachlehrzielen. Unterschiedlich waren auch die Einschätzungen, was Projektunterricht bzw. traditioneller Unterricht abdecken können. Das Datenmaterial für die folgende Analyse stammt aus mehreren Interviews mit LehrerInnen.

Beim Projektunterricht geht es in erster Linie um die Entwicklung von Teamfähigkeit und persönlichen Fähigkeiten, um zielorientiertes Arbeiten und um den Erwerb von vernetztem Fachwissen. Diese *prozeßorientierten Ziele* kommen in einer Äußerung eines Lehrers deutlich zutage: *„Projektunterricht hat bei richtiger Durchführung sehr viele Vorteile gegenüber dem herkömmlichen Unterrichtsstil:*

- *Abbau von Schulstreß, Leistungsdruck und Konkurrenzdenken*
- *Herstellung eines Praxisbezugs*
- *Umsetzung von Wissen in reales Handeln*
- *Fächerübergreifende Behandlung eines Themas*

Meine prinzipielle Einstellung ist daher auch sehr positiv. Bei der praktischen Durchführung gibt es aber, wie auch die Erfahrungen in unserer Schule zeigen, viele Hindernisse."

Ein zweites Problem wird jedoch darin gesehen, daß viele der hier angeführten Bereiche *kaum meßbar oder bewertbar* sind: *„Viele glauben, es schaue nichts heraus, es gäbe kein meßbares Resultat, der Fachgegenstand käme zu kurz."* Ergebnisse und konkrete Resultate liegen zwar oft in unterschiedlichster Form (z.B. in einer öffentlichen Präsentation) vor, werden aber nicht in traditioneller Weise benotet. *„Man kann sich beim Projekt einfach besser abseilen. Bei manchen Schülern ist Notendruck notwendig. Wie soll man beim Projekt überprüfen, wer was getan hat, ob sie sich mit dem Thema auseinandergesetzt haben."*

Auch bei einer prinzipiell positiven Grundhaltung Projekten gegenüber sind die Erwartungen und Vorstellungen hinsichtlich des Inhalts, des Wertes prozeßorientierter Arbeitsweisen, meßbarer Ergebnisse und konkreter Resultate sowie der LehrerInnenrollen sehr unterschiedlich und oft sogar widersprüchlich. Einerseits: *„SchülerInnen lernen neue Arbeitsweisen kennen."* Andererseits sollen SchülerInnen neue Arbeitsweisen auch bereits „können": *„Unfähigkeit zeigte sich etwa darin, daß die meisten SchülerInnen über grundlegende Qualifikationen wie konzentriertes Textlesen, Exzerpieren, Interpretieren ... nicht verfügen. Von selbständigem methodischen Sammeln von Informationen kann schon gar keine Rede sein."*

Ein drittes Problem besteht darin, daß Projektunterricht ein *geändertes Rollenverständnis der LehrerInnen* erfordert. *„Ich find' mich dazwischen selber nicht ganz zurecht, man ist dazwischen so hilflos. Du hast nicht, wie bei einer Stunde, ein Rezept. Du weißt nicht, wie läuft's jetzt die nächsten zwei Stunden. Da muß man einfach die Einstellung haben, daß es nicht tragisch ist, wenn etwas danebengeht. Das ist auch sicher ein Problem für alle, die nicht wirklich Projekte machen wollen. Da werden sie nur negative Erfahrungen machen. Man kann das nicht genau planen, und man darf das dann nicht als Katastrophe auffassen."*

LehrerInnen wird eine neue Rolle zugewiesen: die des Beraters und Koordinators. Eher verunsichernd - vor allem in Hinblick darauf, daß nur wenige LehrerInnen eigene Schülererfahrungen mit Projekten haben - definiert der Grundsatzerlaß des Jahres 1992 zum Projektunterricht: *„Ihre Aufgaben liegen neben der fachlichen Kompetenz verstärkt in der Hilfestellung bei der Strukturierung von Planungs- und Entscheidungsprozessen und der dazu notwendigen didaktischen und organisatorischen Bedingungen, bei der Vermittlung arbeitsmethodischer Kompetenzen sowie der Bewußtmachung gruppendynamischer Prozesse und der Unterstützung von Reflexionsprozessen."* Kurz: Vorausplanung ist in vielen Fällen nicht möglich, viel Flexibilität ist notwendig. Das bedeutet oft ein „sich Einlassen müssen" auf etwas Neues,

Unbekanntes, nicht Vorhersehbares - und das ist mit Risiko und Angst verbunden.

Auf der anderen Seite steht der traditionelle Fachunterricht. Die LehrerInnenrolle ist klar und allen bereits aus der eigenen Schulzeit bestens bekannt. Der Unterricht kann sehr genau vorausgeplant werden, gut organisiert sein und sehr effizient erscheinen. Der Lehrer ist immer der Fachmann und Leistungen auf kognitiver Ebene immer bewertbar.

Ein viertes Problem ergibt sich daraus, daß Projekte *auch bei Nichtteilnahme eines Lehrers immer einen Eingriff in dessen Unterricht* darstellen. Der Stundenplan ist geändert, Stunden entfallen, und die Kinder lernen eine andere Facette von Schule und Unterricht kennen. Berührungspunkte und Abhängigkeiten sind also in beiden Richtungen, sowohl auf organisatorischer als auch pädagogischer Ebene, vielfach gegeben.

Ein fünftes Problem besteht darin, daß Neuerungen meist auch einen großen *Arbeitsaufwand* bedeuten. *„Eine Woche Projekt bedeutet für Schüler und Lehrer eine große Umstellung und ist sehr anstrengend. Ein Projekt bedeutet viel mehr Energieaufwand."* Der Aufwand ist für alle Beteiligten sehr hoch. Es ergibt sich aber daraus nicht ein unmittelbares, sofort ablesbares Ergebnis, das diesem Mehraufwand entsprechen würde.

Die Perspektive der SchülerInnen

Anders als bei LehrerInnen ist bei den SchülerInnen die Einstellung zum Projektunterricht grundsätzlich positiv. Die Begeisterung für neue Unterrichtsformen ist meist groß, die Vorstellungen und Erwartungen sind jedoch auch hier sehr unterschiedlich. Viele SchülerInnen beschreiben den Projektunterricht als abwechslungsreich, anregend und lehrreich in jeder Beziehung. Ihr Einsatz ist oft enorm, die Freude einiger wirkt sich auch auf andere aus. Hier einige Zitate aus einem Fragebogen anläßlich eines Projektes:

„Ich habe viel gelernt. Im Gegensatz zum normalen Unterricht war es lustiger in Gruppenarbeit und auch interessanter."

„Ich habe einiges gelernt und kann deshalb mit anderen über das Thema besser sprechen".

„Zusammenhänge sind mir klarer geworden: Vielleicht traue ich mich jetzt eher, anderen meine Meinung zu sagen."

Anderseits erleben sie Projekte oft nicht als 'regulären' Unterricht - ja nicht einmal als Schule. Während eines Projektes fragten z.B. engagierte Projektmitarbeiter *„wann denn wieder Schule sei"* und meinten damit offenbar den Regelunterricht. Problematische Auswirkungen dieser Einstellung traten bei Großprojekten in Oberstufenklassen (sie umfassen mehrere Klassen) zutage. Projekte wurden von einigen SchülerInnen als willkommene Unterbrechung des Unterrichts im Sinne einer *„lockeren"* Woche, in der man nicht zu kommen braucht, gesehen. Diese Schwierigkeiten traten jedoch vor allem dann auf, wenn Projektinhalte von LehrerInnen vorgegeben wurden, oder SchülerInnen sich mehr oder weniger „gezwungen" fühlten, an Projekten, deren

Themen sie ablehnten, teilzunehmen - z.B. wenn sich nur eine kleine Minderheit von SchülerInnen einer Klasse gegen ein Projekt aussprach. Dazu kommt, daß einige SchülerInnen die Inhalte des Projektunterrichts als nicht „abprüfbaren“ Lernstoff erleben. Wenn für sie nur die kognitive Ebene wesentlich erscheint, sehen sie ihn als vernachlässigbar an. Bei Großprojekten erwies sich oft auch die Zahl der beteiligten SchülerInnen als hemmender Faktor. Ähnliches gilt für die Beteiligung einer größeren Zahl von LehrerInnen.

Ausblick

Alle bisher gewonnenen Erfahrungen zeigen, daß der Projektunterricht an unserer Schule nur schrittweise weiterentwickelt werden kann und daß die Bedenken und auch Widerstände einzelner LehrerInnen durch behutsames Vorgehen verringert werden können. Wir sind zur Überzeugung gelangt, daß mit Projektunterricht so früh wie möglich begonnen werden sollte, damit die SchülerInnen das selbständige Arbeiten erlernen. Themenzentrierter Unterricht und kleinere Projekte innerhalb einer Klasse bieten sowohl für LehrerInnen als auch für SchülerInnen die Möglichkeit, mit den neuen Unterrichtsformen vertraut zu werden.

Allerdings, eine nüchterne und zugleich behutsame Vorgangsweise sind erforderlich, wie dies ein Lehrer in einem Interview zum Ausdruck brachte: *„Die Einseitigkeit der Profilierungssüchtigen und der Konservativbequemen sollte vielleicht eher einer Kompromißbereitschaft weichen, die Projektunterricht zu dem macht, was er meiner Meinung nach sein sollte: Eine mögliche Ergänzung zum üblichen Unterricht, wenn dies von allen Beteiligten (SchülerInnen und LehrerInnen) als erwünscht und notwendig angesehen wird. Diese Übereinkunft bezieht sich auf Thema, Arbeitsweise, Dauer und zeitliche Einordnung im Laufe des Schuljahres.“*

Notwendig sind sicher realistische Einschätzungen dessen, was Projekte bewirken und leisten können. Unerläßlich erscheint uns die Bereitschaft, Erfahrungen zu sammeln und viel Geduld hinsichtlich der Entwicklungsprozesse bei SchülerInnen zu haben. Schulinterne Lehrerfortbildungen und Erfahrungsaustausch im Rahmen von Projektkonferenzen und Pädagogischen Konferenzen können die Schwierigkeiten mit dieser Unterrichtsform mildern. Alle diese Maßnahmen wurden an unserer Schule getroffen und wirkten sich positiv aus. Wir sehen der Umsetzung der neu gewonnenen Erfahrungen sehr positiv entgegen, wissen aber auch, daß wir die Reaktionen aller am Projektunterricht Beteiligten ständig beobachten müssen, um auf mögliche neue Schwierigkeiten konstruktiv reagieren zu können.

2.2 Lernzielorientierte Leistungsbeurteilung - Anatomie eines mühsamen Anfangs.

Christa Bauer

Die Ausgangssituation

Im Schuljahr 1991/92 wurde eine neue Allgemeinbildende Höhere Schule (AHS) in Graz eröffnet: Siebenundzwanzig LehrerInnen, die einander zum Großteil noch nicht kannten, ein brandneues Schulgebäude, in dem es von der Kreide bis zum Abfallkübel an so ziemlich allem mangelte, was man bisher gewohnt war, und eine Atmosphäre, die förmlich danach roch, alles neu und ganz anders machen zu wollen als bisher. Es war eine aufregende und gleichzeitig aufgeregte Atmosphäre - denn das *Wie* des *Alles Anders* war noch keineswegs klar.

Grundlage für die Arbeit war das *Schulmodell Neue Mittelschule*. Es sieht vor, daß Kinder ohne AHS-Reife ebenso aufgenommen werden wie sehr begabte SchülerInnen. Das *Zweilehrersystem* (Teamteaching) sollte eine innere Leistungsdifferenzierung zur Förderung aller SchülerInnen ermöglichen. In etwa 70% der Unterrichtsstunden sollten zwei LehrerInnen in der Klasse anwesend sein. Für manche LehrerInnen bedeutete das, in fast allen Stunden gemeinsam mit einem Teampartner in der Klasse zu unterrichten. Nur ein einziger Kollege hatte bereits Erfahrungen mit Teamteaching. Für alle anderen war diese Form des Unterrichts völlig neu.

Ein zweiter Eckpfeiler des Schulversuchs ist das *Drei-Phasenmodell des Unterrichts*: das Schuljahr gliedert sich in Fachphase, themenzentrierten Unterricht und anschließende Kursphase. Besonders letztere sollte für fächerübergreifendes ganzheitliches Lernen, für Begabtenförderung, aber auch die Förderung leistungsschwacher Kinder genützt werden. Es wurde bald klar, daß solche Aufgaben nur durch intensive Absprachen der LehrerInnen einer Klasse bzw. eines Jahrgangs gelöst werden können.

Auch mit dem Anspruch, *alternative Lernformen* in erhöhtem Ausmaß einzusetzen, hatte kaum jemand von uns vorher ernsthafte Erfahrungen gemacht. Schließlich sollte der Schulversuch durch eine neue Form von *Evaluation*, durch Aktionsforschung, begleitet werden. Davon hatten bloß einige theoretische Kenntnisse - also auch hier betraten wir Neuland. Ein weiteres Element der Schulversuchsbeschreibung (eine „Kann-Bestimmung“) war die sogenannte *lernzielorientierte Leistungsbeurteilung*. Diese Innovation bildete den Entwicklungs- und Forschungsschwerpunkt unseres Innovationsteams.

Was ist die lernzielorientierte Leistungsbeurteilung?

Lernzielorientierte Leistungsbeurteilung ist ein Bewertungsmodell, bei dem die Leistungen von SchülerInnen in aufgeschlüsselter Weise in die Note Eingang finden und in erster Linie der Rückmeldung für die SchülerInnen dienen. Um lernzielorientiert beurteilen zu können, ist es nötig, den Jahresstoff eines Gegenstandes in Lernziele aufzugliedern und zu gewichten. Unverzichtbare Grundlagen werden als *Fundamentum* für einen positiven Abschluß der Schulstufe ausgewiesen. Der Erweiterungsstoff wird als *Additum* zur weiteren Differenzierung (für die Noten 1 - 3) verwendet. Die SchülerInnen können anhand der *Lernzielangaben* selbst erkennen und überprüfen, was sie lernen müssen, d.h. welche Lernziele sie für welche Note erreichen müssen. Als LehrerIn ist es möglich, dem Schüler differenziert rückzumelden, was er schon kann und was er noch lernen muß. Prüfungen und Schularbeiten im herkömmlichen Sinn werden zu *'Lernzieldiagnosen' und 'Lernzielkontrollen'* umgestaltet.

Warum gerade diese Innovation?

Als die Frage aktuell wurde, mit welcher Innovation sich unsere Schule am steirischen Innovationsprojekt beteiligen würde, wurde auf Initiative eines Mitglieds unseres Lehrkörpers (für diese Studie geben wir ihm den Namen Hermann) die lernzielorientierte Leistungsbeurteilung genannt. Hermann war bereits an der Ausarbeitung des Konzepts für diese Schule beteiligt, also 'ein Mann der ersten Stunde'. Zeitgerecht für das erste Seminar des Projekts bildete er ein Team, bestehend aus ihm selbst und weiteren zwei KollegInnen.

Ich stieß als letzte - erst nach dem ersten Seminar - zu diesem Team und bewahrte mir daher relativ lange eine gewisse Außenperspektive. Als Teammitglied erwarb ich jedoch auch eine Innensicht und möchte aus dieser Perspektive versuchen, die Arbeit des Teams und vor allem die Rolle Hermanns, des Initiators, bei der Realisierung dieser Innovation zu untersuchen. Ich möchte an diesem Fallbeispiel aufzeigen, welchen Problemen sich ein Einzelner ausgesetzt sieht, der seine Begeisterung für eine Innovation in einem neuen Lehrkörper zur Geltung bringen möchte.

Hermann konnte sein ursprüngliches Ziel, die lernzielorientierte Leistungsbeurteilung in der Schule zu verbreiten und sie dabei inhaltlich zu untersuchen, trotz größter Anstrengungen nur ansatzweise erreichen. Nur in einer ersten Klasse, der 1d, hat sich die Mehrzahl der LehrerInnen zu einem Versuch bereit erklärt. Die Studie ist ein Versuch, diesen Aspekt der Entwicklung unserer Schule etwas besser zu verstehen. Um nicht nur meine Interpretation der gesammelten Daten darzustellen, habe ich eine unserer AdministratorInnen, die auch als Mitglied der ursprünglichen Projektgruppe 'Neue Mittelschule' das Schulversuchskonzept in der Steiermark mitentwickelte, gebeten, ihre Beobachtungen in einem Kommentar anzufügen (vgl. Kap. 2.3).

Wie kam ich zu den Daten?

Ein ganzes Jahr lang sammelten wir Material über den Verbreitungsstand und die inhaltliche Entwicklung der lernzielorientierten Leistungsbeurteilung. Der Analyse liegen folgende Unterlagen zugrunde: Hermann befragte im November schriftlich alle LehrerInnen der Versuchsklasse 1d, um den Stand ihrer Überlegungen und erste Erfahrungen kennenzulernen (im folgenden zitiert als FB). Alle Mitglieder des Innovationsteams verfaßten im Februar eine persönliche Rückschau auf ein halbes Jahr

Arbeit an der lernzielorientierten Leistungsbeurteilung (zitiert als TB). Etwas später führte ich selbst eine schriftliche Befragung durch, um die Erfahrungen anderer betroffener KollegInnen kennenzulernen (zitiert als B). Schließlich wurde auch unsere Betreuerin aus dem Innovationsprojekt gebeten, den Direktor der Schule über seine Wahrnehmung der Arbeit des Innovationsteams zu interviewen (zitiert als I).

Was fand ich heraus?

Nach Durchsicht des Datenmaterials und nach intensiver Diskussion im Innovationsteam und mit den BetreuerInnen des Innovationsprojekts, möchte ich die Ergebnisse in vier Thesen darstellen, die ich jeweils kommentiere und belege.

These 1: Der Innovator ist mit seinem Verhalten und mit seinem Auftreten ein entscheidender Faktor für die Annahme oder Nichtannahme einer Innovation im Lehrkörper

Als Mitglied der Projektgruppe, die den Schulversuch Neue Mittelschule konzipierte, konnte Hermann auf die Aufnahme der lernzielorientierten Leistungsbeurteilung (LLB) in die Modellbeschreibung Einfluß nehmen. Der Direktor weist darauf in seinem Interview hin: *„Hermann hat das immer wieder eingefordert <...> aus diesem Grund ist das <die LLB> dann auch in die Modellbeschreibung gekommen." (I)*

Am Schulanfang wußten darüber aber nur jene drei Mitglieder des Lehrkörpers Bescheid, die auch Mitglieder der Projektgruppe gewesen waren. Im völlig neu zusammengewürfelten Lehrkörper schien es zunächst nur eine einzige Struktur zu geben, nämlich die informellen Beziehungen zwischen den Mitgliedern der Projektgruppe Neue Mittelschule und einzelnen LehrerInnen, die sich bereits kannten.

Diese Struktur kam in der Verteilung der Aufgaben deutlich zum Ausdruck. Die Übernahme von Funktionen bedeutete Sicherung der eigenen Position und Einflußmöglichkeiten - für einen Innovator wichtige Dinge. Hermann übernahm die Funktion des Fortbildungskoordinators (zuständig für die schulzentrierte Lehrerfortbildung), später die des Fachkoordinators für Mathematik und schließlich auch die Funktion eines Standortkoordinators (von denen es zwei gab). Das war ein Aufgabenbereich, dessen Kompetenzen nicht genau festgelegt waren, der aber die Vertretung der Schule im Rahmen des Schulverbunds und die Zuständigkeit für die Evaluation einschloß.

Als besonderes Anliegen verfolgte Hermann die Idee der lernzielorientierten Leistungsbeurteilung und setzte zahlreiche Initiativen: ihre Aufnahme in die Schulversuchsbeschreibung, in das Innovationsprojekt und die Bildung eines entsprechenden Teams, die Initiierung von verbundweiten Fortbildungsveranstaltungen zur lernzielorientierten Leistungsbeurteilung, die Durchsetzung eines Modellversuchs in einer ersten Klasse und die Vorstellung der lernzielorientierten Leistungsbeurteilung in Fachkonferenzen innerhalb des Schulverbunds.

Und trotzdem - wenn man all diese Maßnahmen bedenkt, war die Resonanz im Lehrkörper eher gering. Eine mögliche Erklärung dafür ist, daß diese Innovation in hohem

Maße mit Hermann als Person verbunden wurde. So wurde er z.B. von manchen als „Mr. LLB“ bezeichnet. Wenn eine Innovation mit einer Einzelperson verbunden wird, wird ihre Einschätzung auch abhängig von der Akzeptanz dieser Person. Hermann gelang es recht gut, Ideen als Angebote in den Raum zu stellen. In einer Überfülle schon vorhandener Angebote erwies sich das jedoch als zuwenig und wurde als diffuser Druck empfunden, zumal es für die LehrerInnen bereits klare Aufgabenzuweisungen gab. Lernzielorientierte Leistungsbeurteilung war ja nur als „Kann-Bestimmung” im Schulversuchskonzept verankert, was vom Direktor im Rahmen einer schulinternen Fortbildungsveranstaltung zur Leistungsbeurteilung im März des Schuljahres auch betont wurde.

Hermann hatte damals einen Modellversuch in einer Klasse vorgeschlagen, in der in allen Gegenständen lernzielorientiert beurteilt werden sollte. Er wählte dazu das LehrerInnenteam der 1d aus, weil dieses noch am ehesten dazu bereit war. Nur zwei LehrerInnen dieser Klasse lehnten eine Mitarbeit ab.

Auf einem Elternabend im November stellte Hermann auf Wunsch der Eltern das Konzept der lernzielorientierten Leistungsbeurteilung am Beispiel des Mathematikunterrichts vor und erklärte es als für alle Gegenstände realisierbar und wünschenswert. Mit dem positiven Votum der Eltern entstand für alle LehrerInnen der 1d erheblicher Druck, den Elternwunsch zu erfüllen. Auch in Fortbildungsveranstaltungen, in den Konferenzen und gegenüber den anderen Schulen des Verbunds wies Hermann immer wieder auf die Bedeutung dieser Innovation hin, sodaß er den KollegInnen bald geradezu als personifizierter Druck erschien. In seiner eigenen Umfrage berichtet ein Kollege, der gar nicht in der 1d unterrichtet, von einem *„großen Druck, der von Hermann ausgehe" (FB)*. Auch eine Äußerung des Direktors weist auf Personalisierung im Lehrkörper hin: *„der will einfach etwas durchsetzen..." (I)*; mit *„warum sollen wir etwas tun, was dem Hermann sein Steckenpferd ist?" (I)* skizziert er die Stimmung unter den LehrerInnen.

Hermann reagierte auf diese Tendenzen mit verstärktem ‘missionarischen’ Einsatz. *„Wie mach ich's, daß es den anderen zum Bedürfnis wird?"* ist nicht nur ein Originalzitat, sondern auch eine Art Motto. Ja, wie?

These 2: Das Fehlen adäquater Kommunikationsstrukturen behindert die Auseinandersetzung mit Innovationen

Eines der Probleme der neuen Schule war die Notwendigkeit häufiger und langer Konferenzen. Ein Einzelner, vor allem wenn er in verschiedenen Funktionen zu sprechen hat, gerät dadurch unter Druck. Tatsächlich verlangte Hermann mehrere Male Tagesordnungspunkte in Konferenzen und mußte schließlich wegen der vorgerückten Zeit seine Wortmeldung stark kürzen oder überhaupt darauf verzichten. Wichtige Informationsmöglichkeiten gingen dadurch verloren. Bei einer der ersten Konferenzen waren von Hermann z.B. zwei Tagesordungspunkte beantragt worden: Fortbildung und lernzielorientierte Leistungsbeurteilung. Er kam erst gegen Ende zu Wort und mußte sich unter dem Druck der fortgeschrittenen Zeit kurz halten. So kündigte er nur je eine Fortbildungsveranstaltung zur Aktionsforschung und zur lernzielorientierten Leistungsbeurteilung an. Ich war nicht die einzige Lehrerin, die mangels Information nicht bei jener Veranstaltung landete, die sie eigentlich interessierte.

Hermann wählte daher mehr und mehr die schriftliche Form der Mitteilung. Eine Kollegin vom LLB-Team äußerte sich dazu in ihrem Erfahrungsbericht: *„Hermann tritt in gutem Glauben, daß schriftliche Äußerungen auch gelesen werden, immer wieder schriftlich an die Kollegenschaft heran, was keinen Effekt hat." (TB)*

Selbst die Weitergabe von Informationen im informellen Gespräch erwies sich in unserer Schulwirklichkeit mit ihren kurzen Pausen, die von den Teampartnern, die häufig gerade aus der Zweitschule angehetzt kamen, noch zu letzten Vorbereitungen genützt werden müssen, als nicht effektiv genug. So erfuhr ich z.B. erst vier Monate nach Beginn des Innovationsprojekts von der Beteiligung unserer Schule und der Existenz eines ‘LLB-Teams’, als ich als Ersatz für eine Kollegin zu einem Seminar dieses Projekts eingeladen wurde.

These 3: Die gleichzeitige Inangriffnahme mehrerer Innovationen überfordert die Leistungskapazität der LehrerInnen
Die mit dem Schulkonzept verbundene Entwicklung teilweise neuer Gegenstände (z.B. „Ökologie" als Verschmelzung von Geografie und Biologie oder „Geschichte, Sozial- und Friedenskunde") erforderte einen weit höheren Arbeitsaufwand als die Tradierung des etablierten Fächerkanons in einer schon lange bestehenden Regelschule. Dazu kamen noch die ungewohnten Anforderungen des „Dreiphasen-Modells", Versuche mit neuen Lernformen und nicht zuletzt das neue Schulgebäude, in dem von den Medien bis zu den Lehrmitteln erst alles angeschafft werden mußte. Widerstände gegen weitere Neuerungen sollten daher nicht überraschen.

Die Anfangsschwierigkeiten bei der Einführung der lernzielorientierten Leistungsbeurteilung schienen gewaltig, besonders in den „neuen" Fächern. Dazu eine Aussage aus der schriftlichen Befragung: *„Lernzielorientierte Leistungsbeurteilung ist generell eine gute Idee, aber zunächst undurchführbar ... in (der) neuen Situation im Verbund fast nicht zu machen." (FB)*

Schwierigkeiten bereitete auch die Gliederung in Basis- und Erweiterungsziele als Voraussetzung für die innere Differenzierung. So gaben die LehrerInnen der 1d bei einer Umfrage im März an, dafür zwischen 2 und 16 Arbeitsstunden pro Fach gebraucht zu haben (bei einem Durchschnittswert von 4,3 Stunden). Als nächste Hürde erwiesen sich die Lernzielkontrollen. Herkömmliche Schularbeiten, die ‘alles ein bißchen abprüfen’, erwiesen sich als wenig geeignet. Erste Probleme zeigten sich bereits bei der Umfrage im November mit Meldungen wie *„enormer Zeitaufwand bei der Erstellung der Lernzielkontrollen"; „Korrektur schwierig, da Fragen zu vielschichtig beantwortbar < > waren"; „...mit viel Aufwand wenig Stoff überprüft." (FB)*

Die Angst vor dem zusätzlichen Arbeitsaufwand war also nicht ganz unbegründet.

Trotzdem war die Zufriedenheit der LehrerInnen mit der lernzielorientierten Leistungsbeurteilung recht groß. In der schriftlichen Umfrage im März fanden sich dazu folgende Äußerungen: *„bessere Motivation der Schüler"; „Lehrplanentrümpelung"; „.Mitverantwortung der Schüler"; „die Beurteilung wird für die Eltern/Lehrer/Schüler transparenter" (B).*

Die bei der Umfrage geäußerte Zufriedenheit der LehrerInnen mit ihrer Arbeit strahlte jedoch nicht auf die KollegInnenschaft aus, wohl aber ihre Zweifel an der lernzielorientierten Leistungsbeurteilung und die Probleme, die sie mit ihr hatten. Der Umgang mit dieser Kritik, die man durchaus auch konstruktiv für Diskussionen nutzen hätte können, führt mich zu meiner letzten These.

These 4: Scheu vor der Auseinandersetzung mit Kritik behindert die Akzeptanz einer Innovation

Ein Dreivierteljahr leisteten wir als Innovationsteam inhaltliche Entwicklungsarbeit an der lernzielorientierten Leistungsbeurteilung, jeder Kollege in seinem Fach für sich - mit ziemlich unterschiedlichem Erfolg. Darüber hinaus untersuchten wir die Auswirkungen auf andere Betroffene und teilten uns diese Arbeit auf: Eine Teamkollegin und ich befragten in erster Linie andere KollegInnen, Hermann wollte sich auf die SchülerInnen konzentrieren und unsere vierte Teamkollegin sprach mit Eltern. Wir sammelten relativ viel Material, kamen jedoch selten dazu, die Aufzeichnungen auch wirklich auszuwerten und darüber zu reflektieren. Außerdem fällt mir bei der jetzigen Durchsicht auf, daß wir kritische Äußerungen kaum festhielten.

Doch wenn ich mich an meine subjektiven Erinnerungen halte, weiß ich, daß es genügend Kritik gab:

- KollegInnen äußerten, daß sie durch den Druck, der von der Versuchsklasse 1d ausging in die lernzielorientierte Leistungsbeurteilung *„hineingezogen"* wurden;
- Der Lernzielkatalog für das Fach Deutsch stieß auf erhebliche Kritik von seiten einiger Eltern und war Gegenstand eines eigens einberufenen Elternabends;
- Auch der Direktor nahm von SchülerInnen- und Elternseite Probleme wahr und berief eiligst eine Versammlung des Innovationsteams ein.

Nichts ist davon in unseren Materialien enthalten. Wir scheuten uns offenbar, kritisches Material zu sammeln, weil es uns zu persönlich erschien und wir einander nicht verletzen wollten. Besonders unsolidarisch erschien uns das wohl der Kollegin gegenüber, auf deren Lernzielkatalog kritisch reagiert wurde.

Unser Umgang mit Kritik? Sie war peinlich und schien den Fortgang der Innovation zu stören. Man durfte darüber tuscheln, aber nicht ernsthaft diskutieren - dafür war auch weder Zeit noch Raum vorgesehen. Weder innerhalb unseres Teams noch nach außen wurde darüber offen geredet.

Kritik an der Innovation traf vor allem auch den Direktor als Letztverantwortlichen, der in der besonders ausgesetzten Position der neuen Versuchsschule vor allem die Zufriedenheit von Eltern und SchülerInnen sicherstellen wollte. Seine Reaktion auf die Kritik war der Versuch, die Kontrolle über die Innovation zu übernehmen: *„Alle*

Lehrer der 1d versammeln sich in der großen Pause, ich muß mir einen Überblick verschaffen". Die Unterredung endete schließlich in einer ausführlichen gegenseitigen Information. Hier wurde die Spannung im Feld InnovatorInnen - Leiter - KollegInnen am deutlichsten sichtbar; wir wollten sie aber nicht sehen, daher kein Material. Was aber noch mehr zählt: Wir verzichteten auf eine ernsthafte, das heißt auch durch die entstandenen Fehler geprägte Auseinandersetzung mit der Kollegenschaft und dem Leiter. Bei all der vielen Arbeit wollten wir nicht dafür auch noch Zeit erübrigen und von anderen fordern.

Hier zeigt sich eine klassische Dilemmasituation: Einerseits hatten wir Angst, uns auf Reflexion und Auseinandersetzung mit Kritik einzulassen und dadurch die Toleranz der Kollegenschaft auf die Probe zu stellen. Andererseits war es uns gerade durch den Verzicht darauf nicht möglich, eine wirkliche Akzeptanz der Innovation zu erreichen.

Welche förderlichen Bedingungen gab es für unsere Innovation?

Bei meinen vorangegangenen Schilderungen des Hergangs unserer Innovation habe ich meinen Blick in erster Linie auf die Hemmnisse, die sich uns in den Weg stellten, gelenkt. Daraus, meine ich, kann man am meisten lernen. Ich möchte jedoch betonen, daß dies nicht heißt, es hätte nur solche gegeben. Es gab auch viele Lichtpunkte, die nicht unerwähnt bleiben dürfen. Ohne sie wäre es wohl kaum möglich, Innovationen in diesem Ausmaß durchzuführen.

Der Großteil der KollegInnen war innovationsfreudig und engagiert, vor allem jene, die sich freiwillig an diese Versuchsschule meldeten. Unserem Direktor gelang es gut, ein Klima der Offenheit und Akzeptanz für Neuerungen zu schaffen. Auch viele Eltern meldeten ihre Kinder sehr bewußt für diese „Neue Mittelschule" an und wünschten Innovationen. Auf dem ersten Elternabend meiner eigenen Klasse versuchte ich, Erwartungen und Befürchtungen der Eltern abzuklären. Auf das Plakat *„Was befürchte ich, daß passieren kann? ..."* schrieben Eltern: *„ ... daß es eine ganz normale Schule wird"*.

In einer Parallelklasse der Versuchsklasse 1d wurde in zwei Fächern (Englisch, Mathematik) von einigen LehrerInnen ebenfalls lernzielorientierte Leistungsbeurteilung eingeführt. Hier zeigte sich am Schulschluß eine hohe Zufriedenheit der Eltern und SchülerInnen mit dieser Leistungsbeurteilung.

Auf die Frage: *Was hat Ihnen/Dir in diesem Schuljahr besonders gefallen?* schrieben immerhin vier Eltern *„Lernziele"* auf das Plakat und alle zwanzig Kinderantworten hatten mit Lernzielen zu tun. Zwei Beispiele:
„Es war toll, daß wir in Englisch und Mathematik Lernziele erreichen konnten."
„Es war gut, daß man Lernziele nachholen durfte."

Bei allen Beteiligten entwickelte sich der Wunsch, auch im nächsten Jahr mit dieser Methode weiterzuarbeiten. Besonders förderlich für die Arbeit war aber die Außenbetreuung im Rahmen des Innovationsprojekts. Unsere Betreuerin bestärkte und ermutigte uns immer wieder und konnte, da sie die Situation zwar sehr genau kannte, trotzdem aber nicht direkt involviert war, zu neuen Ansatzpunkten raten. Der wissenschaftliche Leiter des Innovationsprojekts schließlich bedeutete durch sein großes und fundiertes Wissen um Schulwirklichkeit und Schulerneuerung eine große Bereicherung. Durch seine in der Sache harte, aber immer positiv formulierte Kritik, hat er bei mir einen Lernprozeß ausgelöst, für den ich sehr dankbar bin.

2.3 Kommentar einer Kollegin.

Tanja Weinberger

Christas Frage, warum es so *„mühsam"* war, eine der im Schulversuchskonzept vorgeschlagenen Innovationen in die Praxis umzusetzen, kann ich gut verstehen. Auch ich mußte erfahren, daß bei der Entwicklung von Innovationen, Geduld, Diskussions- und Kompromißbereitschaft unverzichtbar sind. Ihre Thesen zum Entwicklungsprozeß der lernzielorientierten Leistungsbeurteilung halte ich für zutreffend. Ich möchte im folgenden einige Ergänzungen bzw. weitere Gründe für die Schwierigkeiten bei der Einführung der lernzielorientierten Leistungsbeurteilung anfügen.

Das Teamteaching war *die* Herausforderung des ersten Jahres

Fast keine der KollegInnen, die am Standort Klusemannstraße zu arbeiten begannen, hatte praktische Erfahrungen mit dem Teamteaching. Es wurde bald sichtbar, daß diese Art des Unterrichtens erhebliche Anforderungen an die LehrerInnen stellt. Gemeinsames Unterrichten erfordert auch gemeinsames Planen. Und damit war man zunächst zeitlich völlig ausgelastet. Gemeinsamen Unterricht organisieren bedeutet ja auch Auseinandersetzung mit dem Teampartner und die Notwendigkeit, Kompromisse zu finden. *"Und da will noch einer etwas mit lernzielorientierter Leistungsbeurteilung?"*, fragte man sich nicht ohne Grund, als Hermann versuchte, dieses Bewertungsmodell ins Gespräch zu bringen.

Hermann kam zu früh

Hermann hätte warten müssen, bis die Beurteilungsproblematik als solche aktuell wurde. In der ersten Zeit war das Unterrichten das Wesentliche und nicht das Prüfen und Beurteilen. Erst als die ersten Schularbeiten geschrieben waren, kam auch das Thema Leistungsbeurteilung ins Bewußtsein der LehrerInnen. Man mußte Noten geben, das stand fest. Aber wie sollte man dabei vorgehen? Um eine so leistungsheterogene Schülergruppe, wie sie das Schulversuchsmodell vorsieht, beurteilen zu können, bedurfte es anderer Methoden als der herkömmlichen. Weder das an der Regel-AHS praktizierte Modell, noch das der Hauptschule erschienen geeignet. Die Lehrer hätten Zeit gebraucht, dies selbst zu erkennen und ihre eigenen Vorstellungen dazu zu entwickeln. Zu diesem Zeitpunkt hätte eine durch Hermann initiierte Diskussion über die lernzielorientierte Leistungsbeurteilung wahrscheinlich mehr Akzeptanz erfahren.

In Hermann wurden zu hohe Erwartungen gesetzt

Um diese Einschätzung zu belegen, möchte ich den Verlauf einer Veranstaltung zum Thema *Lernzielorientierte Leistungsbeurteilung* schildern: Hermann trug vor und ich hatte den Eindruck, daß man anfangs gewillt war, dem „Herrn Professor" zuzuhören, um diese Beurteilungsmethode kennenzulernen. Schließlich hatte Hermann ja eigene

Erfahrungen mit lernzielorientierter Leistungsbeurteilung aus der Regelschule, wo sie vielleicht nicht so notwendig, aber deshalb nicht weniger sinnvoll war. Er konnte auch ein Durchführungskonzept vorlegen, aber nur für die Fächer Mathematik und Physik und für eine relativ leistungshomogene SchülerInnengruppe. Die KollegInnen anderer Fächer erhielten auf konkrete Fragen, wie sie es denn machen sollten, nur den Hinweis: *„Das müßt ihr euch schon selbst überlegen"*. Hermann signalisierte damit: Eure Wirklichkeit gibt es für mich nicht, oder sie ist mir so fremd, daß ich euch nicht helfen kann. Lernziele muß jeder für sich entwickeln.

Da die von den LehrerInnen aufgeworfenen Fragen unbeantwortet blieben, erschien diese Veranstaltung wie ein Vortrag aus dem Elfenbeinturm und wurde bald vergessen. Trotz dieses etwas unglücklich geratenen Einstiegs konnte sich jedoch die Idee der lernzielorientierten Leistungsbeurteilung in den Köpfen einiger LehrerInnen einnisten und - wie jetzt zu beobachten ist - auch weiterentwickeln.

Ein Jahr später: Hermann hatte doch Erfolg

Durch viele Diskussionen in verbundweiten Fachkonferenzen und den Erfahrungen aus der Versuchsklasse 1d fand die lernzielorientierte Leistungsbeurteilung langsam Eingang in die Beurteilungspraxis aller Standorte des Schulverbunds. Von fast allen KollegInnen werden verschiedene Varianten erprobt, auch in Kombination mit herkömmlichen Methoden, und am AHS-Standort hat sich eine Gruppe von Lehrern konstituiert, die den Beitrag der lernzielorientierten Leistungsbeurteilung zur inneren Differenzierung (d.i. eine der Grundlagen des Schulversuchsmodells) systematisch untersucht. Besonders geschätzt werden dabei die Mitverantwortung der Schüler beim Wissenserwerb, die Möglichkeit der klaren Rückmeldung an die Eltern über den Leistungsstand ihrer Kinder und die Herausforderung für die Lehrer, sich genau überlegen zu müssen, was ihre Schüler wirklich können sollen. Die Mühe war doch nicht umsonst.

2.4 Organisationsentwicklung an einer Berufsbildenden Höheren Schule - Wege und Umwege.

Herta Eichinger, Werner Götz und Reinhard Kattnig

Die Ausgangssituation

An der Abendschule der Bundeshandelsakademie für Berufstätige in Graz werden etwa zweihundertfünfzig SchülerInnen in fünfzehn Jahrgängen von achtunddreißig LehrerInnen (von denen elf auch an der Tagesschule unterrichten) betreut. Bereits in den späten achtziger Jahren hatte sich im Lehrkörper das Gefühl herausgebildet, daß 'etwas geschehen müsse', um den Unterricht mit Erwachsenen effizienter zu gestalten. Auf Initiative des Direktors fand im Herbst 1987 ein schulinternes eintägiges Seminar zum Thema „Lernen mit Erwachsenen" statt, dem im Frühjahr 1988 ein weiteres halbtägiges Seminar folgte. Während am ersten Seminar fast der gesamte Lehrkörper teilgenommen hatte, war am zweiten Seminar nur mehr ein gutes Drittel anwesend, weil - weil nach Meinung des Schulleiters - die Erwartung, Rezepte zu erhalten, enttäuscht worden war.

Ein Leitbild entsteht

Die TeilnehmerInnen dieses zweiten Seminars bildeten im Herbst 1988 eine Arbeitsgruppe, die sich die Formulierung eines Leitbildes zum Ziel setzte. Dieses sollte den Rahmen für zukünftige Entwicklungen abstecken, das Selbstverständnis der Institution darstellen und der verbale Ausdruck der Unternehmenskultur der Schule sein. Es sollte die Grundlage für die Formulierung längerfristiger Ziele bilden.

In mehreren halbtägigen Arbeitssitzungen wurden Elemente eines solchen Leitbides identifiziert und von der Arbeitsgruppe bearbeitet: u.a. die Gründungsidee und Aufgabe der Schule, Erfolgsfaktoren, Zielgruppen, gesellschaftliches Umfeld, das Verhältnis zu anderen Bildungseinrichtungen, Organisationsstruktur und Arbeitsklima, Führungsgrundsätze, das Image und die Zukunft der Schule.

Eine Rohfassung des Leitbildes wurde dem Lehrkörper in einer pädagogischen Konferenz vorgestellt und eine überarbeitete Fassung eine Woche später in einer zweiten Konferenz verabschiedet. Dieser Prozeß verlief ohne größere Konflikte, obgleich bei einzelnen Feldern des Leitbildes durchaus Formulierungen mit Sprengkraft verwendet werden. So ist etwa bei den Führungsgrundsätzen zu lesen: *„Die BHAK bekennt sich zum partnerschaftlichen Führungsstil. Praktiziert wird dieser durch:*

- *persönliche, offene Gespräche, in denen wechselseitig Anerkennung und Kritik möglich sind;*
- *die Bereitschaft aller Beteiligten, eigenverantwortlich und aktiv mitzuarbeiten;*
- *Einbeziehung in Entscheidungsprozesse; usw."*

Die Erhebung der Ist-Situation (Image-Analyse)

Nach einer Ruhepause im Unterrichtsjahr 1989/90 erfolgte im September 1990 vom Direktor und vier Mitgliedern des Lehrkörpers die Einladung zur Mitarbeit an einer Projektgruppe, deren Aufgabe es war, einen Fragebogen für SchülerInnen zu entwickeln, um zu untersuchen, inwieweit das Leitbild aus der Sicht der SchülerInnen realisiert wird. Dieses Projekt bekam den Namen *Imageanalyse*, eine vornehme Umschreibung der Erwartung, einen Stärken- und Schwächenkatalog auf den Tisch zu bekommen, der zur Definition konkreter Veränderungen führen sollte.

An dieser Projektgruppe beteiligten sich sechzehn KollegInnen, also fast 50% des Lehrkörpers. Es gab einen Projektgruppenleiter, eine Stellvertreterin, ein Rotationssystem für Protokollführung und Verantwortliche für die Moderation der Sitzungen. Diese Struktur sollte dazu beitragen, daß sich möglichst viele mit dem Vorhaben identifizieren konnten. Im Verlaufe der drei Treffen der Projektgruppe wurde allerdings deutlich, daß einzelne Teilnehmer ihre Aufgabe mehr darin sahen, kritische Instanz zu sein und die Vorschläge anderer zu zerpflücken, als Rückmeldungen von den SchülerInnen zu suchen.

Trotzdem gelang es, einen Fragebogen mit fünfundvierzig Fragen zu erstellen, der im Jänner 1991 dem Gesamtlehrkörper vorgestellt wurde. Dabei zeigte sich, daß an die 20% der anwesenden LehrerInnen mehr oder minder starke Ablehnung signalisierten. Besonders an einer Frage schieden sich die Geister: *„Beurteilen Sie folgende Gegenstände nach dem folgenden Schema mit 1 bis 4. Allgemeine Wichtigkeit (1 = sehr wichtig; 4 = unwichtig).“*

Im Verlauf der Auseinandersetzung über diese Frage wurde von einem Lehrer eine 46. Frage in den Fragebogen hineinreklamiert: *„wenn schon, dann wollen wir es genau wissen”*. Diese Frage lautete: *„Beurteilen Sie die Professoren, die Sie heuer unterrichten, nach folgendem Schema mit 1 bis 4: Vortrag durch den Lehrer 1 = gefällt mir sehr gut; 4 = gefällt mir überhaupt nicht.“* Eine ähnliche Frage war bereits in der Projektgruppe erwogen worden, dann aber als zu angsterzeugend wieder verworfen worden. Nachdem es nun aber keine sichtbaren Widerstände dagegen gab, wurde diese Frage in den Fragebogen aufgenommen.

Die Durchführung der Befragung der SchülerInnen erfolgte nach den Semesterferien im Februar 1991. Von zweihundertfünfundvierzig Hörern waren 85% anwesend und beantworteten die Fragen. Die Auswertung erfolgte mit Hilfe der Datenverarbeitung. Da nur wenige KollegInnen mit dem Computerprogramm umgehen konnten, dauerte das einige Zeit. Obwohl ursprünglich eine individuelle Auswertung ‘Lehrer für Lehrer” geplant war, fiel diese dem wachsende Zeitdruck zum Opfer, und so erhielt jeder Lehrer Klassenlisten, auf denen neben seinen eigenen auch die Bewertungen des Unterrichts der anderen LehrerInnen der betreffenden Klassen ersichtlich waren.

Das Interesse an den Antworten auf die 46. Frage war wesentlich größer als auf die fünfundvierzig anderen Fragen. Bei einigen LehrerInnen schienen die Ergebnislisten das Selbstwertgefühl empfindlich gestört und Frust, Angst und Abwehr erzeugt zu haben.

Bei der Abschlußkonferenz des Schuljahres wurden die Ergebnisse der Erhebung formell vorgestellt und die dritte Phase des Entwicklungsprozesses angekündigt: die Formulierung und Umsetzung konkreter Maßnahmen zum Abbau von Defiziten. In einem ersten Schritt wurden nach der Schlußkonferenz fünfzehn fachbezogene Arbeitsgruppen eingerichtet. Wenn auch zögernd, so meldeten sich doch Moderatoren bzw. Koordinatoren für diese Gruppen. Zu diesem Zeitpunkt stand auch bereits fest, daß die Schule mit ihrem Organisationsentwicklungsvorhaben zur Mitarbeit am steirischen Innovationsprojekt ausgewählt worden war und ab Herbst 1991 eine Außenbetreuung zur Verfügung stehen würde. In diesem Zusammenhang konnten sich KollegInnen zur Mitarbeit in einer *Aktionsforschungsgruppe* (AF-Gruppe oder auch Innovationsgruppe genannt) melden. Aus dem Personenkreis, der an der Leitbilderstellung und Imageanalyse aktiv beteiligt war, erklärten sich acht zur Mitarbeit bereit.

Die Analyse der Fragebogenergebnisse

Diese Gruppe übernahm damit die Initiative zur Weiterführung des Entwicklungsprozesses der Schule und begann beim ersten Seminar des steirischen Innovationsprojektes mit der Arbeit, die sie zunächst darin sah, die bei der Fragebogenerhebung zutage getretenen Defizite aufzulisten, zu Problembereichen zu komprimieren und erste Maßnahmen zu erarbeiten. Ihr erstes Ergebnis war eine Liste von 'Schwachstellen', u.a.

- zu große Menge an Unterrichtsstoff, schlechte Vermittlung und fast nur Frontalunterricht;
- zu geringe Förderung der aktiven Mitarbeit (in Unterrichtsgestaltung, Unterrichtsinhalten und Notengebung) und bestehender Fähigkeiten der SchülerInnen;
- zu wenig Referate, Gruppenarbeiten, praktische Übungen, Diskussionen, Gastreferate, Exkursionen;
- zu wenig Vermittlung von Lerntechniken, praxisbezogenem Wissen, von Kritik-, Urteils- und Konfliktfähigkeit und keine Freiräume für Kreativität;
- zu 'schülerhafte' Behandlung, zu wenig Partnerschaftlichkeit;
- zu großer Leistungsdruck, Konkurrenzkampf und keine Rücksichtnahme auf schwächere SchülerInnen.

Jetzt, im nachhinein betrachtet, führte die Betonung der negativen Aspekte bei der Auswertung von vornherein zu einer Verzerrung der Situation und auf ein falsches Geleise. Die positiven Rückmeldungen wurden nicht genutzt, um die Qualität der bisherigen Lehrertätigkeit zu würdigen. Zu sehr war die Gruppe dem Gedanken, Defizite abzubauen, verhaftet. Die Entwicklung eines Katalogs von Stärken unterblieb. Als primäre Konsequenzen der Erhebung wurden die Notwendigkeit einer Erweiterung der didaktischen und methodischen Kompetenzen der LehrerInnen und die Verbesserung der interdisziplinären Kommunikation festgehalten.

Die Ergebnisse dieser Arbeit wurden in der Form von Empfehlungen in einem eigenen

Informationsblatt dem Abendschullehrkörper mitgeteilt: U.a. sollten die fachbezogenen Arbeitsgruppen, die bereits vor den Sommerferien eingerichtet worden waren, für das erste Semester Lernziele festlegen und miteinander austauschen. Jene KollegInnen, deren Unterricht in der Umfrage besonders viel Anklang gefunden hat, sollten Material über ihren Unterricht den anderen LehrerInnen zur Verfügung stellen. Für interessierte KollegInnen sollte ein Gesprächsforum eingerichtet werden, in dem Strukturfragen der Abendschule diskutiert und neue Unterrichtsformen für die Erwachsenenbildung (Blockunterricht, Epochalunterricht, Teamteaching, Heimarbeit, Entwicklung von 'Modulen' usw.) entworfen werden sollten.

Die Frage der Akzeptanz der Ergebnisse der Imageanalyse im Lehrkörper ist dabei völlig außer acht gelassen worden. Die Vernachlässigung der Stimmung im Lehrkörper, die z.B. mittels Interviews hätte herausgefunden werden können, sollte sich später als schwerer Fehler erweisen.

Unterrichtsbeobachtungen

Am 22. Oktober 1991 fand im Rahmen des Innovationsprojekts ein erstes Gespräch mit der Betreuerin statt. Sie brachte mehrere grundsätzliche Überlegungen und Strategievorschläge in die Diskussion ein: Sinnvolles Handeln in komplexen Situationen (und das sind Unterrichtssituationen) könne nicht durch die Anwendung von allgemeinen Regeln oder Rezepten gefördert werden, sondern nur durch Reflexion über die eigene Situation und durch eigenständiges Überprüfen von Alternativen. Die Gruppe der bei den Schülern gut bewerteten Lehrer könnte daher auch nicht kopiert werden, aber sie könnte Anregungen zum Nachdenken über Qualitätskriterien und zum Ausprobieren von Ideen geben. Wesentlich sei die Frage, wie alle KollegInnen (einschließlich der positiv bewerteten) zur Reflexion und Weiterentwicklung angeregt werden können.

Es wurden im wesentlichen zwei Strategievorschläge unterbreitet und diskutiert: (1) Interviews mit einigen Lehrern zur bisherigen Vorgangsweise, um die Wahrnehmung der Kollegen besser kennenzulernen, und Berichterstattung über die Ergebnisse im Kollegium; (2) Durchführung gegenseitiger Unterrichtsbeobachtungen und Einleitung einer gemeinsamen Reflexion über Stärken und Schwächen.

Der zweite Vorschlag wurde dem ersten vorgezogen und entfaltete seine eigene Dynamik. Harry Klucaric, ein Mitglied der Arbeitsgruppe, stellte diese erste Kontaktaufnahme mit der Betreuerin im Info 2/91 folgendermaßen dar: *„Allgemeine Einigkeit besteht hinsichtlich der Bereitschaft, von den anderen Kollegen zu lernen. Das heißt konkret, daß einzelne Kollegen in ihren Freistunden am Unterricht des anderen teilnehmen werden, der sich dazu bereit erklärt."*

Werner Kuss, der Direktor der Schule, schildert in seiner Studie dann den weiteren Verlauf: *„Ich lud jene KollegInnen ein, die in der Image-Analyse gut abgeschnitten hatten, sich für eine Supervision durch die Projektbetreuerin <...> zur Verfügung zu stellen. Wir schufen damit - ungewollt - die Gruppe der sogenannten*

'Wertungshirsche'. Auch hier blieben verschiedene Abwehrsignale unbeachtet. Nicht alle, die ich eingeladen hatte, waren zur Mitarbeit bereit. Als Begründung bekam ich zu hören: 'Ich will mich nicht aufs Stockerl stellen'; 'so gut bin ich doch wieder nicht' usw.
Die Idee hinter dem Vorhaben war, durch Beobachtung bzw. durch Videoaufzeichnungen einzelner Unterrichtseinheiten förderliche Dimensionen des Lehr-/Lehrerverhaltens herauszukristallisieren. <...> *Da die Idee mit den Videoaufzeichnungen auf erbitterte Ablehnung stieß, einigte sich die Aktionsforschungsgruppe darauf, sich gegenseitig zu hospitieren. Das Echo auf die Hospitationen ist sowohl bei den HörerInnen als auch bei den Beteiligten sehr positiv. Für die AF-Gruppe ließ sich daraus folgendes Fazit resümieren: Hospitationen auf kollegialer Ebene stellen einen Qualitätszirkel dar, der mittelfristig zur Verbesserung des Unterrichtes an einer Schule führen kann."*

Diese Wahrnehmung des Direktors wurde allerdings nicht von allen geteilt. Ein Lehrer meinte in einem Gespräch: *„Also ich habe am Anfang gewisse Aversionen gemerkt, was auch verständlich ist, weil die Leute haben gedacht, jetzt werden sie überwacht, jetzt müssen sie eine Modellstunde quasi hinlegen, es kommt ein Druck, es kommt eine Kontrolle* <...>*."*
Die Hospitationen und die Supervision durch die Betreuerin stieß beim nicht-betroffenen Teil des Lehrkörpers auf Abwehr, obgleich alle durch schriftliche Informationen über den Prozeß auf dem laufenden gehalten wurden. Dies führte soweit, daß sich einige in eine Außengruppe abgeschoben fühlten. Die Vielschichtigkeit und trotz mancher Bemühungen offenbar zu geringe Transparenz der Aktivitäten führten zu einer Verunsicherung vieler KollegInnen, was in verbalen Angriffen zum Ausdruck kam. Aufhänger für die Aversionen von Kollegen wurden Begriffe wie „Außengruppe", „Innengruppe", „Kern- und Randgruppe". Die Spaltung des Lehrkörpers war perfekt. Der Unmut gipfelte in einem anonymen Schmähschreiben.

Der Direktor reagierte auf diese Situation mit einem neuen Arbeitsauftrag. Er beschreibt diese Phase in seiner Studie: *„Zur Beruhigung des Klimas berief ich eine pädagogische Konferenz im Februar 1992 ein, um Informationsdefizite abzubauen. Gleichzeitig erging der Arbeitsauftrag an alle Fachgruppen, sich zu überlegen, wie die Struktur der Abendschule geändert werden könnte. Der gesetzte Abgabetermin wurde von etlichen nicht eingehalten, weil sie vielleicht erkannt hatten, daß damit eine Mehrarbeit verbunden wäre. In einer weiteren Konferenz im Juni '92 erzielten wir weitgehendes Einverständnis darüber, daß Blockungen der Fächer mit modulhaften Zwischenprüfungen als neue Struktur möglich sind. Inhaltlich bedeutet dies radikale Umstellungen, wie z. B. Epochalunterricht."*

Es gab aber auch eine Reihe von positiven Entwicklungen in dieser Zeit. Einige wenige der fachbezogenen Arbeitsgruppen, die bei der Schlußkonferenz 1991 eingerichtet worden waren und Lernziele formulieren, Unterrichtsbehelfe erarbeiten und austauschen, aktuelle Probleme erörtern und Lösungen anbieten sollten, sind tatsächlich aktiv geworden; es fand ein reger Austausch von Arbeitsmodulen in den Fächern Englisch und Deutsch statt; in Datenverarbeitung wurde sogar ein eigenes Skriptum ausgearbeitet. Ein Lehrer (Max Aufischer) entwarf mit einer Schülergruppe ein Logo für die Handelsakademie. Damit sollte äußerlich ein Zeichen der Gemeinsamkeit für den Lehrkörper geschaffen und die Bildungsqualität der Öffentlichkeit symbolhaft zum Ausdruck gebracht werden.

KollegInnen werden interviewt

Die Spannungen, die vor allem durch die offene Unterrichtsbewertung im Anschluß an die Fragebogenerhebung und durch die Hervorhebung der 'Vorbildlehrer' entstanden sind, bestanden aber weiter. Während eines Seminars des steirischen Innovationsprojekts in Bad Gleichenberg im Juli 1992 faßte die AF-Gruppe aufgrund eines Vorschlags von Peter Posch der Beschluß, an der Schule eine Interviewreihe durchzuführen, um Mißverständnisse und Ängste im Lehrkörper abzubauen. Die Aktion sollte u.a. andere Sichtweisen des bisher gelaufenen Prozesses zugänglich machen, aber auch zur Auseinandersetzung mit dem Leitbild anregen.

Zunächst war geplant, bei den Interviews folgende Themen anzusprechen: die Ergebnisse der Fragebogenerhebung, die Tätigkeit der Hospitationsgruppe und der Außenbetreuerin, der Inhalt der Informationsblätter der AF-Gruppe, die Rolle des Direktors und Zukunftsperspektiven unserer Schule. Bei einer Zusammenkunft der AF-Gruppe am 7. November 1992 erfolgte jedoch eine Änderung bzw. Einschränkung auf einige zentrale Leitfragen für die Interviews: Wie soll die Bundeshandelsakademie für Berufstätige aussehen? (Was ist das Ziel der BHAKB? Wie könnte/sollte sie in zehn Jahren aussehen?) Was soll geändert werden, um diesen Zustand zu erreichen? Wie sieht die Bereitschaft zur Mitarbeit aus? In welcher Rolle und in welchem Ausmaß könnte ich mitarbeiten?

Von fünf Interviewern wurden zwischen Dezember 1992 und Februar 1993 zweiundzwanzig (von insgesamt achtunddreißig) KollegInnen kontaktiert. Einer hat Aussagen grundsätzlich verweigert, eine hat das Transkript des Interviews mit der Begründung nicht zurückgegeben, „so halbe Sätze spreche ich nicht“. Andere Interviews wurden sowohl stilistisch wie inhaltlich nachträglich von den Interviewpartnern entscheidend verändert. Drei Kollegen antworteten nur stichwortartig auf vorgelegte Fragen und ließen kein Gespräch zu.

Einer der Interviewer (Werner Götz) berichtet von einigen Erfahrungen: *„Die Auswirkung der Interviews habe ich als sehr positiv erlebt: Meinem Empfinden nach hat sich das Schulklima ganz wesentlich entspannt, so wie sich eine Muskelverspannung löst. Ich messe die Qualität dieser Klimaveränderung an der Häufigkeit des Angesprochenwerdens durch Kollegen. Diese Frequenz hat sich seit meinen Interviews eindeutig erhöht.“*

Durchführung und Transkription der Interviews dauerte länger als ursprünglich erwartet, sodaß die Transkripte erst im Februar 1993 zur Auswertung vorlagen. In drei Halbtagssitzungen wurden Oberbegriffe aus den Äußerungen herausgefiltert, Themenbereiche formuliert und die Meinungen der KollegInnen diesen zugeordnet.

Während der Auswertung der zwanzig Interviews fielen vor allem die großen Unterschiede in den Meinungen der KollegInnen zu den Innovationsprozessen auf. Sie reichten von *„Es sei ohnehin nichts veränderbar"* bis zu *„HAK 2000 - die kompetente Schule mit Herz. Visionäre Lehrpläne gehörten her, wir haben jetzt eine Chance ..."* (Interview Nr. 11, S. 2). Hingewiesen wurde auf den *„verfahrenen Karren"* (Interview Nr. 20, S. 4), in dem das Innovationsteam sitze.

Auch die Bereitschaft zur Zusammenarbeit wurde sehr verschieden gesehen. Äußerungen reichten von *„Mitarbeit bei allen genannten Vorschlägen"* über *„Ich persönlich halte nichts von einer institutionalisierten Kollegenkooperation, ich halte allerdings sehr viel von der informellen Kooperation, welche zwischen mir und meinen Kollegen bestens funktioniert"* bis zur Absicht, *„Änderungen, die keine Verbesserung versprechen, zu verhindern - im speziellen Fall - zu bekämpfen"*.

Die Ergebnisse der Analyse wurden in sechs Themenbereichen zusammengefaßt: Blockunterricht, Zusammenarbeit, Schulklima, Zukunftserwartung, Rolle des Direktors, Unterrichtsinhalte. Eine Woche vor einer pädagogischen Konferenz wurde diese Themenübersicht mit einer schlagwortartigen Charakterisierung der Meinungen allen Kolleg(inn)en vom Direktor mit der Bitte um Durchsicht und Mitarbeit eingefächert. Einige dieser *Ergebnisse* werden im folgenden kurz skizziert:

(1) *Blockunterricht:* Hier zeigte sich ein großes Meinungsspektrum zwischen Skepsis (mehr Arbeit, mehr Absprachen nötig, andere Vorbereitung nötig) und Zustimmung (Zwang zum Schulbesuch, Leerläufe fallen weg, Verstärkung sozialer Kontakte).

(2) *Zusammenarbeit:* Auch hier gibt es die Meinung, daß Zusammenarbeit bei Lehrern kaum denkbar sei, weil der Zwang dazu fehle. Die Mehrzahl der Äußerungen umfaßt jedoch konkrete Vorschläge für Treffen von Klassenlehrkörpern, Fachgruppen und informelle Treffen auf geselliger Basis.

(3) *Schulklima:* Eine negative Einschätzung des Klimas dominiert: Isolation und Frustration, Obrigkeitsangst, Vertrauensmangel. Mehrere vertreten die Auffassung, daß die Organisationsentwicklungsinitiativen sich klimaverschlechternd ausgewirkt haben *(z.B. „diktatorisches Überfahren und in eine Rolle gedrängt werden", „Unterrichtsbeobachtungen bedeuten Ausschluß")*. Die Vorschläge zur Verbesserung des Klimas betreffen fast durchwegs außerberufliche Initiativen (kulturelle Veranstaltungen, Ball, Pausenimbisse). Nur einmal wurde ein berufliches Interesse an gemeinsamer Arbeit (Angleichen von Leistungsanforderungen) erwähnt.

(4) Das Spektrum der *Zukunftserwartungen* ist groß: Veränderungen im Lehrgangsangebot (z.B. Speziallehrgänge, wie Fremdsprachen und Kommunikation, Verringerung der Zahl der Gegenstände, vorzeitiger Abschluß von Nicht-Maturagegenständen), Maßnahmen zur Anhebung des Leistungsniveaus (z.B. einheitliche Anforderungen und Benotung, *„Qualität der Schüler hängt vom Image der Schule ab, dieses von der Leistung der Lehrer, diese von sozialem Klima und der Kooperationsbereitschaft"*), Maßnahmen zur Regulierung der Hörerzahl (z.B. Minimieren der Ausfälle, Verbesse-

rung des Marketing) und Gestaltung des räumlichen Ambiente (z.B. Verbesserung von Raumgestaltung und Ausstattung, kommunikative Sitzordnung).

(5) Die *Rolle des Direktors*: Positiv hervorgehoben wird u.a. sein demokratischer Führungsstil, sein Engagement für das Profil der Schule. Negativ betont wird u.a., daß im Widerspruch zum Leitbild manche Entscheidungen über Köpfe hinweg getroffen werden und daß der Direktor nicht die treibende Kraft, sondern von Kollegen beeinflußt sei. Erwartet wird vom Direktor u.a. mehr persönliche Anteilnahme und personenbezogene Personalführung (statt Verwaltung) und koordinierende und beratende Tätigkeit. Interessant ist der Hinweis, Konferenzen seien *„nur sinnvoll, wenn Teilnehmer zu ehrlicher und gehörter Meinungsäußerung gelangen"*.

(6) *Unterrichtsinhalte*: Hier sind die Erwartungen sehr heterogen und umfassen sowohl höhere Allgemeinbildung und die Wahrnehmung kultureller Aufgaben, als auch die Erweiterung der Fachausbildung. Auch die konkreten Wünsche sind entsprechend heterogen, wenn sich auch pragmatische, sofort anwendbare und in Geld umsetzbare Inhalte etwas in den Vordergrund schieben und eine Orientierung am Bedarf bzw. an Konkurrenzunternehmen verlangt wird. Fernunterricht erhält ziemlich einhellige Ablehnung, wobei vor allem die *„Zertrümmerung des Klassenverbandes"*, das Fehlen sozialen Lernens, die Beschränkung auf Skriptenproduktion und die Beschränkung auf kognitives Lernen kritisch angemerkt werden.

In die Zukunft weisende Schritte: Bildung von Arbeitsgruppen

Am 25. Mai 1993 brachten der Direktor und die einzelnen Interviewer vor der gesamten Lehrerschaft die Interviewaussagen zu den obigen Themen nochmals in Erinnerung und forderten zur Mitarbeit auf, um eine weitere Bearbeitung der Ergebnisse in Gang zu setzen. Daraufhin konstituierten sich vier Gruppen zu den Themen Blockunterricht, Zusammenarbeit und Schulklima, Zukunftserwartungen und Unterrichtsinhalte. Die erste Aufgabe dieser Gruppen war es, einen Gruppensprecher zu wählen. Dieser sollte in einer vorgegebenen Zeit die als vordringlich erachteten Probleme erfassen und dazu die Bildung von speziellen kleineren Arbeitsgruppen anregen. Die Verantwortlichen für die Arbeitsgruppen sollten bis zu einem bestimmten Zeitpunkt Ergebnisse ihrer Teamarbeit präsentieren, damit sie dem gesamten Lehrkörper zurückgemeldet werden konnten. Einige vorläufige *Ergebnisse* dieser Arbeit lassen sich aus den Protokollen der einzelnen Arbeitsgruppen ablesen:

Die Arbeitsgruppe *Blockunterricht*, die bereits auf Planungen für eine Blockung von Unterrichtsstunden in einem ersten Jahrgang zurückgreifen konnte (Fächern, die drei Wochenstunden haben, sollten mehrere Tage hindurch je drei Stunden am Abend zur Verfügung stehen), veranlaßte, daß in den Fachgruppen noch im laufenden Schuljahr Programme und Arbeitsweise für die einzelnen Blöcke koordiniert wurden.

Die Arbeitsgruppe *Zusammenarbeit und Schulklima* nahm sich vor, erste Anläufe über private Treffen bzw. gemeinsame gesellige Aktivitäten zu unternehmen.

In der Arbeitsgruppe *Zukunftserwartungen* wurde beschlossen, in Kleingruppen 'veränderungswilliger Kollegen' Studien über einschlägige Themen (z.B. Einflußmöglichkeiten auf Hörerzahlen oder Konzeption eines Speziallehrganges 'EURO-Sekretär(in)' auszuarbeiten.

Die Arbeitsgruppe *Unterrichtsinhalte* plante, sich in vier Kleingruppen mit folgenden Themen zu beschäftigen:

- Ausarbeitung eines Feedback-Bogens, der die Meinung der Absolventen über die Schule und die Brauchbarkeit der Unterrichtsinhalte erheben soll;
- Erarbeitung von Möglichkeiten zur Erweiterung des kulturellen Angebots an der Schule;
- Integration von Sprachen in Speziallehrgängen;
- Ausarbeitung eines Lehrplans 'Europa-Sekretärin'.

Wie die Erfahrung gelehrt hat, wird es in einigen Fällen weiterhin so sein, daß Namensnennung und Übernahme von Aufgabenbereichen lediglich Alibihandlungen darstellen, in anderen aber zielbewußtes Handeln zu inhaltlichen Fortschritten führt. In jedem Fall zeigt die Tatsache, daß fast alle Kollegen zur Mitarbeit bereit waren, ihre Bindung an eine gemeinsame Orientierung und den Willen, Schulerneuerungen mitzutragen.

Auch der Direktor zeigte sich optimistisch: *„Trotz aller Probleme, die aufgetaucht sind, sehe ich die Organisationsentwicklung als positiv an, die so vieles in Bewegung gesetzt hat. Ich denke hier nicht nur an die vielen Teamsitzungen in der Freizeit, sondern auch an die Intensivierung des Dialogs und der Kommunikation. So ist es erfreulich, daß Kernstoffe sowie Lernziele festgelegt wurden. Stundenbilder und Schularbeitenthemen wurden ausgetauscht. Den Anglisten ist es gelungen, einen für alle verbindlichen READER 1 und READER 2 zu erstellen. Diese Reader werden als Alternative zu den in der Erwachsenenbildung zum Großteil unbrauchbaren Schulbüchern eingesetzt. Alle Fachgruppen haben ihre Ideen zu einem geblockten Unterricht abgegeben, sodaß ab dem Schuljahr 1993/94 in einem Jahrgang der Versuch unternommen wird, die vorgegebene Zeitstruktur (Stundenplan, Wochenstunden) aufzulösen. Sollte dieser Versuch gute Ergebnisse bringen, so stünde einer völligen Veränderung der zeitlichen Struktur nichts mehr im Wege. So ist zu hoffen, daß neben diesen Neuerungen nun Visionäres aufbricht, um den Anforderungen, die die Zukunft an unsere Schule stellen wird, gewachsen zu sein."*

2.5 Innovieren als Ziel oder Innovieren als Weg. Ein Kommentar.

Elgrid Messner

Das Konzept dieser - in Kap. 2.4 dargestellten - Innovation war sehr ambitioniert, die Aktivitäten sehr dicht und mutig, die Reaktionen der LehrerInnen dieser Schule jedoch eher ablehnend. Es drängt sich die Frage nach den Gründen dieser Entwicklung auf. Im folgenden werde ich versuchen, *zwei mögliche Gründe* näher zu beleuchten: das verwendete Organisationsentwicklungskonzept und die Kommunikationskultur.

Vordergründig erscheint ein *Schulentwicklungskonzept*, das von einer Zieldiskussion ausgeht, sie anschließend einer Überprüfung durch eine Imageanalyse unterzieht und dann versucht, die Schwächen der Praxis durch gezielte Maßnahmen zu verringern, bestechend logisch. Es dürfte jedoch gerade die Linearität im Ablaufschema dieses klassischen Organisationsentwicklungskonzepts gewesen sein, die zu Problemen geführt hat. Das gewählte Ablaufschema Eins-nach-dem-Anderen entspricht nicht der Komplexität der untersuchten Wirklichkeit, sondern spiegelt eher ein mechanistisches Verständnis des Funktionierens von Organisationen wider, das durch Ideen wie Machbarkeit, Austauschbarkeit und Reparierbarkeit geprägt ist.

Die InitiatorInnen hielten ein Jahr später selbstkritisch fest: *„Jetzt, im nachhinein betrachtet, führte die Betonung der negativen Aspekte bei der Auswertung von vornherein zu einer Verzerrung der Situation und auf ein falsches Geleise. Die positiven Rückmeldungen wurden nicht genutzt, um die Qualität der bisherigen Lehrertätigkeit zu würdigen. Zu sehr war die Gruppe dem Gedanken, Defizite abzubauen, verhaftet. Die Entwicklung eines Katalogs von Stärken unterblieb."*

Was sind nun die Schlüsselstellen dieser Entwicklung? Es waren jene kritischen Zeitpunkte, zu denen eine sensibles Eingehen auf den Prozeß besonders wichtig gewesen wäre, aber wegen der Linearität des Planungsprozesses unterblieben ist. Die Auswirkungen der Handlungen auf die Betroffenen wurden von den InnovatorInnen nicht in die Planung der nächsten Schritte miteinbezogen. Schlüsselstellen waren die Veröffentlichung der Auswertung der 46. Frage, also der Bewertung des Unterrichts jedes Lehrenden und die Einrichtung einer 'Vorbildergruppe'.

Weder die Veröffentlichung der Bewertungsergebnisse noch die Einrichtung der 'Vorbildergruppe' dürfte als alleinige Ursachen der Probleme ausreichen. Auch die Art und Weise, wie dabei vorgegangen wurde, dürfte eine wesentliche Rolle gespielt haben. Bei der Veröffentlichung wurden legitime Interessen nicht beachtet (jeder Lehrer hätte z.B. zunächst nur seine eigenen Ergebnisse erhalten dürfen). Alle waren nun auch dem Vergleich der 'Noten' zwischen den KollegInnen ausgesetzt, ohne daß dies entsprechend vorbereitet worden wäre. Ebenso problematisch war der Umstand, daß die 'Vorbildergruppe' im Namen des Schulleiters rekrutiert wurde und dadurch ungewollt zu 'besseren' LehrerInnen gemacht wurde und den Druck auf die nicht eingeladenen LehrerInnen weiter erhöhte.

Ich meine, daß in erster Linie nicht die Formulierung der 46. Frage den Konflikt im Lehrkörper ausgelöst hat, sondern vielmehr die Veröffentlichung aller Ergebnisse. Es wurde damit eine 'objektiv' erscheinende und doch mit der Fragwürdigkeit jeder Einzelbeurteilung behaftete Grundlage für Konkurrenz, für Anerkennung und Abwertung und damit auch für Verletzungen geschaffen. Mit Abwehr und Aggression reagierten jene, denen eine solche Verletzung zugefügt wurde und die einen Prestigeverlust befürchteten. Fremdeinschätzungen bekamen im ungeschützten Raum verallgemeinerter Urteile einen hohen Stellenwert.

Ähnlich war die Vorgangsweise bei der Einrichtung der Vorbildergruppe. Sie sollte Gelegenheiten eröffnen, die eigene Praxis weiterzuentwickeln. Die LehrerInnen fühlten sich jedoch in erster Linie beurteilt. Die 'guten' LehrerInnen sollten ihr Bessersein untersuchen und sichtbarmachen, damit die 'weniger guten' von ihnen lernen könnten. Das Fragebogenergebnis wurde somit ohne weitere Analyse direkt in Anerkennung bzw. Lob übersetzt, indem die Initiativgruppe diese LehrerInnen im Namen des Direktors einlud, in der 'Vorbildergruppe' mitzuarbeiten. Es folgten zwar alle dieser Einladung, aber gleich beim ersten Treffen äußerten einzelne Bedenken dagegen, *„auf ein Podest gestellt zu werden"*. Diese Bedenken wurden jedoch kaum beachtet, vermutlich weil sie das Konzept auf einer sehr grundsätzlichen Ebene infrage stellten. Mit der Einrichtung der 'Vorbildergruppe' spaltete sich der Lehrkörper in eine 'Außengruppe' und 'Innengruppe'. Dieses ungeplante Nebenergebnis führte zu massiver Abwehr, da sie den diffusen sozialen Druck noch weiter verstärkte. Zu diesem Zeitpunkt bestand noch kaum Gelegenheit für eine konstruktive Auseinandersetzung mit den ablehnenden Reaktionen einzelner als 'gut' bewerteter LehrerInnen und den Aggressionen der KollegInnen in der 'Außengruppe'. Der Grund dürfte wiederum darin gelegen sein, daß dies in der Konzeption der Organisationsentwicklung nicht vorgesehen war. Die gut gemeinten Schritte der InnovatorInnen wurden so 'mißverstanden' und ihre Fortführung kulminierte im zwar anonymen, aber doch offen sichtbaren Konflikt.

Die InnovatorInnen dieser Schule blieben bei ihren Reflexionen innerhalb ihres selbstgesteckten konzeptuellen Rahmens. Die Erfahrungen mit den Auswirkungen der eigenen Handlungen wurden nur marginal in die strategische Planung miteinbezogen. Interessant ist in diesem Zusammenhang die *Trennung zwischen einer formellen Ebene*, die bestimmte grundsätzliche Überlegungen gar nicht zuließ, *und einer informellen 'privaten' Ebene*, auf der eine differenzierte Reflexion zwar möglich war, die aber die formelle strategische Ebene nicht beeinflußte. Ärger über andere, Schuldzuweisungen und Frustrationsgefühle erfolgten primär auf der informellen Ebene. Sie führten nicht zu Korrekturen der Innovationsstrategie, sondern zu weiteren Aktivitäten im Sinne des ursprünglichen Konzepts. *„Statt über diese Grundsatzfrage weiter nachzudenken, nahmen wir einen der Vorschläge im <...> Info-Blatt auf"*. Zweifel dieser Art finden sich zwar in Forschungstagebüchern, hatten jedoch keine Handlungskonsequenzen.

Im Innovationsteam dominierte in diesen Phasen der Entwicklung offenbar die Überzeugung, Innovation müsse entlang eines klaren Zieles und Konzeptes voranschreiten und dürfe sich von den Auswirkungen auf den Gruppenprozeß nicht beirren lassen. Reflexion erschien unter der Perspektive dieses Ziels u.U. sogar gefährlich, weil sie zur 'Verwässerung' klar erscheinender Leitvorstellungen führen konnte. Das Ziel verdeckte den Weg. Diese *Phase unbeirrter Zielorientierung* endete erst, als das Innovationsteam eine Interviewreihe mit KollegInnen aus dem Lehrkörper durchführte. „*Die Aktion sollte unter anderem andere Sichtweisen des bisher gelaufenen Prozesses zugänglich machen, aber auch zur Auseinander-setzung mit dem Leitbild anregen.*“

Die Interviews waren ein Beitrag zur Überwindung der Spaltung im Lehrkörper, weil sie grundsätzliche Anerkennung jeder Person signalisierten und lieferten darüber hinaus vielfältige Sichtweisen zur Zusammenarbeit, zum Schulklima, zu Zukunftserwartungen, zur Rolle des Schulleiters, zu den Unterrichtsinhalten sowie zu einer geplanten Innovation im Unterricht, dem Blockunterricht. Beides, die Entspannung der Atmosphäre und die Schaffung einer breiten inhaltlichen Grundlage für die Weiterarbeit, schufen die Möglichkeit eines neuen Anfangs.

Kapitel 3

Die Sicht von 'außen' - Reflexionen von PraktikerInnen und BeraterInnen.

Während Kapitel 2 der Perspektive auf den Standort und die Innovation eines Lehrerteams gewidmet war, geht der Blick in Kapitel 3 über einzelne Schulen hinaus. Im ersten Beitrag (3.1) versucht ein Projektbetreuer eine vergleichende Analyse zweier Fallbeispiele, um Gesichtpunkte für unterschiedliche, bei Entwicklungsprozessen zu beachtende Ebenen der Reflexion herauszuarbeiten. In Kapitel 3.2 wird zuerst die Methode des Rollenverhandelns kurz beschrieben und anschließend ihr Potential zur Analyse und Veränderung von Rollen in Entwicklungsprozessen untersucht.
Kapitel 3.3 und 3.4 wurden während des Sommerseminars im Rahmen des Projektes „Förderliche und hemmende Bedingungen für Innovationen in der Schule" erstellt. Die Absicht war, die bis dahin vorliegenden Projektfallstudien durch eine vergleichende Analyse von PraktikerInnen und ProjektbetreuerInnen auszuwerten. In Kapitel 3.3 bezieht sich die Auswertung und Interpretation auf die schulinterne Dynamik, die an den verschiedenen Schulen durch die Teilnahme einer Lehrergruppe an dem Projekt entstanden war, sowie auf die Bedeutung der 'Außenbetreuung'[1] für die schulinterne Innovation. Das Ergebnis wird hier ausschnittweise wiedergegeben, weil es zeigt, wie eine Gruppe von SchulpraktikerInnen und ProjektmitarbeiterInnen aus der Analyse von Fallstudien und eigener Projekterfahrung einige Themen entwickelte, die später unter dem Schlagwort 'Mikropolitik' (vgl. Kapitel 5 in diesem Buch) weiter ausformuliert werden sollten. In Kapitel 3.4 wird in ähnlicher Weise eine Auswertung und Interpretation von Einzelfallstudien zum Rahmenthema „Schulklima und Motivation für Innovationen" vorgenommen.

3.1 Begleitende Reflexion als förderliche Bedingung für Innovationen. Zwei Fallbeispiele.

Hannes Krall

Der Erfolg von Innovationen hängt in hohem Maße von der Fähigkeit der Betroffenen ab, die im Zuge der Innovation einsetzende Dynamik sozialer Prozesse konstruktiv zu verarbeiten. Diese Aufgabe setzt Bereitschaft und Möglichkeit zu kontinuierlicher Kooperation voraus, die im schulischen Bereich durch das dominierende Bild des Lehrers als 'Einzelkämpfer' erschwert wird. Der Ruf nach Supervision und Problemlösung 'von außen' kommt nicht von ungefähr, wenn auch dem Supervisor als 'Schiedsrichter' oder 'Frustrationscontainer' nur beschränkte Möglichkeiten zur

[1] Der Begriff 'Außenbetreuung' umfaßt die Tätigkeit des zentralen Projektteams, v.a. die Beratung und Betreuung der 'Innovationsgruppen' durch zwei ProjektmitarbeiterInnen sowie die etwa halbjährlich stattfindenden Projektseminare.

Konfliktlösung zur Verfügung stehen. Erfolgversprechender erscheint hier ein Zugang, der den Inhalt der innovativen Arbeit von LehrerInnen ernst nimmt und darüber hinaus genügend Raum für eine begleitende Reflexion läßt. Werden schulische Innovationen in einem größeren Systemzusammenhang wahrgenommen, so können sich neue Handlungsspielräume eröffnen.

Am Beispiel einer erfolgreichen Innovation an einer alternativen Schulform läßt sich die komplexe Dynamik eines Innovationsprozesses anschaulich rekonstruieren. Inakzeptables Schülerverhalten als Folge unklarer Leistungsanforderungen führte zu einer umfassenden Auseinandersetzung über die Ziele der Schule, die nicht nur Auswirkungen auf das Verhältnis zwischen LehrerInnen und SchülerInnen, sondern auch auf die Zusammenarbeit der LehrerInnen untereinander hatte und längerfristig zur erfolgreichen Einführung einer strukturellen Veränderung an dieser Schule führte.

3.1.1 Der Schülervertrag - Eine Innovation an der Modellschule in Graz

Die *Modellschule* in Graz (vgl. ERKER et al. 1993[2]) versucht in der täglichen Schulpraxis alternative Wege sowohl in der Schulorganisation als auch in ihrer Pädagogik zu beschreiten. Der 'ganze Mensch' (Körper, Geist, Gefühl und soziales Leben) soll dabei Berücksichtigung finden. Ein weiteres zentrales Prinzip ist die demokratische Entscheidungsfindung, bei der SchülerInnen, Eltern und LehrerInnen gleichermaßen einbezogen werden. Daher ist das wichtigste Entscheidungsgremium an der Schule - das *Kuratorium* - drittelparitätisch mit den genannten Interessensgruppen besetzt.

Da die Modellschule eine Privatschule mit Öffentlichkeitsrecht ist, geriet sie relativ bald in das Dilemma, einerseits eigene pädagogische Ziele verfolgen, andererseits den gesetzlichen Ansprüchen einer öffentlichen Schule entsprechen zu wollen. Ein weiteres Problem ergab sich aus den 'Freiräumen', die die Schule den SchülerInnen bot. Unklare Leistungsanforderungen und das Fehlen verbindlicher Regeln führten zu 'Mißverständnissen', die das Schulklima belasteten. Die LehrerInnen suchten nach Möglichkeiten, vor allem den hohen Absenzraten der SchülerInnen und deren mangelnder Leistungsbereitschaft (z.B. fehlende Hausübungen) zu begegnen.

Das Ergebnis dieses Suchprozesses war die Einführung eines Schülervertrages, in dem die Pflichten der SchülerInnen sowie allfällige Sanktionen festgelegt wurden. Die Erfahrungen mit diesem Vertrag wurden im Verlauf eines Jahres von einem Aktionsforschungsteam untersucht. Dabei zeigte sich der *Umgang mit gegenseitigen Handlungserwartungen und verbindlichen Regeln* als zentrales Problem. Die Suche nach neuen Formen der Beziehung zwischen LehrerInnen, SchülerInnen und Eltern wird früher oder später vor allem für jene Schulen aktuell werden, die mit dem traditionellen hierarchischen Modell nicht mehr zurecht kommen. Am Beispiel dieser Schule wird deutlich, daß die Negation des Bestehenden dazu nicht ausreicht, und daß alternative Formen des Umgangs miteinander erst schrittweise in einem komplizierten und mühsamen Aushandlungsprozeß gebildet und im Schulalltag allmählich verankert werden müssen.

---

[2] Alle Zitate in diesem Abschnitt stammen aus dieser Studie.

Regeln schaffen Verbindlichkeiten und sind daher ein sensibles Thema. Sie ermöglichen aber auch Kooperationen, schaffen neue Freiräume und sind für eine Organisation, die sich bestimmte pädagogische Ziele gesetzt hat, unerläßlich. Im folgenden zitiere ich aus der Fallstudie des Aktionsforschungsteams einen kurzen Ausschnitt aus der Entwicklung neuer Formen des Umgangs mit Regeln an der Modellschule:

„Unsere Regeln - wie sie entstanden.
Anfangs konnten wir unsere pädagogischen Ziele in einem sehr kleinen überschaubaren Rahmen umsetzen. Die Betreuung war persönlich, der Kontakt zwischen Lehrern, Eltern und Schülern war intensiv, und wir verwendeten viel Zeit füreinander. Es stellt sich schnell ein Klima ein, das vor allem durch Angstfreiheit getragen wurde. Wir entwickelten Konzepte, Strukturen und Methoden, die dem Alter der Schüler, der Kleinheit der Gruppe und dem intensiven Kontakt untereinander entsprachen.
Notwendige Regeln wurden mit den Schülern besprochen und deren Einhaltung durch Gespräche und häufigen Kontakt erreicht. So stellte sich z. B. im Laufe des ersten Jahres heraus, daß es notwendig war, daß jeder Lehrer und Schüler Patschen[3] *trägt. Die 'Patschenregel' entstand. Durch Argumente, Vorbildwirkung und ständige Gespräche erreichten wir, daß alle Schüler und Lehrer Patschen trugen. Sogar der Schulinspektor wurde beim Betreten der damaligen 1. Klasse mit den Worten 'Du mußt die Schuhe ausziehen' begrüßt.*

Unsere Probleme mit den Regeln - wie sie wuchsen.
Mit dem Anwachsen der Schülerzahl konnte die Intensität der Gespräche nicht mehr aufrecht erhalten werden. Vor neue Bedingungen stellte uns auch eine immer größer werdende Zahl von Schülern, die von anderen Schulen zu uns überwechselten und die unsere Entwicklung nicht erlebt hatten und nicht nachvollziehen konnten. Sowohl Schüler als auch Eltern glaubten immer öfter, daß Angstfreiheit bei uns gleichzusetzen sei mit dem Fehlen von Leistungsanforderungen. Manche Schüler waren nicht bereit und gewohnt, ohne Sanktionen und massiven Druck Leistungen zu bringen und sich an Regeln zu halten. <... >
Alle diese aufgeführten Punkte bedurften neuer Strukturen und pädagogischer Maßnahmen. Die ersten Versuche zielten darauf, die kontinuierliche Anwesenheit der Schüler zu erreichen, da dies vor allem im 2. Jahrgang zu einem großen Problem geworden war.
Im Schuljahr 1989/90 führten wir zahlreiche Diskussionen mit den Schülern dieser Klasse, in denen wir die Schwerpunkte unseres Unterrichts und unseren Anspruch auf kontinuierliche Anwesenheit wieder verdeutlichten, um miteinander in Kontakt bleiben zu können. Die Schüler ihrerseits forderten einen klaren Rahmen, um den schulischen Anforderungen nachkommen zu können und den Verzicht unsererseits auf Entschuldigungen für die Stundenzahl, die gemeinsam als höchst zulässig ausgemacht werden sollte. Wir legten also diese Höchstfehlstundenanzahl pro Monat gemeinsam mit klar definierten schrittweisen Konsequenzen fest."

---

[3] österr: Hausschuhe.

Wenn in einer Organisation Regeln ein Tabu sind, entstehen sie von selbst - irgendwie. Hohe Absenzraten der SchülerInnen, unklare Leistungsanforderungen und 'individuelle Interpretationen' der erwarteten Anforderungen, die sich mit den anderen Vorstellungen in der Schule nicht unbedingt vereinbaren ließen, veranlaßte die Mehrzahl der LehrerInnen mit mehr oder weniger starkem 'Bauchweh' zur Ausarbeitung eines Schülervertrages, in dem die Mindestanforderungen für die SchülerInnen definiert und bei Nichteinhaltung eine vierstufige Vorgangsweise (Gespräch bis Ausschluß) vereinbart wurde.

Ein anderes Tabu, das mit dem Schülervertrag angekratzt wurde, hängt mit der Vorstellung zusammen, daß alle LehrerInnen und SchülerInnen in der Schule 'gleichrangig' sind und gleiche Rechte haben (sogar der Schulinspektor kann von einem Schüler aufgefordert werden, Hausschuhe - 'Patschen' - zu tragen). Der Schülervertrag ist - wenigstens ursprünglich - eine von den LehrerInnen den SchülerInnen auferlegte Maßnahme gewesen, was zwangsläufig die vordergründige 'Patschengleichheit' und die darin sich ausdrückende Reziprozität des Verhaltens in Frage gestellt hat.

„Die SchülerInnen wurden zu Beginn des Schuljahres mehr oder weniger vor die Alternative gestellt, den Vertrag zu unterschreiben oder die Schule zu wechseln. Diese Vorgangsweise und die rigiden Konsequenzen des Vertrages, die auf den ersten Blick mit den Zielen unserer Schule unvereinbar sein mögen, führten zu einigen Irritationen in der Schulgemeinschaft."

Die Auswirkungen dieses Vertrages, der aus der Sicht einiger LehrerInnen die Grundidee der Modellschule in Frage stellte, waren Gegenstand der Aktionsforschung. Scheinbar wie von selbst, wurden die von den LehrerInnen den SchülerInnen auferlegten Regeln zum Problem für die LehrerInnen selbst und führten zu folgenden Fragestellungen:

1. *„Welche Pflichten erwachsen uns als LehrerInnen durch den Vertrag und wie gehen wir damit um? <...> Im Spannungsfeld 'hemmender und fördernder Bedingungen' stellt sich die Frage so: Reicht eine einstimmige Entscheidung unserer LehrerInnengruppe aus, um eine Innovation, die von allen Mitgliedern der Gruppe ein Jahr hindurch Mitarbeit erfordert, abzusichern?*
2. *Wie wirkt sich der Vertrag auf die Qualität des Unterrichts aus? Wie auf die Beziehungen zwischen LehrerInnen und SchülerInnen?*
3. *Wie ändert sich die soziale Struktur in den Klassen? Wie die Arbeitsatmosphäre?*

Die Antworten auf die Fragen zu den Punkten 2 und 3 sollen Auskunft darüber geben, ob und in welcher Form der Vertrag unsere Erwartungen erfüllt. Diese Zweckmäßigkeitsprüfung soll eine Entscheidungshilfe für unser weiteres inhaltliches Vorgehen werden."

Die Aufarbeitung dieser Fragen soll hier nicht im Detail ausgeführt werden, da sie in der erstellten Fallstudie (ERKER et al. 1993) eindrucksvoll dargestellt wurde und nachgelesen werden kann. Es soll hier jedoch hervorgehoben werden, daß ein an einem bestimmten Schülerverhalten sichtbar gewordenes Problem (Absenz, ungenügende Leistung ...) Maßnahmen auf verschiedenen Ebenen nach sich gezogen hat, die erst im Rahmen einer begleitenden Reflexion koordiniert und aufeinander abgestimmt werden mußten. Denn mit diesem Schülervertrag waren nicht nur die Pflichten für die SchülerInnen, sondern implizit auch der individuell unterschiedliche Umgang der LehrerInnen mit Regeln, ihr Umgang untereinander und die Organisation als Ganzes thematisiert worden. Die LehrerInnen mußten spätestens ab diesem Zeitpunkt nicht nur die SchülerInnen, sondern sich auch gegenseitig an die 'Hausaufgaben' erinnern, sollte der 'Schülervertrag' nicht zur Farce werden. Dazu ein kurzer Auszug aus der Fallstudie:

„'Pflichten für Lehrer'
Die fehlenden und nicht rückgemeldeten Statistiken sind für die übrigen LehrerInnen, die ihre Pflichten erfüllen, ein Ärgernis und eine Belastung, was auch eine Eintragung in Ullas Tagebuch bestätigt: '<...> die zweite Periode ist vorbei, ich habe niemanden an seine Pflicht, abzurechnen, erinnert, da der Termin in der Lehrersitzung festgelegt und im Protokoll festgeschrieben wurde. Aber ohne Aufforderung bekam ich nur die Hälfte der Rückmeldungen. Eine Kollegin kontrolliert die Hausübungen nicht (laut Schüleraussage) <...>'.
Auch Lehrer, die von Anfang an nicht hinter dem Vertrag gestanden sind, gibt es. Laut Interview ist einer Kollegin der Vertrag nicht wichtig und auch für ihren Unterricht empfindet sie ihn für unwichtig, somit führt sie auch keine statistischen Aufzeichnungen. Die LehrerInnen, die ihren Pflichten nicht nachkommen, nützen aber trotzdem die Vorteile, die sich durch den Vertrag ergeben (zum Beispiel die Anwesenheit) und leben so auf Kosten der Energie ihrer KollegInnen."

Auch die SchülerInnen haben rasch erkannt, daß die LehrerInnen vor allem selbst durch diesen Schülervertrag herausgefordert waren. Ein Schüler beklagt sich, *„daß die Lehrer von uns das korrekte Einhalten der Zwangsverpflichtungen (Vertrag) verlangen, selbst aber nicht Lust (ich glaube Lust) haben zu kontrollieren"*. Ein anderer Schüler meint dazu: *„Keine Selbstdisziplin bei den Lehrern führt zu Inkonsequenz bei den Schülern."*

Das ursprünglich von einigen LehrerInnen am SchülerInnenverhalten festgemachte Problem erwies sich als zu eng definiert. Vordergründig stellte sich zwar die Frage, wie mit einem unerwünschten Schülerverhalten umgegangen werden soll. Sehr schnell wurde jedoch klar, daß dieses Schülerverhalten nur ein Symptom für ein viel umfassenderes organisatorisches Problem war, das - wie die Zitate anschaulich belegen - auch die LehrerInnen und sogar die Eltern betraf. Mit dem Schülervertrag wurde ein Tabu durchbrochen: Die unausgesprochene Norm, daß verbindliche Regeln mit Einschränkung individueller Freiheit einhergehen und daher abzulehnen seien, schien bisher den Umgang untereinander zu bestimmen. Nun folgte einem ursprünglich gewährten Freiraum für die Schüler ein von den Lehrern einseitig verordneter Vertrag für die Schüler, die die darin enthaltenen Bedingungen vorbehaltlos akzeptieren mußten. Damit konnte zunächst verhindert werden, daß das ehemalige Tabu von Regeln und Forderungen eine Eigendynamik und eine Eigengesetzlichkeit entwickelte, die die ursprünglichen Ziele erst recht in Frage stellen.

Erst in einem zweiten Schritt wurden die SchülerInnen wieder in einen Diskussionsprozeß über die Sinnhaftigkeit der geforderten Bedingungen miteingebunden bzw. haben diese Einbindung erzwungen. Dieser Schritt war schwierig, zumal seine pädagogische Funktion zunächst nicht erkannt wurde. Erst im Laufe der Reflexion über die Erfahrungen wurde den Beteiligten klar, daß auf dem Weg zum mündigen und verantwortlichen Handeln die gemeinsame und kontinuierliche Arbeit an den gegenseitigen Erwartungen und den Zielen der Schule eine wesentliche Voraussetzung ist und in Aushandelungsprozessen gefunden werden muß.

Was im Falle der Modellschule so selbstverständlich erschien, erwies sich bei Innovationen an anderen Schulen durchaus als Problem. Am folgenden Fallbeispiel soll die Geschichte einer vorerst gescheiterten Innovation dargestellt werden, bei der es nicht gelungen war, die Bedeutung der Reflexion auf den verschiedenen Ebenen anzusprechen.

3.1.2 Kurze Fallgeschichte einer vorerst gescheiterten Innovation

Diese Fallgeschichte basiert auf Erfahrungen einer Gruppe von InnovatorInnen an einer Hauptschule[4]. Die Grundlage für diese Analyse bildet ein von einer Betreuerin dieser Schule erstelltes Reflexionspapier. Es soll hier versucht werden, einige Vermutungen über den Verlauf dieser gescheiterten Innovation anzustellen und nach möglichen Gründen für dieses Scheitern zu suchen.

Stellen wir uns also eine Schule mit einem Lehrkörper von ungefähr 30 LehrerInnen vor, an der die Direktorin ein großes Interesse an pädagogischen Innovationen hat und diese an ihrer Schule umsetzen möchte. Sie hat sich erfolgreich bemüht, LehrerInnen für ein Projekt zur Integration von Kindern mit nicht-deutscher Muttersprache zu gewinnen. Als die Direktorin von der Möglichkeit einer externen Unterstützung durch eine Schulentwicklungsbetreuerin erfuhr, versuchte sie sofort Kontakte zu knüpfen. Die Direktorin schilderte den Einstieg in die Zusammenarbeit wie folgt: *„Da ist irgendein Zettel gekommen. Jedenfalls eine Anfrage, ob an der Schule irgendetwas Besonderes gemacht wird, so irgendwie in die Richtung. Und ich sage zur Inge: 'Schicke denen was! Du machst doch immer so Projekte, also schicken wir denen was.'“*

Die angesprochene Lehrerin, die selbst bei der Integration von Kindern mit nicht-deutscher Muttersprache mitarbeitete, griff diese Idee auf. Gemeinsam mit zwei Kolleginnen, die sich ihr anschlossen, wählten sie jedoch für ihre Arbeit einen neuen Titel: *„Verbesserung der Kommunikation innerhalb des Lehrkörpers“*. Die Direktorin wußte mit dem neu gewählten Arbeitsschwerpunkt jedoch nichts anzufangen. Obwohl sie selbst diese Arbeit mehr oder weniger initiiert und die LehrerInnen dazu ermutigt hatte, konnte sie allem Anschein nach nur schwer die Richtung akzeptieren, die von den LehrerInnen eingeschlagen wurde. Von Anfang an schien das Projektteam im

[4] Die Daten dieser Schule wurden anonymisiert.

Lehrkörper eine Oppositionsstellung gegenüber der Direktorin aufzubauen.

In einem ersten Schritt wurden zur Verbesserung der Kommunikation monatliche Lehrertreffen vorgeschlagen und auch durchgeführt. Ungefähr die Hälfte der LehrerInnen nahm daran teil. Auch die Direktorin kam und diskutierte angeregt mit, obwohl sie dem neuen Thema eine geringe Bedeutung beimaß. Den Forschungsfokus *„Verbesserung der Kommunikation"* bezeichnete sie als *„überhaupt nicht notwendig"*. Die Anwesenheit der Direktorin wurde noch dazu nicht von allen LehrerInnen gutgeheißen. Manche hätten es vorgezogen, ohne (oder möglicherweise gegen?) sie zu diskutieren. Der Karren schien ziemlich verfahren. Ideen für Innovationen wurden anscheinend in erster Linie als Vehikel im schulinternen Machtkampf benötigt. Recht anschaulich läßt sich dieses Muster anhand eines weiteren Beispiels darstellen. Die Betreuerin berichtete:
„Bei einem der Lehrertreffen wurde die Idee geboren, ein Schulfest zu planen und dann ein fächerübergreifendes Projekt zu machen. Die Idee wurde dann von der Direktorin aufgegriffen und auch gleich beim Elternabend vorgestellt. Ich hielt das an und für sich für sehr positiv und ganz im unseren Sinne. Aber Inge meinte bei einem Telefonat mit mir: 'Na ja, weißt eh', die versucht das jetzt allein durchzuziehen und uns auszubooten.' Bei der nächsten Teamsitzung betonte Inge: 'Sie hat überhaupt nicht mehr erwähnt, daß das von uns kommt, und ich komme mir eigentlich ziemlich zurückgesetzt vor.'„

Vor allem in einer Schule, die sich mit schwierigen und auch häufig frustrierenden Aufgaben auseinandersetzt, scheint das Bedürfnis nach positiven Rückmeldungen sehr stark zu sein. Wo es dann endlich Anerkennung gibt, herrscht meist auch ein großes Gedränge. Eine Mitarbeiterin im Projektteam brachte in diesem Zusammenhang auch geschlechtsspezifische Gründe für dieses 'Minderwertigkeitsgefühl' ins Spiel und versuchte das Verhalten der Direktorin zu deuten:
„Und jetzt sage ich dir einmal, warum die Direktorin so ist, wie sie ist. Sie hat kein Selbstwertgefühl, weil sie eine Frau ist. Wenn dann nämlich ein Mann hereinkommt, dann benimmt sie sich plötzlich ganz anders. Und ich glaube, in dem Moment, wo ein Mann etwas zu ihr sagt, läßt sie dich als Frau und als Mitarbeiterin fallen wie eine heiße Kartoffel. Ich habe das schon öfters erlebt, denn immer wenn ich mit meinem Mann in die Schule komme, dann ist er viel wichtiger als ich, und es ist mir direkt peinlich, wie sie sich dann benimmt. Und dieses mangelnde Selbstwertgefühl, das sie hat, das überträgt sich auch auf uns. Sie schätzt uns einfach nicht."

Die LehrerInnen erwarteten sich Anerkennung, fühlten sich aber von der Direktorin zurückgesetzt. Die versuchte Innovation wurde in gewissem Sinne zum Vehikel einer Auseinandersetzung zwischen der Direktorin und dem Projektteam, das die Innovation forcierte. Im nachhinein kann man sogar vermuten, daß sich das Team unausgesprochen als „Forscherlobby" gegen die Autorität der Direktorin richtete. Der Autorität *innen* sollte also durch das Innovationsprojekt eine 'wissenschaftliche Autorität von *außen*' entgegengesetzt werden.

Neben diesem anscheinend unüberbrückbaren Gegensatz zwischen Direktorin und

Projektteam zeigte sich aber noch ein weiterer Konflikt: Eine zweite Front verlief quer durch den Lehrkörper. Die Betreuerin des Teams spricht von einer *„spürbaren Polarisierung des Lehrkörpers. <...> Je mehr sich die Innovationsgruppe engagierte und deklarierte, umso mehr verdeckten, aber doch spürbaren Widerstand gab es seitens der KollegInnen."*

Die Summe dieser Konflikte wurde mit der Zeit offenbar als emotional zu belastend erlebt, sodaß die InnovatorInnen beschlossen, das Handtuch zu werfen. *„Allein das Wort 'Innovation' löst in der Schule, vor allem aber bei der Direktorin, Widerstand aus"*, meinte ein Mitglied des Projektteams. Eine andere Stimme aus dem Team: *„Was auch immer ich mir überlege und welche Gründe ich auch immer wieder durchforste, wie oft ich die Situation auch analysiere, ich ende immer wieder bei der Direktorin. Sie ist für mich der hemmende Faktor bei der Durchführung der Innovation."*

Der offizielle Grund für den Ausstieg aus dem Projekt könnte durch folgendes Zitat am besten zusammengefaßt werden: *„Wir schaffen die viele Arbeit nicht. Wir sind überfordert. Es gibt so viel Arbeit in der Schule, ich fühle mich nicht gesund und ich habe auch zu Hause zuviel zu tun. Ich muß Prioritäten setzen."* Der Konflikt mit der Direktorin wurde aber nie öffentlich angesprochen. Diesbezügliche Vorschläge der Betreuerin wurden vom Schulteam abgelehnt.

Die nicht zustande gekommene Innovation hat *auf verschiedenen Ebenen unterschiedliche Bedeutungen* erhalten:

Auf der *Ebene „Direktorin - LehrerInnen"* ist die Innovation als *Instrument in der Auseinandersetzung um die Autorität in der Schule* eingesetzt worden. Die InnovatorInnen hatten als 'KämpferInnen für das Gute' einen strategischen Vorteil. Wenn man sich um die Verbesserung der Kommunikation bemüht, kann man es sich dann schon einmal leisten, jemanden auszuschließen. Der Begriff 'Innovation' könnte daher von forschenden LehrerInnen als Jolly Joker in der laufenden Mikropolitik des schulischen Alltages ge- bzw. mißbraucht worden sein, um eigene Interessen zu verwirklichen. Was für Außenstehende als schulisches Intrigenspiel recht amüsant erscheinen mag, bedeutet für die Betroffenen allerdings oft aufreibende Grabenkämpfe um kleine Positionsvorteile.

Auf der *Ebene „LehrerInnen- LehrerInnen"* hat sich Innovation im Lehrerkollegium als willkommener *Aufhänger für unterschiedliche Einstellungen, Werte und Interessen* erwiesen. Die Stellung jedes einzelnen Mitglieds des Lehrkörpers zur Innovation könnte somit als eine Art (mikro-)politisches Statement innerhalb eines Lehrkörpers gesehen werden. Auch alte Rivalitäten und Streitpunkte lassen sich an einem Innovationsvorhaben schnell wiederbeleben: „Auf welcher Seite stehst du?"

Auf der *„individuellen Ebene"* traten Probleme auf, als sich über das Engagement *für* andere die Wünsche nach verstärkter eigener Akzeptanz *durch* andere nicht einstellten. Die während der Arbeit an der Innovation zwar immer wieder angesprochene Enttäuschung über die fehlende Zustimmung durch die Direktorin (oder das aus der gesellschaftlichen Benachteiligung der Frau resultierende Minderwertigkeitsgefühl) konnte aber nicht wirklich im Zusammenhang mit den Zielen der Innovation thematisiert werden. Möglicherweise hätte dadurch die Innovation einen neuen Impuls erhalten. Von Zeit zu Zeit kurz anzuhalten und zu überprüfen, welche Funktion das Engagement für die InnovatorInnen selbst hat, könnte möglicherweise so manche aufreibende Erfahrung in einer Sackgasse ersparen. So hat sich jedoch die bestehende Frontenbildung weiter verhärtet.

Erfolgreiche Innovationsarbeit erfordert einen *Reflexionsprozeß auf unterschiedlichen Ebenen*, nicht um einer bereits recht anstrengenden Sacharbeit eine noch zermürbendere Selbstbespiegelung hinzuzufügen, sondern vielmehr um sich von der bei der Arbeit an der Innovation notwendigerweise auftretenden Dynamik nicht überrumpeln zu lassen. Für die Betreuungsarbeit stellt sich die Frage, welche Möglichkeiten förderlicher Interventionen zur Verfügung stehen, ohne die an der Verbesserung und Weiterentwicklung ihrer Praxis arbeitenden LehrerInnen in ihrer Autonomie zu beschneiden.

3.2 Rollenverhandeln.

Franz Rauch

Was ist Rollenverhandeln?

Rollenverhandeln ist die Bezeichnung einer Technik zur Teamentwicklung, die aus der betrieblichen Organisationsentwicklung stammt. Sie dient der Klärung von Beziehungen zwischen Personen, indem über die Rollen verhandelt wird, die eine Person oder eine Gruppe in der Organisation innehat. Rollenverhandeln konzentriert sich auf Arbeitsbeziehungen: darauf, was Leute tun und wie sie sich gegenseitig die Ausführung ihrer Arbeit erleichtern oder erschweren. Unter Rolle werden nicht nur eine formale Tätigkeitsbeschreibung verstanden, sondern auch informelle Übereinkünfte, Erwartungen und Abmachungen mit anderen, die bestimmen, wie sich die Arbeit einer Person oder einer Gruppe auf die einer anderen auswirkt. Mit dem Rollenverhandeln sollen Konflikte und Differenzen von Mitgliedern einer Gruppe bearbeitet werden (vgl. HARRISON 1977).

Ein Rollenverhandlungszirkel läuft in *vier Schritten* ab: Diagnose, Verhandeln, schriftliche Rollenvereinbarung und Evaluation.

1. Diagnose:
Bei der Diagnose teilen sich die beteiligten Personen gegenseitig *Rollenwünsche* mit, wobei folgende Fragen gestellt werden:

- *„Es würde mir helfen, meine eigene Effektivität zu steigern, wenn Du folgendes mehr oder besser machen würdest: ..."*
- *„Es würde mir helfen, meine eigene Effektivität zu steigern, wenn Du folgendes weniger oder nicht mehr tun würdest: ..."*
- *„Mit folgenden Verhaltensweisen hast Du mir geholfen, meine Effektivität zu steigern und ich hoffe, daß Du es in Zukunft beibehältst: ..."*

Dasselbe läßt sich auch knapper formulieren:

- *„Um mitzuhelfen...mußt Du mehr von ...; gleichviel von ...; weniger von ... tun" (nach FATZER/ECK 1990).*

Nach der gegenseitigen Mitteilung der Botschaften wird Gelegenheit zu Verständnisfragen und Klärungen geboten; es wird aber noch nicht darüber diskutiert.

2. Verhandlung:
Während bei der Diagnose noch mit mehreren Personen Rollenbotschaften ausgetauscht werden können, erfolgt das Verhandeln in *Paaren*, wobei die Bereiche, über die verhandelt wird, vereinbart werden. Die Verhandlung selbst erfolgt mit oder ohne externe Moderation.

Gesichtspunkte für den Sender einer Botschaft sind dabei u.a.:

- *„Ist die Botschaft konkret genug? Was können Sie dazu beitragen, daß die andere Person ihr Verhalten ändert ('mehr' oder 'weniger' tut von ...)?*

- *Wie können Sie die Verhandlung so gestalten, daß die andere Person sich nicht in eine Verteidigungsposition gedrängt fühlt?"*

Gesichtspunkte für den Empfänger von Botschaften sind u.a.:

- *„Sind Sie sicher, daß Sie genau verstehen, welche Art von Verhaltensveränderung von Ihnen erwartet wird? Können Sie Ihre spontane Reaktion in einen der folgenden Bereiche eingliedern?: 'Das ist eine gute Idee, ich werd es tun'; 'Ich kann es tun, wenn Du mir hilfst'; 'Ich kann es nicht tun, aber ich kann etwas anderes tun, um das Problem zu lösen'".*

Gesichtspunkte für den Moderator sind:

- *„Versuchen Sie durch gezieltes Nachfragen den Verhandlern zu helfen, möglichst spezifisch zu sein. Helfen Sie den beiden, Konflikte eher anzugehen, als zu vermeiden; Wo Sie ein Zögern spüren, geben Sie Ermutigung; Ihre Rolle ist es, den Prozeß der Verhandlung zu erleichtern. Die eigentliche Lösung muß von den Verhandlungspartnern kommen. (FATZER/ECK 1990, 268f)*

3. Schriftliche Vereinbarung:
Die Gesprächspartner halten die Ergebnisse der Rollenverhandlung in einer schriftlichen Vereinbarung (inklusive Zeitplanung und Überprüfung) fest und prüfen gemeinsam, ob sie die getroffene Vereinbarung auch durchführen können.

4. Evaluation:
Nach einigen Wochen werden die Vereinbarungen überprüft, und die Erfahrungen mit dem Vertrag werden gemeinsam reflektiert. Bei neuerlichen Problemen kommt es wieder zu einer Verhandlung. Der Zirkel beginnt u.U. abermals mit dem ersten Schritt, diesmal aber bereits auf einem fortgeschrittenen Niveau.

Wie ist der Prozeß des Rollenverhandelns in einer Schule verlaufen?

Datenbasis für die folgende Analyse sind Interviews mit einem Lehrer, der an seiner Schule eine Rollenverhandlung organisiert hat und Tagebuchaufzeichnungen des Autors. Im Rahmen eines Workshops wurden TeilnehmerInnen des Innovationsprojekts mit dem Rollenverhandeln vertraut gemacht.

Zwei TeilnehmerInnen empfanden die Methode als attraktive Möglichkeit zur Weiterentwicklung der Zusammenarbeit und erzählten den beiden anderen TeamkollegInnen an ihrer Schule von ihrer Erfahrung. Sie schlugen vor, auch innerhalb ihres Teams an der Schule eine Rollenverhandlung durchzuführen. Obwohl sich das Interesse der KollegInnen anfangs in Grenzen hielt, einigten sie sich auf die gegenseitige Mitteilung von Rollenwünschen. Jede(r) sollte dies innerhalb von drei Tagen in Form eines Briefes tun. In einer gemeinsamen Besprechung sollten die Rollenwünsche dann gegenseitig mitgeteilt werden. Dieser Termin wurde öfter verschoben. Schließlich machte die Leiterin den Anfang und las in einer Teambesprechung die Botschaften, die sie bekommen hatte, vor. Der Austausch der Botschaften wie auch die Verhandlungen erfolgten 'öffentlich' im Beisein aller vier Mitglieder des Schulteam. (Die Leiterin war von der Methode inzwischen so überzeugt, daß sie Rollenverhandeln sogar in ihrer eigenen Familie durchführte.)

Diese Teambesprechung erlebte der interviewte Lehrer so: *„In einer Stunde etwa wurde das sehr schnell abgehandelt. Ich hatte doch den Eindruck, daß hin und wieder, wenn es etwas persönlicher wurde, die Versuchung entstanden ist, auf die Zeit zu schauen. Trotzdem hat jeder die Möglichkeit gehabt, Dinge sehr persönlicher Art mitzuteilen und es war wieder ein Moment der Klärung, der - dem Zufall überlassen - eigentlich nie oder nur sehr selten zustande kommt."*

Die gegenseitigen Mitteilungen zogen sich über mehrere Wochen hin. Einige Vereinbarungen wurden getroffen, nach einem halben Jahr war der Abschluß des ersten Zirkels aber noch nicht erreicht. Es bestand aber die Absicht, das Rollenverhandeln weiterzuführen, bis alle mit allen verhandelt hatten.

Bewertung des Prozesses durch den interviewten Lehrer

Wie wurde der Prozeß wahrgenommen? Insgesamt gab der interviewte Lehrer eine recht differenzierte Bewertung seiner Erfahrungen mit dem Rollenverhandeln. Als *positive Auswirkungen* betonte er vor allem ein besseres gegenseitiges Kennenlernen und Klären von Standpunkten und Erwartungen. Dies habe feststellbaren Einfluß auf die Teamstruktur gehabt: *„Am besten war es mit W. Sie konnte mir sagen, was sie von mir hält und umgekehrt. Dieser Kontakt hat wirklich etwas verändert. Ich war selbst erstaunt, aber wir beide konnten eigentlich für uns etwas entdecken, was vorher nicht da war."*

„<...> zu erkennen, daß Wahrnehmungen zu einer Person ganz unterschiedlich sind. <...> sich das mitzuteilen, finde ich einfach spannend, es hält persönliche Beziehung aufrecht und bringt ein bißchen Ernsthaftigkeit hinein. Manchmal ist man eher gewillt, über Scherze und Oberflächliches in Kontakt zu bleiben."

„Mir hat das eigentlich eine gute Gelegenheit gegeben, zu sammeln und meine Wahrnehmung auf den Punkt zu bringen. Das trägt zur Klärung bei. Ich würde den Moment des besseren Wissens voneinander als das Wesentliche für mich ansehen."

Es wurde aber auch über *Probleme* berichtet: Es sei ungewohnt und schwierig, die Schwelle ins Private zu übertreten. Wie weit öffne ich mich den anderen? Wo ziehe ich die Grenze? Das sind Fragen, die in einer Art Gratwanderung immer wieder aufs neue auftauchen. Ein weiteres Problem ergab sich aus der Annahme, das Verhandeln 'müsse' laut Regel 'öffentlich', also im Beisein des gesamten Teams, erfolgen. Dies wurde als Belastung empfunden. Abgesehen, davon, daß es sich bei dieser Annahme um ein Mißverständnis gehandelt hat, meinte der Lehrer im Interview, daß das Team die Methode den eigenen Bedürfnissen und Bedingungen ja auch anpassen hätte können, dazu aber offenbar nicht in der Lage war. *"Die Kunst liegt darin, diese Methode für sich zu entdecken, ohne einen Druck der Vorgabe zu verspüren."*

Von diesem Lehrer wurden allerdings auch zwei Auswirkungen erwähnt, die die weitere Arbeit an der Schule erschwert haben. Beide haben mit potentiellen Macht- bzw. Einflußverlagerungen zu tun - neue Quellen des Mißtrauens, die durch Rollen-

verhandeln entstehen können:
„Die Vereinbarung zwischen W. und mir hat ein bißchen Mißtrauen ausgelöst, von wegen Packelei oder Opposition gegenüber den beiden anderen. <...> Nachdem wir <ihnen> mitgeteilt hatten, uns nach langer Zeit wieder näher gekommen zu sein, schaffte das bei den anderen natürlich Unsicherheit."

„Auf meinen Rat einem Kollegen gegenüber, 'er solle besser seine eigenen Bedürfnisse und Wünsche berücksichtigen und weniger gefällig handeln', reagierte die Direktorin leicht verärgert mit dem Hinweis, daß ich 'niemanden aufzustacheln brauche.' <...> Mir geht es aber nicht darum, Streit zu schüren, sondern um eine ehrliche Auseinandersetzung."

Auf die Frage, was er beim nächsten Mal *anders machen* würde, meinte der Lehrer, daß für das Rollenverhandeln mehr Zeit („einen Nachmittag") und ein geeignetes räumliches Ambiente („nicht unbedingt das Konferenzzimmer") zur Verfügung stehen sollte. Auch sollten die Verhandlungen zunächst nur in Paaren durchgeführt werden.

Zur *Rolle der Außenbetreuung* ist die Wahrnehmung des Lehrers bemerkenswert, daß von ihr ein Druck ausging, den er als hemmend erlebte. Eigenständiges Umgehen mit der Methode des Rollenverhandelns sei dadurch erschwert worden, daß sie formell im Rahmen eines Workshops angeboten wurde und von einer Aura der Wissenschaftlichkeit umgeben worden sei. Die Abhängigkeit von der wissenschaftlichen Autorität des Betreuers habe die Anpassung der Methode an die Bedürfnisse des Teams erschwert. Dieses Problem wurde erst durch das Interview mit dem Lehrer an die Oberfläche gebracht und damit bearbeitbar. Andererseits wurde dabei deutlich, daß Beratungsprozesse, die als 'Hilfe zur Selbsthilfe' gedacht sind, auch eine gewisse kritische Distanz beim 'Klienten' erfordern, um wirksam werden zu können.

3.3 Innen und Außen in einem Innovationsprojekt.

Herbert Altrichter, Günter Cresnar, Harald Klucaric und Wolfgang Seereiter

Innovation ist Umordnung

HYPOTHESE 1: Innovation bedeutet, daß die Aufgaben einer Institution neu überdacht werden und daß dadurch die Beziehungen der Personen innerhalb der Institutionen neu definiert werden müssen. Daher bringt Innovation immer Unruhe mit sich: "Umordnung ist Unordnung"

HYPOTHESE 2: Das Betreiben einer Innovation (die Teilnahme an einem Projekt) differenziert den Lehrkörper in eine Innen- und Außengruppe. Die erstere betreibt die Innovation; die letztere ist dadurch definiert, daß ihr die Vorteile der Innovation (noch) nicht klar sind, daß sie die Umordnung zunächst nur als Unordnung und potentiellen Verlust (an Sicherheit, Ordnung, Ressourcen, Macht, Status usw.) begreift.

Beispielsweise wird in einer Fallstudie[5] an mehreren Stellen das Verhältnis der Gruppe der InnovatorInnen (AktionsforscherInnen) gegenüber dem Restlehrkörper thematisiert: *„Vorurteile bezüglich der Aktionsforschung, als einer obskuren Tätigkeit 'hinter dem Vorhang'"*. Eine initiative Gruppe kann sowohl Neugierde als auch Beunruhigung auslösen. InnovatorInnen kann in dieser Situation leicht Eigennützigkeit und mangelndes Fingerspitzengefühl unterstellt werden; sie können durch ihr Tempo aber in manchen Fällen auch real das Engagement der KollegInnen behindern. Wichtig dabei dürfte sein, wie die Gruppe der Innovatoren zustandekommt.

HYPOTHESE 2a: Die Veränderung der Aufgabenstruktur der Institution durch die Innovation bringt jedenfalls neue Ansprüche für die Institutionsmitglieder mit sich. Diese Ansprüche können als selbst auferlegt (Innengruppe) oder externer Druck (Außengruppe) aufgefaßt werden. Diese Ansprüche können zu neuem Lernen führen oder zu einem Gefühl der Überforderung.

KONSEQUENZ: Die Innovatoren müßten sich darum bemühen, klar zu machen, welche Vorteile der Innovationsprozeß für alle Beteiligte haben könnte. Wie glaubwürdig ist eine solche Darstellung der Vorteile? Ist das Problembewußtsein vorhanden? Welche Akzeptanz wird erreicht?

KONSEQUENZ: Wie wird mit jenen umgegangen, die nicht zur *in-group* der InnovatorInnen gehören? Die relative 'Neuheit' der Innovation für verschiedenen Organisationsmitglieder sollte analysiert werden, um Ansatzpunkte an bestehende Stärken und

---

[5] Die Arbeit stützt sich auf folgende Fallstudien: Hauptschule Frohnleiten (BINDER et al. 1993), Hauptschule Gleisdorf (FLOOH et al. 1993), Modellschule Graz (ERKER et al. 1993), Volksschule Wetzawinkel (ROSENBERGER et al. 1993), HTL Weiz (DONNERER et al. 1993), BRG Körösistraße (CRESNAR et al. 1993), Schulverbund Klusemannstraße (BAUER 1993a), BHAK Grazbachgasse (EICHINGER et al. 1993).

Interessen aller Organisationsmitglieder zu finden.

KONSEQUENZ: Die Außenbetreuung durch die ProjektmitarbeiterInnen sollte die Innovationsgruppe[6] bei der Erarbeitung einer realistischen Anspruchssetzung unterstützen.

HYPOTHESE 3: Sowohl die Erarbeitung der neuen Aufgabenstruktur in der Institution als auch die Überbrückung der Spaltungstendenzen zwischen Innen- und Außengruppe erfordern eine aktive Informationspolitik in Innovationsprojekten.

Über die Aktionsforschungsprojekte wurde in sehr unterschiedlicher Weise informiert, was auch zu unterschiedlichen Effekten geführt hat:

- *Schriftliche Informationen* (Informationsblätter, Protokolle, Aushänge am schwarzen Brett) schienen eher Mißverständnisse hervorzurufen, wenn nicht schon vorher die Akzeptanz der neuen Aufgabenstruktur gegeben war. Der „Einwegkommunikations-Charakter" von schriftlichen Informationen erlaubt kein Eingehen auf Mißverständnisse und wird von manchen Adressaten als Druckmittel empfunden.
- *Selber machen und vorzeigen* (Kommunikation durch Handlung) kann zuweilen vorteilhaft sein, in anderen Fällen aber die Spannung zwischen Innen- und Außengruppe nicht verringern, besondern wenn die Akzeptanz der Innovation nicht gegeben ist.
- *Konferenzen und Lehrerbesprechungen* stehen in der Gefahr, aufgrund des vermehrten Zeitaufwandes von den Kollegen abgelehnt zu werden.
- *Interviews und Einzelgespräche* haben in einem Fall positivere Stimmen und Akzeptanz geschaffen, bei sehr konträren Werthaltungen und Ausgangspositionen ist der Effekt aber eher zweifelhaft. Sie sind auch bei größeren Schulen und bei unterschiedlichen Stundenplänen schwer zu verwirklichen.
- *„Nicht-inhaltliche soziale Interaktionen"* (gemeinsames Essen und Trinken) können Akzeptanz von Innovationen erhöhen und Spaltungen zwischen Innen- und Außengruppe überbrücken.
- Das Ausmaß, in dem die Schulleitung als *Kommunikator der Innovation* auftritt, kann einen wesentlichen Einfluß haben.

Aktives Erarbeiten der neuen Aufgaben- und Beziehungsstruktur

HYPOTHESE 4: Da eine Innovation eine 'Unordnung' in die etablierte Aufgaben- und Beziehungsstruktur der Schule bringt, muß aktiv eine 'neue' Aufgaben- und Beziehungsstruktur erarbeitet werden. Dies bewußt zu betreiben, ist eine wichtige Aufgabe der Innovationsgruppe.

Die Teilnahme an einem Projekt und das Betreiben einer Innovation führt daher nicht verwunderlicherweise zu vermehrtem Gespräch und vermehrter Reflexion. *„Aus der*

[6] Der Begriff 'Innovationsgruppe' bezeichnet jene Gruppe von LehrerInnen einer Schule, die am Innovationsprojekt aktiv teilnahm und in ihrer Schule ihr jeweiliges Innovationsvorhaben zu betreiben versuchte.

lockeren Willensäußerung von ehemals: 'Wir machen Kultur!' entstand eine ehrliche Auseinandersetzung über unsere innere Betriebskultur. Persönliche Voreingenommenheiten korrigierten sich, eine spürbare Verbesserung in den Beziehungen zueinander stellte sich ein. Tatsächlich bewerten wir die verbesserte Kommunikation als großen Gewinn der bisherigen Arbeit. Das Vertrauen zueinander ist gewachsen, ebenso der Mut, andere Meinungen, Widerstände und Ängste einander mitzuteilen."
Eine solche aktive Rolle gegenüber der eigenen Tätigkeit einzunehmen und zu „Konstrukteuren der eigenen Arbeitsrealität" zu werden, kann durchaus lustvoll sein:
„Waren wir es bisher gewohnt, von höherer Ebene Veränderungen - oft mißmutig und doch pflichtbewußt - nachzuvollziehen, gehen wir jetzt daran, selbst als Konstrukteure aufzutreten. Die intellektuelle Einsicht ist hierfür ein gutes Stück gewachsen, die Lust auf das Unternehmen aber noch unzureichend entdeckt."

Die konflikt- und kompromißhafte Aushandlung einer neuen Aufgaben- und Beziehungstruktur erfordert die Entwicklung einer Argumentations- und Streitkultur (und nicht nur moralische Appelle) sowie die Vereinbarung und Kontrolle von 'Spielregeln', die v.a. in der fragilen Übergangsphase, in der alte Routinen nicht mehr gelten und neue noch nicht etabliert sind, Orientierung bieten.

Gespräche, Reflexionen und die Teilnahme bei einem Projekt bewirken noch nicht eine schnellere Umsetzung der geplanten Innovation auf der Sachebene. Außerdem kosten Gespräche und Reflexionen Zeit; das Erarbeiten einer neuen Beziehungsstruktur ist aufwendig und kann u.U. auf Kosten der Zeit für das Unterrichten gehen

Außenbetreuung

HYPOTHESE 5: Weil bei Innovationen neue Beziehungs- und Aufgabenstrukturen geschaffen werden müssen und weil es den dabei auftauchenden Spannungen und Spannungstendenzen entgegenzuwirken gilt, ist eine Außenbetreuung *der Innovation in vielen Fällen nicht nur hilfreich, sondern unabdingbar.*

HYPOTHESE 6: Die Außenbetreuung ist dann förderlich für eine Innovation, wenn ein klares Betreuungskonzept besteht, wenn die Erwartungen der BetreuerInnen und der Innovationsgruppe übereinstimmen und wenn das Betreuungskonzept zur Situation an der jeweiligen Schule paßt.

Eine offene Frage bleibt, welches Betreuungskonzept für schulische Entwicklungsprozesse angemessen ist. Soll die Außenbetreuung nur eine Beratungsfunktion für eine innerschulische Innovationsgruppe erfüllen oder die Moderation des schulischen Entwicklungsprozesses in der Schule übernehmen? Eine Möglichkeit wäre, daß der Betreuer relativ viel Verantwortung für den Entwicklungsprozeß in der Schule übernimmt. Das bedeutet unter Umständen, Übertragungsprozesse auf sich zu ziehen, bedeutet aber auch, daß dem Betreuer Macht- und Einflußmöglichkeiten zugestanden werden. Offen ist, ob Organisationsentwicklung, wie sie in der Wirtschaft üblich ist, auf schulische Strukturen übertragen werden kann. Welche Machtmittel stehen in der Schule zur Verfügung? Wie kann man in der amorphen und unübersichtlichen

Arbeitsstruktur einer Schule Akzeptanz herstellen? Für die amorphe Struktur von Schulen könnten werbend-integrative Strategien letzten Endes wirkungsvoller als Machtstrategien sein.

HYPOTHESE 7: Betreuung kann aber auch einschränken, weil die Hoffnung auf das Wissen der externen Experten die eigene Handlungsfähigkeit behindern und zu einer Abhängigkeit von der Betreuung führen kann.

In einer Fallstudie wird berichtet, daß die mit dem Betreuer vereinbarten 'Rettungsversuche' fehlschlugen und die verschiedenen 'Tips vom Team' nicht halfen. In größerer Unabhängigkeit von der Außenbetreuung gelang es dieser Gruppe offensichtlich später, zu einer positiven Strategie zu finden. Die für diese Strategie genannten förderlichen Faktoren überlappen sich großteils mit den früheren 'Tips vom Team', doch ist es der Innovationsgruppe offensichtlich später besser gelungen, diese Ideen für den spezifischen Kontext ihrer Schule zu konkretisieren.
Außenbetreuung kann dann für die Innovation hinderlich sein, wenn Mißverständnisse zwischen den Innovatoren und den Projektbegleitern auftreten und viele Energien binden.

HYPOTHESE 8: Betreuung, die mit dem Status der Wissenschaft auftritt, kann selbst ein Machtfaktor sein und das interne Machtgefüge der Organisation verändern.

3.4 Klimatische Bedingungen innovativer Arbeit.

Werner Götz, Günther Hirner, Argyro Kollaritsch, Werner Laminger, Doris Mayerl, Andrea Moser, Peter Posch, Renate Schnelzer und Elisabeth Thoma

HYPOTHESE 1: Das Schulklima wird positiv beeinflußt, wenn es in grundlegenden Fragen, die den beruflichen Alltag betreffen, gemeinsame Werthaltungen gibt und wenn die darauf beruhenden Regelungen für alle gelten.

In dieser Hypothese steckt die Annahme, daß gemeinsame Werthaltungen eine wichtige Voraussetzung für das Gefühl des Akzeptiertseins bilden und erst jene Toleranz ermöglichen, die für die Entfaltung von Innovationen nötig ist. Die folgende Hypothese definiert in gewissem Sinne eine der Voraussetzungen für das Enstehen gemeinsamer Werthaltungen:

HYPOTHESE 2: Das Schulklima wird positiv beeinflußt, wenn offene Gespräche über Probleme, Leitvorstellungen und Interessen selbstverständlich sind.

Zu beiden Hypothesen wurden in den Fallstudien Belege gefunden und analytische Überlegungen angestellt: *„Konflikte in den Teams und unter anderen KollegInnen schwelen vor sich hin. Sie flackern manchmal auf, explosiv, verstummen aber genauso plötzlich wieder. <...> gelöst wird in den seltensten Fällen etwas. Zurück bleibt meist ein vages Gefühl des Unerledigten. Das potenziert sich von Mal zu Mal. Und immer wieder die Bemerkung: wir haben keine Zeit mehr füreinander."*

In mehreren Studien kommt zum Ausdruck, daß LehrerInnen ein Bedürfnis nach 'Zeit füreinander' haben. Hinweise darauf sind u.a. Reaktionen auf Gespräche, die sich im Rahmen der Innovationstätigkeit oder der Aktionsforschung ergeben haben. In einer Gruppe entstand z.B. eine Gesprächssituation beim Versuch, sich über das eigene Verständnis von Schulkultur und Kultur im allgemeinen klarer zu werden. *„Aus der lockeren Willensäußerung von ehemals: 'Wir machen Kultur!' entstand eine ehrliche Auseinandersetzung über unsere Betriebskultur"*. Die Gruppe bewertete dies als *„großen Gewinn der bisherigen Arbeit. Das Zueinander ist gewachsen, ebenso der Mut, andere Meinungen, Widerstände und Ängste einander mitzuteilen. Bleiben wir auch heute oft noch in den Pausengesprächen an der Oberfläche hängen, der Anlauf zur unbequemen Äußerung ist merklich kleiner geworden."*

In einer anderen Studie, in der über eine fruchtbare Zusammenarbeit zwischen zwei LehrerInnen berichtet wird, wird diese auf die Übereinstimmung in den Zielvorstellungen zurückgeführt: *„Soziales Lernen besteht für uns vor allem im Erlernen von Eigenständigkeit und Selbständigkeit; das ist erst durch das Interview, das ich mit dem Kollegen führte, bewußt und klargeworden"*. Hier hat das im Rahmen eines Aktionsforschungsinteresses durchgeführte Interview offenbar den Weg zum Auffinden gemeinsamer Werthaltungen geebnet.

Das Interview als Kommunikationshilfe wird auch in einer anderen Studie erwähnt: *„Es wurde ein starkes Gesprächsbedürfnis festgestellt. Dies äußerte sich <...> in Einzelinterviews, die im Rahmen der Aktionsforschung durchgeführt wurden: Es ist den KollegInnen angenehm, über Lehrkörper, Schulsituation und über das eigene Befinden zu reden bzw. scheint es nötig oder erwünscht zu sein, daß sie dazu aufgefordert und angeregt werden. Fast alle Interviews dauerten viel länger als sie geplant waren. Es wurde sogar der Wunsch geäußert, im größeren Verband die Meinungen zu vergleichen"*.

Die Förderung einer offenen und gemeinsamen Auseinandersetzung über Zielvorstellungen und über unterschiedliche Wahrnehmungen des Klimas an der eigenen Schule scheinen wichtige Voraussetzungen für die Verbesserung des Schulklimas zu sein. Die aus den Fallstudien zitierten Beispiele betreffen durchwegs kleine Lehrergruppen, in denen eine offenbar befriedigende Gesprächssituation zustande gekommen ist. Erfahrungen mit Gesprächen über grundsätzliche Fragen, die größere Gruppen oder ein ganzes Kollegium einbeziehen, werden kaum berichtet und sind offenbar kein selbstverständlicher Teil der Schulkultur. Eine Ausnahme scheint hier die Modellschule zu bilden, in der wöchentliche Lehrersitzungen stattfinden und der *„häufige und organisatorisch einfach durchführbare Austausch zwischen den Lehrern"* als besonders förderliche Innovationsbedingung beschrieben wird.

Es gibt auch Hinweise darauf, daß bei der kontinuierlichen Arbeit an gemeinsamen Wertvorstellungen auch die Mitarbeit der Eltern wichtig sein kann. In einer Studie über Erfahrungen in einer integrierten Hauptschulklasse wird berichtet, daß bereits vor Beginn des ersten Schuljahres *„einige Elternabende <..> eine 'verschworene' Gemeinschaft von Eltern entstehen ließen, die von der Richtigkeit des gemeinsamen Unterrichts von behinderten und nicht behinderten Kindern überzeugt war"*.

Ein besonders interessantes Beispiel für die Bedeutung einer gemeinsamen (auch Eltern und Schüler einbeziehenden) Auseinandersetzung über grundlegende Fragen der schulischen Kultur bietet die Studie der Modellschule (vgl. ERKER et al. 1993). Sie beschreibt die Erfahrungen mit der Einführung eines Vertrages über Mindestanforderungen an SchülerInnen in Bezug auf Anwesenheit, Pünktlichkeit und Mitarbeit. Dieser Vertrag, den alle SchülerInnen am Beginn eines neuen Schuljahres unterschreiben mußten, war Ergebnis langer Beratungen und eines einstimmigen Beschlusses im Lehrkörper. Seine Auswirkungen wurden im Rahmen des Innovationsprojekts näher untersucht. Der vehemente Widerstand einiger Schüler gegen den Vertrag führte dazu, daß die Schüler begannen, sich zu organisieren und die an dieser Schule schon bestehenden Formen der Meinungsbildung besser zu nutzen. So *„entwickelte sich das erste Mal an der Modellschule eine nur von Schülern durchgeführte und geplante Bewegung, ohne Hilfe und Eingriffe der Lehrer. Sie haben sich getroffen, diskutiert, abgestimmt, was nicht immer ganz leicht für sie war"*.

Daraus ergaben sich Verbesserungsvorschläge, die teilweise von den Lehrern auch akzeptiert wurden. Hier wie auch in anderen Studien scheint der begleitende Forschungsprozeß dazu beigetragen zu haben, sich über Gemeinsamkeiten bewußter zu werden, bzw. sie sich auch erst zu erarbeiten, um der Innovation einen produktiven Verlauf zu geben.

In der Modellschule dürfte auch der Umstand eine gewisse Rolle gespielt haben, daß sie sich als Privatschule zur Legitimation von Entscheidungen weniger leicht auf Gesetze und Verordnungen berufen und damit aus bestimmten Verantwortungsbereichen zurückziehen kann als öffentliche Schulen. Sie steht daher auch mehr unter Druck, sich Erwartungen von Schülern und Eltern zu stellen und an einer gemeinsamen Basis von Zielvorstellungen zu arbeiten.

HYPOTHESE 3: Das Schulklima wird negativ beeinflußt, wenn gemeinsame Regelungen nicht eingehalten, ihre Nicht-Einhaltung nur bei bestimmten LehrerInnen(gruppen) sanktioniert werden und - ohne daß dies legitimiert wird - manche „gleicher als andere" behandelt werden.

„..vor allem die Verbindlichkeit von Absprachen der Lehrer (ist) immer wieder Ursache tiefgreifender Konflikte". Probleme treten auch auf, wenn manche Kolleginnen *„ein Erbrecht auf Funktionen in der Schule"* haben. Aus den Gesprächen in der Arbeitsgruppe läßt sich schließen, daß diese Hypothese relativ gut in Erfahrungen abgesichert ist. Das Material in den Fallstudien dazu ist jedoch eher spärlich.

HYPOTHESE 4: Das Schulklima wird beeinträchtigt, wenn Innovation als Bedrohung aufgefaßt wird und wenn Lehrer Angst haben, sich 'in die Karten schauen' zu lassen.

HYPOTHESE 5: Ein gutes Schuklima entfaltet sich eher in Situationen, in denen vor dem Hintergrund einer grundsätzlichen gegenseitigen Anerkennung Probleme offen angesprochen werden und Problemidentifikation als konstruktiver Beitrag zur Schulentwicklung gesehen wird.

Die beiden Hypothesen 5 und 6 erscheinen zunächst schwer miteinander vereinbar. Wenn gegenseitige Anerkennng als 'alles gelten lassen' interpretiert wird, muß jede Thematisierung von Problemen als Störung emfunden werden. Bei genauerer Betrachtung zeigt sich jedoch, daß beide einander ergänzen, soferne die Art und Weise, wie Probleme angesprochen werden, die grundsätzliche Achtung vor dem anderen zum Ausdruck bringt.

Daß das Thematisieren von Problemen Probleme macht zeigt sich in mehreren Studien: Nach einem Dreivierteljahr Materialsammlung für eine Fallstudie fiel auf *„daß keinerlei Kritik von außen, die es massenhaft gegeben hat, darunter ist. <...> Meine Hypothese: wir haben uns gescheut, Material zu sammeln, weil es unsolidarisch den KollegInnen gegenüber erschien. Unser Umgang mit Kritik? - Sie ist peinlich, stört den schönen, ungetrübten Fortgang der Innovation. Man darf darüber tuscheln, aber nicht offen diskutieren".*

Wie sind gegenseitige Anerkennung und Bereitschaft zur Problemidentifikation auf einen Nenner zu bringen? Eine Fallstudie illustriert recht eindringlich eine mögliche

Antwort auf diese Frage: Der einfühlsame Umgang mit sensiblen Informationen.

An einer Schule wurde aufgrund eines Konferenzbeschlusses von einer LehrerInnengruppe mittels Fragebogen das Image der Schule bei den SchülerInnen erhoben und u.a. der Unterricht jedes Lehrers bewertet. Jedem Lehrer wurden die Ergebnisse in Form von Klassenlisten, auf denen die Werte aller Mitglieder des jeweiligen Klassenlehrkörpers ersichtlich waren, zugestellt. Dies wurde von den Initiatoren zunächst als Beitrag zur Transparenz gesehen; in Wirklichkeit wurde bei vielen Frust, Angst und Abwehr erzeugt.

Es schien, *„daß die Schüler-Rückmeldungen mehrheitlich das Selbstwertgefühl der Beurteilten verringerten und als Liebesentzug empfunden wurden. Spürbare Folge: Die Arbeitsmoral im Abendschullehrkörper sank merklich. Die Kommunikationsmuster, die für niedriges Selbstwertgefühl sprechen, waren in der Folge auch für alle greifbar. Von der Anklage über das Rationalisieren, Ablenken bis zum Beschwichtigen tauchte alles auf“* .

Die Initiativen der Innovatorengruppe wurde von anderen Lehrern offenbar als massive Bedrohung erlebt. Ein einfühlsamerer Umgang mit derartig sensiblen Informationen (z.B. indem die Ergebnisse auf die Frage 46 nur den jeweils Beurteilten zugänglich gemacht worden wären) hätte wahrscheinlich eher zur Reflexion über und zu Bemühungen um eine Verbesserung von Unterricht angeregt, ohne die negativen Auswirkungen auf das Schulklima.

HYPOTHESE 6: Wenn die Aktivitäten einzelner Lehrer primär als Ergebnis eines Interesses an persönlicher 'Profilierung' gesehen werden, so wirkt sich dies negativ auf das Schulklima aus.

„Die intensive Zusammenarbeit in der Schulversuchsklasse bewirkte <...> bald eine gewisse isolierte Sonderstellung innerhalb des Lehrkörpers <...> Dies führte einerseits dazu, daß sich diese Lehrergruppe am steirischen Projekt beteiligte, andererseits zeigte sich aber, daß die Einbindung in das schulische Geschehen der übrigen Lehrer (ein dreißigköpfiges Lehrerkollegium) unterblieben ist. Es zeigte sich ein starker Informationsfluß nach außen; die Lehrerinnen und Lehrer im eigenen Konferenzzimmer blieben aber meist uninformiert. Es entstand die Vermutung, daß innovative Vorhaben innerhalb der Schule nicht besonders geschätzt würden und es entstand die 'Angst', durch ein zu plakatives Zurschaustellen der eigenen Arbeit an sozialem Status zu verlieren“ .

An diesem Beispiel ist bereits ein mögliche Ursache dieses Eindrucks angedeutet: mangelnde Kommunikation innerhalb des Lehrkörpers. Dies dürfte allerdings als Erklärung nicht ausreichen. Es steht ein Profilierungs'vorwurf' im Raum. Interessant dabei ist, daß individuelle Profilierung im Lehrberuf im obigen Beispiel negativ bewertet wird. Hier zeigt sich ein Unterschied zur institutionellen Profilierung: Wenn eine Schule ein Profil entwickelt, wird dies zumeist positiv gesehen. Wenn sich hingegen eine Gruppe von LehrerInnen mit neuen Entwicklungen beschäftigt, heben sie sich aus der Normalität alltäglicher Selbstverständlichkeiten heraus und stellen implizit die Normalität in Frage. Dies kann als Bedrohung des alltäglichen Handelns des einzelnen Lehrers aufgefaßt werden. Dieses Bedrohungserlebnis wird durch die InnovatorInnen nicht selten noch dadurch verstärkt, daß sie zur besseren Legitimierung ihres eigenen Tuns die alltägliche Praxis explizit abwerten.

Eine Bearbeitung dieses für Innovationen und für das Schulklima problematischen Phänomens ist u.E. nur möglich, wenn ein Perspektivenwechsel stattfindet und Innovationen nicht als potentielle Infragestellung des eigenen Tuns, sondern als potentielle Bereicherung der ganzen Schule aufgefaßt werden. Die Perspektive, von der aus eine Bewertung erfolgt, müßte also von der eigenen Person auf die ganze Schule erweitert werden. Dies ist jedoch nur zur erwarten, wenn eine kontinuierliche Auseinandersetzung im gesamten Lehrkörper mit den gemeinsamen Zielsetzungen und Entwicklungsperspektiven der Schule erfolgt (siehe Hypothese 1).

Eine gemeinsame Basis an Werthaltungen schafft erst die emotionale Voraussetzung für das Ertragen von und konstruktive Umgehen mit Abweichungen, weil Innovationen zum Anliegen und 'Eigentum' der gesamten Schule werden können, auch dann, wenn nur wenige Lehrer unmittelbar daran beteiligt sind. Dies hat zwei Konsequenzen: Die Innovation (die ja meist auch 'Durstrecken' durchlaufen muß) erhält einen Rückhalt in der gesamten Schule und das verfügbare kritische Potential kann auf konstruktive Weise eingebracht werden. Für eine erfolgreiche Innovation ist beides notwendig: grundsätzliche Akzeptanz und kritische Rückmeldung. Negativ bewertet wird Profilierung meist dann, wenn sie nur oder in erster Linie als Eigeninteresse der InnovatorInnen und nicht im Sinne einer Profilgewinnung der gesamten Schule und damit aller LehrerInnen interpretiert wird. Eine wichtige Frage scheint daher zu sein, wie eine eine solche Neuinterpretation von Innovationen eingeleitet werden kann. Die grundsätzliche Ermöglichung konstruktiver innerschulischer Kritik im Rahmen eines positiven Schulklimas dürfte auch die Schulleitung entlasten, weil der Druck, in schwierigen Situationen, die Kontrolle abrupt an sich zu ziehen, geringer wird.

II. EIN ZWISCHENSPIEL

Kapitel 4
Pädagogische Tage als Einstieg in Schulentwicklungsprozesse.

Herbert Altrichter und Gaby Salzgeber

Im Verlaufe des Projekts „Förderliche und hemmende Bedingungen für Innovationen in der Schule" hatte die Nachfrage nach Betreuung und Moderation von schulinterner Lehrerfortbildung und von Schulentwicklungsprozessen zugenommen. Solche Anfragen wurden auch an die BetreuerInnen des Innovationsprojekts gerichtet, denen durch ihre Projekttätigkeit offenbar Expertise zugebilligt wurde. Und doch stellten sich außerhalb eines 'Projektrahmens' zum Teil unterschiedliche Probleme, die im folgenden Beitrag dargestellt und analysiert werden.

4.1 Schulautonomie braucht Schulentwicklung und umgekehrt.

Lange Zeit wurden Schulen von den meisten Beteiligten als staatliche Anstalten angesehen: Man war froh, eine bestimmte Leistung zu bekommen, beschwerte sich besser nicht, weil man nicht wußte, ob der bürokratische Apparat zurückschlagen würde, und nahm im übrigen an, daß ohnehin alle Schulen im ganzen Land im wesentlichen gleich wären. Das scheint sich nun geändert zu haben: ZeitungsleserInnen können in Schul-Rankings die angeblich beste Schule im Land herausfinden (vgl. SPECHT 1994; ALTRICHTER 1995b). Manche Schulen haben von sich aus begonnen, unterschiedliche Schwerpunkte zu entwickeln, um für spezielle Schülergruppen attraktiv zu sein. Einige versuchen ein unverwechselbares 'Schulprofil' aufzubauen, und manche bedienen sich dafür der neuen Möglichkeiten, die die ersten Schritte der 'Schulautonomie' in unserem Land bieten.

Schulentwicklung braucht gewisse Freiräume. Umgekehrt erfordert die sinnvolle Nutzung der schulautonomen Möglichkeiten auch die Entwicklung der inneren Zusammenarbeits- und Entscheidungsstrukturen einer Schule, und diese wiederum bedarf einer Unterstützung durch schulinterne Lehrerfortbildung, Organisationsberatung usw. - Ähnliches sagte ich (HA) wohl bei der Präsentation unseres Autonomiegutachtens (vgl. POSCH/ALTRICHTER 1993) im festlichen Rahmen des Palais Auerspergs. Im Anschluß daran sprach mich ein Gymnasialdirektor an: Hier würde Schönes über autonome Entwicklungsmöglichkeiten von Schulen gesagt, aber Schulentwicklung wäre in der Praxis durchaus schwer. Wären Universitäten bereit, Schulentwicklungsprozesse zu unterstützen? Wir haben uns jedenfalls durch eine derartige Anfrage 'bei der Ehre gepackt' gefühlt. Mit dem Schulleiter kamen wir überein, einen pädagogischen Tag zum Thema 'Was ist eine gute Schule und wie entwickelt sie sich?' als Einstieg in einen einjährigen Entwicklungsprozeß zu gestalten. Wir nahmen all unser Lehrerfortbildungs- und Moderationswissen zusammen, um allein die physische Bewegung von etwa einhundert LehrerInnen, SchülerInnen und ElternvertreterInnen zu organisieren und sie zudem zum Kommunizieren und Nachdenken anzuregen.

Auf den folgenden Seiten wollen wir einige unserer Erfahrungen darstellen, die wir mit der Gestaltung von Schulentwicklungsprozessen und ihren besonders auffälligen Anfangspunkten, den 'Pädagogischen Tagen', in den letzten drei Jahren gemacht haben. In Kapitel 4.2 erklären wir, wie wir bei der Vorbereitung, Durchführung und Nachbereitung solcher Pädagogischer Tage vorgegangen sind und welche Überlegungen hinter einzelnen Schritten stehen. In Kapitel 4.3 präsentieren wir eigene Erfahrungen und solche von TeilnehmerInnen, um schließlich einige Überlegungen über kritische Punkte bei der Gestaltung von Pädagogischen Tagen, die als Einstieg in Schulentwicklungsprozesse dienen sollen, zu formulieren.

4.2 Pädagogische Tage und ihre Vor- und Nachbereitung.

4.2.1 Die Vorbereitungsphase

(1) Kontaktaufnahme und Erstgespräch
Üblicherweise[7] beginnt die Zusammenarbeit mit einer Schule durch eine telefonische Kontaktaufnahme durch den/die Schulleiter/in oder durch ein Mitglied des Lehrkörpers, das eine 'entwicklungsfreudige Gruppe' repräsentiert: Man habe durch Mundpropaganda oder bei Direktorenseminaren gehört, daß wir 'Pädagogische Tage' mit Schulen durchführten und hätte selbst Interesse an einem solchen. Bei diesem Gespräch versuchen wir, einige Gründe für die Kontaktaufnahme und Hoffnungen, die mit einem Pädagogischen Tag verbunden werden, zu erfahren. Weiters versuchen wir zu eruieren, welche Vorstellung über die Gestaltung eines Pädagogischen Tages vorliegt: Denkt man daran, die ganze Verantwortung in die Hände 'externer ExpertInnen' legen zu können, oder will sich die Schule selbst beteiligen? Glaubt man, daß es mit einer Tages- oder Halbtags-Veranstaltung getan ist, oder rechnet man mit einem gewissen Aufwand für die Vor- und Nachbereitung? Falls unsere GesprächspartnerInnen zu der jeweils zweiten Alternative neigen, schlagen wir als nächsten Schritt vor:

(2) Gespräch mit einer Lehrergruppe
Wir bitten, an einem Nachmittag für etwa eineinhalb Stunden eine Gruppe zusammenzurufen. Dieser sollen DirektorIn, AdministratorIn, Personalvertretung und etwa sieben bis zehn LehrerInnen angehören, die verschiedene Sichtweisen, Stärken und

[7] vgl. auch die in der Zwischenzeit erschienene interessante Darstellung der Gestaltung von Pädagogischen Tagen durch STERN/EIPELDAUER (1995).

Tendenzen im Lehrkörper repräsentieren. Mit dieser Gruppe erörtern wir die Frage: 'Was sind die Anliegen und Erwartungen der Schule?' Durch Beobachtung von Gesprächsinhalten und -stil dieser Gruppe wollen wir uns einen ersten Eindruck davon verschaffen, was die wichtigen Themen dieser Schule sind und in welcher Weise miteinander umgegangen wird. Auf der anderen Seite versuchen wir von unserer Seite her klarzumachen, wie wir arbeiten, welche Mindestbedingungen für die Arbeit wir benötigen und wo unsere Angebote, aber auch unsere Grenzen liegen.

(3) Erarbeitung eines Vorschlags
Aufgrund dieses Vorgespräches versuchen wir sodann, einen Vorschlag für die Gestaltung der Zusammenarbeit mit der jeweiligen Schule zu erarbeiten. Unser Arbeitsprogramm, das z.B. die folgenden Schritte (4) - (8) enthalten könnte, wird in einem Brief der Schulleitung oder einer von der Gruppe des Vorgesprächs betrauten Kontaktperson mitgeteilt.

(4) Diskussion dieses Vorschlags durch die Schule
In unserem Brief ersuchen wir darum, diesen Vorschlag an der Schule zu diskutieren. Dies geschieht in manchen Fällen in einer pädagogischen Konferenz, in anderen Fällen durch eine ähnlich zusammengesetzte Gruppe wie bei Schritt (3), bei der wir selbst teilnehmen. Daraufhin erfolgt eine etwaige Überarbeitung des Vorschlags und die Entscheidung von beiden Seiten, ob die Zusammenarbeit fortzusetzen ist.

(5) 'Vorbereitungsgruppe' und Moderatoren-Schulung
In der Regel legen wir darauf Wert, daß der Pädagogische Tag und andere Veranstaltungen im Verlaufe eines längerfristigen Schulentwicklungsprozesses nicht allein von uns 'Externen' gestaltet werden, sondern daß Mitglieder des Lehrkörpers Verantwortung für die Organisation und die Moderation derartiger schulischer Veranstaltungen übernehmen. Daher erfolgt als nächster Schritt oft eine Nachmittagsveranstaltung in der Schule, bei der der Programmvorschlag mit einer 'Vorbereitungsgruppe' (einige LehrerInnen meist aus der Gruppe, die durch Schritt (2) konstituiert wurde) durchbesprochen wird. Dabei übernehmen einige KollegInnen organisatorische Aufgaben, und andere stellen sich für die Moderationstätigkeit in einzelnen Arbeitsgruppen zur Verfügung. Die Aufgaben dieser ModeratorInnen werden in der meist etwa dreistündigen Veranstaltung durchgespielt, um sich mit der ungewohnten Situation, die Arbeit von KollegInnen zu moderieren, vertraut zu machen.

4.2.2 Der 'Pädagogische Tag'

(6) Durchführung einer ganztägigen Veranstaltung (Pädagogischer Tag)
Sodann findet ein ganztägiger Pädagogischer Tag statt[8]. An diesem Tag nimmt üblicherweise der gesamte Lehrkörper teil mit Ausnahme einiger nicht verhinderbarer Absenzen, die sich z.B. durch Schikurse, Tagungsteilnahme usw. ergeben. Manche SchulleiterInnen und ihre Vorbereitungsgruppen haben darauf geachtet, daß sich keine KollegInnen der Teilnahme entziehen: So hörten wir einmal, daß ein Schulleiter, der

[8] In zwei Fällen wurde diese Veranstaltung an einem Nachmittag begonnen und am nächsten Vormittag fortgesetzt, wobei ein Teil des Lehrkörpers im Bildungshaus übernachtete.

eine auffällige Häufung von Zahnarztbesuchen festgestellt hatte, die KollegInnen bat, diese Termine zu verschieben.

Es ist sehr zweifelhaft, ob man LehrerInnen längerfristig zu sinnvoller Entwicklung verpflichten kann. Unserer Meinung nach ist es aber wichtig, gerade skeptische KollegInnen einzubinden und ihnen eine Gelegenheit zu geben, ihre Bedenken im Forum der Schule hören zu lassen. Darum sollten gerade sie bei einem Pädagogischen Tag nicht fehlen, der ja einer der seltenen Orte ist, an dem von und vor einer Schul-Öffentlichkeit über Entwicklungsrichtungen der Schule gesprochen wird. Nach unserer bisherigen Erfahrung gelang es auch bisher immer wieder, skeptische KollegInnen zu einer aktiven Teilnahme zu bewegen. Die wechselseitige Blockierung verschiedener Gruppen im Kollegium ist uns an diesen Pädagogischen Tagen noch nicht vorgekommen - allerdings haben wir wahrscheinlich bisher mit sehr selbstbewußten und engagierten Schulen gearbeitet.

Eine andere Frage besteht darin, ob solche Pädagogische Tage innerhalb des Lehrkörpers stattfinden sollen, oder ob zu ihnen auch Eltern und SchülerInnen sowie SchulärztInnen, Sekretärinnen und Schulwarte beigezogen werden sollen. Wir sprechen diese Frage üblicherweise an, überlassen es aber der Einschätzung der 'Vorbereitungsgruppe', auf welche Weise *der erste Schritt* getan werden soll[9]. Jedenfalls konnten wir bei Pädagogischen Tagen, an denen Eltern, SchülerInnen oder andere Nicht-LehrerInnen teilnahmen, keine größeren Probleme beobachten.

Natürlich können Pädagogische Tage recht unterschiedlich gestaltet werden, haben doch verschiedene Schulen auch unterschiedliche Wünsche und Vorerfahrungen mit schulinterner Lehrerfortbildung und Entwicklungsarbeit. Wenn wir uns also im folgenden auf einen bestimmten Typ beschränken, der v.a. für Schulen geeignet erscheint, die noch wenige Vorerfahrungen mit Schulentwicklung aufweisen und erste Ideen für die Weiterentwicklung sammeln wollen, dann geschieht dies aus Gründen der Ökonomie und nicht weil wir dieses Modell propagieren zu müssen meinen. Eine kleine lehrhafte Absicht gibt es allerdings doch: Indem wir ein Konzept darstellen und die dahinter stehenden didaktischen Überlegungen offenlegen, wollen wir zu einer intensiveren Diskussion über sinnvolle Gestaltungselemente dieser Ereignisse, die gegenwärtig offenbar „Hochkonjunktur" (KERN 1995, 2) haben, beitragen.

Wenn dieser Pädagogische Tag als *Einstieg* (und nicht als 'spätere Station') in einen Schulentwicklungsprozeß dienen soll, dann hat die Veranstaltung üblicherweise folgende *Ziele*:

① Ideen für die Weiterentwicklung der Qualität dieser Schule sammeln, darüber ins Gespräch kommen und sehen, was andere KollegInnen dazu meinen.
② Was kann ich konkret machen, um die Qualität dieser Schule weiterzuentwickeln? Diese Frage an einem Beispiel durchdenken und mögliche MitstreiterInnen erkennen.

---

[9] Wobei wir darauf verweisen, daß früher oder später eine Einbeziehung dieser Gruppen erfolgen muß, weil eine Entwicklung der Schule unter Aussparung wichtiger Mitglieder- und Bezugsgruppen längerfristig nicht sinnvoll erscheint.

Einen möglichen *Programmablauf* für eine solche Einstiegsveranstaltung präsentieren wir im folgenden als eingerahmten Text, der jeweils durch erklärende Kommentare unterbrochen wird:

9.00	**Einstieg** * Begrüßung: Ziele und Anliegen der Pädagogischen Tagung (Direktor) * „Was ist eine gute Schule?" (Statement von Herbert Altrichter) * Gespräch

Kommentar: Der Einstieg soll Konventionalität signalisieren: Die Tagung beginnt wie andere auch. Kein Grund zur Aufregung. Keine Psycho-Spielchen von wildgewordenen PädagogInnen, die keine Ahnung von der Schulpraxis haben. Der einzige (sanft) unkonventionelle Aspekt ist vielleicht, daß die traditionelle Einführung - im Gelingensfall - gut vorbereitet und vor allem *kurz* ist: Der/die DirektorIn sagt einige Worte dazu, wie der Pädagogische Tag zustande gekommen ist und was seine Ziele sind. Das soll nicht mehr als fünf Minuten dauern. Danach kommt ein Kurzvortrag von etwa fünfzehn Minuten, der Leseerlebnisse aus der Schulqualitätsliteratur zur Diskussion stellt, ohne sie als fertige Lösungen zu propagieren. Im allgemeinen versuchen wir die Zeit für Referate und Diskussionen im Plenum knapp zu halten und mehr Zeit für die Arbeit in Gruppen zu reservieren (vgl. STERN/EIPELDAUER 1995, 8).

Hinter unserem Verweis auf 'Konventionalität' steht ein bekanntes Arbeitsprinzip von SchulentwicklerInnen: *Die Entwicklung einer Organisation braucht beides - Systembestätigung und Systemirritation*, die Aktivierung bestehender Ressourcen und die Bereitschaft, Bewegung zuzulassen, Akzeptanz und Konfrontation in einer Balance, die so aufrüttelnd als möglich und so verkraftbar als nötig ist (z.B. SCHLEY 1994). Daher schlagen wir als nächsten Schritt eine kleine Strukturveränderung und damit ein erstes Signal in Richtung 'Beweglichkeit' vor: Mit animatorischer Energie laden wir die TeilnehmerInnen - oft handelt es sich dabei um sechzig bis hundert Leute - dazu ein, die Thesen des Vortrages in einer 'Tuscheldiskussion' mit Nachbar oder Nachbarin zu besprechen: Was finde ich überraschend? Was finde ich trivial? Was wurde nicht gesagt? Wo bin ich ganz anderer Meinung? Nach etwa sieben Minuten versuchen wir wieder von den Partnergesprächen auf das Plenum umzulenken mit der Frage: Was hat sich in Ihren Tuscheldiskussionen ergeben, das eigentlich im Plenum besprochen werden müßte? Die Hoffnung ist hier, daß durch die Partnerarbeit Statements so weit im kollegialen Gespräch abgetestet wurden, daß die wichtigsten Aussagen auch im Plenum wiedergegeben werden können. Durch die Moderation wird versucht, alle, auch kritische und skeptische Meinungen, als sinnvolle Gesprächsbeiträge anzunehmen. Gleichzeitig achten wir darauf, daß hier noch keine Streitgespräche zwischen verschiedenen Positionen und vor allem auch nicht mit uns entstehen.

9.45	**Strukturierte Gruppenarbeit zur Ideensammlung** *Beitrag zum Erreichen von Zielkomplex ① - Ideen für die Weiterentwicklung der Qualität dieser Schule sammeln, darüber ins Gespräch kommen und sehen, was andere KollegInnen dazu meinen*
11.00	*Pause*

11.15	Fortsetzung
12.15	Rückkehr ins Plenum, 'Vernissage' der Ergebnisse
12.30	*Mittagspause*
[13.30	*für ModeratorInnen und interessierte Andere*: Zusammenfassung der Ergebnisse des Vormittags und Formulierung von 6-7 zentralen Themen der Schulentwicklung zur Weiterarbeit und Vertiefung am Nachmittag]

Kommentar: Nach der knappen Einführungsphase schlagen wir vor, in Gruppen von etwa acht - zwölf Personen zu gehen. Die Gruppenzuteilung erfolgt meistens durch Zufall (indem z.B. die den TeilnehmerInnen ausgehändigten Programme vorher mit entsprechenden Zeichen markiert wurden). Wir haben mit der Zufallszuteilung in dieser Phase bisher recht gute Erfahrungen gemacht. In diesen Gruppen wird nach einer stark strukturierenden Methode, nach der sogenannten Nominellen Gruppen-Technik (NGT; vgl. ALTRICHTER/POSCH 1994, 206ff), an einer relativ offenen Frage gearbeitet, wie z.B.: Welche Handlungen möchte ich setzen, um die Qualität dieser Schule weiterzuentwickeln? Nach der Sammlung und Klärung der Antworten zu dieser Frage erfolgt eine Punktebewertung; sie soll dazu dienen, einen ersten Überblick über Stimmungen und Bereitschaften in der Gruppe zu erhalten. Erst dann erfolgt ein freieres Gespräch, in dem die erzielte Sammlung von Ideen interpretiert wird. -- Im Plenum werden dann die Gruppenergebnisse auf Plakaten kurz bekanntgemacht, ohne sie zu diskutieren.

Die starke Strukturierung durch die NGT hat unserer Erfahrung nach einige Vorteile, die in zufällig zusammengesetzten Gruppen, in der womöglich nicht die besten Freunde sitzen, besonders auffällig sind.

- Alle haben eine ziemlich gleiche Chance, ihre Ideen einzubringen. 'Natürliche' Dominierungstendenzen und das Ablaufen eingespielter Interaktionsmuster werden durch die Struktur weitgehend verhindert. Daß alle Standpunkte zur Geltung kommen können, erscheint uns als entscheidend für Schulentwicklungsprozesse (vgl. STERN/EIPELDAUER 1995, 8).
- Verschiedene Ideen können nicht sogleich durch skeptische oder 'realistische' Einwände kaputt gemacht werden. Dadurch werden Ideen eine Zeitlang am Leben erhalten; man erkennt, wie ideenreich und konstruktiv die Gruppe sein kann.
- Durch die durchschaubare und vorberechenbare Struktur wird Personen relativ häufig zugehört. So wurde uns immer wieder nach solchen Sitzungen berichtet, daß TeilnehmerInnen einige Personen zum ersten Mal reden hörten, vielleicht auch ihnen nur zum ersten Mal wirklich zuhörten.

Danach geht es in die Mittagspause, die für die ModeratorInnen aus der Schule sowie für die externen BeraterInnen relativ kurz ist. Sie müssen sich bald zusammenfinden, um folgende Aufgabe zu bearbeiten[10]: Aus den Ideen für die Weiterentwicklung der Schule, die durch die vormittägliche Gruppenarbeit produziert wurden, soll eine Anzahl von Themen formuliert werden, an denen am Nachmittag weitergearbeitet werden kann. Dabei zeigt sich meist, daß die Ergebnisse der verschiedenen NGT-

[10] Bei einer 'Pädagogischen Tagung', die eineinhalb Tage dauerte, wurde diese Aufgabe in einer Abendeinheit in einer fish bowl-Situation mit Delegierten aller NGT-Gruppen und einer externen Beraterin durchgeführt.

Gruppen weite Überlappungsbereiche zeigen. Bei der Entwicklung der Themen für die Arbeitsgruppen muß darauf geachtet werden, daß einesteils die Arbeit des Vormittags in fairer Weise repräsentiert wird, daß anderenteils auch für Minderheitsgruppen Identifikationsmöglichkeiten geboten werden.

14.30	**Arbeitsgruppen zu 'zentralen Themen der Schulentwicklung'** *Werkstatt-Arbeit, die einige der am Vormittag genannten Ideen genauer durchdenken, auf ihre Realisierbarkeit überprüfen und Vorschläge für Weiterführung bzw. Nicht-Weiterführung erarbeiten soll. Damit soll ein Beitrag zu Zielkomplex ② geleistet werden* (Was kann ich konkret machen, um die Qualität dieser Schule weiterzuentwickeln? Diese Frage an einem Beispiel durchdenken und mögliche MitstreiterInnen erkennen).
16.30	Plenum: Berichte aus den Arbeitsgruppen und Perspektiven für die Weiterarbeit
17.30	Ende der Veranstaltung

Kommentar: Die nachmittäglichen Arbeitsgruppen entstehen durch freiwillige Zuordnung zu den vorgeschlagenen Themen (Es werden in der Regel so viele Themen vorgeschlagen, daß eine Durchschnittsgröße von acht - zwölf TeilnehmerInnen möglich ist. Zu große Gruppen werden geteilt). Deren Aufgabe ist es, eine *'Machbarkeitsstudie'* über Handlungsmöglichkeiten im Rahmen ihres 'Themas' zu erstellen, d.h. eine (oder mehrere) der Ideen der NGT-Gruppen durchzudenken, auf ihre Realisierbarkeit zu überprüfen und eventuell einen Vorschlag für ihre Umsetzung zu erarbeiten.
Für die Gestaltung der Arbeit dieser Gruppen machen wir einen Moderationsvorschlag, der den Gruppen auf einem Arbeitspapier ausgehändigt wird. Wir betonen, daß Projekte sehr konkret in einzelnen Handlungsschritten, mit verantwortlichen Personen und Terminen, mit etwaigen unterstützenden und hemmenden Kräften durchdacht werden sollen. Wir weisen auch darauf hin, daß das Ergebnis einer solchen Arbeitsgruppe durchaus sein kann, daß dieser Vorschlag nicht weiterverfolgt werden sollte.

Im Falle einer Schule hatten sich beispielsweise folgende acht Themen herauskristallisiert, die am Nachmittag weiter untersucht wurden, und zwar:

„*AK 1 Schulfest und Veranstaltung:* Schulschlußfest, im Herbst: Planung für Veranstaltungen;

AK 2 Verbesserung der Kommunikation zwischen Klassenlehrer, Fachkollegen, fächerübergreifend;

AK 3 Positives Schul-/Konferenzklima: S-L Kantine, L-Stammtisch, Konferenzgestaltung;

AK 4 Eigenverantwortlichkeit der Schüler: Umgangston L-L, L-S, S-L, Nutzbarmachung charakt. Typen;

AK 5 Leistungsniveau/Disziplin: Niveau, Notentransparenz, Innovation, weniger L-Kollektiv;

AK 6 Lebensraum Schule: Schule gestalten - Konzepte, Rahmenbedingungen schaffen.

AK 7 *Betriebswirtschaftliche Analyse:* Analyse und Organisationsberatung der Schule, finanzielles Objektivierungsmodell;
AK 8 *Lehrerfortbildung/pädagogische Begleitung:* Themensammlung Fortbildung, Kollegenbesuch im Unterricht als Hilfe." (WEBER1994, 9 f)

Am Ende der Nachmittagseinheit geben diese Arbeitsgruppen einen Bericht im Plenum: Sie schlagen vor, ob dieses Thema weiterbearbeitet werden soll und, wenn ja, in welcher Weise. Eine Diskussion dieser Ergebnisse ist am Pädagogischen Tag selbst nicht mehr vorgesehen. Wir geben an alle Anwesenden Rückmeldungskarten, auf denen sie Kommentare, Fragen, aber auch Hinweise und Mitarbeitsangebote notieren und den jeweiligen Arbeitsgruppen-Verantwortlichen ins Konferenzzimmerfach legen können. Beim Hinausgehen findet oft noch eine einfache Stimmungsevaluation, z.B. mit Klebepunkten, statt. Weit aufschlußreicher für die Einschätzung des Wertes solcher Pädagogischer Tage ist jedoch, welche Aktivitäten von Mitgliedern des Lehrkörpers in den Monaten danach gesetzt werden.

4.2.3 Der Aufbau einer schulinternen Struktur für Schulentwicklung

(7) Aufarbeitung und weitere Vorgehensweise
Nun beginnt unserer Erfahrung nach die schwierigste Phase in der Zusammenarbeit mit den Schulen: Meist gelingt es, solche Pädagogische Tage zu einem einigermaßen positiven Erlebnis für viele LehrerInnen zu machen. Wie aber kann der Enthusiasmus in den Schulalltag und in eine längerfristige, anstrengende und vielleicht konfliktreichere Entwicklungsarbeit umgesetzt werden? Wir haben schon bei unseren Vorgesprächen klargemacht, daß wir unsere Mitarbeit bei solchen Pädagogischen Tagen nur dann als sinnvoll erachten, wenn sie in eine etwas längerfristige, zumindestens einjährige Perspektive eingebunden werden.

Das genauere Vorgehen hängt von der Situation in der jeweiligen Schule und den Ideen, die beim Pädagogischen Tag entstanden sind, ab. Einige Grundorientierungen für unsere weitere Vorgangsweise sind die folgenden:

- *Aufbau einer Projektgruppenstruktur:* Einige der Arbeitsgruppen, die sich am Pädagogischen Tag gefunden haben, treiben 'ihr Thema' weiter. Zwischenberichte, Informationen und Ergebnisse der weiterarbeitenden Arbeitsgruppen sollen immer wieder öffentlich gemacht werden. Am schwarzen Brett, auf einer eigenen 'Schulentwicklungs-Litfaßsäule' oder im Konferenzzimmer können 'Zwischenberichte' aufgehängt werden, oder es wird in einer Konferenz ein Gruppenbericht präsentiert.
- *Konstituierung einer Steuergruppe:* Eine 'Steuergruppe' wird gebildet, die aus der Schulleitung und je einem/einer Delegierten der noch tätigen Arbeitsgruppen sowie anderen 'Stärkepolen' der Schule (wie AdministratorIn, Personalvertretung usw.) besteht. Diese trifft sich zu vereinbarten Zeitpunkten und hat folgende Aufgaben:
  ⇨ *Koordination der Schulentwicklung:* Wie können die Einzelinteressen der Arbeitsgruppen einesteils unterstützt und anderenteils in das Gesamtinteresse der Schule eingebunden werden? -- Die Steuergruppe muß auch entscheiden, zu

welchem Zeitpunkt und auf welche Weise wieder die Gesamtgruppe des Kollegiums und ev. andere Bezugsgruppen in die Entscheidungsfindung über die Umsetzung von einzelnen Projekten und die Richtung des weiteren Schulentwicklungsprozesses eingebunden werden soll. Welche Ideen sind so weit ausgereift, daß sie in die Tat umgesetzt werden können? Auf welche Weise kann deren Realisierung unterstützt werden?

⇨ *Entwicklung eines Schulprofils:* Das inhaltliche Projekt der Steuergruppe ist die schrittweise (Weiter-)Entwicklung des 'Schulprofils': Was soll die Leitorientierung der Schule sein, die auf die vorhandenen Potentiale und Bedürfnisse der betroffenen LehrerInnen und SchülerInnen Rücksicht nimmt, dem Bildungsauftrag der Schule gerecht wird und noch dazu attraktiv ist?

- *Aufbau eines verläßlichen und transparenten Informationsflusses:* Wie können die Mitglieder des Lehrkörpers und andere Bezugsgruppen in einer ökonomischen Form von den Vorgängen der Schulentwicklung auf dem laufenden gehalten werden? In Schulen wird oft über mangelnde Information geklagt; Gerüchte entstehen manchmal überraschend leicht. Wenn Veränderungen anstehen, ist die Möglichkeit, Zugang zu den wichtigen Informationen zu erhalten, noch bedeutsamer. Wiewohl wir uns keine Schule vorstellen können, in der alle Mitglieder der Organisation sich in passender Weise informiert fühlen, lassen sich doch oft - unter Nutzung des 'verstreuten Wissens' in der Lehrerschaft - mit relativ einfachen Mitteln deutliche Fortschritte erzielen.
- *Zeitliche Fixpunkte schaffen,* damit Aktivität nicht - durch die diffuse Orientierung auf zu lange Zeiträume - versandet.
- *Selbstreflexion und Zwischenbilanzen:* Bringen Entwicklungsmaßnahmen das, was wir uns selbst erhofft und unseren 'Klienten' versprochen haben? Welche Umorientierungen sind notwendig?

Kommentar: Unsere Anregung ist also, eine 'Projektstruktur' in der Schule aufzubauen, durch die einige der Ideen des Pädagogischen Tages in längerfristiger und transparenter Weise weiterverfolgt werden können. Die Steuergruppe und die durch sie koordinierte Projektstruktur sind nicht bloß Instrumente der Innovation, sondern *selbst ein wesentlicher Teil der Innovation,* sollen sie doch eine Kultur der schulinternen Kommunikation über Entwicklungsaufgaben praktizieren, symbolisieren und weiterverbreiten. In dieser Phase arbeiten die externen BeraterInnen in der Regel nur mehr mit der Steuergruppe zusammen. Unserer Vorstellung nach ist die Steuergruppe für die Gestaltung, die Richtung und die Beendigung der Schulentwicklungsmaßnahmen zuständig. Wir agieren als BeraterInnen der Steuergruppe. Nur nach Anforderung und im Einverständnis mit der Steuergruppe übernehmen wir begrenzte Funktionen für die Gesamtgruppe oder die Arbeit einzelner Arbeitsgruppen. Beispielsweise beraten wir gelegentlich Arbeitsgruppen in Hinblick auf Sitzungsmoderation oder Projektorganisation.

(8) Veranstaltung am Ende des Semesters oder am Ende des Schuljahres

Wir empfinden es als sehr wichtig, sich realistische Zwischenziele zu setzen. Darüber hinaus regen wir an, bestimmte Punkte zu definieren, bei denen man die bisherige Tätigkeit evaluiert, in symbolischer Weise Arbeitsphasen abschließt, Erfolge sichtbar macht und sich bewußt entscheidet, ob Entwicklungsmaßnahmen fortgesetzt, in eine andere Richtung gelenkt oder zu einem Ende gebracht werden sollen. Schon bei der Planung des einführenden Pädagogischen Tages sollen daher solche Veranstaltungen terminisiert werden, die den SchulentwicklerInnen und allen anderen Betroffenen eine zeitliche Perspektive geben.

4.3 Kritische Punkte bei der Vorbereitung, Durchführung und Nachbereitung von Pädagogischen Tagen.

Einige Zeit nach unserem ersten Pädagogischen Tag traf ich (HA) einen Lehrer dieser Schule. Er erzählte mir, daß alle Ideen, die während der euphorisierenden Veranstaltung geboren worden waren, *„eingeschlafen und im Sande verlaufen"* wären. Weil man sich nun sein Hochgefühl nicht so gerne mies machen läßt, haben wir beschlossen, der Sache genauer nachzugehen. Zwei Jahre nach unserem 'ersten' Pädagogischen Tag wurden durch sechs Interviews mit LehrerInnen dieser Schule der ersten Stunde (darunter zwei ModeratorInnen und ein Lehrer, der aufgrund einer Landschulwoche nicht am Pädagogischen Tag teilgenommen hatte) nochmals Stimmen zu den damaligen Ereignissen und den Entwicklungen in den darauffolgenden Jahren eingeholt[11].

- Aus diesen Interviews, aus denen wir einige Aussagen in unsere Nachgedanken einflechten (gekennzeichnet durch „I" plus Nummer des Interviews),
- aus unseren eigenen Erfahrungen, Tagebuchaufzeichnungen und Reflexionen,
- aus anekdotischen Rückmeldungen (die beim Einkaufen, beim Stadtbummel oder bei diversen Veranstaltungen in der Freizeit, bei Tagungen usw. aufgeschnappt wurden) sowie
- aus der Analyse von Berichten, die LehrerInnen der Schulen über ihre Aktivitäten an Pädagogischen Tagen und darüber hinaus verfaßten (z.B. Jahresberichte der einzelnen Schulen HÄFELE 1993; HOFER 1993; REZAC 1994; WEBER 1994),

versuchen wir im folgenden einige kritische Punkte herauszuarbeiten und zur Diskussion zu stellen, die uns bei der Vorbereitung, Durchführung und Nachbereitung von Pädagogischen Tagen, die als Einstieg in längerfristige Schulentwicklungsprozesse dienen sollen, beachtenswert erscheinen.

4.3.1 „Der Anfang ist die Hälfte des Weges?" - Zur Vorbereitungsphase (Schritte 1 bis 5)

Anstoß und Anliegen

Warum wollen jene Personen, die Kontakt mit uns aufnehmen, daß sich Schulen überhaupt auf Pädagogische Tage und Schulentwicklungsprozesse einlassen? -- Jene Schulen, mit denen wir Kontakt hatten, waren zumeist Schulen, die als (sehr bis relativ) gut funktionierend galten und die unter wenig Außendruck standen. Ausnahmen bildeten einige städtische Haupt- und Höhere Schulen, die in ständiger Sorge darum

[11] Die Interviews wurden von Bianca Ender, Projektassistentin am Institut für Wirtschaftspädagogik und Personalwirtschaft der Universität Innsbruck, geführt, auf Tonband aufgenommen und transkribiert. Die Auswertung erfolgte durch Gaby Salzgeber.

lebten, ob ihr Schulprofil auch in Hinkunft genug SchülerInnen anziehen würde. So hatten die meisten Schulen zumindest unserer Wahrnehmung nach *keine konkrete Problemlösungserwartung*, an der zielgerichtet gearbeitet hätte werden können (vgl. STERN/EIPELDAUER 1995, 5). Vielleicht ist aber auch die Beschreibung zutreffender, daß *viele unterschiedliche Interessen* im Lehrkörper unvermittelt oder unklar vermittelt nebeneinander bestanden: Eine Lehrergruppe wollte vielleicht einen ersten Schritt zu einem schulautonomen Lehrplan setzen, eine andere 'etwas für die Kommunikation im Konferenzzimmer', jemand die Lehrfächer- und Stundenplanerstellung endlich gerechter machen und die Direktorin vielleicht auch einmal die jetzt gängige schulinterne Lehrerfortbildung an ihrer Schule haben. Ein Pädagogischer Tag ist so vielleicht der kleinste gemeinsame Nenner verschiedener 'progressistischer Gruppen': Es gibt schon Beispiele an anderen Schulen, die das Unternehmen einigermaßen kalkulierbar machen; der Pädagogische Tag bedient sich der vertrauten Form 'Lehrerfortbildung'[12], und ist doch etwas 'relativ Neues', signalisiert Bewegung und Beweglichkeit.

Nur selten erhielten wir von einer Schule einen expliziten Arbeitsauftrag wie den folgenden: *„Grundvoraussetzungen sollten sein:*

- *Die eigene Schulsituation (keine Themenvorgabe!) sollte Hauptinhalt der Veranstaltung sein,*
- *ein ganzer Tag außerhalb des Schulgebäudes sollte zur Verfügung stehen (inkl. Infrastruktur),*
- *Tagungsleiter sollte(n) nicht aus der eigenen Schule kommen,*
- *einige Moderatoren für Gesprächsgruppen sollten aus der Kollegenschaft kommen." (WEBER 1994, 9)*

Selbstorganisation und Verantwortungsübernahme auf Seiten der Schule

Wenn BeraterInnen also ihre Kontaktpersonen nach ihren Anliegen fragen, bekommen sie oft eine vielstimmige Antwort. Wir versuchen daher im nächsten Schritt, - so seltsam das klingt - uns ein 'Gegenüber aufzubauen', das uns eine einigermaßen abgestimmte Antwort geben kann: die 'Vorbereitungsgruppe'. Die Anforderungen an dieses Gegenüber sind:

- *Vielfalt:* Es sollten RepräsentantInnen der verschiedenen Interessengruppen der Schule sowie die formellen und informellen EntscheidungsträgerInnen vertreten sein. Dieses Gegenüber sollte nicht nur aus der Schulleitung bestehen, weil diese üblicherweise nicht alleine längerfristige Entwicklungsprozesse tragen kann, sondern auf die Mitarbeit anderer Lehrergruppen angewiesen ist - je früher diese eingebunden sind, desto größer sind die Chancen auf ihre Mitarbeit (vgl. das Prinzip des *Accelerated Schools Project* „Couple empowerment with responsibility!" bei HOPFENBERG et al. 1993). Auch besteht eine Gefahr darin, nur die 'Engagierten', die 'Fortschrittlichen', die der Schulentwicklung oder der Schulleitung gewogenen KollegInnen einzuladen, weil dadurch Energien für den Entwicklungsprozeß verloren gehen und Ausgeschlossene ohnehin früher oder später ihre Wege finden, auf die eine oder andere Weise mitzumischen. Andererseits

[12] vgl. WIMMERs (1992, 85f) Beobachtung, daß die ersten Beziehungsangebote einer Organisation den typischen Mustern ihrer Umweltkontakt-Gestaltung entsprechen.

haben wir auch schon erlebt, daß zentrale Einflußträger, z.B. der Administrator, von sich aus nicht an der Vorbereitungsgruppe teilnehmen wollten mit dem Effekt, daß die Gespräche sich häufig um die abwesende Person drehten. Inzwischen bestehen wir auf der Teilnahme der formellen EntscheidungsträgerInnen an der Vorbereitungsgruppe als einer Mindestbedingung für die Zuammenarbeit.

- *Gruppengröße:* Diese sollte etwa fünf bis zehn Personen betragen, um *face-to-face*-Interaktionen und eine gewisse Arbeitsfähigkeit zu gewährleisten.
- *Verantwortungsübernahme:* Das 'Problem der Vielstimmigkeit der Antworten' ist natürlich noch nicht durch die Zusammensetzung der in sich ja auch vielfältigen Vorbereitungsgruppe gelöst. Wir versuchen daher eine Situation zu schaffen, in der die Antworten dieser Gruppe dadurch eine gewisse Verbindlichkeit bekommen, daß - schulöffentlich sichtbare - Handlungen darauf aufgebaut werden, für die die Vorbereitungsgruppe Verantwortung übernimmt und deren Konsequenzen sie trägt. Dies kann sich z.B. darin ausdrücken, daß die Vorbereitungsgruppe eine Meinungserhebung bei den Mitgliedern der Organisation durchführt, daß sie eine Konferenz zur Entscheidungsfindung gestaltet und daß sie Organisations- und Moderationsverantwortung am Pädagogischen Tag übernimmt.

Daß wir unsere Beziehung zur Schule über eine kleine Gruppe aufbauen und nicht sofort mit dem gesamten Lehrkörper interagieren, baut auf ein *Minimum an Selbstorganisationsfähigkeit* auf Seiten der Schule, das u.E. eine Voraussetzung für eine sinnvolle Zusammenarbeit mit externen BeraterInnen ist. Und es bricht mit dem an manchen Schulen bestehenden Dogma 'alle müßten zu allen Zeitpunkten gleich sein, und jene, die eine Initiative ergreifen, wären verabscheuens- und bekämpfenswürdige G'schaftlhuber'. Diese Vorgangsweise zielt langfristig auf die Sichtbarmachung von Verantwortung und Einfluß sowie auf die explizite Übertragung von 'Mandaten' ab. Eine solche ausgehandelte und wieder revidierbare Differenzierung von Verantwortung steht weder in einem theoretischen noch praktischen Widerspruch zu Demokratie: So wurden im Beispiel einer Höheren Schule, deren VertreterInnen uns gegenüber betont hatten, daß eine fest etablierte demokratische Tradition im Lehrkörper bestünde, die Mitglieder der Vorbereitungsgruppe gewählt. Auch wurden alle Mitglieder des Lehrkörpers in die Entscheidungsfindung einbezogen.

Schlechtere Erfahrungen haben wir gelegentlich gemacht, wenn wir selbst zur Entscheidungsfindung über den Einstieg in einen Schulentwicklungsprozeß mit dem gesamten Lehrkörper beitragen sollten. So wurde ich (HA) einmal zu einer am Nachmittag stattfindenden Konferenz eingeladen. Die Bitte: ich sollte erklären, wie wir Schulentwicklung machen, um dadurch zur Entscheidungsfindung im Lehrkörper beizutragen. *„Nach meinem etwa viertelstündigen Kurzvortrag kommt die erste Meldung aus der Fensterreihe: Ein Kollege sagt, er hätte nicht verstanden, um was es in Schulentwicklung konkret gehe. Ein Kollege von der gegenüber liegenden Seite pflichtet ihm bei und ergänzt, man möge konkrete Beispiele für Entwicklungsmaßnahmen geben. Ich nenne einige Themen, die Arbeitsgruppen einer früheren Schule bearbeitet haben. Eines der Themen, nämlich 'Behindertenintegration', fordert dann einen Kollegen von der Fensterreihe zur Erklärung heraus, daß diese erstens mit Menschlichkeit schon immer möglich gewesen wäre, es aber zweitens sehr zweifelhaft wäre,*

ob Behindertenintegration in höheren Schulen der richtige Weg sei. Von der anderen Seite kommt dann die Aussage/Frage: alle meine Beispiele beträfen alltägliche Dinge; könnte ich nicht zukunftsweisendere pädagogische Orientierungen nennen?
In der Folge erlebe ich, daß von zwei sehr skeptisch wirkenden Personen gefragt wird: Braucht man für Pädagogische Tage überhaupt jemand Externen? Könnten das die Pädagogen in der Schule nicht selbst? Würden dadurch nicht die Konflikte im Lehrkörper vergrößert? Ich entgegne, daß dies tatsächlich entscheidende Fragen wären, über die sich die Schule klar werden müßte. Zu diesem Thema ergibt sich jedoch gleich eine polarisierende Wechselrede zwischen einer Person in der Fensterreihe hinten und einer von der gegenüber liegenden Seite vorne. Ich versuche den Kreis wieder zu öffnen, doch stellt jemand, den Blick zur Fensterreihe gewandt, nun fest, daß jene, die gegen Schulentwicklung wären, Angst hätten, über ihren Unterricht zu reden. Irgendwann erkläre ich dann offenbar entnervt: Ich habe den Eindruck, daß dies in eine falsche Richtung läuft. Ich will Ihnen hier nichts verkaufen, und Sie müssen sich nicht verkaufen.[13] *(Tagebuchaufzeichnung)*

Eine Interpretation dieser Szene (wenn man einmal im übergroßen Wohlwollen gegenüber dem Berater ausschließt, daß er 'seine Sache' schlicht schlecht erklärt hat) lautet: In der Schule ist keine 'Vorbereitungsgruppe' zustande gekommen, und der Kontakt nur über Einzelpersonen gelaufen. Die PromotorInnen der Schulentwicklung trauen sich offenbar nicht selbst zu, ihren KollegInnen klarzumachen, warum die Entwicklung ihrer Schule Sinn mache und wie sie vorgehen könnten. Sie fordern den externen Berater als eine zusätzliche Unterstützung ihrer Interessen an: Er soll in hoffentlich beredten Worten die offenen Fragen der KollegInnen klären, ihre Zweifel beruhigen und letztlich den Meinungsumschwung herbeiführen. Die Selbstorganisation in Hinblick auf die Einleitung und Entscheidung von Schulentwicklung auf Seiten des Klientensystems wird auf später verschoben. -- Tatsächlich werden dann bei der pädagogischen Konferenz bestehende Meinungsverschiedenheiten im Lehrkörper über die externe Person ausgespielt: Zweifel an der Sinnhaftigkeit von Schulentwicklung, ein Unwillen, daran teilzunehmen, können mit Mängeln des externen Beraters argumentiert werden: Er hätte einfach nicht genau genug erklärt, worum es bei Schulentwicklung eigentlich gehe. Der Externe, der sich gerade noch mit der Dienstleistung 'Information über Schulentwicklung' beauftragt wähnte, findet sich rasch in der Rolle eines Verkäufers, der widerstrebenden Kunden etwas aufschwatzen soll. Sein Auftrag wird offensichtlich von verschiedenen Beteiligten sehr unterschiedlich wahrgenommen.

Die Geschichte wirft natürlich noch viel mehr Fragen auf, z.B.: Hätte durch ein anderes Setting, das die Funktionen 'Information über Schulentwicklung durch den Externen' und 'Entscheidungsfindung im Lehrkörper' deutlicher trennt, einige Schwierig-

[13] Christine CENTURIONI (1995) schreibt dazu: "Diese Erfahrung habe ich auch in P gemacht. Mir schien, daß erst ab dem Moment, in dem ich ärgerlich wurde und die Ich-Botschaft 'Ich komme mir hier bei Euch wie eine pädagogische Staubsaugervertreterin vor' recht emotional in den Raum stellte, das Eis zwischen uns gebrochen war und ich die richtige Sprache gefunden hatte. ... Auf Schulleiterseminaren werde ich immer wieder gefragt, was meine Ziele seien, was ich in dieser gemeinsamen Arbeit bezwecke. Einmal fragte ich nach, ob ich diese Frage als *Angst vor Manipulation* interpretieren dürfe, und habe als Antwort ein deutliches Ja gehört."

keiten vermieden werden können? Lassen sich die Rollen 'Information über Schulentwicklung' und 'Arbeit mit schulinternen Kommunikationsprozessen' überhaupt so leicht trennen, wie dies dem Berater ursprünglich vorschwebte? Will er der Schule nicht wirklich etwas verkaufen? Wer ist dafür verantwortlich, daß sich eine arbeitsfähige 'Vorbereitungsgruppe' konstituiert: Die Schule, um deren Selbstorganisation und Entwicklung es ja eigentlich geht, oder der Berater, der ein Interesse daran haben muß, sich einigermaßen sinnvolle Arbeitsbedingungen zu schaffen?

Erste Turbulenzen und Vorgeschichten

Auch in weniger dramatisch darstellbaren Fällen als dem obigen bedeutet das Auftreten der BeraterInnen bzw. schon das Gerücht, daß ein solches bevorstehe, eine Intervention (vgl. z.B. KÖNIG/VOLMER 1993, 43), die zu leichter Bewegung bis zu größeren Turbulenzen führt. Dies ist ja nicht verwunderlich, ist doch die Schaffung von neuen Optionen auf Beweglichkeit ein Ziel jener, die sich auf Schulentwicklung einlassen wollen. So lautete eine Rückmeldung einer schulinternen Moderatorin unseres ersten Pädagogischen Tages nach zwei Jahren: *„... die Haupterinnerung ist, so jetzt passiert endlich etwas, so starre Muster gehen weg und man kann über irgendetwas reden - die Hoffnung auf Gespräche" (I,1).*

Häufig tauchen in den ersten Phasen von Schulentwicklungsprozessen Klagen über 'mangelnde Information' auf. Eine Vorbereitungsgruppe, die dieser Klage offensiv begegnen wollte, hielt eine Kurzkonferenz ab, „um die Information zu geben bzw. die Moderatorenwahl durchzuführen. Hier zeigten sich Probleme, da sich einige KollegInnen zu spät eingebunden fühlten. Die Personalvertretung schrieb daraufhin kurz vor Weihnachten einen Kollegenbrief, in dem alle aufgefordert wurden, diesem Projekt eine Chance zu geben." (WEBER 1994, 9) Wir meinen allerdings, daß durch solche Klagen über mangelnde Information[14] schulintern oft die Tatsache, daß 'neue Bewegung' in einer Schule entsteht, und die Suche einer eigenen Position dazu *auf indirekte Weise thematisiert* werden. Damit meinen wir: Auch dort, wo ein großes Bemühen um vielfältige Information von seiten der Vorbereitungsgruppe herrscht, fühlen sich manche Mitglieder des Lehrkörpers nicht ausreichend informiert, u. zw. ziemlich unabhängig von dem tatsächlichen Informationsangebot[15] - einfach deshalb, weil sie ihre Position in den Entwicklungsaktivitäten noch nicht gefunden haben oder weil sie diese ablehnen. Damit soll aber keineswegs angedeutet werden, daß umfassende und vielfältige Information überhaupt unnütz wäre.

Welche Turbulenzen eine Initiative in Richtung Schulentwicklung an einem Standort auslöst, hängt natürlich von der Vorgeschichte, insbesondere von Vorerfahrungen mit schulinterner Lehrerfortbildung, mit gesamtschulischen Aktivitäten, mit Initiativen 'umtriebiger' LehrerInnen usw., ab. Obwohl wir in unseren Erstkontakt- und Vorbereitungsgesprächen nach Anlässen, Vorerfahrungen und Vorläuferaktivitäten fragen und sich die Kontaktpersonen zumeist auch der Eingebettetheit ihrer Initiative

---

[14] vgl. die Interpretation des Themas 'mangelnde Information' in ALTRICHTER/SALZGEBER (1995, Kapitel. 3.1).

[15] Beispielsweise berichtet CENTURIONI (1995) eine Anekdote, nach der sich eine Lehrerin nicht ausreichend informiert fühlte, weil sie die Informationen "nur" im Konferenzzimmer und nicht im offiziellen Rahmen einer Konferenz gehört hatte.

in eine Entwicklungsgeschichte bewußt sind (vgl. REZAC 1994, 20), haben wir keine Hoffnung, durch diese zeitlich beschränkten Kontakte uns selbst ein profundes Bild über das Funktionieren der Organisation machen zu können - ein zusätzlicher Grund für die Verantwortungsübernahme jener, die die Schule kennen: der Vorbereitungsgruppe.

Vertrauensbildung, Verbindlichkeit und Vorläufigkeit

Bei unseren ersten Pädagogischen Tagen haben wir die Vorbereitungsphase wahrscheinlich eher als organisatorisch notwendiges Übel empfunden. Heute halten wir sie für einen ganz entscheidenden Teil der Zusammenarbeit mit einer Schule: *Erstens* sind wir als Externe auf ein Mitarbeiten, Mitreden, Mittragen und Mitverantworten der Entwicklungsaktivitäten, auf eine gewisse Selbstorganisationsfähigkeit eines Lehrkörpers angewiesen. Wir benötigen ein faßbares Gegenüber an der Schule, das bereit ist, eine 'gewisse Verbindlichkeit' für die Zusammenarbeit einzugehen. Allerdings muß man als BeraterIn auch sehen, daß es für die Vorbereitungsgruppe üblicherweise nicht so einfach ist, Verbindlichkeit gegenüber den Externen zu zeigen, weil ihr eigenes Mandat oft ein *prekäres* ist: Auch dort, wo es ein Bemühen gegeben hat, das Gesamtkollegium in die Zielformulierung für die Schulentwicklung miteinzubeziehen und den Auftrag der Vorbreitungsgruppe abzuklären, müssen die dabei gefallenen Entscheidungen nicht unbedingt verläßlich und langfristig tragfähig sein.
Der Grund könnte in traditionellen Strukturmerkmalen der Schule liegen: Die soziale Gestaltung der Lehrerarbeit zeigt ein *zellulares Organisationsmuster in segmentierten Organisationen* (LORTIE 1975, 14ff; MARX/VAN OJEN 1993, 173ff): Die Berufstätigen arbeiten über lange Perioden des Arbeitstages als 'selbstgenügsame Zellen' isoliert von anderen Erwachsenen. Es gibt eine strenge Arbeitsteilung ohne Spezialisierung, die den Berufstätigen gleichartige und gleich komplexe Aufgaben beläßt. Die Arbeitsteilung in Hinblick auf die Funktion 'Unterricht' erfolgt so, daß der Koordinationsaufwand minimal gehalten werden kann (z.B. nach Alter der Schüler oder Gegenstand). Innerschulische Koordination geschieht weniger durch direkte Kommunikation und Aushandlung als durch externe Instrumente (wie den Lehrplan, Prüfungsvorschriften) sowie durch internalisierte Regeln (wie Fachsprache, Denkschemata, 'Standards'), deren Gleichförmigkeit mittels (fachspezifischer) Ausbildung und beruflicher Sozialisation erzeugt wird. Solche zellularen Strukturen erscheinen als relativ festgefügt und extern determiniert. Innerhalb der Organisation sitzt die Dynamik in den 'Zellen' (Klassenzimmern), während 'zellübergreifende Aushandlungen' weniger üblich sind: Daher kann es Vorbereitungsgruppen schwer fallen, zu klaren Vereinbarungen und verbindlichen Abklärungen von Kompetenzen und Verantwortlichkeiten mit dem Lehrkörper zu kommen, was sich wiederum in 'mangelnder Verbindlichkeit' der Vorbereitungsgruppe gegenüber den BeraterInnen spiegeln kann.
Auch ist die Verbindlichkeit der Vorbereitungsgruppe zunächst eine *vorläufige und terminisierte*: Einerseits wollen manche LehrerInnen, die sich bei der Vorbereitung engagieren, selbst 'einmal schauen, was beim Pädagogischen Tag herauskommt' und sich ihre Optionen für eine weitere Mitarbeit offenhalten. Andererseits halten wir selbst es für günstig, wenn die Schule für den Aufbau einer schulinternen Struktur für Schulentwicklung einen gewissen Spielraum hat, um auf die beim Pädagogischen Tag aufgetauchten Themen Rücksicht zu nehmen.

Zweitens dient die Vorbereitungsphase allen Beteiligten zur *Vertrauensbildung* und zum Gewinn einer gewissen *Orientierungssicherheit* durch Beobachten und Erleben der Interaktionsweisen der PartnerInnen. *'Wer sind denn die da vorne, was können die uns sagen, geben, lehren, ..., auf was lassen wir uns da ein?'*, lauten die wichtigsten, meist unausgesprochenen Fragen in der Anfangsphase, die auch verbal nicht wirklich beantwortet werden können - auch hier gilt: „Tun bringt Einstellung" (OSSWALD 1991, 323).
Drittens sind die Wünsche an die Externen im allgemeinen durchaus widersprüchlich. Sie sollen dazu beitragen, daß sich etwas ändert, aber natürlich nur Bestimmtes; sie sollen Bewegung bringen, aber auch Sicherheit. Für BeraterInnen ist dies zunächst einmal belastend, doch bietet die schiere Notwendigkeit, sich von verschiedenen Handlungszumutungen zu emanzipieren, auch Chancen: Zum einen ergibt sich die Gelegenheit für die BeraterInnen, eine gewisse Souveränität zu demonstrieren - in dem Sinn, daß sie nicht bereit sind, sich in alle etablierten Muster und Rituale einzufügen, und d.h. auch, daß sie die gewünschte 'Beweglichkeit' auf Seiten der Schule schon voraussetzen müssen. Zum anderen können sie durch exemplarisches Umgehen mit widersprüchlichen Wünschen, eine Entwicklung vom Leiden an der Unterschiedlichkeit zu einem Akzeptieren von Widersprüchen als Bereicherung und Kraftquelle anregen - eine für die innere Kommunikation der Schule ebenfalls bedeutsame Qualität (vgl. OSSWALD 1991). Die Vorbereitungsphase dient so den BeraterInnen auch dazu, ihre *Arbeitsprinzipien* (vgl. SCHLEY 1992, 171) *für die Beteiligten erlebbar* zu machen: ernsthafte, transparente und partizipative Prüfung von Anliegen; Konsens, Identifikation und Verbindlichkeit in Hinblick auf Übereinkünfte; Reflexion und gemeinsame Revision von Entscheidungen.

4.3.2 „Die andere Art der Zusammenkunft?" - Zum Pädagogischen Tag (Schritt 6)

Pädagogische Tage brauchen kritische Geister und geistreiche Kritiker: Ein Kommunikationsnetz aufziehen, das Differenz und Gemeinsamkeit erleben läßt
Eine der Hauptfunktionen eines Pädagogischen Tages als Einstieg in Schulentwicklungsprozesse liegt u.E. darin, *eine dichte Kommunikation zwischen den Organisationsmitgliedern zu entfalten, die Differenzen zuläßt, aber auch Gemeinsamkeit erlebbar macht.* Die folgenden Interviewaussagen thematisieren die Kommunikation am Pädagogischen Tag und schätzen sie unterschiedlich ein:
„Ich finde schon, daß es recht sinnvoll war [einen Pädagogischen Tag abzuhalten], weil man kommt mit den anderen Kollegen auf einer ganz anderen Art und Weise zusammen und diskutiert über Probleme, die sonst latent vorhanden sind, aber nicht ausgesprochen werden." (I,3)
„<...> daß es Positionen gibt, die zumindest von der Ideologie her total unterschiedlich sind, und dadurch auch vom Vokabular her und primär also mal totale Spaltung signalisieren, beim genaueren Nachfragen gibt es dann aber sehr viele Berührungspunkte, aber nur so als erstes scheint es sehr auseinander zu liegen. <...> Insofern hat es für mich persönlich einfach was gebracht, Schritte in Richtung Offenheit und Abklärung." (I,5)
„<...> Plakatwände vollschreiben mit Dingen, wo niemand widerspricht oder was man halt so gerne hätte oder <...> Dinge, wo jeder eine andere Meinung hat, das

bringt nichts." (I,6)

Als BegleiterInnen von Pädagogischen Tagen fühlten wir uns oft wie 'Besucher in einem fremden Land'. Die Schwierigkeit besteht darin, eine Balance zu finden, zwischen neugierig, interessiert und eindringlich zu sein, aber nicht aufdringlich zu werden. Dabei war meist von großer Bedeutung, ob es gelang, die ersten Abtastversuche (Was sind die da vorne wert? Welche Phrasen verwenden sie? Worauf reagieren sie allergisch?) in gute Stimmung umzuwandeln, d.h. in der ersten Plenumsdiskussion kritische Stimmen am Setting, den externen BeraterInnen und der Vorbereitungsgruppe vielschichtig zu hören und zu verdeutlichen, daß solche hier sehr wohl möglich wären und ihren Platz hätten, aber andererseits auch wieder nicht sinnvollerweise Hauptthema des Tages sein könnten.
Eine sehr herausfordernde Aufgabe für uns war, Widersprüche aufzuspüren, Differenzen deutlich werden zu lassen, kritische Stimmen einzubinden, deren wichtige Funktion zu verdeutlichen und doch nicht die (Aufbruchs-)Stimmung, daß nämlich Potentiale und Stärken verfügbar und gemeinsam nutzbar sind, zerstören zu lassen. Dazu war uns auch wichtig, so gut wie möglich unsere eigene Haltung erfahrbar zu machen, nicht bei jedem Differenzerlebnis gleich in Diskussionen, Argumentationen und Rechtfertigungen zu verfallen, sondern zu versuchen, zu verstehen, warum manche Dinge eben so gesehen werden, meist aber (oft von einem Kollegen im gleichen Lehrkörper) auch durchaus anders gesehen werden können. In diesem Punkt liegt ein großer Vorteil von Externen, die hier unbefangener und vorurteilsfreier diverse Beiträge annehmen können, weil sie deren gruppendynamische Bedeutung meist (noch) nicht kennen und 'naiv' auf den Inhalt reagieren können und nicht auf deren Vorgeschichte.

Pädagogische Tage sind dicht und brauchen Spielräume: Sich an einer Balance von Struktur und Freiraum orientieren

BegleiterInnen von solchen 'Tagen' sollten nicht unterschätzen, daß sie sowohl zeitlich als auch zwischenmenschlich sehr dicht sind. Wir hatten des öfteren mit dem Vorwurf zu kämpfen, daß gerade wichtige und interessante Diskussionen abgebrochen werden mußten, um den Zeitplan nicht aus allen Fugen geraten zu lassen. *„Wenn's zu knistern beginnt, wird abgebrochen"*, lautete eine Rückmeldung.
Das Entstehen von Kommunikation zwischen den Organisationsmitgliedern braucht einen gewissen Freiraum. Andererseits ist die Zeit beschränkt[16], das Damoklesschwert, 'nur geredet zu haben', hängt über solchen Veranstaltungen und im übrigen glauben wir kaum, daß Themen, zu denen ja zumeist schon eine bestimmte, wie auch immer beschränkte 'Diskussionsgeschichte' an der Schule besteht, an einem Pädagogischen Tag 'ausdiskutiert' werden können. Manche Themen haben eine Tendenz, gewohnte Ablaufmuster zu produzieren, die auch von einigen Organisationsmitgliedern vorausgesehen/befürchtet und sofort diagnostiziert werden:
„<...> diese ganzen Aktionen sind eigentlich immer nur in schöne Phrasen, jetzt wieder sehr böse gesagt, ausgeartet." (I,6)

---

[16]Wie RAUCH (1995, 15) haben wir die Erfahrung gemacht, daß im allgemeinen "die strikten, zeitlich recht engen Arbeitsaufträge ... von den LehrerInnen gut angenommen wurden [und] ... ein Verlieren im Detail" verhinderten.

„Es ist bei uns in der Schule immer das gleiche Problem. Es hat sich nie geändert und es ändert sich auch jetzt nicht durch die Versuche, die da gestartet werden, daß einfach sehr viele Leute viel unbedankte Arbeit leisten müssen. <...> und zwar wird es eigentlich auch nicht honoriert von den anderen Kollegen. Ich sehe das also, ich bin jetzt seit 20 Jahren an der Schule, also immer die gleichen, die unbedankte Arbeit haben und immer die gleichen, die große Utopien vertreten, aber nie da sind, wenn es um irgend so eine unbedankte Arbeit geht. Und das schafft Unfrieden <...>„ (I,6)
Für Pädagogische Tage, die als erster Impuls für einen Schulentwicklungsprozeß gedacht sind, schlagen wir daher der Vorbereitungsgruppe in der Regel Ablaufstrukturen vor, in denen in 'freien Diskussionen' Themen nur 'andiskutiert' werden können. Bevor eingespielte Diskussionsmuster abzulaufen beginnen, sollte das Gespräch durch einen Strukturwechsel in eine neue Richtung gelenkt werden. Manches wirkt ohnehin nach:
„<...> wenn man im ersten Moment nicht einverstanden ist mit gewissen Dingen, die da <im Rahmen der NGT, die Verf.>], daher kommen - es arbeitet doch. <...> ja, bin ich überzeugt, daß ich zumindest unterschwellig massiv beeinflußt worden bin." (I,2)
Um die Strukturhoheit in einer Großgruppe von LehrerInnen zu bewahren, braucht es viel Energie und Überzeugtheit, die sich z.T. aus der Arbeit mit der Vorbereitungsgruppe nährt, um die vielen Menschen immer wieder sanft und doch bestimmt in Bewegung zu bringen, sie in Kleingruppenaktivitäten zu lenken und sie anschließend wieder im Plenum einander zuhörend zusammenzubringen. Die Schwierigkeit besteht also darin, eine einigermaßen fruchtbare Balance zu finden, zwischen genügend Freiraum für die Entfaltung von Kommunikation in den Gruppen und genügend Struktur, um Dinge 'abzuschließen', einen nächsten (Fort-)Schritt erfahrbar zu machen, ein 'handfestes' Ergebnis mit nach Hause zu nehmen, damit nicht 'nur' gute Gespräche, aber keinerlei Handlungsperspektiven am Ende eines Pädagogischen Tages stehen.

Systembestätigung und Systemirritation
Wir haben schon in Kapitel 4.2.2 auf das Balancieren von Systembestätigung und Systemirritation als Arbeitsprinzip hingewiesen. Auch das Bestehen auf abgemachten Strukturen ebenso wie das Aussprechen von Differenz und deren Akzeptieren, ohne in Rechtfertigungsorgien zu verfallen, bedeutet in einer Reihe von Organisationen eine gewisse Irritation. Für manche bringt aber ein Treffen, bei dem LehrerInnen unter sich blieben, zu wenig des Neuen: *„<...> daß mir zu wenig Eltern da waren, daß diese Dreieckskonstellation S-E-L einfach auf der Seite total unterrepräsentiert war." (I,5)*

Tatsächlich wurden unserer Erfahrung nach Eltern und SchülerInnen relativ - z.B. im Vergleich mit vielen Projektunterrichtsvorhaben - wenig miteinbezogen. Vielleicht liegt dies an der Tatsache, daß die Initiative für Pädagogische Tage oft von LehrerInnen ausgeht, denen es selbst schwer genug fällt, eine neue Projektstruktur an der Schule aufzubauen, die sie, wenn dies einmal gelungen ist, nicht durch Aufnahme von neuen Mitgliedern 'verkomplizieren' wollen. Unsere Empfehlungen (vgl. Kapitel 4.2.2) für schrittweises Vorgehen mögen das ihre dazu beitragen.

FreiRäume und Beweglichkeit
Für einen Pädagogischen Tag stellt das Vorhandensein von genügend gut ausgestatte-

ten Räumlichkeiten für eine entsprechende Zahl von Arbeitsgruppen[17] sowie für ein Plenum eine wichtige Rahmenbedingung dar. An den meisten Schulen entschloß sich die Vorbereitungsgruppe, den Pädagogischen Tag in einem Bildungshaus oder Seminarhotel durchzuführen. Manchmal dachten wir, daß Ambiente und Verpflegung als ein Symbol für die Wertschätzung dieser Arbeit interpretiert werden können: Das Engagement, das für die Ortsuche aufgeht, und der Ortswechsel selbst deuten auf eine Bereitschaft, 'in Bewegung zu kommen'. Wenn die Diskussion einmal durchgestanden ist, ob es zumutbar ist, daß sich die TeilnehmerInnen ihr Mittagessen in einem Bildungshaus selbst bezahlen, kann man das als Indikator für eine gewisse Beweglichkeit des Lehrkörpers nehmen.
Vielleicht signalisiert jedoch der Ortswechsel in ein Bildungshaus für manche 'Abgehobenheit' und 'Ausnahmesituation', die das Anknüpfen nach der Rückkehr in den Alltagskontext schwierig machen. Wir haben jedenfalls auch schon in Schulhäusern gelungene Pädagogische Tage durchgeführt. Auch in diesen Fällen hatte sich die Vorbereitungsgruppe um eine Gestaltung und Vorbereitung der Räume bemüht, die einerseits für den Pädagogischen Tag funktional war (z.B. Sitzordnung, Vorbereitung von Plakaten für die NGT usw.) und andererseits die alternative Nutzung der gewohnten Zimmer symbolisierte (z.B. verschiedenfarbige Plakate an den Türen mit den Namen der ModeratorInnen).

Pädagogische Tage brauchen Mut und Vorsicht

Und zwar den Mut des Direktors, der sich auf eine ungewisse, unübersichtliche Situation einläßt und der - durch die didaktische Struktur am Pädagogischen Tag ermöglicht - auch harte Rückmeldungen und Kritiken zunächst einmal unwidersprochen zur Kenntnis nehmen muß. Interessant war für uns dabei, daß viele SchulleiterInnen, mit denen wir zusammenarbeiteten, dazu neigten, eine eher zurückgezogene Rolle an diesen Tagen einzunehmen und den externen BeraterInnen gleichsam das Feld (und vielleicht auch die Verantwortung) zu überlassen: Vom reinen Organisator der Verpflegung und der korrekten Spesenabrechnung, über die Haltung 'Ich will auf keinen Fall zu sehr im Vordergrund stehen' oder 'Ich will nur eine Stimme unter vielen sein' bis hin zu jenen, die sich während der Gruppenarbeiten ganz zurückzogen, um keine 'falsche Gewichtung' der gewählten Themen zu verursachen. Demgegenüber versuchen wir die SchulleiterInnen zu überzeugen, daß sie ihre Führungsaufgabe auch an diesem Tage nicht aus der Hand gegeben sollten, sondern durch aktive Mitarbeit in der Vorbereitungsgruppe einerseits ihre Interessen wahren, andererseits aber auch die Chance wahrnehmen sollten, 'die Funktion der Schulleitung auf eine breitere Basis zu stellen'[18]. Die Erwartungen, die SchulleiterInnen mit der Entwicklung ihrer Schule verbinden, erleben im Verlaufe der Arbeit gelegentlich große Transformationen: Von optimistischen Veränderungsvorstellungen über Angst vor Kontrollverlust bis zum Entdecken der Möglichkeiten, die eine Steuergruppe für manche Aufgaben der Schulleitung bietet. Ein den Schulentwicklungsprozeß begleitendes *coaching* des/der SchulleiterIn kann helfen, mit diesen Transformationen besser zurecht zu kommen.

---

[17] Wir errechnen die Zahl der notwendigen Gruppen nach der Faustregel: Anzahl der TeilnehmerInnen dividiert durch 10.

[18] In einer Untersuchung der OECD (1994) wurde festgestellt, daß in als 'gut angesehenen Schulen' 'Schulleitung' nicht als Position einer Einzelperson, sondern als Funktion im System konzipiert wird, an der möglichst viele Personen in unterschiedlicher Weise mitwirken ("Generalisierung der Schulleitung").

Pädagogische Tage bauen aber auch auf dem Mut einiger LehrerkollegInnen auf, sich aus dem KollegInnenkreis 'herauszuheben', eine Moderatorenfunktion einzunehmen und sich damit vor der Kollegenschaft zu exponieren, d.h. auch angreifbar zu werden und Verantwortung zu übernehmen.
Nicht zuletzt braucht es auch den Mut der BegleiterInnen, in intern zu klärende Angelegenheiten nicht zu früh 'vorlaut' einzugreifen und andererseits durchaus bestimmt Strukturveränderungen vorzuschlagen, um 'Spielchen' zu beenden oder 'Lamentos abzuwürgen'.
Kein Mut ohne Vorsicht: In manchen Fällen besteht bei den Promotoren von Schulentwicklung, in anderen Fällen bei den eher skeptischen Kollegiumsmitgliedern eine kleine Befürchtung oder eine große Angst, daß die Sache daneben gehen könnte, daß sich Konflikte auftun könnten, daß man zu etwas gedrängt würde, was man eigentlich nicht wollte usw. Befürchtungen, die letztlich so unsinnig nicht sind: Wie leicht kann in einer großen Gruppe, die noch über keine verläßlichen Wege der Zusammenarbeit verfügt oder kein Vertrauen darauf aufgebaut hat, eine polarisierende Diskussion entstehen. Aus diesem Grund verwenden wir in den - durch Orientierungsunsicherheit gekennzeichneten - Anfangssituationen eine stark strukturierende Moderationsmethode, wie die NGT (vgl. Kapitel 4.2.2), durch die oft die eingespielten Dynamiken einer Gruppe eine Zeitlang in Zaum gehalten werden können und sich nach und nach eine gewisse Entspannung und Vertrauen in die Arbeitsfähigkeit der Gruppe aufbaut.

4.3.3 „Einmal ist keinmal?" - Zum Aufbau einer schulinternen Struktur für Schulentwicklung (Schritte 7 und 8)

„Eine Blitzumfrage am Ende der Tagung ergab, daß die große Mehrheit der Kolleginnen und Kollegen Organisation und Verlauf mit 'Gut' beurteilte. Ob man wirklich mit der Tagung im Sinn ihrer Zielsetzung zufrieden sein darf, wird davon abhängen, in welchem Umfang die initiierten Aktivitäten realisierbar sind und tatsächlich zu einer Verbesserung unserer Schule beitragen können - und dies ist bekanntlich allemal der Aufgabe schwierigerer Teil." (REZAC 1994, 21)
Diese Aussage stammt aus *einer* Schule und doch deckt sie sich mit unserer Wahrnehmung im Großteil der Schulen: Während es in der Regel ganz gut gelingt, einen einigermaßen anregenden und befriedigenden Pädagogischen Tag zu gestalten, ist die Weiterführung der bei diesem Tag geborenen Ideen und der Aufbau einer schulinternen Struktur für Schulentwicklung ungleich schwieriger. Obwohl wir von Anfang an versuchten, diese Pädagogischen Tage in eine längerfristige Perspektive von etwa einem Jahr einzubetten, und diese auch durch Briefe und Verträge explizit machten, gab es in unserer Wahrnehmung auch andere Verlaufsformen:

- Ein Direktor besuchte uns ein paar Tage nach der Veranstaltung im Institut, brachte Blumen für die weiblichen Mitglieder des Projektteams mit, um von seiner Seite den Abschluß unserer Bemühungen zu symbolisieren.
- In jener Schule, in der mir berichtet worden war, daß alle Bemühungen im Sande verlaufen wären, bildete sich im darauffolgenden Jahr eine Arbeitsgruppe, die einen schulautonomen Lehrplan formulierte. Dieser wurde schließlich von der Lehrerkonferenz und vom Schulgemeinschaftsausschuß angenommen. Die Idee hinter dem schulautonomen Lehrplan und der erfolgreiche Entscheidungsprozeß sind sicher

kein direktes Ergebnis des ursprünglichen Pädagogischen Tages, doch scheint sich dadurch so etwas wie ein tieferes Vertrauen in die Entwicklungsfähigkeit des Lehrkörpers gebildet zu haben.

- In einer Schule mit einer gefestigten Struktur von engagierten LehrerInnen und PersonalvertreterInnen legte man keinen Wert auf unser längerfristiges Engagement. Der Pädagogische Tag und die Außenstützung dabei wurden von einem ohnehin initiativen (und moderationserfahrenen) Kollegium als Impuls, als neue Akzentsetzung genommen, deren Weiterführung man sich selber zutraute. Tatsächlich laufen eine Reihe der Projektgruppen schon mehr als ein Jahr weiter. Eine praktische Maßnahme wurde umgesetzt; die Vorbereitung eines Schulversuchskonzeptes weitergetrieben und für den im darauffolgenden Jahr stattfindenden Pädagogischen Tag bemühte man sich wieder um externe Moderationsunterstützung.

Wie sehen VertreterInnen der beteiligten Schulen die Nachwirkungen der Pädagogischen Tage und die auf sie folgende Arbeit? In Kapitel 4.2.2 haben wir als Beispiel die acht Arbeitskreisthemen des Pädagogischen Tages einer Schule genannt. Über das weitere Schicksal dieser Ideen berichtet ein beteiligter Lehrer folgendermaßen:
„Zwei Gruppen begannen sofort mit der Weiterarbeit und öffneten sich auch für weitere Interessenten, fast alle Gruppen präsentierten ihre Arbeit in schriftlicher Form jedem Kollegen. Am Ende des Schuljahres zeigten sich dann schon 'erste Früchte' des pädagogischen Tages:

- *'Lebensraum Schule' schuf nach einigen Sitzungen und Kollegenbefragungen die Voraussetzungen für eine konkrete Umgestaltung des Konferenzzimmers 2.*
- *Die Konferenz im Feber wurde erfolgreich verkürzt, da Vorschläge des AK 2 (z.B. Klassenkonferenzen in Betragen besser vorbereiten, Kürzung des amtlichen Teiles) Anwendung fanden. Ebenso wurde eine Befragung durchgeführt, inwieweit die Klassenvorstandsstunde neu gestaltet werden sollte.*
- *Der Gesprächskreis 'Klima im Konferenzzimmer' teilt allen KollegInnen seine Ergebnisse zum Thema 'kollegiales Verhalten' mit. ...*
- *Mit Herbst 1995 wurde die Lehrerküche, die im Sommer nach den Plänen der Gruppe 'Lebensraum' umgebaut worden war, in Betrieb genommen.*[19]

Man könnte hier noch vieles anführen, was sich entwickelt hat und in Fluß geraten ist. Im besonderen scheint mir gerade das verstärkte gemeinsame Ins-Gespräch-Kommen der Gewinn dieses pädagogischen Tages zu sein." (WEBER 1994, 10)

Wie sehen die interviewten Gewährsleute der Schule des ersten Pädagogischen Tages die Situation nach zwei Jahren?
„Es ist noch vieles im Laufen, <...> eine Entwicklung ist in jedem Fall eingetreten. Mir kommt vor, daß da noch einiges zu erwarten ist. <...> daß der Aufbruch sehr wohl immer noch da ist und zwar in Bezug auf das nächste Jahr wegen dem sozialen Lernen, wo wir da wirklich eine neue Sache gemacht haben, die viele doch mit einem großen Ernst und mit großer Energie angehen". (I,1)
„<...> was pädagogische Modelle anbelangt, ist an unserer Schule in den letzten zwei

[19] Dieser Punkt wurde aufgrund einer schriftlichen Rückmeldung (23.4.1995) von Thomas Weber zur 1. Fassung des Manuskripts gegenüber dem ursprünglichen Zitat ergänzt.

Jahren unheimlich viel passiert <...>. Wir führen ja nächstes Jahr als erste Schule in <...> eine Klassenvorstands-Stunde für die ersten Klassen ein." (I,2)

„Es ist überall ein frischer Wind drinnen. Es ist immer noch alles ein bißchen neu und wenn was neu ist, dann ist es auch interessant und man ist engagiert usw. Es ist noch nicht Alltag." (I,3)

„Da ist sehr viel in Gang gekommen mit der Klassenvorstandsstunde <...>. So konkrete Meilensteine kann ich jetzt nicht sagen, aber ich glaube, eine Entwicklung ist schon zu sehen, daß da versucht wird in der Richtung zu arbeiten". (I,4)

„<...> ich würde einfach vermuten, daß es eine Aufbruchstimmung gibt, daß es aber absolut auch Bewahrungstendenzen gibt, im Sinne von 'Jo nix verändern'. Das sind sicher momentan die Reibungsflächen an der Schule zwischen Leuten, die alles neu machen wollen, anders machen wollen, sei es methodisch, sei es einfach im Umgang mit Kindern. Ich glaube sie haben sicher mit den anderen Interviewpartnern schon von diesem sozialen Lernen nächstes Jahr geredet. Also das ist sicher der auffälligste Veränderungsansatz, der in letzter Zeit passiert ist. Ob der direkt mit dem Projekttag was zu tun hat, direkt sicher nicht, aber grundsätzlich in der Haltung schon <...> daß einfach Mut gemacht wird, so etwas zu tun, daß einfach auch sich die Leute zusammenfinden im Gespräch, die so etwas machen wollen." (I,5)

„Meiner Meinung nach ist wieder eine Polarisierung im Lehrkörper entstanden und zwar - daß also viele Leute mit den Dingen, die jetzt da geschehen sind, nicht unbedingt was anfangen können - vorsichtig formuliert." (I,6)

„Es hat schon einige Initiativen gegeben <...> da diese Supervisionsgruppe, oder jetzt da die Klassenvorstandssache, wobei ich ein bißchen das Gefühl habe, daß es in eine gefährliche Richtung geht. Und zwar, daß einfach dann so eine Art 'Geheimzirkel' in der Schule entstehen."(I,6)

Von einer weiteren Schule wurde im Rahmen einer Tagung folgendes zurückgemeldet:

„Der Schulleiter meinte, daß eine kontinuierlichere Zusammenarbeit mit den externen BeraterInnen günstig gewesen wäre. Dies wäre ihm heute klarer als im Jahr des Pädagogischen Tages. Ein Kollege, der in dem Jahr des Pädagogischen Tages aufgrund eines Auslandsaufenthaltes nicht an der Schule war, meinte aufgrund von Beobachtungen nach seiner Rückkehr sowie aufgrund von Gesprächen mit KollegInnen:

- *Die BeraterInnen hätten sich nicht nach einem Jahr zurückziehen sollen.*
- *Für die Arbeit der Projektgruppen sind Unterstützungen für die Organisation der Projektarbeit sowie für realistische Zeitpläne notwendig.*
- *Insgesamt hatte die Kommunikationsintensität in der Schule zugenommen; Verweise auf den Pädagogischen Tag dienten oft als Anknüpfungspunkt für pädagogische Gespräche.*
- *Die Installierung von 'Projektgruppen' macht ohnehin existierende Gruppen sichtbar. Dabei werden sie allerdings auf eine inhaltliche Diskussionsebene 'jenseits der Mauschelebene' gehoben.*
- *Die Steuergruppe stellt auch einen Versuch dar, Schulleitung nicht allein mit einer Person zu identifizieren, sondern mehr Personen an Leitungsaufgaben zu beteiligen. Delegation und Übernahme von Verantwortung sollen unter Betreuung in der Steuergruppe 'erprobt werden'„ (Tagebuchaufzeichnung).*

Die von den LehrerInnen wahrgenommenen Nachwirkungen der Pädagogischen Tage scheinen also auf folgenden Ebenen zu liegen:

- *Kommunikation*
  Häufig wird berichtet, daß die Kommunikationsintensität im allgemeinen zugenommen und berufsbezogene Kommunikation im speziellen eine größere Rolle gespielt hätte: *„die Pädagogik [hat] eine Rolle gespielt wie noch nie, seit ich an der Schule bin" (I,2).* Diese Nachwirkung ist natürlich deutlich erwünscht: Kommunikation ist ein Basiselement von sozialen Systemen, und Kommunizieren eine Voraussetzung für deren Reproduktion und Weiterentwicklung (vgl. WIMMER 1992, 65).

- *Transparenz von Strukturen und Entscheidungen*
  Beobachtungen auf dieser Ebene werden seltener direkt berichtet (vgl. die Interviewausschnitte: „Die Installierung von 'Projektgruppen' macht ohnehin existierende Gruppen sichtbar"; „mehrere Personen an Leitungsaufgaben zu beteiligen"). Berichte über Konflikte und organisatorische Entwicklungen (z.B. veränderte Prozeduren der Lehrfächerverteilung und Stundenplanerstellung) erscheinen uns jedoch als indirekte Hinweise. Angesichts der häufig konstatierten 'schwierigen internen Organisationskultur' vieler Schulen (vgl. unten) erscheint uns eine gewisse Erhöhung der schulinternen Transparenz notwendig, um Mitverantwortung und Wahrnehmungsfähigkeit der Mitglieder sowie Reflexion und Weiterentwicklung der Leistungen zu ermöglichen.

- *Aktivierung von Ressourcen und Bildung eines Bewußtseins davon*
  Wir haben es nicht nur einmal erlebt, daß LehrerInnen nach Pädagogischen Tagen sagten: „Ich bin überrascht, was alles in uns steckt" (RAUCH 1995, 14). STERN/EIPELDAUER (1995, 11) kommentieren solche Erfahrungen folgendermaßen: „Daß die Ergebnisse der Gruppenarbeiten sich durch hohe Sachkompetenz und phantatsievolle Problemlösungen auszeichnen, ist für Außenstehende weniger überraschend als für die beteiligten LehrerInnen selbst, deren Fähigkeiten sich zu ihrem Leidwesen allzuoft in Routinetätigkeiten erschöpfen, und die sich häufig bloß als ausführende Organe der Schulbürokratie erleben. Die Chance, einen Tag lang gemeinsam zu reflektieren, kann jedenfalls die Augen für unterschätzte eigene Ressourcen öffnen und Hemmungen abbauen, zukünftige Entwicklungen, die einen unmittelbar betreffen, selber in die Hände zu nehmen. Daß dabei auch handfeste Interessenskonflikte auftreten können, ist weder verwunderlich noch schädlich, sie ermöglichen vielmehr das Erproben demokratischer Prozesse in einer Institution, die aufgrund ihrer Geschichte teilweise noch immer von autoritären und hierarchischen Strukturen geprägt ist."

- *Konflikte und Polarisierungen*
  Wenn sich Kommunikation und Transparenz in einer Organisation erhöhen, dann ist es nicht verwunderlich, daß Differenzen auch auf der öffentlichen Arena sichtbarer werden. Einesteils ist es für die Weiterentwicklung einer Organisation notwendig, daß Differenzen gesehen und ausgesprochen werden dürfen. Die

Warnung vor Konflikten und Polarisierungen entspricht gelegentlich in ihrer kommunikativen Bedeutung einem Schweigegebot. Anderseits besteht die Gefahr, daß sich Gruppen in diesen Differenzen einmauern und sich Organisationsspiele etablieren, durch die die weitere Entwicklung blockiert wird (vgl. z.B. *„Meiner Meinung nach ist wieder eine Polarisierung im Lehrkörper entstanden und zwar, daß also viele Leute mit den Dingen, die jetzt da geschehen sind, nicht unbedingt was anfangen können - vorsichtig formuliert.“; I,6*[20]*)*

- *konkrete pädagogische und organisatorische Entwicklungen*
  Schließlich werden auch pädagogische Entwicklungen (z.B. schulautonomer Lehrplan, Schulveranstaltungen) und organisatorische Veränderungen (z.B. Umgestaltung des Konferenzzimmers) berichtet. Aber auch auf Veränderungen der internen Zusammenarbeit und Entscheidungsfindungsprozesse gibt es Hinweise (z.B. *„Konferenz im Feber wurde erfolgreich verkürzt“;* veränderte Prozeduren der Lehrfächerverteilung und Stundenplanerstellung).

4.3.4 Einige abschließende Überlegungen

Angesichts dieser Rückmeldungen und unserer eigenen Erfahrungen erscheinen uns folgende Gesichtspunkte überlegenswert:

Ein realistisches Interventionsverständnis entwickeln
Unserem ersten Eindruck nach geschah bei den meisten Schulentwicklungsprozessen sehr wenig. Wahrscheinlich hatten wir trotz aller Lektüre ein zu phantastisches Verständnis von direkten, kurzfristigen Wirkungen. Ein Pädagogischer Tag ist ein Impuls unter anderen in einem Entwicklungsprozeß einer Schule, der zum größten Teil ohne Anwesenheit, Bewußtsein und Zutun der externen BeraterInnen abläuft. In der Wahrnehmung der Schulen passiert doch einiges (Ist unsere Sicht so wichtig?), aber die Wirkungen sind

- *längerfristig* (so sagt jemand nach zwei Jahren, es wäre *„noch vieles im Laufen“;* I,1),
- durch die *interne Komplexität* der Schule vielfach gebrochen (vgl. *„... die ganz große Hoffnung mit der viele reingegangen sind. So jetzt passiert was, jetzt geht's auf und irgendwo die Watschn drauf, also dieses Gefühl, daß andere wieder schwer boykottieren“;* I,1) und
- durch *schulübliche Muster* überformt (z.B. bestimmt der Rhythmus der Schuljahre Aktivitätsschübe und Ruhephasen).

Insgesamt sind also viel *längerfristige, indirekte, verschlungene Wirkungen* zu erwarten, als den sich nach Rückmeldung sehnenden BeraterInnen und vielen auf schnelle Lösungen hoffenden KlientInnen (SCHLEY 1994) lieb ist. Eine Konsequenz für BeraterInnen scheint uns zu sein, von vornherein den Entwicklungsprozeß *längerfristig* und die eigenen Interventionen *indirekt* anzulegen. Dies ist jedoch leichter gesagt als

[20] vgl. den Hinweis auf den wiederkehrenden 'Spielcharakter' im Wörtchen "wieder" oder in der schon zitierten Aussage: "Es ist bei uns in der Schule immer das gleiche Problem. ... Ich sehe das also, ich bin jetzt seit zwanzig Jahren an der Schule, also immer die gleichen, die unbedankte Arbeit haben und immer die gleichen, die große Utopien vertreten, aber nie da sind, wenn es um irgend so eine unbedankte Arbeit geht." (I,6)

getan.
Für eine Reihe von Schulen bedeutet allein die Intensivierung von schulbezogener Kommunikation eine große Veränderung, auch wenn sie kein faßbares und herzeigbares 'Produkt' darstellt. Um den frühen Hiobsbotschaften, 'alles wäre versandet', entgegenzuarbeiten, müssen die an Schulentwicklungsprozessen Mitarbeitenden selbst an einem Bewußtsein für solche 'Veränderungen am Weg', für *unobtrusive changes,* arbeiten, statt angesichts ebenso umfassender wie vager Endziele häufig seufzen zu müssen: 'Es tut sich nichts!'

Entwicklung einer Perspektive für Längerfristigkeit, Kontinuität und Verbindlichkeit im schulischen Kontext

Wenn ein Pädagogischer Tag nur ein Anstoß, ein *„Aufbruch"* (I, 1) ist, wenn seine Wirkungen längerfristig, indirekt und verschlungen sind, dann kommt es auf die Weiterführung und auf die Einordnung von Einzelhandlungen in eine umfassendere Perspektive an. Längerfristigkeit, Kontinuität und Verbindlichkeit der schulischen Entwicklungsarbeit haben sich unserer Wahrnehmung nach in vielen Fällen als schwierig herausgestellt; dies wurde auch von einigen Kontaktpersonen nachträglich betont (vgl. die Aussage eines Schulleiters, *„daß eine kontinuierlichere Zusammenarbeit mit den externen BeraterInnen günstig gewesen wäre. Dies wäre ihm heute klarer ..."*).
Wir hatten diese Längerfristigkeit durch Briefe und Verträge als Voraussetzung unserer Zusammenarbeit explizit zu machen versucht. Meist vermeinten wir auch wahrzunehmen, daß diese Bedingung akzeptiert und für gut geheißen würde (indem unsere schulischen Gewährsleute beispielsweise beipflichteten: 'Wir wollen kein einmaliges Strohfeuer'). In der Praxis fielen manche der Fixpunkt-Termine aus und andere hatten einen 'gezwungenen Charakter', sodaß wir den Eindruck hatten, der Termin würde den externen BeraterInnen zuliebe veranstaltet. Auch können wir uns noch gut an den Anruf eines Schulleiters erinnern, der uns bat, ein Treffen der Steuergruppe absagen zu dürfen, die er offenbar als *unser* Anliegen wahrgenommen hatte.
Die Schwierigkeit der längerfristigen Verbindlichkeit hängt unserer Einschätzung nach mit folgenden Merkmalen zusammen:

- mit der *gegenwärtigen berufspolitischen Fassung des Lehrberufes,* die Einzelarbeit und individuelle Autonomie betont sowie durch eine Arbeitszeitstruktur mit starker Verplanung einerseits und dem Anspruch auf individuelle freie Gestaltung durch die LehrerInnen andererseits (vgl. SUMETZBERGER 1994, 622) gekennzeichnet ist. Wir können das Argument in diesem Rahmen nicht weiter ausführen (vgl. dazu ALTRICHTER 1995a);
- mit der bestehenden *internen Strukturierung der Organisation Schule,*
- mit der *mangelnden Verfügbarkeit von Ressourcen, um eine Projektstruktur für Transformationsprozesse aufzubauen,* sowie
- möglicherweise mit *Merkmalen des Instruments 'Lehrerfortbildung'.* Wir führen die letzten drei Punkte im folgenden etwas näher aus.

Sendet die Verbindung von Schulentwicklung und Lehrerfortbildung falsche Signale?

Ansätze der Schulentwicklung haben sich bisher häufig der Möglichkeiten der Lehrer-

fortbildungsinfrastruktur bedient, um Pädagogische Tage für den gesamten Lehrkörper, schulinterne Lehrerfortbildungsmaßnahmen für Lehrergruppen und Arbeitsbesprechungen mit Steuer- und Projektgruppen zu organisieren und zu finanzieren. Gleichzeitig könnten aber auch einige Probleme bisheriger Schulentwicklung mit ihrer engen Assoziation mit Lehrerfortbildung zusammenhängen: Schulen werden mit Beratung 'versorgt', deren Kosten von der Fortbildungsinstitution übernommen werden. Sie haben wenig Chance, diese Mittel auf andere Weise zu verwenden und nützen sie daher einmal 'sicherheitshalber' aus. *„Damit wurde den Lehrer/inn/en einiges an Entscheidung und damit auch Verantwortung für eine effektive Nutzung der Beratung abgenommen." (SUMETZBERGER 1994, 620)* Dies ist für die Verbindlichkeit der Zusammenarbeit zwischen BeraterInnen und Schule nicht förderlich; bei Uneinigkeit werden Konflikte vermieden; man kann Beziehungen versanden lassen, statt sie offiziell abzubrechen, weil ohnehin keine direkten finanziellen Konsequenzen für die beteiligten Parteien damit verbunden sind.
Andererseits haben wir gerade bei skeptischen TeilnehmerInnen durchaus Kosten-Nutzen-Rechnungen der folgenden Art angetroffen: *„Was mich also so wahnsinnig gestört hat, da wird ein Tag lang, werden 80 Lehrer, ich habe das mal überschlagen, das ist ein finanzieller Gegenwert von einer guten Viertelmillion Schilling ... und da ist mir der Gegenwert wahnsinnig dürftig vorgekommen, was jetzt nicht an der Methode liegt, sondern einfach auch an den Lehrern, weil viel mehr als Schlagwörter sind da nicht produziert worden." (I,6)*

Vielleicht halten manche TeilnehmerInnen Pädagogische Tage allein aufgrund ihrer Organisationsform und ihrer didaktischen Muster für die neueste Variante von Lehrerfortbildungskursen, mit denen sie wiederum das Handlungsmuster 'Hingehen - Mitmachen - Heimgehen' verbinden. Die externen BeraterInnen werden als LehrerfortbildnerInnen wahrgenommen, deren Verantwortung nach dem Pädagogischen Tag endet. Nacharbeit wird daher nicht erwartet. Die Nutzung der etablierten Strukturen der Lehrerfortbildung knüpft einerseits an bekannte Muster an und ruft daher nicht zu viele Fremdheitserlebnisse hervor. Andererseits kann sich Schulentwicklung dann gar nicht mehr so leicht daraus lösen: *„Was aber das wirksam werdende Ergebnis in der Organisation Schule im Sinne ihrer Umsetzung <...> anbelangt, bin ich äußerst skeptisch. Um die Chance einer Verbindlichkeit mit Handlungskonsequenzen zu erreichen, müßte der Prozeß der Leitbildentwicklung in eine Projektstruktur eingebettet werden, als deren Auftraggeber die Schulleitung Verantwortung übernimmt und als treibender Motor fungiert." (OSWALD 1994, 573)*

Bestehende Strukturen der Organisation und die zu entwickelnde Projektstruktur
Die Etablierung der Projektstruktur und der Begriff 'Steuergruppe' ist in unseren Interviews nach zwei Jahren praktisch kein Thema. Weder in der Wahrnehmung jener, die Mitglied der Steuergruppe waren, noch für die, die deren Wirken vielleicht von außen sehen hätten können, kommt die Steuergruppe an mehr als peripherer Stelle vor. Woran liegt das? War die Projektstruktur zu unauffällig aufgebaut? Haben sich die externen BeraterInnen bei der Vorbereitung und Durchführung zu sehr engagiert, sodaß die schulischen Kontaktleute auch in der Nachbereitungsphase Initiativen von unserer Seite erwarteten? Darf man in der Kultur des 'Alle sind gleich' (und der

Schulleiter ist maximal ein *primus inter pares*) nicht das Wort 'Steuerung' verwenden? Wollen einzelne Gruppierungen in der Schule oder die Schulleitung keine Strukturveränderung? Viele Fragen, von denen wir in diesem Rahmen nur einem Fragenkomplex nachgehen wollen: Wie weit paßt die angestrebte Projektstruktur zu den existierenden schulischen Strukturen? Wie weit irritiert sie sie? Wie stellen wir uns die Anschlußstücke zwischen den Strukturen vor?
Schulen wird immer wieder nachgesagt, daß sie eine 'schwierige interne Organisation' hätten, die durch einen „geringen Differenzierungsgrad der schulischen Arbeitsorganisation" auf der offiziellen Ebene (WIMMER/OSWALD 1987, 173) und „unklare und zugleich komplexe Machtverhältnisse" (SUMETZBERGER 1994, 625) auf der informellen Ebene gekennzeichnet wäre. MARX/VAN OJEN (1992) haben argumentiert, eine solche Organisationsform wäre unter der Bedingung organisatorischer Stabilität ökonomisch, es ermangle ihr aber an strategischer Mobilität in Situationen des Wandels. Der Aufbau einer Projektstruktur aus Steuergruppe und thematischen Arbeitsgruppen kann als Versuch gesehen werden, über die konstatierten amorphen oder segmentierten Charakteristika der Organisation eine Struktur zu legen, die eine entwicklungsbezogene Bündelung der Kräfte in einer auf Transparenz und Längerfristigkeit ausgelegten Weise gewährleistet und zudem als Ansprechpartner für die externen BeraterInnen fungiert. Um ihrer zentralen Rolle als Motor und Koordinierungsinstanz der Schulentwicklung gerecht werden zu können, müßte die Steuergruppe eine eigene Identität als entwicklungsbezogenes Schulleitungsgremium und eigenständigen Einfluß gewinnen. Gerade das fanden die Steuergruppen aber unserer Beobachtung nach schwer, wenn sie sich nicht auf die bestehenden Einflußstrukturen der Schule stützen konnten. Eine längerfristige Arbeit kam am ehesten an solchen Schulen zustande, an denen schon eine relativ gut funktionierende Struktur der Zusammenarbeit in Teilen des Lehrkörpers, z.B. vermittelt über Personalvertretung oder Fachgruppen, bestanden hatte. Stoßen die bestehenden Strukturen der Schule in anderen Fällen die neue Projektstruktur ab?
Lassen Sie uns die Sache von einer anderen Seite angehen: Angesichts der Klagen über die organisatorische Undifferenziertheit von Schulen staunt man machmal, was alles funktioniert[21]. SchulentwicklerInnen sollten u.E. sich eingehender mit folgenden Fragen auseinandersetzen:

- Ist es nicht vielleicht zu einfach, eine neue Projektstruktur aufzubauen, ohne die existierende(n) Struktur(en) verstanden zu haben? Wird der Versuch, eine Projektstruktur aufzubauen, als Geringschätzung der existierenden Strukturen verstanden? Auch wenn die Organisationsstruktur einer Schule jenen, die ein Organigramm mit klaren Anordnungs- und Verantwortungslinien erwartet haben, amorph erscheinen mag, so gibt es etablierte Kommunikationsnetze und Entscheidungsmodi, die die Interaktion der Organisationsmitglieder vorstrukturieren. Wie weit werden durch die Etablierung einer Projektorganisation Strukturen aufgebaut, wie weit werden andere, existierende Strukturen zerstört? Werden neue 'Parallelstrukturen' etabliert (an denen üblicherweise ohnehin kein Mangel herrscht)?
- Insbesondere erscheint uns die Unterscheidung zwischen einer Verwaltungs- und einer Unterrichtsstruktur, die MARX/VAN OJEN (1992) vorgeschlagen haben,

[21] vgl. z.B. die Beobachtung von SUMETZBERGER (1994, 625): "Dieses Machtgeflecht erwies sich allerdings als ausreichend funktionierende Organisationsform für die erfolgreiche Durchführung der Projekte."

bedeutsam. So können auch in (auf der *Verwaltungs*ebene) eher desintegriert wirkenden Institutionen durchaus funktionierende Kleinstrukturen auf der *Unterrichts*ebene existieren. Wie weit wird die Zusammenarbeit der externen BeraterInnen mit der Schulleitung und den wenigen Kollegiumsmitgliedern der Steuergruppe sowie insbesondere deren Interventionen in Richtung Entwicklung und Transparenz von den 'unterrichtsbezogenen Strukturen' als ein neuer Anschlag der Verwaltungsebene auf ihre Autonomie und ihre kleinräumigen Kommunikationsnetze wahrgenommen? Wird der Versuch, eine 'Projektstruktur' aufzubauen, als Allianz der externen BeraterInnen mit den 'Verwaltungsstrukturen' verstanden?

- In welchen Zeiträumen müssen interne und externe EntwicklerInnen denken, bevor sie Erfolgsindikatoren (z.B. die Entwicklung von einer segmentierten über eine Projektschule zu einer lernenden Organisation, um ROLFFs (1993) Terminologie zu verwenden) an ihre Tätigkeit anlegen? Und woher sollen sie diese Geduld in einer Organisation, die in Schuljahren denkt, nehmen?
- Wie weit verstehen wir die Eigenart der Organisation Schule und der Einzelschulen? In welchen Aspekten verhalten sich Schulen ähnlich wie andere Organisationen, wo unterscheiden sie sich? (vgl. die Ansätze bei HANDY 1984; ROLFF 1993) Hier geht es nicht um die Glorifizierung einer Einzigartigkeit von Bildungsinstitutionen, die uns vor lauter Einzelheiten keine allgemeineren Muster erkennen läßt, sondern um die Erarbeitung einer realistischen Basis für Interventionen in schulische Entwicklungsprozesse.

Mangel an Ressourcen, um eine Projektstruktur für Transformationsprozesse aufzubauen

Woher nehmen (vor allem große) Schulen den langen Atem, um die längerfristige Knochenarbeit der Präzisierung und Umsetzung der Ergebnisse von Pädagogischen Tagen zu leisten? Welche Personen übernehmen neben der Schulleitung Verantwortung für diese Umsetzungsarbeit in Schulkulturen, in denen man sich leicht zwischen Fallstricken, die mit Namen wie 'Selbstausbeutung' oder 'Gschaftlhuberei' versehen sind, verfangen kann?

In anderen Organisationen weiß man, daß Transformationsprozesse Ressourcen brauchen. Auch Schulentwicklung braucht mehr als einen Tag pro Jahr. Die Umschichtung von Ressourcen, v.a. jene von Zeit und Arbeitskraft, ist in Schulen aufgrund der herrschenden Arbeitszeitstruktur (Personalzuteilung erfolgt nach zu haltenden Unterrichtsstunden) schwer möglich. Wenn Entwicklungsprozesse allein auf *good will* aufgebaut sind, werden sie wahrscheinlich meistens beschränkte Unternehmen bleiben. U.E. müßten Schulen intern disponierbare Ressourcen für Entwicklungsprojekte zur Verfügung haben (z.B. zeitliche befristete Werteinheiten für Entwicklung, Budget für Fortbildung und Entwicklung), um die 'Projektstruktur für Entwicklung' auch mit den üblichen organisationellen Merkmalen verankern zu können.

Anmerkung

Christine Centurioni, Manfred Hämmerle. Konrad Krainer, Dietmar Osinger, Peter Posch, Johanna Rasch, Katharina Soukup, Thomas Weber und Anton Zimmermann danken wir herzlich für ihre Rückmeldungen und Anregungen zur Rohfassung dieses Aufsatzes.

III. ANALYSEN UND KONSEQUENZEN

Kapitel 5
Zur Mikropolitik schulischer Innovation.
Wie Schulen durch das Handeln verschiedener Akteure mit unterschiedlichen Interessen Struktur gewinnen und sich entwickeln.

Herbert Altrichter und Stefan Salzgeber

Wie entwickeln sich Organisationen? Die 'mikropolitische Perspektive' wurde als Gegenmodell zu rationalistischen Organisationstheorien, die in Abschnitt 5.1 kursorisch angedeutet werden, formuliert, um scheinbar 'irrationale Vorgänge' in Organisationen zu erklären. Sie findet gegenwärtig in der betriebswirtschaftlichen Organisationslehre große Beachtung und wurde vom englischen Erziehungswissenschaftler Stephen BALL (1990) für eine inspirierende Analyse von schulischen Prozessen genutzt. In Abschnitt 5.2 werden einige Vorannahmen und Bestimmungsstücke einer Mikropolitik der Schule herausgearbeitet. Abschnitt 5.3 versucht die Brauchbarkeit dieser mikropolitischen Perspektive für die Analyse schulischer Prozesse zu demonstrieren. In Kapitel 5.4 werden schließlich einige Kritikpunkte an vorliegenden Ansätzen der Mikropolitik der Schule sowie Möglichkeiten für eine Weiterentwicklung aufgezeigt. Abschnitt 5.5 kehrt zum Ausgangspunkt 'Entwicklung von Schulen' zurück und stellt die Frage, welche Implikationen für die Gestaltung von schulischem Wandel abzuleiten wären.

! In diesem Beitrag beziehen wir uns auf *vier Fallbeispiele*: Beispiel 1 und 4 werden im Beitrag selbst dargestellt. Fallbeispiel 2 ist die Studie von Günter Hirner, Heidrun Huber-Klammer, Grete Müller und Johann Schögler über 'Projektunterricht', die in Kapitel 2.1 enthalten in diesem Band war. Fallbeispiel 3 ist die Studie von Christa Bauer über 'Lernzielorientierte Leistungsbeurteilung' aus Kapitel 2.3. Bezüge auf dieses empirische Material sind jeweils durch das Rufzeichen-Symbol gekennzeichnet.

5.1 Organisationen als objektiv-versachlichte Strukturen?

Unter *Organisation* stellen wir uns oft etwas sehr Klares und Rationales vor: Das Bild von Organigrammen steigt auf. Es gibt einen Organisationszweck, aus dem sich Aufgaben und Rechte mit eindeutigen Über- und Unterordnungen ableiten lassen. Wohl gibt es hin und wieder Abweichungen und Reibungsverluste, die jedoch gerade als das Gegenteil von Organisiertheit empfunden werden. Von einer rationalen Organisation erwartete man, daß sie ständig nach solcher 'Desorganisation' sucht, und diese - sobald entdeckt - rasch korrigiert.

Aus dieser Pespektive sind Organisationen „zielorientierte, rational geplante Systeme mit einer auf Dauer gestellten objektiv-versachlichten Struktur“ (TÜRK 1989, 23). Dies ist die Grundannahme der lange die Organisationstheorie dominierenden Theorien der rational-kontingenten Strukturierung. Sie leiten ihren Namen davon her, daß sie Organisationsstrukturen als *kontingent* ansehen. D.h. die Struktur einer Organisation wird als durch verschiedene Kontextvariablen bedingt, aber nicht vollständig durch sie determiniert verstanden. Daraus folgt, daß organisatorische Strukturen ‘relativ autonom’ gestaltbar sind. Gerade die *Rationalität* ihrer Gestaltung ist dann für die Effizienz einer Organisation ausschlaggebend.

Für die *Entwicklung von Organisationen* ist dieser Anschauung gemäß das Wirken ‘rational kalkulierender Organisationskonstrukteure’ (a.a.O., 51) entscheidend: Sie entwerfen neue Zielkomplexe und Organisationsstrukturen, die dann durch geschickte ‘Implementation’ zur Organisationsrealität gemacht werden sollen. Dabei müssen vielfältige ‘Implementationsprobleme’ gemeistert werden. *Kriterium* einer erfolgreichen Organisationsentwicklung ist das Ausmaß der Übereinstimmung der Realität mit dem Modell, die Umsetzung des Planes mit möglichst wenig ‘Reibungsverlusten’ und Abstrichen vom ursprünglichen Konzept.

5.2 Organisation als politische Arena.

5.2.1 Fallbeispiel 1: Parteienbildung und Machtkämpfe

Ursprünglich hatte die Direktorin selbst die Volksschule für die Teilnahme an einem Schulentwicklungsprojekt angemeldet: Die schon länger laufende Arbeit zur Integration von Kindern mit nicht-deutscher Muttersprache sollte dokumentiert, weiterentwickelt und nach außen dargestellt werden. Die Initiative wurde bald von einer ‘Innovationsgruppe’ wechselnder Zusammensetzung übernommen, deren Kern aus drei LehrerInnen bestand. Nach und nach kristallisierte sich die ‘Verbesserung der Kommunikation’ als Brennpunkt ihrer Forschungs- und Entwicklungsarbeit heraus. Da die Zusammenarbeit mit SchülerInnen und Eltern als funktionierend angesehen wurde, bezog sich das Thema v.a. auf die interne Kommunikation im Lehrkörper. Die sich daraus entwickelnden Maßnahmen schätzte die Direktorin nicht und hielt sie für „eigentlich überhaupt nicht notwendig“. Die ‘Innovationsgruppe’ erklärte dies damit, daß die Schulleiterin nur Interesse an ‘nach außen gerichteten Maßnahmen’ hätte.

Die Gruppe lud eine externe Beraterin häufiger zu Gesprächen ein und bat sie auch, Sitzungen in der Schule zu moderieren. Es kam zu häufigeren Auseinandersetzungen zwischen der Direktorin und den LehrerInnen der ‘Innovationsgruppe’, die der Beraterin von Mitgliedern dieser Gruppe berichtet wurden. Je häufiger diese Auseinandersetzungen wurden, desto häufiger wurden auch die Einladungen an die Beraterin. Bald konnte sie sich nicht mehr des Eindrucks erwehren, als Instrument in einem schon länger schwelenden internen ‘Machtkampf’ zwischen Schulleitung und LehrerInnen benutzt zu werden: Die Beziehung zu einer externen Autorität - zu jener der 'Wissenschaft' (durch die Teilnahme an einem Forschungsprojekt und verkörpert durch das Auftreten der Beraterin in der Schule) - erlaubte es offenbar der LehrerInnengruppe, sich der internen Autorität der Schulleitung gegenüberzustellen und alternative Definitionen dessen, was für die Weiterentwicklung der Schule wichtig wäre (nämlich die 'Verbesserung der internen Kommunikation' statt der 'Darstellung der Leistungen nach außen'), explizit zu vertreten (vgl. MESSNER 1992a).

5.2.2 The dark side of organizational life?

Szenen, wie die oben geschilderten oder jene aus Fallbeispiel 2 über die 'Einführung von Projektunterricht' von HIRNER et al. (vgl. Kap. 2.1), müssen aus der Perspektive der rational-kontingenten Organisationstheorien als Pathologien erscheinen, die besser früher als später zu eliminieren sind: 'Machtkämpfe' in einer Organisation sind irrational und haben *das* Ziel der Organisation aus dem Auge verloren; sie sind unerklärliche Bewegung unter der Haut der 'objektiv-versachlichten Struktur', die diese zu zerreißen und damit die Stabilität der Organisation zu erschüttern drohen.

Andererseits kommen aber solche Auseinandersetzungen offenbar in vielen Organisationen häufig genug vor (vgl. Kapitel 2 und für wirtschaftliche Organisationen HOFFMANN 1981; NEUBERGER 1992; ORTMANN et al. 1990), als daß sie ohne Umschweife als die Regel bestätigende Ausnahmen angesehen werden könnten. Auch in unseren Schulentwicklungsprojekten erlebten wir es immer wieder, daß LehrerInnen politisches Vokabular zur Beschreibung von Prozessen innerhalb des Lehrkörpers im Verlaufe von pädagogischen Innovationen verwendeten, wie z.B. Bildung von Bündnissen innerhalb der Gesamtgruppe, Verschieben von Machtverhältnissen (RAUCH 1993a, 4f), Putsch gegen die Regierung, Opposition, Machtübernahme, Grenzüberschreitungen und neue Grenzziehung, Kampf um Einfluß, Unabhängigkeitserklärung (BALL 1990, 226f) usw. Diese Metaphern scheinen ein - vielleicht manchmal implizites - Bewußtsein der Organisationsmitglieder über den politischen Charakter mancher Aspekte schulischer Neuerungsprozesse auszudrücken.

Wenn derartige Phänomene in Organisationen immer wieder vorkommen, dann macht es wenig Sinn, sie aus der organisationstheoretischen Perspektive auszuschließen, wie dies die Theorien der rational-kontingenten Strukturierung nahelegen. Gerade für diese „dark side of organizational life" (HOYLE 1982, 87) zeigen nun die sog. *mikropolitischen Ansätze* in der Organisationstheorie starkes Interesse. Diese untersuchen 'Machtkämpfe' und andere Phänomene, die sich so schwer als zweckrational für die deklarierten Organisationsziele interpretieren lassen, und wollen deren Bedeutung für Struktur und Arbeitsweise von Organisationen verstehen. Obwohl zunächst für die betriebliche Organisationslehre entwickelt, wurde das Konzept in letzter Zeit von angloamerikanischen ForscherInnen zur Grundlage für die Analyse von Bildungsorganisationen genommen (vgl. BALL 1990; BLASE 1991).

Worum geht's also bei Mikropolitik? Werfen wir einen Blick auf zwei *Definitionsvorschläge*:

Mikropolitik „umfaßt jene Aktivitäten in Organisationen, die ergriffen werden, um Macht und andere Ressourcen zu erlangen, zu entwickeln und zu nutzen - mit dem Ziel, erwünschte Ergebnisse in durch Ungewißheit oder Dissens gekennzeichneten Situationen zu erhalten." (PFEFFER 1981, 7)[22]
Für NEUBERGER (1993, 42) ist „organisationale Mikro-Politik das Insgesamt jener alltäglichen Einflußversuche einzelner Akteure, durch die sie sich ihren eigenen Handlungsspielraum erweitern und sich fremder Kontrolle entziehen wollen."

Diese Definitionen weisen auf drei zentrale Bestandteile einer mikropolitischen Organsationstheorie hin, und zwar auf:

- ein bestimmtes Bild von *Organisationen*, die mit Zieldiversivitäten und unklaren Einflußfeldern befrachtet sind,
- ein bestimmtes Bild von *Akteuren*, die mit ihrem Handeln in der Organisation eigene Interessen verfolgen und eigene Wertvorstellungen verwirklichen wollen, sowie
- eine besondere Aufmerksamkeit für die Interaktionsprozesse in Organisationen, die als *strategische und konflikthafte Auseinandersetzung* um die Definition und Strukturierung der Organisation interpretiert werden.

Einige Bestimmungsstücke einer mikropolitischen Perspektive der Organisation 'Schule' werden im folgenden näher ausgeführt und an Fallbeispiel 2 illustriert.

5.2.3 Zieldiversität und indeterminierte Räume in Organisationen

'Mikropolitik' ist zunächst ein *organisationstheoretisches Konzept*. Sein Auftauchen und seine gegenwärtige Popularität in der betrieblichen Organisationslehre ist ein Phänomen der *Krise der traditionellen Organisationstheorie* und eine Gegenbewegung zur „Dominanz der Theorie rational-kontingenter Strukturierung": Daß *eine* Rationalität in einer Organisation vorherrscht, ist ein Mythos. Diese wird vielmehr durch unterschiedliche, teilweise miteinander konfligierende Ziele und konkurrierende Rationalitäten gekennzeichnet. Statt der 'Unternehmenspolitik', die die strategische Ausrichtung kollektiven Handelns für die vom Vorstand formulierten Ziele beabsichtigt, kommen die einzelnen 'PolitikerInnen' in einem Unternehmen in den analytischen Blick; diese verfolgen unterschiedliche eigene Interessen, die sich nur partiell mit jenen des Vorstandes überlappen[23].

Die mikropolitische Perspektive bedeutet zunächst eine Veränderung des theoretischen Zugriffs auf das Phänomen 'Organisation'. Es kann aber auch gemutmaßt werden, daß das Objekt der wissenschaftlichen Begierde selbst einer historischen Veränderung unterworfen ist, die veränderte Zugriffe nötig macht. Die Fixierung der traditionellen Organisationstheorie auf Einheitlichkeit und rationale Planbarkeit drückt das Interesse an administrativer Kontrolle organisationeller Prozesse aus (BALL 1990, 3ff). Offenbar befinden wir uns jedoch in einer Zeit der „Auflösung alter Determinismen"

[22] Alle Übersetzung von Zitaten aus dem Englischen durch die Autoren.
[23] Die beiden unterschiedlichen Interpretationsmöglichkeiten von Politik lassen sich gut durch die englischen Begriffe *policy*, d.h. die 'eine Unternehmenspolitik', und *politics*, d.h. die vielen spezifischen Strategien der interessengeleiteten 'PolitikerInnen', ausdrücken.

(ORTMANN 1992a, 19), in der das „Befehls-Gehorsams-Modell“ (TÜRK 1989, 123) zur Steuerung organisationeller Vorgänge auch praktisch zur Handlungsanleitung immer weniger brauchbar wird und folglich auch zur Handlungserklärung immer weniger taugt. Die wachsende Sensibilität für politische Prozesse in Organisationen sieht TÜRK (1989, 123) in einer Parallelität zu Politisierungen auf gesamtgesellschaftlicher Ebene: Bürger hätten „nun ein reflektierteres, distanzierteres und pragmatischeres Verhältnis zu Arbeit, Wirtschaft und Technik“; sie wären sich der „prinzipiellen Veränderbarkeit und Kontingenz von Organisationsstrukturen“ stärker bewußt und wären Zeuge oder Teil einer „zunehmend organisationsförmig sich artikulierenden Einbringung von Gruppeninteressen“. Das Wachsen der Komplexität der Organisationen, der Geschwindigkeit ihres Austausches mit der Umgebung und des Eigensinns der Subjekte scheinen nach anderen Konzepten der Abstimmung und Handlungsorientierung in Organisationen zu rufen. Alle diese Veränderungen lassen sich auch im Bildungswesen beobachten (vgl. POSCH/ALTRICHTER 1992; ROLFF 1993).

Für die mikropolitische Perspektive gilt nun: Organisationen sind durch *Zieldiversität* statt durch Zielkohärenz gekennzeichnet (BALL 1990, 12ff). Verschiedene Organisationsmitglieder haben eigene Handlungsziele, die sich nur teilweise überlappen und die nur teilweise mit den offiziell formulierten Organisationszielen übereinstimmen. Die konkurrierenden Ziele haben *ideologischen Charakter* in dem Sinn, daß sie mit umfassenderen Weltsichten und Wertsystemen in Zusammenhang stehen. Dies wird im Falle der Schule besonders deutlich (BALL 1990, 13ff). Allgemeine Prinzipien, wie Gleichheit, Gerechtigkeit usw., spielen bei der Zieldefinition und Entscheidungsfindung in Schulen häufig eine wichtige Rolle. In diesem Sinne gilt: *„Schools are sites of ideological struggle“ (BALL 1990, 279).*

! In Beispiel 2 (HIRNER et al. in diesem Band) ist die Zieldiversität von Organisationen eine Bedingung für die Ereignisse bei ‘Einführung des Projektunterrichts’. Was unterrichtet werden soll, legen in Österreich das Schulorganisationsgesetz und der Lehrplan fest. Dieser enthält ‘Projektunterricht’ als verpflichtendes Element für bestimmte Klassen und Gegenstände. Dennoch ist damit anscheinend nicht alles klargestellt, denn der neue Direktor muß im ‘Lehrerläufer’ auf - auch schon vor seinem Dienstantritt gültige - Lehrplananforderungen verweisen. Die vorgegebenen Ziele sind also in der Praxis der Organisation so klar nicht.

Diese Zieldiversität ergibt sich u.a aus dem allgemeinen und konkretisierungsbedürftigen Charakter der Lehrpläne; d.h. die Umformung der Zielvorgaben in Handlungen erfordert die Mitarbeit der Akteure. In diese Konkretisierungen fließen notwendigerweise deren Wertvorstellungen und Interessen ein. Die Allgemeinheit und teilweise Widersprüchlichkeit, die den Zielkatalogen innewohnt, fordert eine eigene Entscheidung zwischen konkurrierenden Orientierungsangeboten und die Entwicklung eigener Ziele heraus, bietet aber auch Spielräume dafür.

In Fallbeispiel 2 stehen sich, wie die AutorInnen anmerken, „unterschiedliche Schwerpunktsetzung und Gewichtung im Unterricht bezüglich allgemeiner Bildungsziele bzw. Unterrichtsprinzipien und Fachlehrzielen“ gegenüber. Ein Argument gegen Projektunterricht war ja gewesen, daß LehrerInnen „die SchülerInnen in ihren ‘Fachstunden’ fast nicht mehr zu sehen bekämen und daß sie mit ihren Stoffen nicht durchkämen“. Implizit wird darauf hingewiesen, daß es noch andere wichtige Aufgaben der Schule, wie den stofforientierten Fachunterricht, gäbe, die in Konkurrenz zum Ziel ‘Projektunterricht’ stünden.

Schließlich sind die offiziellen Organisationsziele manchen Akteuren gar nicht bekannt, werden von anderen ignoriert, unterlaufen, als irrelevant oder unsinnig abgetan usw. *Die* organisational verbindlichen Ziele gibt es in der mikropolitischen Perspektive nicht: die *Akteure verfolgen jeweils eigene Ziele*. Natürlich kann es Durchsetzungsvorteile für sie bringen, wenn es formell oder informell anerkannte Zielsetzungen gibt, die mit ihren Vorstellungen übereinstimmen. Notwendige Voraussetzung für organisationales Handeln ist dies jedoch nicht.

Auch die Felder von *Kontrolle und Einfluß* in einer Organisation sind *nicht klar abgegrenzt*, sondern Gegenstand der Auseinandersetzung. Organisationale *Strukturen, Mittel und Regeln* sind nichts Vorgegebenes, sondern „Ressourcen, Bedingungen und Objekte von politischen Prozessen“ (TÜRK 1989, 122). Sie werden erst durch Interaktion hergestellt, aufrechterhalten, durchgesetzt und verändert. BALL (1990, 10) hält fest: *„... diese ‘Felder’ der Kontrolle bleiben nicht klar begrenzt und können es auch nicht sein. Sie sind der Aushandlung, Wieder-Aushandlung und dem Disput unterworfen. ... Die Grenzen der Kontrolle werden kontinuierlich neu und in verschiedenen Schulen auf unterschiedliche Weise gezogen. ... Das wechselnde Muster der Kontrolle ist nicht Produkt abstrakter Organisationssysteme; viel eher entsteht es aus den Konfrontationen und Interaktionen zwischen Individuen und Gruppen in der Organisation.“*

Die Felder der Kontrolle und des Einflusses verschiedener Mitglieder des Lehrkörpers haben sich in Fallbeispiel 2 mit dem Wechsel in der Direktion ganz klar verschoben. Interessant ist der Hinweis des Schulleiters auf die ‘verbindliche Verordnung Lehrplan’; sie soll die Legitimität seiner Handlung unterstreichen. Dennoch wird sie von manchen LehrerInnen als ‘Grenzüberschreitung’ und ‘illegitime Einmischung’ in für sie vorbehaltene Bereiche interpretiert: *„Aus Gesprächen mit einigen KollegInnen erfuhren wir, daß diese Haltung als ‘beinahe Verpflichtung’ und somit als Einschränkung und Einmischung in ihre Unterrichtsarbeit aufgefaßt wurde. Das Eintreten des Schulleiters für projektorientierten Unterricht rief somit sicherlich auch hin und wieder Unmut hervor.“*

Auch die ‘Außengrenzen’ einer Organisation sind üblicherweise nicht so klar, als man annehmen würde (vgl. TÜRK 1989, 122): Werden die Eltern als ein ‘Teil der Schule’ aufgefaßt? Wem wird Mitspracherecht zugestanden? Gehört die in Beispiel 1 eingeladene Beraterin zur Schule oder nicht? Manche LehrerInnen sehen SchülerInnen, wie HANDY (1984, 24) aus Interviews berichtet, intuitiv nicht als

Mitglieder der Organisation an.

5.2.4 Konflikthaftes, interessensbezogenes Handeln in Organisationen

Die mikropolitische Perspektive lenkt starkes Augenmerk auf das Handeln der Organisationsmitglieder und ist insoferne auch ein *handlungstheoretisches Konzept*. Wie wird nun organisationales Handeln verstanden?

Das Handeln von Organisationsmitgliedern wird erstens nicht durch Organisationsstrukturen oder sonstige soziale Kräfte determiniert, sondern ist *„immer Ausdruck und Verwirklichung einer wenn auch noch so geringen Freiheit. Das Verhalten ist Ergebnis einer Wahl, mithilfe derer der Akteur die Gelegenheiten 'am Schopfe ergreift', die sich im Rahmen der ihn einschränkenden Zwänge bieten. Es ist daher niemals völlig voraussehbar, denn es ist nicht determiniert, sondern im Gegenteil immer* kontingent.*"* (CROZIER/FRIEDBERG 1993, 27; Hervorhebung durch die Verf.; vgl. auch ORTMANN et al. 1990, 56)

Weiters werden Handlungen in der mikropolitischen Perspektive konsequent als *interessengeleitet* interpretiert: Organisationsmitglieder beziehen sich in ihrem Handeln nicht ausschließlich auf *einen* Organisationszweck (z.B. Erfüllung der Allgemeinen Bildungs- und Lehraufgabe der österreichischen Schule), sondern versuchen ihre eigenen „Interessen zu wahren oder durchzusetzen, Vorteile zu erringen oder Nachteile zu verringern" (NEUBERGER 1990, 263). Das Interesse der Organisationsmitglieder richtet sich dabei auf folgende Merkmale (vgl. NEUBERGER 1990, 260ff; BALL 1990, 17):

- Organisationsmitglieder konkurrieren um *materielle und immaterielle Güter* (Geld, Personal, Positionen, Prestige, Amt usw.) bzw. um *Verfügungsrechte* über diese Güter.
- Ihr Handeln richtet sich weiters auf den Erhalt oder Ausbau relativ *autonomer Handlungsmöglichkeiten.* Sie versuchen die Ausgestaltung der organisationalen Ordnung, die organisationsspezifischen Regeln und Ressourcen in einer Weise zu beeinflussen, die ihnen Vorteile bei der Verfügung über eben diese Regeln und Ressourcen versprechen.
- Schließlich gilt ihr Interesse auch der *Definition der Organisation.* Ihre persönlichen Werte, philosophischen Bindungen, Weltsichten sollen in der Organisation einen hohen Stellenwert haben und als legitime Ordnungsprinzipien anerkannt werden. Die Aushandelungsprozesse in Organisationen finden nämlich auf der Basis einer legitimen Ordung statt, die allerdings selbst wiederum Aushandelungsprozessen unterworfen ist. *„Es herrscht kein Krieg aller gegen alle, der die Stärksten und Gerissensten siegen läßt. Mikropolitik setzt institutionell gesicherte Strukturen voraus. Mikropolitik ist somit nicht regellose Interessensdurchsetzung ..., sondern interessensgeleitetes Handeln auf dem Hintergrund einer gültigen Ordnung oder Struktur. Die Lücken, Unklarheiten oder Widersprüche dieser geltenden Rahmen-Ordnungen werden eigennützig ausgebeutet" (NEUBERGER 1990, 263f).*

Auch in Fallbeispiel 2 sind rund um das Thema Projektunterricht unterschiedliche Wertvorstellungen und Interessen angesiedelt. So betonen HIRNER et al.: *„Neben den reinen Organisations- und Koordinationsproblemen werden bei der Ein- und Durchführung von Innovationen immer auch Schwierigkeiten auftreten, die mit unterschiedlichen Auffassungen über 'Schule' - über das, was Schule vermitteln und bewirken soll, über LehrerInnen- und SchülerInnenrollen, über Bewertungen und Bewertbarkeit - kurz, die mit der Konzeption von Schule zusammenhängen.“* Mit der Einführung von Projektunterricht sind unterschiedliche Leistungs(Beurteilungs)- und Rollenvorstellungen verbunden, die unterschiedlichen Arbeitsaufwand mit sich bringen. Wegen seines fachübergreifenden Charakters durchschneidet Projektunterricht traditionelle Grenzen der Organisation Schule, stellt daher auch für die Nichtbeteiligten „einen Eingriff in deren Unterricht“ und damit eine potentielle Einengung ihres Handlungsspielraumes dar. Es geht damit nicht mehr um eine einfache methodische Innovation, sondern mit ihr stehen *„unterschiedliche Schwerpunktsetzung und Gewichtung im Unterricht bezüglich allgemeiner Bildungsziele bzw. Unterrichtsprinzipien und Fachlehrzielen“* einander gegenüber.

Alle diese Objekte der Begierde der Organisationsmitglieder sind in der typischen mikropolitischen Welt knapp. Daher erweist sich die Durchsetzung eigener Interessen zwangsläufig als *konflikthaft* und dementsprechend muß jede *„ernstzunehmende Analyse kollektiven Handelns ... Macht in das Zentrum ihrer Überlegungen stellen, denn kollektives Handeln ist im Grunde nichts anderes als tagtägliche Politik. Macht ist ihr 'Rohstoff'.“ (CROZIER/FRIEDBERG 1993, 14)* Organisationsmitglieder beziehen sich in ihrem Handeln auf unterschiedliche Machtquellen (z.B. Informations-, Sanktions-, Belohnungsmacht, Macht aus dem Kontakt zur Umwelt usw.). *Macht* wird dabei nicht als Attribut eines Akteurs, sondern 'ohne moralische Einfärbung' als Beziehung, als „Austausch-, d.h. Verhandlungsbeziehung“ (FRIEDBERG 1992, 41) verstanden, bei der über reziproke Handlungsmöglichkeiten verhandelt wird. Daher gibt es in dieser Perspektive keinen Akteur, der keinerlei Macht 'besitzt'; allerdings sind die Einflußchancen asymmetrisch verteilt.

Beispiel 2 nimmt seinen Ausgangspunkt bei einem Konflikt um die Definition der Organisation: Welcher Unterricht gilt als legitim und charakteristisch für diese Schule? Auffallend ist dabei, daß das Verhältnis der beiden Unterrichtskulturen nie direkt argumentiert, sondern auf der Ebene der Organisation, der Stundenverteilung, der Anwesenheit der SchülerInnen in den Klassen usw. indirekt thematisiert wird. In einer 'sachlichen Welt' würde man ihre Angemessenheit u.a. im Hinblick auf die Allgemeinen Bildungs- und Lehraufgaben der österreichischen Schule diskutieren. Man würde nach vernünftigen Gründen für die eine oder andere Konzeption suchen, um sich dann für eine Variante zu entscheiden. Im Beispiel wird von den Akteuren eben diese 'sachliche Welt' aus dem politischen Prozeß konsequent ausgeschlossen. Der Projektunterricht wurde nicht eingeführt, weil dafür die besseren Argumente gefunden wurden, sondern weil die Koalition der Befürworter aufgrund veränderter Machtverhältnisse (neuer Direktor und Landesschulinspektor) die besseren Karten bekommen hatte.
Gekämpft wird um bzw. gegen den Projektunterricht nach allen Regeln der Kunst:

Koalitionen werden gebildet, Sitzungen boykottiert, externe Gruppen für eigene Zwecke instrumentalisiert usw. Interessanterweise versuchen sowohl die Befürworter als auch die Gegner von Projektunterricht, die Legitimität des Lehrplans für sich zu mobilisieren: Die einen, indem sie sich auf die Verpflichtung zum Projektunterricht berufen, die anderen, indem sie erklären, ihrer Lehrpflicht aufgrund der häufigen Abwesenheit der SchülerInnen nicht mehr nachkommen zu können. Der Lehrerläufer zielt darauf ab, zusätzlich die bestehende formale Ordnung von Schulleitung und Schulaufsicht in die Waagschale zu werfen. Das Nichterscheinen einiger LehrerInnen bei der Koordinationssitzung kann als Versuch interpretiert werden, eine alternative Ordnung zu etablieren - eine Ordnung, in der, wie ja in Gesprächen zum Ausdruck kommt, keine „Einschränkung und Einmischung in ihre Unterrichtsarbeit" legitim ist.

Wir fassen zusammen: *Organisationen* sind keine festen, monolithischen Gebilde, keine Maschinen, in denen das Funktionieren und Ineinandergreifen der einzelnen Teile voll determiniert und unproblematisch wäre, sondern vielmehr „Interaktionszusammenhänge konkreter Menschen" (TÜRK 1989, 122). Die versachlichte Struktur der Organigramme und der ihnen zugeordneten Aufgabenbeschreibungen sind nicht *die* Organisation; diese wird vielmehr durch die Handlungen verschiedener Akteure interaktiv konstituiert und zum Leben gebracht. Die Stabilität der Organisation ist ein Oberflächenphänomen, das durch permanente Bewegung und Abstimmungsprozesse eine Etage tiefer erzielt wird.

'Sozialität'[24] steht im Zentrum, doch ist es eine fragmentierte Sozialität, die durch Interessensgegensätze und nur teilweise kompatible Interessen gekennzeichnet ist. Andererseits gilt: *„Wenn ein Akteur seine Interessen verwirklichen will, muß er so - ob er will oder nicht - auf die Interessen anderer reagieren. In diesem Sinne sind Organisationen immer auch 'unfreiwillige Kooperationsgebilde'„ (BRÜGGEMEIER/FELSCH 1991, 135).* Der charakterisierende Modus von *Interaktionen in Organisationen* ist für die mikropolitische Perspektive also die *regelnde, sozialitätsbezogene, konflikthafte Verhandlung* (als Interessensdurchsetzung und -ausgleich) und nicht die geregelte, sachbezogene, konsensuale Ausführung (als sachrationale Problemlösung und technische Optimierung).

5.3 Mikropolitisch-machtstrategische Prozesse in Schulen.

In diesem Kapitel soll das bisher entwickelte Begriffsrepertoire für die Analyse einer Reihe von Szenen aus dem Alltag von Schulen und Schulentwicklung verwendet werden. LeserInnen, die an einer kritischen Auseinandersetzung mit der mikropolitischen Konzeption und an ihrer Weiterführung interessiert sind, seien auf Kap. 5.4 verwiesen.

[24] "die Bewältigung der sozialen mehr als der sachlichen Welt" (NEUBERGER 1990, 263).

5.3.1 Strategien und Taktiken schulischer Mikropolitik

Welcher Strategien und Taktiken bedienen sich nun die schulischen MikropolitikerInnen, um ihre (Verhandlungs-)Positionen zu stärken oder auszubauen, um Macht für die Verteilung schulischer Ressourcen, die Sicherung des eigenen Handlungsspielraumes und die Definition der Organisation aufzubauen und anzuwenden? Im folgenden werden einige Strategien, die wir in unseren Schulentwicklungsprojekten beobachten konnten oder die der Literatur entnommen wurden (vgl. NEUBERGER 1990, 269ff; BALL 1990, 32ff), dargestellt.

(1) Kontrolle von Normen und Verfahren
Wer die formelle oder informelle Macht hat, eine Definition der Schule zu formulieren und ihre Praktizierung zu kontrollieren, hat bestimmenden Einfluß auf das mikropolitische Geschehen einer Organisation.

Folgerichtig beginnt Fallbeispiel 2 mit einer Darlegung der Organisationsdefinitionen der beiden Schulleitungen: Die „ursprüngliche Direktion" legte Wert auf „guten Ruf", „hohes Niveau", „Strenge" und „traditionelle Unterrichtsformen". Der neuen Schulleitung waren partnerschaftliche Leitung, neue Lernformen, Eigenständigkeit der LehrerInnen und Auseinandersetzung mit pädagogischen Problemen wichtig.

Formelle Positionen in der Organisation haben Vorteile bei der Situationskontrolle, weil ihnen gleichzeitig mit der Position auch meist ein Spielraum bei der Gestaltung von Verfahren zugestanden wird. Beispielsweise obliegt DirektorInnen üblicherweise die Sitzungsleitung von Lehrerkonferenzen. Allein durch die Wortwahl der Formulierung von Anträgen, durch die Wahl des Zeitpunktes von Abstimmungen oder durch die Delegierung von Aufgaben an Arbeitsgruppen, durch Besetzungsvorschläge für Positionen und Arbeitsgruppen bieten sich wichtige Einflußmöglichkeiten (vgl. BALL 1990, 34).

Der Direktor versuchte der Initiativgruppe in Fallbeispiel 2 einen gewissen Handlungsspielraum zu verschaffen, indem er ihr die Funktion der Projektkoordination übertrug. Da dieser Bestimmung keine genaue Beschreibung der formellen Handlungsmacht und Verantwortlichkeit beigegeben wurde, kam ihr keine große Durchschlagskraft zu. In Fallbeispiel 3 (BAUER in diesem Band) hatte Lehrer Hermann zwar ein Reihe von Funktionen übernommen; er konnte sie jedoch nicht zur Förderung seiner Innovation nutzen, da diese Funktionen weder implizit noch explizit mit Handlungsvollmachten versehen waren.

Organisationale Macht kann auch dazu genutzt werden, zu definieren, was als legitimes Problem gilt. In manchen Fällen kann die Definitionsmacht über die Themen der öffentlichen Diskussion bis zu einer Art *kultureller Hegemonie* einer Teilgruppe über die Denkformen und -inhalte der Organisation führen (vgl. TÜRK 1989, 140).

Durch die Intervention der Schulleitung wurde in Beispiel 2 eine *grundsätzliche* Diskussion über Projektunterricht implizit zum *non-problem* erklärt; nur mehr die Debatte über die *Organisation* von Projektunterricht galt als legitim. Die Unterdrückung prinzipieller Argumente machte die öffentliche Diskussion ein Stück weit 'einfacher' und erleichterte wahrscheinlich der Initiativgruppe den Aufbau ihrer konstruktiven Strategie 'Auseinandersetzung mit der Kritik am Projektunterricht'. Längerfristig könnte allerdings der unterdrückte Widerstand auch in den 'Untergrund' gedrängt und dort zum Boykott werden, der sich nur schwer wieder in eine konstruktive Beteiligung an der Organisation überführen läßt.

(2) Grenzziehungen zwischen Einflußbereichen

Regeln, die die Grenzen zwischen relativ autonomen 'politischen Territorien' ziehen bzw. die Über- und Unterordnung von Einflußbereichen etablieren, sind mikropolitisch besonders bedeutsam und deren Verletzung ruft Auseinandersetzungen hervor. Ähnlich wie Fachgrenzen im allgemeinen können die - für manche Schultypen charakteristischen - Hierarchien von „typenbildenden" Fächern, Haupt- und sonstigen Fächern wichtige Grenzen des Einflusses abstecken. Andererseits kann das Überschreiten von Grenzen 'ohne imperialistische Absicht' eine vertrauensbildende Maßnahme sein.

RAUCH (1993d) schildert den Fall eines 'Humanisten' an einer technischen Schule, der ein für die Techniker der Schule interessantes technisches Gerät besaß und auch bedienen konnte. Durch seine Bereitschaft, es herzuleihen, signalisierte er die Anerkennung der Bedeutung des 'Anderen'. Das Ausbrechen aus dem Kampf der Über- und Unterordnungen in der Hierarchie der Fächer eröffnete neue Gesprächsmöglichkeiten.

(3) Sanktionen

Formellen Machtpositionen stehen üblicherweise Sanktionsmöglichkeiten zur Verfügung, wenn Regeln nicht eingehalten und die Definition der Organisation nicht akzeptiert wird. Auch Lob und Tadel in informeller Form können Konsequenzen für die institutionelle Position der Sanktionierten haben. In der Organisation Schule, die zur Erfüllung ihres Bildungsauftrages den Berufstätigen autonome Handlungsspielräume geben muß, sind die formellen und informellen Sanktionsmöglichkeiten allerdings in aller Regel nicht sehr stark ausgeprägt.

So tadelt der Direktor in Beispiel 2 indirekt die Nicht-Teilnahme vieler LehrerInnen an der Koordinationssitzung. Projektunterricht wird als verpflichtendes Element des Lehrplanes bezeichnet, ohne jedoch formellere Sanktionen für dessen Mißachtung anzukündigen: Welche stünden ihm auch zur Verfügung?

(4) Aufbau von Bindungen und Vertrauen

Die Aufrechterhaltung der Funktionsfähigkeit einer Organisation allein durch Kontrolle ist äußerst kostenintensiv und bei hoch qualifizierten Tätigkeiten, die einen gewissen autonomen Spielraum erfordern, letztlich auf Dauer unmöglich. So besteht für BALL (1990, 120) das 'grundlegende politische Dilemma der Schulleitung' in *„the* *organizational achievement of control (domination) and commitment (integration)."* Die Selbstbindung der MitarbeiterInnen, ihre Integration in die 'Definition der Organisation', soll einesteils ein 'humanes Element' in den Arbeitsalltag einführen ('ich werde auch als Mensch mit Interessen in der Organisation zur Kenntnis genommen') und anderenteils von Kontrollaufgaben entlasten. *„Vertrauen erlaubt kostengünstige Produktion und Versorgung. ... Ethik ist ein Korrektiv gegen Ökonomie- und Marktversagen, weil sie die Kosten von Sanktion und Kontrolle senkt" (KOSLOWSKI 1988, 30; zit. nach NEUBERGER 1990, 274).* Langfristig ist moralisches Handeln von formellen Machträgern *„kein altruistisches Geschenk, sondern rationales Kalkül, weil es Stabilisierung der Verhaltenserwartungen sichert." (ebenda)* Integration erfordert die Aufgabe des Anspruchs der Kontrollallmacht durch formelle Machtträger. Mitbeteiligung, Mitbestimmung und Mitkontrolle sollen die Integration in die Organisation erleichtern.

(5) Opposition und Widerstand

In einem Fallbeispiel von BALL (1990, 44ff) brachte die Bestellung eines neuen Direktors einen Umsturz der Arbeitspraxis der Schule ebenso wie der Einflußmöglichkeiten und Karriereaussichten des 'alten' Stabs mit sich. Obwohl dieser keinen Zugang zu den formellen Machtpositionen mehr bekam, konnte er durch Opposition und Kooperationsverweigerung großen Druck auf die Neuerungen ausüben. Dabei bot die „alte Identität der Schule" eine Quelle für ein alternatives Selbstkonzept und subkulturelle Beziehungen.
Auch in Fallbeispiel 2 hatten sich schon unter der 'ursprünglichen Direktion im Lehrkörper „zwei Lager" gebildet. Die oppositionelle Gruppe trat bei den Personalvertretungswahlen an und erhielt die meisten Stimmen.

Opposition ist die sichtbare Herausforderung der Macht und des *status quo* durch konkurrierende Situationsdefinitionen im Wettbewerb um Aufmerksamkeit und Akzeptanz des Publikums (BALL 1990, 134ff). Wo formelle Macht Handlungsforderungen vorbringt, können Personen, die diese nicht erfüllen wollen, versuchen, Opposition aufzubauen, um ihren Handlungsspielraum und ihre Identität zu behaupten (TÜRK 1989, 137). Auch Veränderungsinitiativen informeller Gruppen können als Anmaßung von Macht verstanden werden, Opposition hervorrufen und zu 'Polarisierungen im Lehrkörper' (vgl. MESSNER 1992) führen. Opposition kann sich als Auseinandersetzung zwischen Persönlichkeiten abspielen, doch handelt es sich im Kern um Konflikte zwischen - im Prinzip legitimierbaren - Interessen. Öffentlicher Widerstand braucht nämlich Legitimation, z.B. durch Wahl (Personalvertretung) oder Berufung auf Ordnungen (Integrität des Fachunterrichts, Störung der traditionellen Ordnung durch Projektunterricht, „alte Identität der Schule").

Personen, die sich zu legitimer Machtausübung nicht imstande sehen, sei es weil sie organisationspolitisch schwach sind, sei es weil sie zwar organisationelle Machtpole sind, sich aber in speziellen Fällen nicht in der Lage sehen, bestimmte Interessen öffentlich als legitim durchzusetzen, können versuchen, sich durch die Ausbeutung der Vagheit oder Widersprüchlichkeit der Ordnungstruktur einen autonomen Handlungsspielraum zu erhalten.

(6) Boykott

Unter Boykott verstehen wir in diesem Zusammenhang einen passiven, nicht öffentlich artikulierten Widerstand von Personen oder Gruppen gegen Aktivitäten, die eigentlich deren Mitarbeit erfordern würden. Dieser Widerstand kann das Funktionieren der Organisation behindern, ist aber, solange er sich nicht in der öffentlichen Arena artikuliert, schwer bearbeitbar. Boykott ist besonders für Personen, die außer dem Interesse an der Aufrechterhaltung ihrer eingespielten, möglichst autonomen Arbeitssituation wenige inhaltliche Anliegen haben, ein wichtiges Instrument, um sich Veränderungen zu entziehen. Beispielsweise wird von HIRNER et al. in Fallbeispiel 2 folgende Begründung für die Nicht-Teilnahme an einer Fragebogenaktion zitiert: *„Wieder was ausfüllen; man ist ja nicht verpflichtet, seine Ablehnung offen auszusprechen. Wozu soll das alles gut sein? Wem dient die Sache? Da wollen sich wieder einige profilieren."* Die Unartikuliertheit und Nicht-Öffentlichkeit des Boykotts ist eine Bedingung dafür, ihn langfristig aufrecht erhalten zu können, ohne sich (wie im Falle offener Opposition) einer legitimierenden Diskussion stellen zu müssen.

In der oben zitierten Aussage wird auch eine zweite Strategie schulischer StabilitätspolitikerInnen deutlich: Der Versuch, jedes Engagement, das als Bedrohung des *status quo* und potentielle Machtverschiebung gesehen wird, als 'politisch motiviert' (im Sinne von 'unlauter', egoistisch, partikularistisch) zu etikettieren, dadurch bloßzustellen und zu neutralisieren: *„Aktivität wird als Profilierungssucht gewertet" (ROSENBERGER et al. 1993, 6). „Da wollen sich wieder einige profilieren", „G'schaftlhuberei", „Du willst wohl Karriere machen"* sind verbale Ausformungen dieser Strategie. Durch sie kann im Extremfall eine Lähmung der Organisation eintreten. Es kommen keine personübergreifenden inhaltlichen Aktivitäten mehr zustande, und die Organisation zerfällt in Einzelleistungen und defensive Interaktionen. 'Dadurch, daß ich mich totstelle, kann ich jede Veränderung im System unterbinden' scheint das Motto zu lauten.

(7) Eskalation

Eskalation macht vordem vagere Konflikte expliziter und persönlicher. Sie macht klarer, daß und warum ein Interessenskonflikt besteht. Sie versucht Unsicherheitszonen zu schließen und es dadurch schwerer zu machen, 'unter der Hand' gegen eine Ordnung zu arbeiten, ohne offene Opposition zu zeigen. Da bei einer Eskalation meist keine Trennung zwischen institutionellen und persönlichen Aspekten der Rolle gemacht wird (z.B. identifiziert sich der Direktor als Person und Amt mit einer Maßnahme) und den Interventionen durch persönliche Emotionen (z.B. durch - echten oder strategischen - Ärger; vgl. BALL 1990, 111) Schärfe verliehen wird, wird offene Stellungnahme erschwert. Indem Eskalation die Offenlegung von Opposition verlangt und die Wertigkeit von oppositionellen Äußerungen erhöht, hat sie ein gewisses Potential, die Artikulation alternativer Ansichten zu verhindern. Eskalierende Interventionen werden daher eher von Personen gebraucht, die meinen, eine Situation 'kontrollieren' zu können: Die bewußte Eskalation versucht einen 'Zwang zum Mitspielen' auszuüben - in der Hoffnung, die Spielregeln selber bestimmen zu können.

Die Nicht-Teilnahme vieler LehrerInnen an dem Koordinationstreffen in Beispiel 2 wird offenbar von der Direktion als Boykott interpretiert. Das Schriftstück im Lehrerläufer stellt eine Eskalation dar und soll die - vordem in der Wahrnehmung vieler LehrerInnen vagen - Grenzen deutlich und explizit ziehen.

(8) Kontrolle des Informationsflusses

Klagen über mangelnde, nicht rechtzeitige und irreführende Information gehören zum Alltag vieler Organisationen. Tatsächlich ist die Kontrolle des Informationsflusses in einer Organisation eine wichtige Möglichkeit zur Beeinflussung der organisationalen Prozesse.

BALL (1990, 153f) bringt Beispiele, in denen neue DirektorInnen durch ihre bereits länger an der Schule verankerten 'Vizes' vom Informationsfluß abgeschnitten und durch Desinformation desavouiert wurden. Andere neubestellte DirektorInnen brachten ihr eigenes 'Ablagesystem' mit, das anderen Mitgliedern des mittleren Managements der Schule den Zugriff auf Informationen verunmöglichte.

In einer kleinen Studie mit dem Titel „Plakataktion" stellt RAUCH (1993b) dar, wie schwierig die Informationsgestaltung in Innovationsvorhaben ist. Am Beginn eines Schuljahres wurde eine Initiative dem gesamten Lehrkörper in einer Konferenz vorgestellt und etwa die Hälfte der LehrerInnen erklärte sich zur Beteiligung bereit. Weitere Informationen sollten erst wieder am Ende des Schuljahres gegeben werden, waren also für Nicht-Beteiligte in der Folge nur durch Beobachtung und informelle Kontakte zu bekommen.
Nach einiger Zeit entstand bei den nicht-beteiligten LehrerInnen *„Unsicherheit darüber (...), was denn nun eigentlich in diesen Arbeitsgruppen gemacht werde. Die Folgen waren unter anderem Ignoranz und abfällige Bemerkungen der 'Außenstehenden' über die Arbeit in den Gruppen." (a.a.O., 1).* Die Situation eskalierte, als die solcherart kritisierte Initiativgruppe - für sich nicht aussagekräftige - Plakate mit Arbeitsergebnissen öffentlich ausstellte. An einer als Kalmierung gedachten Informationsveranstaltung nahmen nur zwei KollegInnen aus der Gruppe der 'Außenstehenden' teil, von denen eine das 'Desinteresse' des restlichen Kollegiums mit 'resignativer Stimmung im Lehrkörper' und 'schlechter Ankündigung der Veranstaltung' erklärte. (a.a.O., 2).

Einerseits Klagen über mangelnde Information, andererseits keine Nutzung von Informationsmöglichkeiten - Wie läßt sich dieser Widerspruch (der ja auch schon in Fallbeispiel 2 aufgetreten ist) erklären? Kritik am Informationsfluß ist zunächst einmal ein 'sicherer Treffer': In großen Organisationen mit relativ autonom arbeitenden Untereinheiten kann niemand den Überblick über alle Vorgänge haben. Zweitens wird Information üblicherweise nur über - von der traditionellen Praxis abweichende - Aktivitäten begehrt. Über *business as usual* informiert zu werden, wäre 'keine Information' (d.h. sie hätte keinen Neuigkeitswert) und würde zu einer informationalen Überlastung führen. Daher ist das Begehr nach 'Information' eine Möglichkeit, 'abweichende Aktivitäten' auf der mikropolitischen Arena zu exponieren und ins Gespräch zu bringen. Drittens ist der Boykott des Informationsflusses ein Mittel symbolischen und realen Widerstands: Von Personen, die nicht informiert wurden, kann schwer verlangt werden, daß sie mitmachen.

(9) Tratsch und Gerücht

„Der verdeckte Konflikt zwischen dem Forschungsteam und der Direktion beeinflußte das Klima in der Schule. Es gibt viel Schweigen und heimliches Tratschen." (MESSNER 1992a, 4)

Tratsch ist ein Instrument der sozialen Kontrolle in Organisationen, das unterhalb der öffentlichen Arena angewandt wird. Tratsch unterstellt eine Einheit der Normen der Organisation: Verletzungen dieser Einheit werden beobachtet, Abweichungen konstatiert und exponiert. *„Tratsch fördert Macht ohne Verantwortung: vom Zuhörer wird erwartet, Informationen einfach zu glauben, ohne nach Belegen zu fragen" (BALL 1990, 218).*

Das *Gerücht* dient zum Nachbessern fehlender Informationen: *„Gerüchte treten in der Umgebung formeller Entscheidungen als eine Art 'zweiter Buchhaltung' auf. Sie suchen jenseits des Augenfälligen 'nach der wahren Ursache der Dinge'." (BALL 1990, 219).* Gerüchte brauchen eine unsichere Informationslage. Sie können sich daher besonders in Perioden der Unsicherheit von Organisationen entfalten und versuchen ihrerseits zur Unsicherheit beizutragen, um sich entfalten zu können. Alle diese informellen Künste erfordern ein großes Verständnis des sozialen Netzwerks.

(10) Offenheit und rationale Prüfung

„Scheu vor der Auseinandersetzung mit Kritik behindert die Akzeptanz einer Innovation" wird als Ergebnis der Analyse von Fallbeispiel 3 formuliert. *„Wir scheuten uns, kritisches Material zu sammeln, weil es uns zu persönlich erschien und wir einander nicht verletzten wollten. Besonders unsolidarisch erschien uns das wohl einer Kollegin gegenüber, auf deren Lernzielkatalog kritisch reagiert wurde." (ebenda)* Um den Zusammenhalt der innovativen Gruppe nicht zu gefährden, wurde angesichts externer Kritik der interne Zweifel an der Innovation ausgeschaltet.
Wie soll aber Skepsis von Mitspielern überwunden werden? Wenn keine Machtmittel zur Verfügung stehen, kann man nur auf Vor- und Nachteile abwägende, kompromißhafte Aushandlungssituationen hoffen. *„Wir verzichteten auf eine echte, lebendige, d.h. auch durch ihre Fehler geprägte Auseinandersetzung mit der Kollegenschaft und dem Leiter. Bei all der vielen Arbeit wollten wir nicht dafür auch noch Zeit erübrigen und von anderen fordern. Hier zeigt sich für mich eine klassische Dilemmasituation: Einerseits hatten wir Angst, intensive Auseinandersetzung, und dazu gehören neben der Entwicklung einer Innovation auch Reflexion und kreativer Umgang mit Kritik, zu fordern und dadurch die Toleranz der Kollegenschaft zu überreizen. Andererseits war es uns gerade durch den Verzicht darauf nicht möglich, eine wirkliche Akzeptanz der Innovation zu erreichen." (ebenda).*

Offenheit und das Angebot, eine Innovation einer rationalen und kritischen Prüfung zu unterziehen, machen aber auch verletzlich und sind insoferne zwiespältig, vor allem wenn vermutet wird, daß die 'Gegner' nicht mit offenen Karten spielen (z.B. in Situationen, die durch *mystery and mastery* geprägt sind; vgl. Kap. 5.5.3.3).

Als in Fallbeispiel 2 Direktor und Innovationsgruppe organisatorische Probleme bei der Einführung von Projektunterricht offen zugaben, wurde dies von den angesprochenen KollegInnen zunächst nicht honoriert. Auch in der Innovationsgruppe hatte es ja über den Entschluß, durch Forschung die Probleme von Projektunterricht einer rationalen Prüfung zu unterziehen und nicht undifferenziert die Innovation als Ganze zu verteidigen, zunächst Uneinigkeit zwischen eher 'sicherheitspolitisch denkenden' und 'sich offensiv stark fühlenden' Mitgliedern der Gruppe gegeben.

Andererseits können sich Offenheit und das Angebot rationaler Prüfung als vertrauensbildende Maßnahmen auswirken.

Beispielsweise wurde ein Schulentwicklungs-Projekt, in dem es u.a. um 'Verbesserung des Arbeitsklimas' ging, mit der gemeinsamen Beobachtung einer Unterrichtsstunde eines Teammitglieds begonnen (ROSENBERGER et al. 1993, 3). *„In der Reflexion der Stunde wurden die Ergebnisse ausgetauscht, im Grunde genommen aber kaum analysiert." (a.a.O., 4).* Der Verzicht auf Analyse entspricht wahrscheinlich dem Bewußtsein der TeilnehmerInnen, in einer fragilen Situation zu sein, die durch unbedachte Einschätzungen zerstört werden könnte. Andererseits wird aber auch von der Gelegenheit, die beobachtete Person bloßzulegen, nicht Gebrauch gemacht, was als eine vertrauensbildende Antwort auf die Offenheits-Initiative gewertet werden könnte, und damit die Bereitschaft zu weiterer Zusammenarbeit signalisiert.

(11) Vollendete Tatsachen schaffen
Diese Strategie ist in Organisationen wahrscheinlich nur bei Einzelaktionen oder starker machtmäßiger Verankerung der Akteure erfolgreich.

In Fallbeispiel 3 hat die lernzielorientierte Leistungsbeurteilung zwar durch die Initiative von Hermann Eingang in die Schulversuchsbeschreibung gefunden. In der Folge zeigt sich jedoch, daß dies keineswegs ausreichte, um diese Idee in der Praxis durchzusetzen.

(12) Management der Außenwirkungen
Die Außenwahrnehmung einer Schule ist häufig ein wichtiges Argument im mikropolitischen Kräftespiel. Innovative Gruppen tun gut daran, ihre Veränderungsvorschläge möglichst vielen verständlich zu machen, um 'unnötige', möglicherweise nur durch Überraschungeffekte ausgelöste negative Reaktionen zu vermeiden.

So versuchte die Projektunterricht betreibende Gruppe in Beispiel 2 möglichen elterlichen Einwänden gegen ein Projekt über den Golfkrieg durch eine Einladung an die Eltern zu begegnen. Der positive Kommentar eines Elternvertreters zum Projekt wurde als wichtiger Indikator angesehen.

BALL (1990, 254ff) beschreibt die Präsentation einer Innovation an die Eltern in einer Sekundarschule: Dabei wurde erstens die einheitliche Meinung der LehrerInnen betont, und zweitens die Radikalität der Innovation so weit als möglich minimiert: Der Direktor erlegte sich selbst Beschränkungen auf - abgestimmt auf die Bandbereite an Toleranz, die er von den Eltern erwartete (a.a.O., 254). Dadurch gelang es, von der Mehrheit der Eltern Zustimmung zu erlangen. Konsensgewinn in einem potentiell konflikthaften Raum ist ein wichtiges Instrument, um für Schulen partielle Autonomie zu erringen. Konsens ist „oft genug ein Kind drohender Zwänge, drohender Macht" (KÜPPER/ORTMANN 1992, 7). Geschickte Mikropolitik erfordert auch die Fähigkeit zur Diagnose, wann eine Situation 'konsensual' und wann sie 'konflikthaft' zu entwickeln ist.

Schulen versuchen üblicherweise in Harmonie mit den vorherrschenden Werten und Erwartungen der Gemeinschaft zu leben (was, wie im obigen Fall, auch durch eine geschickte Dosierung von Radikalität und Anpassung erzielt werden kann), manchmal aber auch durch aktive Öffentlichkeitsarbeit diese Erwartungen zu überformen:

Eine Volksschule, die neue Erstunterrichtsformen besonders initiativ eingeführt hatte, betrieb gleichzeitig eine intensive Elternarbeit. Dies führte längerfristig dazu, daß diese Art des Unterrichts, die an anderen Schulen z.T. Unverständnis der Eltern hervorgerufen hatte, zu einer auch von Eltern geschätzten Einrichtung wurde (vgl. ALTRICHTER 1994a).

(13) Aufbau wechselseitiger Verpflichtungen, Bildung von Gruppen und Koalitionen
Wechselseitige Verpflichtungen sind ein Stabilitätsfaktor in Räumen, die nicht durch formelle Regeln und vertragliche Abmachungen strukturiert sind: Dabei erfolgt ein 'Tausch' von Funktionserfüllung gegen Autonomie, von Effizienz gegen Loyalität, von partieller Unterwerfung gegen partiellen Freiraum, von Unterstützung in der einen Sache gegen Unterstützung in einer anderen, von Ressourcen gegen Prestige. So entsteht ein Netz von *mutual obligation*, das einer Organisation eine gewisse, allerdings nur informell einklagbare Stabilität verschafft (BALL 1990, 233).

Die Mitgliedschaft in Gruppen bzw. die Koalition zwischen Gruppen kann den eigenen Einfluß erhöhen. Solche Koalitionen können sich anhand verschiedener Merkmale bilden, z.B. gemeinsame institutionelle Geschichte (die „alte Garde"), gemeinsamer Status (die schlechter eingestuften Werklehrerinnen), Geschlecht, Fachkultur, Alter, pädagogische Anschauungen (z.B. Projekt- oder Fachunterricht), Gewerkschafts- oder Parteimitgliedschaft (vgl. BALL 1990, 78). Einflußkoalitionen müssen sich längerfristig bei der Durchsetzung der Interessen aller Koalitionäre bewähren, auch wenn es bei einzelnen Fragen Interessensdifferenzen geben kann.

Die beiden besonders 'integriert' wirkenden Schulen unserer Schulportraitstudien hatten - bewußt oder nicht - ein 'informelles Managementteam' aufgebaut, das die Schulleitung bei ihren Führungsaufgaben unterstützte (ALTRICHTER 1994b, 360f). Dieses verminderte die oft zu beobachtende Isolierung der SchulleiterInnen vom Lehrkörper: mehr Personen, die zu mehr Gruppierungen im Kollegium Zugang hatten, waren in die Leitungsaufgaben miteinbezogen und konnten eine relativ einheitliche 'Definition der Schule' kommunizieren. Außerdem waren solche Leitungsteams wahrscheinlich auch in vielen Fällen Koalitionen von starken und einflußreichen Personen und stellte dadurch eine Machtbasis dar.

Einzelkämpfer haben gute Chancen auf den Status 'verkannter Missionare', nicht jedoch auf realen Einfluß in einem Netzwerk mit hoher mikropolitischer Aktivität. Die 'Personalisierung' von Initiativen ist - wie in Fallbeispiel 3 zu studieren - sogar umgekehrt ein wichtiges Mittel, um Initiativen auf der Arena öffentlicher Diskussion zu desavouieren. Teamentwicklungsmaßnahmen in Schulentwicklungsprozessen können leicht als „Bildung von Bündnissen“ (RAUCH 1993a, 4f) verstanden werden.

So entschließt sich ein innovatives Schulteam, die externe (neutrale, statushohe?) Projektmitarbeiterin, um die Leitung der Konferenz zu bitten: *„Es ist besser, wenn du moderierst. Wir werden den informellen Gruppierungen im Lehrkörper zugeordnet und könnten aus diesen Positionen heraus nur mühsam Einigung auf Regelungen herbeiführen. Man könnte uns bewußt deshalb angreifen, und die Sache würde verloren gehen.“ (MESSNER (1993a., 12)* Eine relativ starke, deklarierte Koalition kann dort hinderlich sein, wo Machtstrategien nicht zur Interessensdurchsetzung geeignet sind und wo freiwillige Mitarbeit von jenen Organisationsmitgliedern, die nicht der Koalition angehören, angestrebt wird.

(14) Beziehungspflege und externe Beziehungen

Durch Beziehungspflege sollen potentielle und aktuelle Koalitionspartner gebunden bzw. potentielle und aktuelle Gegner unter Kontrolle gehalten, Autoritäten in die Nähe der eigenen Position gebracht und informelles Meinungsmanagement über den eigenen Status und die herrschende Definition der Organisation betrieben werden.

Das Management der externen Beziehungen der Schule ist ein wichtiger Parameter für organisationale Mikropolitik, weil dadurch beeinflußt wird, wer überhaupt zu den 'Mitspielern' gehört. Oft wird diese Aufgabe, besonders was Behörden- und Pressekontakte angeht, von der Schulleitung wahrgenommen. In manchen Fällen hat man den Eindruck, daß die Verbindung mit der 'Außenwelt' ziemlich vollständig an DirektorInnen abgetreten wird. So wurde beispielsweise die Entwicklung eines Schwerpunkts in einer Schule von den befragten LehrerInnen auf die 'Beziehungen' und den Einsatz des Direktors zurückgeführt; das regionale Förderungsprogramm für autonome Schulentwicklung, in dessen Rahmen die Schwerpunktentwicklung geschah, war nicht im Bewußtsein des Kollegiums (vgl. RADNITZKY 1994). Auch zeigten einige LehrerInnen unserer Schulportraits erstaunliche Uninformiertheit über aktuelle bildungspolitische Entwicklungen; sie erlebten aber bildungspolitische Initiativen oft als Oktroy und Einmischung in ihre Unterrichtsarbeit und fühlten sich von der Schulverwaltung nur unzureichend - z.B. schlechter als die Medien - informiert (vgl. AMMANN 1993; ALTRICHTER 1994b, 335ff).

Österreichische Schulen sind nicht selten defensiv gegenüber Versuchen von Eltern und anderen 'Externen', in ihr 'Territorium' einzudringen. Der lange vorwährende

Gebrauch des Bannfluchs 'schulfremde Person' ist ein Symptom dafür. Gelingt diese Strategie, dann wird das mikropolitische Feld übersichtlicher gehalten. Intensivierung der Elternarbeit durch einzelne LehrerInnen oder durch die Schulleitung kann den Verdacht zu großer „Schülerfreundlichkeit" und des Versuches, sich Verbündete gegen andere Lehrergruppen zu verschaffen, hervorrufen.

In Fallbeispiel 3 wird beispielsweise die Einberufung einer Informationsveranstaltung für Eltern und deren Votum für die lernzielorientierte Leistungsbeurteilung von manchen KollegInnen als illoyale Koalitionsbildung von Lehrer Hermann mit Externen empfunden.

Andererseits kann durch längerfristige Ausgrenzung die Gefahr entstehen, daß Eltern sich außerhalb der Schule organisieren und aktiv um Einfluß kämpfen. Üblicherweise fällt es Eltern zwar schwer, ihre Interessen schlagkräftig zu organisieren; es gibt aber auch Beispiele, in denen Eltern durch ihre soziale Stellung und ihren Einfluß auf lokale Netzwerke und Presse sehr einflußreich werden (BALL 1990, 256f). Ein wichtiges Prinzip schulischer Stabilitätspolitiker ist es üblicherweise, angesichts externer Kritik interne Konflikte einzudämmen. Wenn eine öffentliche Fassade der Einigkeit nicht mehr aufrecht erhalten werden kann, ist die Schule verwundbar. In einer interessanten Analyse englischer 'Schulskandale' zeigte BALL (1990, 250ff), daß externe Kritik an einem vergleichsweise geringfügigen Einzelereignis erst eskalierte, weil sich tiefere schulinterne Konflikte über die 'Definition der Schule' daran entzündeten. Organisationsmitglieder suchten Koalitionen und Allianzen mit externen Machtträgern, um ihren Status in den innerschulischen Auseinandersetzungen zu verbessern: *„Sobald die Themen der Auseinandersetzung einmal öffentlich geworden sind, tritt ein Kontrollverlust für Kollegium und Schulleiter ein. Dadurch werden andere interessierte Gruppen eingeladen, zur Debatte beizutragen und Allianzen mit der einen oder anderen Seite zu bilden." (a.a.O., 251)*

5.3.2 Anlässe für schulische Innovationsspiele

„Vieles von dem, was sich Tag für Tag in Schulen abspielt, ist nicht durch Disput oder Auseinandersetzung zwischen LehrerInnen gekennzeichnet." (BALL 1990, 19)
Während auch die täglichen Interaktionen in der Organisation mikropolitisch in dem Sinn sind, daß sie die 'Routinespiele' der Organisation reproduzieren, variieren und weiterentwickeln, so bleibt das „immer präsente Potential für Konflikt" im Normalfall innerschulischen Lebens implizit und unter der ausgehandelten Ordnung (*negotiated order*) des Routinelebens der Organisation verdeckt. In Zeiten der Krise oder in Momenten der Reflexionen tauchen sie jedoch auf.

Was sind nun typische Anlässe für erhöhte mikropolitische Aktivität (oder 'Innovationsspiele', wie wir das in Kap. 5.5.1 bezeichnen werden)? Kurz gesagt: *alle (potentiellen) Veränderungen der Definition der Organisation, ihrer Regeln und Ressourcen, die die Handlungsmöglichkeiten der Organisationsmitglieder verändern.* Die Abwehr oder Durchsetzung von Innovationen, die *grand social dramas* (wie z.B. die Zusammenlegung von zwei Schulen) ebenso wie die scheinbar geringfügigen alltäglichen Episoden (wie z.B. die Zuteilung eines Platzes im Konferenzzimmer an eine junge Lehrerin) können eine Bedrohung der einmal etablierten sozialen Ordnung sein, zu verstärkten Abstimmungs-(d.h. sowohl Abwehr- als auch Chancennutzungs-) Aktivitäten führen und so Strukturen und Macht in Organisationen sichtbar machen. Im einzelnen wäre zu erwarten, daß folgende Situationen Gelegenheit bieten, dichte mikropolitische Prozesse in der Schule zu studieren:

(1) Neue Schulleitung

Die Schulleitung wird, zu recht oder zu unrecht, als Wahrerin des 'Ganzen' der Organisation gegenüber den Partikularinteressen und als Verkörperung der 'Schuldefinition' angesehen; dies drückt sich beispielsweise darin aus, daß Schulen in Städten mit mehreren vergleichbaren Bildungseinrichtungen oft durch die Namen ihrer DirektorInnen unterschieden werden. Die Schulleitung ist im allgemeinen der formelle Machtpol der Organisation und *„unter normalen Umständen der größte Brennpunkt mikropolitischer Aktivität in der Schule" (BALL 1990, 81).*

Neue Schulleitungen können einen Umsturz für die Arbeitspraxis der LehrerInnen eines Kollegiums bedeuten - und in manchen Schulsystemen auch die Karriereaussichten vollkommen verändern (vgl. a.a.O., 44ff). Die Schulleitung ist ein *critical reality definer:* Der direkte Einfluß einzelner DirektorInnen auf die Definition der Schulrealität mag unterschiedlich sein, doch stehen die meisten mikropolitischen Aktivitäten in einer impliziten oder expliziten Beziehung zum Machtkoordinator der Schule, was sich allein schon in der folgenden Beobachtung ausdrückt: *„Das Murren über SchulleiterInnen scheint eine fast universelle Chrakteristik des Gespräches in Lehrerzimmern zu sein ..." (a.a.O., 185).* Ein Wechsel in der Schulleitung birgt das Potential für eine Veränderung der 'Definition der Schule' und des mikropolitischen Kräfteverhältnisses. Daher werden die 'neuen Besen' bei ihren ersten Kehrversuchen besonders kritisch betrachtet, um bei eventuellen Veränderungen des mikropolitischen Netzes - abwehrend oder ausnutzend - mitmischen zu können.

In unseren Portraits von engagierten Schulen (vgl. ALTRICHTER et al. 1994) wurde die Entwicklung gegenwärtiger Stärken in allen Fällen zwar nicht allein als Verdienst der SchulleiterInnen gesehen, wohl aber deutlich in Beziehung zu ihren Vorstellungen von Schule gebracht: Die Geschichte der Schule wurde als eine konkrete Variation der Schuldefinition des Direktors erzählt. In einem besonders interessanten Fall war die gegenwärtigen Situation der Schule erst vor dem historischen Hintergrund zweier Generationen von Schulleitern verständlich.

Schule A ist eine traditionsreiche Allgemeinbildende Höhere Schule, zu deren Image 'starke Leistungen' und 'naturwissenschaftliche Orientierung' gehören. Von der vorigen Schulleitung wurden Projektunterricht und eine schülerfreundliche Atmosphäre stark forciert, was für einen Teil des Lehrkörpers einen Bruch mit der Schultradition bedeutete und eine Reihe von Konflikten hervorrief. Dem gegenwärtigen Direktor scheint es ein besonderes Anliegen zu sein, die Situation zu beruhigen. Dabei sollen die Errungenschaften der früheren Schulleitung nicht aufgegeben werden. Vielmehr bemüht er sich, zu verschiedenen Gelegenheiten in Worten und Taten zu

zeigen, daß das traditionelle und das neue Profil durchaus integrierbar wären und auch integriert werden sollten: sowohl hohe fachliche Leistungen als auch eine schülerfreundliche Atmosphäre (im Sinne menschlichen Verständnisses für SchülerInnen und eines Angebots an interessanten Erfahrungsmöglichkeiten; vgl. SPECHT 1994, 62) sollen Orientierungspunkte sein; sowohl Naturwissenschaften und neuerdings Informatik sollen betont, aber auch die Geisteswissenschaften (der Direktor ist selbst Geisteswissenschaftler) und die humanistisch-soziale Verantwortlichkeit der AbsolventInnen, die als relativ hoch qualifizierte Personen in wichtigen gesellschaftlichen Positionen arbeiten werden, dürfen nicht vernachlässigt werden.
Die spezifische Qualität der Schule ist mehr als die Summe individueller Stärken. Es gibt zentrifugale Aktivitäten einiger 'starker Persönlichkeiten' verschiedener Fachrichtungen und pädagogischer Überzeugungen; sie werden aber durch eine umfassendere Philosophie der Schule, der sich offenbar die meisten Parteien verbunden und verpflichtet fühlen, koordiniert, moderiert, verbunden und integriert. Es gibt einige Instrumente, um diese Philosophie lebendig zu erhalten: Sie wurde ursprünglich von einer Arbeitsgruppe als 'Leitbild' formuliert und dann sowohl von der Lehrerkonferenz als auch vom Schulgemeinschaftsausschuß diskutiert und beschlossen. Der Direktor stellt während aller öffentlichen Anlässe in der Schule (z.B. Schulveranstaltungen) eine Beziehung zum Leitbild her und zeigt, wie die jeweilige spezielle Aktivität einen Beitrag zur Gesamtaufgabe der Schule leistet. Die Schulleitung wird bei ihren integrativen Bemühungen von einer sehr aktiven Elternvertreterin und von PersonalvertreterInnen, die sich dieser gemeinsamen Philosophie verpflichtet fühlen, unterstützt (vgl. SPECHT 1994).

(2) Sinkende Schülerzahlen

Die Anzahl der Anmeldungen von SchülerInnen ist die einzige externe Information, die von allen Schulen unserer Schulportraits als Erfolgsindikator verwendet wurde (vgl. ALTRICHTER et al. 1994; BALL 1990, 177). Weder Klassenwiederholungen oder Umschulungen (z.B. in Sonderschulen) noch Transferraten oder qualitative Informationen über die Bewährung in weiterführenden Bildungsinstitutionen bzw. im Berufsleben wurden gleich wichtig genommen und regelmäßig als Erfolgsindikatoren geprüft[25]. Die Zahl der Einschreibungen ist auch ein häufiger Grund für Konkurrenz zwischen Schulen.

Die Entwicklung eines spezifischen Schulprofils führte in einer Hauptschule zu einem Anstieg der Schüleranmeldungen. Wegen des gleichzeitigen Rückgangs der Einschreibungen bei zwei Nachbarschulen entstand für diese die Gefahr, weniger erste Klassen eröffnen zu können. Die daraus entstehende Konkurrenz wurde via Inspektorat und Schulleiterkonferenz ausgetragen. Der Direktor der häufiger gewählten Schule berichtet über die Situation folgendermaßen: *„Aber anhand der vielen Wünsche bei der Schülereinschreibung muß man eben sagen, die Art und Weise, wie bei uns unterrichtet wird, kommt anscheinend bei den Eltern sehr gut an. Das drückt sich dann bei der Schülereinschreibung aus. Das ist sogar so weit gegangen, daß es Eifersüchteleien unter den Kollegen und Schulleitungen gegeben*

[25] In Schulsystemen, die Prüfungsergebnisse landesweit vergleichen und öffentlich machen, können schlechte Ergebnisse allerdings Anlaß für innerschulische Auseinandersetzungen sein (BALL 1990, 236).

hat. Die ehemalige Inspektorin wollte unterbinden, daß die Eltern die Möglichkeit haben, sich die Schule zu wünschen. Normalerweise wird dem Wunsch, wenn es möglich ist, entsprochen. Aber es ist keine Verpflichtung, daß wir das auch machen. (...). Da ist dann bei der Leiterkonferenz gesagt worden, man solle nicht Vorschub leisten, daß die Eltern sich die Schule aussuchen."

Tatsächlich ist ja das Vorhandensein einer genügenden Anzahl von SchülerInnen die Voraussetzung für das Weiterbestehen der Organisation. Für die meisten LehrerInnen würde die Schließung ihrer Schule zwar nicht Arbeitslosigkeit mit sich bringen, vielleicht aber ungünstigere Arbeitsbedingungen (z.B. längere Anfahrtswege) und möglicherweise neue Unsicherheiten über ihren relativen Status in einer anderen Schule: Werde ich genug Einfluß im neuen Kollegium haben, um mir vergleichbare Arbeitsbedingungen zu sichern (z.B. meinen freien Montag, keinen Unterricht in der dritten Leistungsgruppe) oder muß ich dort wieder 'bei Null beginnen'? Aber auch dort, wo die Organisation nicht in konkreter Gefahr ist, haben Schülerzahlen einen wichtigen Einfluß auf das mikropolitische Klima:

So werden in Fallbeispiel 4 (vgl. weiter unten Kap. 5.4.1) neurekrutierte LehrerInnen zur Verwendung einer speziellen Erstunterrichtsmethode motiviert, indem auf den 'Elternwunsch' nach dieser Methode, der für die günstigen Anmeldungszahlen verantwortlich ist, verwiesen wird. Überhaupt taucht das Kürzel 'Elternwunsch' in den meisten Interviews in dieser Schule auf und stellt offenbar ein wesentliches Bindeglied dieses relativ gut integrierten Kollegiums dar.

Schule A befindet sich im Wettbewerb mit anderen Allgemeinbildenden Höheren Schulen der Stadt. Als die Anmeldungszahlen für das nächste Schuljahr unter jenen Grenzwert fielen, der eine Klasse weniger bedeuten würde, wurde dies von einigen LehrerInnen als Krisenzeichen interpretiert. In der Folge kam das Schulprofil wieder in Diskussion, das Leistungsorientierung und naturwissenschaftlichen Schwerpunkt mit humanistischen Elementen, sozialer Verantwortlichkeit und einem guten Schulklima verbinden und gerade dadurch auch einen Ausgleich zwischen verschiedenen Interessengruppen im Lehrkörper schaffen sollte: Bietet dieses balancierte Profil 'zu viel' für Eltern und SchülerInnen, die vielleicht viel einfacher denken? Jene, die an akademischer Leistungsorientierung interessiert sind, kommen vielleicht ganz gut ohne die schülerzentrierten Beigaben aus. Jene, denen ein gutes Schulklima wichtig ist, schicken ihre Kinder vielleicht ohnehin in andere Schulen (vgl. SPECHT 1994, 32ff).

Auch innerhalb eines Lehrkörpers kann die Zahl der Anmeldungen von SchülerInnen bei Wahlmöglichkeiten zwischen verschiedenen Angeboten (z.B. alternative Angebote in Projektwochen) Gegenstand der Auseinandersetzung sein und den Status von Organisationsmitgliedern unterminieren.

(3) Reorganisation von Schulen

Jede Reorganisation der Institution stellt eine potentielle Bedrohung des eingespielten Kräftespiels dar (vgl. BALL 1990, 178ff) und kann eine Veränderung der Privilegienverteilung (neue Konkurrenz um attraktive Klassen) und Karriereaussichten (neue Konkurrenten und Kriterien) bedeuten.

Eine Hauptschule war zu groß geworden und wurde geteilt. LehrerInnen berichten darüber folgendes. Der Direktor der ursprünglichen Schule hätte seinen Einfluß in der Region genutzt, um 'die Opposition der Schule', d.h. v.a. LehrerInnen mit anderen (partei-)politischen Einstellungen, loszuwerden. Diese wurden der neu gegründeten Parallelschule zugeteilt. Auf die 'Ausgestoßenen' hätte dies lange Zeit einen integrierenden Effekt gehabt. Der Direktor hatte offenbar eine Situation, die andere vielleicht als verlustbringend interpretiert hätten („ein zweiter Direktor am Standort und die eigene Schule wird kleiner"), für eine 'mikropolitische Flurbereinigung' genutzt (RADNITZKY 1994).

Besonders deutlich wird dies bei der *Zusammenlegung zweier Schulen*, bei der zwei Kollegien mit möglicherweise unterschiedlichen Wertsystemen und Interaktionsprinzipien eine neue Gemeinschaft eingehen müssen. Lehrkörper, die von derartigen Reorganisationen bedroht sind, können eine erstaunliche Aktivität entfalten: Auf „fallende Schülerzahlen" und damit auf die drohende Zusammenlegung mit der zweiten Hauptschule des Standortes reagierte Hauptschule N unserer Schulportraits durch die Entwicklung eines Sport-Schwerpunktes (vgl. RADNITZKY 1994). Auch die *Vergrößerung einer Schule*, etwa durch Hinzufügung eines neuen Schultyps (z.B. eine Handelsschule erhält eine Handelsakademie), stellt eine fragile mikropolitische Situation dar. Mit einem Schlag oder über einen längeren Zeitraum wird eine größere Zahl neuer LehrerInnen in den Lehrkörper aufgenommen, die die Interaktionsweisen im Kollegium und das Profil der Schule in unvorhersehbarer Weise verändern können.

Bei der Beratung einer Schule, in der die Entscheidung über die Eröffnung eines neuen Schulzweiges in offener und transparenter Weise gefällt werden sollte, war der Zwiespalt in vielen Wortmeldungen deutlich zu merken: Einesteils bot der neue Schulzweig Entwicklungschancen für die gesamte Schule und verbesserte berufliche Perspektiven für jene, die bisher nicht ganztägig angestellt waren. Andererseits stellte die damit einhergehende Vergrößerung auch eine schwer kalkulierbare Bedrohung für das bis dahin gute Klima der relativ kleinen Schule dar - eine Gefahr, die v.a. für alteingesessene, vollbeschäftigte Organisationsmitgliedern schwer wog.

(4) Einführung pädagogischer Innovationen

Nicht nur organisatorische, auch Innovationen der pädagogischen Gestaltung des Lernens und Lehrens oder des Schullebens beeinflussen die mikropolitische Struktur einer Schule. Neue Unterrichtsprogramme können neue Fähigkeiten erfordern, die dadurch Status in der Schule beanspruchen (vgl. BALL 1990, 230 und 263f). Sie können neue Karrieremöglichkeiten eröffnen und etablierte Bevorzugungsmuster bedrohen. Jeder Wechsel der politischen und pädagogischen Rhetorik bietet neue Legitimationsstrukturen für Interessensgruppen, die Profilierung anstreben.

So erläutert ein Bezirksschulinspektor die Risiken von Innovation am Beispiel der Einführung einer Klasse mit Musikschwerpunkt: *„Es gibt natürlich schon Erfahrungen <mit musikalischen Schwerpunktklassen>, im organisatorischen, administrativen Bereich. Aber es dann am Standort umzusetzen, auch unter Beachtung möglicher personeller Konsequenzen - das ist schon eine mutige Vorgangsweise. <...> Es kann passieren, daß ein Lehrer von dieser Schule weg muß, wenn dieser Schwerpunkt kommt, weil seine persönlichen Ressourcen nicht hineinpassen <...>. Das kann Schwierigkeiten machen" (ALTRICHTER 1994a, 18).*

Innovationen können aus dem Lehrkörper kommen oder von Ministerien oder Landesschulräten vorgegeben werden. Für die mikropolitische Bedeutung macht dies keinen Unterschied, wohl aber in vielen Fällen für den speziellen Prozeßverlauf. Auch externe Vorgaben bieten verschiedenen Personengruppen unterschiedliche Anschlußmöglichkeit zur Entwicklung ihrer Position und werden daher zum Objekt der Auseinandersetzung interner Mikropolitik (vgl. BALL 1990, 261).

Mikropolitisch besonders 'gefährlich' sind Innovationen, die bestehende Grenzziehungen durchschneiden. Grenzen umschließen Territorien, in denen bestimmte Akteure relativ autonome Spielräume haben. Wer die Grenzen neu ziehen will, hat es offenbar auf die Veränderung von Handlungsspielräumen und auf die Etablierung neuer Machtbereiche abgesehen. Die wichtigste Grenzziehung in den meisten Sekundarschulen ist jene zwischen verschiedenen Fächern. Im allgemeinen kann man davon ausgehen, daß Fachgrenzen respektiert werden und 'fachfremde Personen' sich in die Unterrichtsarbeit nicht einmischen. Alle Veränderungen der Grenzziehung zwischen Gegenständen - wie Zeitverteilung zwischen Gegenständen, Aufteilung traditioneller Gegenstände (z.B. die Emanzipation der Informatik von der Mathematik), das Auftauchen neuer Gegenstände oder der Vorschlag von gegenstandsübergreifenden Programmen - sind daher hochpolitische Angelegenheiten, auch weil sie eine Neuverteilung von Ressourcen mit sich bringen. Das Mißlingen interdisziplinärer Programme im England der 60er und 70er Jahre ist nach BALLs (1990, 226) Ansicht weniger aus inhaltlichen oder pädagogischen Gründen zu erklären, als durch den Widerstand, den potentielle VerliererInnen dem Aufbau neuer Imperien entgegensetzten.

In Fallbeispiel 2 kommen zwei mikropolitik-trächtige Anlässe zusammen: *„Das gleichzeitige Auftreten einer neuen Schulleitung und von Innovationen ist nicht zufällig"*, sagen auch die StudienautorInnen. Zusätzlich ist die pädagogische Innovation 'Projektunterricht' besonders explosiv, weil sie durch ihren fachübergreifenden Charakter bestehende Grenzen bedroht. Folgerichtig merken KritikerInnen diesen Umstand an, indem sie *„kritisieren, daß sie die SchülerInnen in ihren 'Fachstunden' fast nicht mehr zu sehen bekämen und daß sie mit ihren Stoffen oft nicht durchkämen: 'Ich habe die SchülerInnen in meinem Fach nur einige Stunden im ganzen Semester gesehen'„.*

(5) Neueinstellungen und Beförderungen
„Karrieren stehen in enger Beziehung zum Kampf um die Kontrolle über Definition der Schule." (BALL 1990, 180). Durch Neueinstellungen und Beförderungen

bestimmter Personen mit spezifischen Qualifikationen kann signalisiert werden, welche Leistungen für eine Schule wichtig sind. Damit werden die Definition der Schule sichtbar gemacht und die politischen Einflußmöglichkeiten aller Beteiligten potentiell verändert (a.a.O., 173). Dies ist in Österreich gegenwärtig aber wahrscheinlich wenig relevant, da es kaum innerschulische Beförderung gibt. Für das Erreichen höherere Gehaltsstufen und Ehrentitel gilt im wesentlichen das Prinzip der Anciennität. Auch auf Neueinstellungen haben (nehmen) die innerschulischen Mitspieler in der Regel wenig Einfluß, obwohl es dazu Ansätze gibt: In zwei der vier portraitierten Schulen (vgl. ALTRICHTER et al. 1994) wurde auf informellem Weg versucht, zum Schulprofil passende (d.h. die herrschende Definition der Schule stützende) KollegInnen, deren Einstellungen und Qualifikationen aus Unterrichtspraktikum oder 'Springerdiensten' bekannt waren, für die Schule zu gewinnen

In BALLs (1990, 64ff) Untersuchungen sind die häufigsten Konflikte im Kollegium jene zwischen jungen und alten LehrerInnen. Junge haben aktuelles Wissen aus ihrer Ausbildung und oft neue Ideen, die an sich für Innovationen nutzbar wären. Die Älteren haben Einfluß (sitzen an der Spitze, von der Innovationen in hierarchischen Institutionen kommen sollten), Prestige und verteidigenswerte Privilegien; sie verfügen auch über die Erfahrung einer etablierten Praxis, von der aus sie neue Ideen abwerten können.

Neue LehrerInnen, die in Österreich vom Landesschulrat einer Schule zugeteilt werden, werden in nicht wenigen Fällen von der aufnehmenden Institution wenig sorgsam empfangen: Man kümmert sich nicht besonders um sie und gibt ihnen wenig Unterstützung, läßt sie 'sich selbst ihren Weg finden', teilt ihnen nicht selten die schwierigsten oder unangenehmsten Aufgaben zu. Vom Standpunkt der Funktionserfüllung der Organisation, der Stimulierung des Engagements der 'Neuen' und der Sozialisierung in gemeinsame Ziele der Schule ist ein solches Verhalten nur schwer erklärlich, sehr wohl aber aus einer machtstrategisch-mikropolitischen Perspektive: 'Neue' sind unberechenbar und daher eine potentielle Bedrohung für die etablierte Kräftebalance der Organisation. Man hält sie von den knappen Privilegien der Institution (guter Stundenplan, angenehme Klassen) fern, bevor sie nicht - nach einem Beobachtungszeitraum - für die organisationale Interaktion berechenbar geworden sind (vgl. SCHEMPP et al. 1993). Damit stimmt auch überein, daß wir nur in besonders integrierten Schulen Ansätze zur Mitarbeitereinführung gefunden haben (vgl. ALTRICHTER et al. 1994). Nur dort gibt es eine einigermaßen einheitliche und beschreibbare 'Definition der Schule', in die sich überhaupt einführen läßt. Nur dort ist aber auch die Gefahr geringer, daß das 'sich Kümmern um neue KollegInnen' nicht als unziemlicher Versuch der Koalitionsbildung desavouiert wird.

(6) Einführung organisatorischer Innovationen, Veränderung von Entscheidungsprozessen und Festschreiben von (auch vormals informell geltenden) Regeln

Offene, ungeregelte Bereiche in einer Organisation bieten Mitspielern Handlungsmöglichkeiten. Jede formelle Festschreibung als 'legitime Praxis' eröffnet und schließt Handlungsspielräume. Paradoxerweise kann auch das Festschreiben von 'Traditionsrecht' zu erneuter mikropolitischer Aktivität von jenen Personen führen, die sich bestimmte Handlungsmöglichkeiten - obwohl nicht praktiziert, gleichsam 'zur Sicherheit für später' - offen halten wollen.

(7) Verteilung von Ressourcen
Die Zuteilung zusätzlicher oder die Kürzung materieller oder personeller Ressourcen kann ein Abgehen von eingespielten Verteilungsmustern nach sich ziehen und Anlaß für eine Neuaushandlung der Mittelverteilung in der Organisation sein, in der die relative Wertigkeit verschiedener Aktivitäten für das Schulganze diskutiert wird.

(8) Gewerkschaftliche Maßnahmen
BALL (1990, 270ff) zeigte, daß die längerfristigen gewerkschaftlichen Maßnahmen in der Mitte der achtziger Jahre in manchen englischen Schulen zu fortgesetzter mikropolitischer Aktivität führten und Gelegenheiten zur Restrukturierung von Positionen eröffneten.

5.4 Jenseits des Kampfgetümmels: Mikropolitik als Theorie der interaktionellen Konstituierung von Organisationen.

In den beiden vorangegangenen Kapiteln haben wir Mikropolitik unter der Perspektive machtstrategischer Durchsetzung von Interessen betrachtet. Im folgenden wollen wir die bisher entfalteten Version der 'mikropolitischen Perspektive' einer Kritik unterziehen, die da lautet:

- Während die Kritik an einem vorausgesetzten Konsens im Sinne des 'Betriebszwecks' und die Aufmerksamkeit für konflikthafte Aushandlung wichtige Perspektiven eröffnet, befriedigt es auf der anderen Seite nicht, jeglichen *Konsens als Form der Dominierung, des Eliminierens, Verdeckens oder Vorwegnehmens von Konflikten* erklären zu müssen (vgl. z.B. BALL 1987, 278).
- Während die Annahme einer potentiellen Instabilität organisatorischer Prozesse neue Sichtweisen zuläßt, drängt sich doch die Frage auf, wie *relative Stabilität und Dauerhaftigkeit*, die man in Organisationen ja doch immer wieder beobachten kann, sich begrifflich fassen lassen: Warum haben Organisationen und organisationale Praktiken Bestand?
- Während die 'Mikropolitiker' Recht mit ihrer Betonung der 'politischen' Aushandlung in Organisationen haben, befriedigt auf der anderen Seite ihr *enges Politikverständnis* nicht: Eigentlich ist das 'Politikverständnis', das in einem Großteil der mikropolitischen Literatur zum Ausdruck kommt, überraschend unpolitisch: Politik wird als Gegenbegriff zu Wahrheit und Vernunft gefaßt und mit Intrigen und Einflußakkumulation assoziiert (wie z.B. bei HANDY 1993, 108). Das Wort 'Demokratie' kommt nirgends vor. Wie populistische PolitikerInnen geben sie der Politik die Konnotation, etwas 'Schmutziges' zu sein, und beschäftigen sich doch damit. Wir werden diesen Punkt, der gerade für die Gestaltung von Entwicklung bedeutsam ist, in Kap. 5.5.3.2 ansprechen.

Kurz gesagt: Die Stärke der bisher vorgestellten mikropolitischen Perspektive, nämlich die Aufmerksamkeit auf 'die dunkle Seite organisationalen Lebens' gelenkt zu haben, wird überbetont: In manchen mikropolitischen Analysen hat man den Eindruck, daß Organisationen überhaupt nur mehr aus einer 'Rückseite' bestehen. Mikropolitische Analysen konzentrieren sich oft auf Geschichten von Kampf, Auseinandersetzung und Verrat, und beziehen daraus ihren *thrill*[26]. Das alles gibt es zwar in Organisationen, doch scheint der organisationale Alltag im allgemeinen weit prosaischer zu sein. Die Stärken der mikropolitischen Perspektive sind auch ihre Schwächen. U.E. lassen sich diese Probleme allerdings mit Bezug auf GIDDENS' (1992) Theorie der Strukturierung und auf die Studie von ORTMANN et al. (1990) über Computer und Macht in Organisationen lösen. Der bisher entwickelten *konfliktorientierten und machtstrategischen Perspektive von Mikropolitik* soll eine Alternative entgegengesetzt werden, die wir mit dem etwas exaltierten Namen *konstitutionstheoretisch* bezeichnen (vgl. JOAS 1992a).

5.4.1 Fallbeispiel 4: Die Entwicklung von pädagogischem Konsens in einer Volksschule und die Integration einer neuen Kollegin in den Lehrkörper

Lassen Sie uns wieder mit einem Fallbeispiel beginnen, das diesmal aus den Untersuchungen zu den schon erwähnten 'Schulportraits'[27] stammt: Im Rahmen dieser Studie führte einer der Autoren Interviews in einer vorstädtischen Volksschule (des österreichischen Bundeslandes Kärnten) mit sieben Klassen und hundertsiebenundfünfzig SchülerInnen. Die Schule teilte das Gebäude mit zwei anderen 'Direktionen' (d.h. mit organisatorisch getrennten Volksschulen). Die Volksschule war uns von der Schulaufsicht als 'engagierte Schule' genannt worden. Charakteristisch für die Schule war eine spezielle 'freie Methode des Erstlese- und -schreibunterrichts' Diese trug nach Wahrnehmung der Direktorin und einiger Lehrerinnen zum guten Ruf der Schule bei und führte dazu, daß Eltern ihre Kinder speziell für diese Schule (und nicht für die beiden anderen 'Direktionen') anmeldeten (diese SchülerInnen wurden im Jargon der Schule 'Wunschkinder' genannt). Insgesamt fiel eine große Kohärenz in der Schule auf: die LehrerInnen standen in dichter Kommunikation und zeigten eine hohe Übereinstimmung in Hinblick auf pädagogische Ideen und Methoden; sogar die Einschätzungen des zuständigen Schulaufsichtsbeamten und der Eltern (vielleicht durch die für die Schule charakteristische intensive Elternarbeit) stimmten gut mit jenen der Lehrerinnen überein.

Wie haben sich diese Schule und die Stärken, die ihr zugeschrieben werden, entwickelt? Gleichzeitig mit der Übernahme der Direktion durch die jetzige Schulleiterin vor acht Jahren kam zufällig auch eine - ihr bis dahin unbekannte - Kollegin an die Schule. Ein Jahr später stieß dann Gabi, mit der die Schulleiterin schon in einer ande-

---

[26] Einer der frühen Autoren (BOSETZKY 1992) der betriebwirtschaftlichen Mikropolitik-Literatur ist übrigens auch ein bekannter Verfasser von Kriminalromanen.

[27] Im österreichischen Beitrag zum OECD/CERI-Projekt "Case Studies on Teacher Quality" (gefördert durch das Bundesministerium für Unterricht und Kunst, Wien) wurden materialreiche Schulportraits über vier 'gute Schulen' auf der Basis von Interview- und Beobachtungsdaten sowie von Dokumentenanalysen erstellt. Dabei sollten jene Merkmale, die in den Augen verschiedener Bezugsgruppen zur Qualität der Schule beitragen, sowie Prozesse der Entwicklung solcher Qualitäten genauer erfaßt und analysiert werden (vgl. ALTRICHTER et al. 1994). Im einzelnen wird auf Schule V, eine vorstädtische Volksschule (vgl. ALTRICHTER 1994), auf Schule N, eine ländliche Hauptschule (vgl. RADNITZKY 1994), und auf Schule A, eine städtisches Realgymnasium (vgl. SPECHT 1994) Bezug genommen.

ren Volksschule jahrelang gemeinsam gearbeitet hatte, „auf ihren eigenen Wunsch[28]“ dazu. Gemeinsam bildeten sie eine *Kerngruppe*, die sich wechselseitig mit Ideen versorgte und unterstützte. Nach etwa drei Jahren gemeinsamer Arbeit nahmen die drei an einer Arbeitsgruppe von Grundschullehrerinnen teil, die von einer Hochschullehrerin initiiert wurde und sich regelmäßig an der Universität traf. In dieser Gruppe wurde einesteils die *Methode des Erstunterrichts*, die für die Schule kennzeichnend werden sollte, besprochen und erprobt; aber auch andere aktuelle Fragen und Probleme aus der Erziehungspraxis der Teilnehmerinnen kamen zur Sprache. In *Konferenzen*, durch intensiven *privaten Kontakt*, durch *'Parallelarbeit'* sowie durch *informelle Besprechungen* vor und nach dem Unterricht wurden Ideen weitergegeben.

„A: Diese Gruppe war für unsere Arbeit schon sehr entscheidend. <...> Was uns besonders gefallen hat, das haben wir den anderen in Konferenzen gezeigt und weitergegeben. Da wir auch privat Kontakt haben und auch sehr viel nach dem Unterricht und vor dem Unterricht einfach zusammengeblieben sind, sind das unsere Themen gewesen.

I: Und das ist so leicht gegangen? <...>

A: Das ist eigentlich Hand in Hand gegangen, weil die jüngeren Kollegen haben z.B. mit uns Parallelklassen übernommen. Und nachdem ich sehr viel davon halte, daß man in Parallelklassen zusammenarbeitet, ist das automatisch passiert. <..> sie wollten auch dazulernen, mehr Bescheid wissen, und haben das eigentlich angenommen.“

Allerdings gab es auch *Widerstand* unter den anderen Lehrerinnen gegen die neuen Ideen, die die Erstunterrichtsmethode mit sich brachte. Durch 'Zusammenhalt', ein Gefühl der 'Geborgenheit in der Gruppe', 'Unterstützung', die tatsächliche Arbeitserleichterung bringt ('einander Kinder abnehmen', 'Austausch von Materialien'), aber auch durch 'sanften Druck' und Appelle, 'Einsatzfreude nicht zu behindern', wurde dieser in der Perspektive der Direktorin überwunden: *„Obwohl es manchmal so war, daß manche Kollegin auch Widerstand geboten hat, weil sie nicht so darauf aus war, unbedingt etwas Extriges <österr.: zusätzliche Arbeit> zu machen. Von der Warte war eher Widerstand zu erwarten, nur haben wir uns darüber hinweggesetzt. Wir haben gesagt: Wenn jemand etwas Neues, Gutes macht, sich etwas getraut und Einsatzfreude hat, dann kann man ihn um Gotteswillen nicht daran hindern. Man muß ihm die Unterstützung geben, und das haben dann auch alle gemacht. Sie haben sich eigentlich nicht gesträubt, sondern ein bißchen sanften Druck gebraucht und haben aber dann mitgemacht. ... Ich glaube schon, daß sie sich letztendlich geborgen gefühlt haben. .... Das war schon wichtig, daß die Gruppe zusammengehalten hat.“*

Nach Wahrnehmung einer Mutter hatte die Schule in den Anfangsjahren für Aufsehen im Bezirk gesorgt. Die Erstunterrichtsmethode erschien LehrerInnen anderer Schulen als riskant und arbeitsaufwendig. Auch das zuständige Schulaufsichtsorgan zeigte sich eher ablehnend. Anfangs hatte es auch Skepsis von seiten der Eltern den ungewohnten Methoden gegenüber gegeben, doch hatte sich diese später mehr als gelegt, wie an der großen Zahl der Anmeldungen ersichtlich. Eine Bestätigung der eigenen Arbeit waren

[28] Die Zitate dieses Abschnitts stammen aus Interviews mit den Lehrerinnen dieser Schule und sind in ALTRICHTER (1994) genauer dokumentiert.

in der Schulchronik verwahrte Zeitungsberichte, die die Art, wie in der Schule unterrichtet wurde, als vorbildlich darstellten. Auch die Bestellung eines neuen Bezirksschulinspektors, der die Arbeitsweise der Schule schätzte, bedeutete für die Schule eine Unterstützung.

Wie geht es nun einer Person, die neu in diese durch eine gewisse Geschlossenheit gekennzeichnete Kultur eintritt? Im folgenden werden einige Passagen aus einem Interview mit einer Lehrerin zitiert, die im Jahr der Untersuchung neu in das Kollegium kam. Sie verfügte über eine zehnjährige Berufserfahrung an einer anderen Schule und war existenziell durch Pragmatisierung gut abgesichert.

„D: Mir wurde nahegelegt, in der ersten Schulstufe nach einer anderen Unterrichtsmethode zu unterrichten, weil das hier schon mehrere Jahre von Kolleginnen praktiziert wird. Ich habe schon wirklich oft die erste Klasse gehabt und ich habe mir gedacht: Soll ich mich da jetzt hineintrauen? Also ich habe keine Erfahrung gehabt, ich habe lediglich Unterlagen bekommen und habe dann noch vier Tage vor Schulanfang das durchgepaukt und studiert, wie das geht ....

I: Sie sagen, das wurde Ihnen nahegelegt. Wie war das? Sie haben Unterlagen bekommen? <...>

D: Ja, ich habe bis drei, vier Tage vor Schulbeginn nicht gewußt, welche Klasse ich bekomme. Wegen dieser neuen Methode habe ich mit der Direktorin ein Gespräch geführt - und sie hat gesagt, das schaffe ich schon, weil ich schon oft die erste Klasse gehabt habe. Sie hat gemeint, ich finde mich da sicherlich zurecht. Und ich habe auch von dieser Kollegin, die das schon Jahre praktiziert, sechs oder sieben Jahre glaube ich, viele Unterlagen bekommen, und habe mir das dann wirklich durchgeschaut. Mit der Lehrerin der Parallelklasse haben wir uns dann ausgemacht, daß wir Woche für Woche das Gebiet abstecken und genau besprechen, wie wir das durchnehmen."

Die für sie neue Erstunterrichtsmethode wurde der Kollegin „nahegelegt", „weil das hier schon mehrere Jahre von Kolleginnen praktiziert wird" und „weil da Wunschkinder drinnen sitzen. Die Lehrerin, die ursprünglich für diese Klasse vorgesehen war, hat die Schule gewechselt und hätte auch so unterrichtet. Ich hätte mich auch sträuben können, aber dann hätte ich wahrscheinlich die dritte Klasse bekommen". Begleitet wurden diese Anforderungen durch die Initiierung von 'Parallelarbeit' mit der Lehrerin der Parallelklasse sowie durch ein Angebot der Unterstützung durch Materialien und andere Hilfestellungen. So berichtete die Direktorin, daß sie der Lehrerin angeboten hätte, zum ersten Elternabend der Parallelklasse 'zum Horchen' mitzugehen, was aber von dieser abgelehnt worden sei.

„I: Hat die Lehrerin der Parallelklasse schon länger nach dieser Methode unterrichtet?

D: Die hat schon einmal mit der Kollegin, die diese Methode schon länger praktiziert, parallel gearbeitet <...> Jetzt machen wir das gemeinsam - und das ist auch sehr schön hier, daß diese Arbeitsteilung funktioniert. Also ich habe für die erste Klasse sehr, sehr viele Unterlagen und sie auch - und das tauschen wir aus. Jetzt *hat jeder praktisch eine Arbeitserleichterung und das funktioniert gut. Wir setzen uns am Donnerstag für eine Stunde zusammen und besprechen den Wochenplan für die nächste Woche, welche Wörter wir erarbeiten sollen. <...> An der Schule ist diese Zusammenarbeit positiv, das Verständnis mit den Kollegen. Wie ich hergekommen bin, hat mich eine Kollegin gleich in den Arm genommen und gesagt: 'Mach dir keine Sorgen, wir werden das schon gemeinsam machen'. Ich war zuerst schon ein bißchen verzagt, in vier Tagen soll ich jetzt wissen, wie das geht? Beim Elternabend muß ich die Methode vorstellen. Das ist ja auch nicht so, die Eltern fragen, und ich habe da keine Erfahrung. Das war wieder so, als ob ich im ersten Dienstjahr stehen würde."*

„*I: Mit anderen Methoden hatten Sie lange Erfahrung ... Ist das nicht eine Zumutung in vier Tagen <eine neue Methode zu lernen>?*

D: Naja, das wächst ja langsam. Ich habe in nur vier Tagen die Unterlagen <über 'Neue Lernwege im Erstlese- und Schreibunterricht'> gelesen. Schrittweise nach 2 Wochen habe ich ja schon verstanden, wie das funktioniert. Ich habe mir nicht vorstellen können, daß Kinder ein Wort, wenn sie es oft spuren, so im Gehirn gefestigt haben, daß es abrufbereit ist und richtig aufgeschrieben wird. ... <Aber> die Methode ist sicherlich besser zum Einprägen und zum Wiedergeben der Wortgestalt. Mit wenig Rechtschreibfehlern. Und das funktioniert. Mit Hilfe meiner Kollegin geht das."

„*I: Und jeden Donnerstag bereiten Sie <gemeinsam mit der Lehrerin der Parallelklasse> die nächste Woche vor?*

D: Für die nächste Woche. Ja. <...>

I: Wie lange brauchen Sie da?

D: Da setzen wir uns eine Stunde zusammen. Stecken kurz die Ziele ab.

I: Und dann müssen Sie noch individuell ...

D: Dann gliedere ich das <den Wochenplan> stundenweise auf und dann schreibe ich noch die Tagesvorbereitung.

I: Aber da können Sie zum Teil Sachen austauschen?

D: Ja, Arbeitsblätter tauschen wir aus. Ich schreibe Leseblätter, und sie hat einmal Rechenzettel. Das betrifft ja beide Klassen. Wir schauen, daß wir stofflich ungefähr gleich sind - für den Fall, daß jemand von uns beiden ausfällt: Meine Kollegin kann sofort in meine Klasse gehen und weiß, wie der Lernstoff aufzubereiten ist. Sie kann den Kindern sofort weiterhelfen oder einer Vertretungslehrerin. Das ist sehr wichtig."

Die Zusammenarbeit der Kolleginnen und der Austausch von Unterlagen und Ideen wurden als 'schön' und 'arbeitserleichternd' beschrieben. Die Kooperation war in Verständnis und emotionalen Rückhalt in der Kollegenschaft ('gleich in den Arm genommen und gesagt: Mach dir keine Sorgen, wir werden das schon gemeinsam machen') eingebettet, die offenbar dazu geeignet waren, 'Verzagtheit', aber auch 'Skepsis' zu überwinden.

Austausch und Parallelarbeit durchschneiden aber auch die 'Privatheit' des Klassenzimmers, bringen das Risiko, sich exponieren zu müssen und dabei kritisiert zu werden, und könnten das Ausmaß sozialer Kontrolle erhöhen. Von der Interviewpartnerin wurden diese Risiken allerdings eher als Befürchtungen anderer KollegInnen dargestellt:

„D: *Und da wird man eben von unserer Leiterin positiv verstärkt und dazu aufgefordert, <...> auch genauso Arbeitsblätter auszutauschen, zusammenzuarbeiten. Ich bin womöglich einer Kritik ausgesetzt. Ich muß damit rechnen, wenn ich etwas aus der Hand gebe, daß da jemand etwas kritisieren könnte. Ich getraue mich das. Es kann ja auch positiv sein. Man ist ja oft schon so blind auf dem eigenen Gebiet.*

I: *Ist Ihnen das schon passiert, daß Sie kritisiert wurden?*

D: *Direkt bin ich noch nicht kritisiert worden. Aber viele getrauen sich nicht, etwas herzugeben. Sie sitzen auf ihren Sachen. Das ist mir an einer anderen Schule schon passiert. Sie geben nichts her. Sie teilen nicht - vielleicht aus dem Grund, daß ein anderer das nicht als gut empfinden würde. Ich habe das schon erlebt, daß Leute, Kollegen von ihrem Unterrichtsmaterial, das sie erarbeitet haben, nichts hergeben. Also überhaupt nicht kooperativ sind.* “

Die verschiedenen ‘Angebote’ des Interviewers, die Situation aus einer Konfliktperspektive zu interpretieren, wurden von dieser Lehrerin nicht aufgenommen: Weder Zwang („Sie sagen, das wurde Ihnen nahegelegt. Wie war das?“) noch der Zeitaufwand („Wie lange brauchen Sie da? Und dann müssen Sie noch individuell ...“) wird beklagt, und selbst die starke Einladung „Ist das nicht eine Zumutung in vier Tagen <eine neue Methode zu lernen>?“ war für die Lehrerin kein Anlaß, um auf Schwierigkeiten, die ihr ‘vom System gemacht’ wurden, zu verweisen.

5.4.2 Konflikt und Konsens

Was macht ein konfliktorientierter Mikropolitiker aus diesem Beispiel? Hatte uns Stephen BALL (1987, 278) nicht an folgendes erinnert? „*Erstens habe ich versucht, die* konflikthafte *Basis der Schule als Organisation zu zeigen. Zweitens und als Begleiterscheinung habe ich versucht zu zeigen, daß die Kontrolle schulischer Organisationen - im besonderen zentriert um die Position und Rolle des Schulleiters - in bedeutsamer Weise mit* Herrschaft *(der Eliminierung oder Vorwegnahme von Konflikt) zu tun hat. In diesem Sinne zielt Herrschaft auf die Etablierung und Aufrechterhaltung bestimmter Definitionen der Schule gegenüber alternativen Definitionsbehauptungen. Der Prozeß, der diese beiden grundlegenden Facetten organisationalen Lebens - Konflikt und Herrschaft - verbindet, heißt* Mikropolitik.“

Wenn allein Konflikte und durch Herrschaft eliminierte Konflikte die grundlegenden Facetten der Organisation sind, ist dann das, was einem naiven Beobachter als eine - vielleicht durch hohe Fremd- und Selbstanforderungen gekennzeichnete, aber im übrigen - stark konsensuale Atmosphäre erschiene, vielleicht nur eine besonders geschickte Form der Herrschaft, des Eliminierens, Verdeckens oder Vorwegnehmens von Konflikten auf der öffentlichen Arena?

Man kann natürlich die in Beispiel 4 erfolgte Übernahme der Erstunterrichtsmethode durch die neue Lehrerin als Folge einer subtilen Zwangsausübung interpretieren. Tatsächlich erfolgte sie in einer *'Drucksituation'*: Zeitdruck aufgrund der späten Zuteilung der Lehrerin zur Volksschule; die Alternative, entweder eine - von der Lehrerin bevorzugte - 1. Klasse nach der neuen Methode zu unterrichten oder eine 3. Klasse zu übernehmen; ein weitgehender und lange gewachsener Konsens bei den übrigen LehrerInnen der Schule über die Vorzüge der Erstunterrichtsmethode; Erwartungen der Eltern, von denen viele ihre Kinder wegen dieser Methode für diese Schule anmelden.
Man könnte vielleicht der Meinung sein, daß die Lehrerin potentielle Konflikte internalisiert, die dann als eigene Verzagtheit[29] oder Skepsis[30] zu Tage treten, statt interaktionell ausgetragen zu werden. Und doch laufen diese 'internen Konflikte' nicht so sehr unter der Oberfläche der Organisation ab, wie man es von 'unterdrückten oder vorweggenommen Konflikten' erwarten würde: Die 'Verzagtheit' wird durch sachliche und emotionale Unterstützung durch Direktorin und Kolleginnen offenbar aktiv bearbeitet und damit als 'institutionell erlaubt' definiert. Und die Skepsis wird von der Lehrerin selbst als 'überwundene' dargestellt (vgl. die Interviewpassage: *„... die Methode ist sicherlich besser zum Einprägen und zum Wiedergeben der Wortgestalt. Mit wenig Rechtschreibfehlern. Und das funktioniert.")* Um Rückmeldung zur Rohfassung der Studie gebeten, meinte die Lehrerin, die beim ersten Interview ihrer 'familiären', alten Schule in mancher Hinsicht nachgetrauert hatte, spontan: *„Mein Trauerjahr ist jetzt abgeschlossen."*

Wenn die Lehrerin nach einem halben Jahr Erfahrung die Vorzüge der Erstunterrichtsmethode lobt und positiv von den Unterstützungsmaßnahmen von Direktorin und KollegInnen berichtet, so muß dies in einer rein konfliktorientierten Sichtweise dazu führen, die Dominierung bzw. Unterwerfung als vollkommen geglückt anzusehen. Diese Perspektive ist argumentierbar, allerdings nur wenn der Wahrnehmungs- und Interpretationsrahmen der beteiligten Personen ausgeblendet oder als Ausdruck eines unterdrückten 'falschen' Bewußtseins angesehen wird. Eine solche Perspektive ist in manchen Fällen sinnvoll, allerdings begibt sie sich überall dort in eine besondere Beweispflicht, wo sich ihre Interpretation von der Interpretation der Betroffenen unterscheidet. Und in diesem konkreten Fall haben zumindest wir keine Hinweise gefunden, die eine rein konfliktorientierte Perspektive stützen würden.

Wir haben Beispiel 2 über die 'Einführung von Projektunterricht' (vgl. Kap. 2.1) bisher nur unter einer konflikttheoretischen Perspektive analysiert. Bei genauerem Hinsehen werden jedoch *Konsensbereiche innerhalb des Konfliktgeschehens* deutlich. Konflikt und Konsens treten gemeinsam, 'ineinander verschachtelt' auf.

---

[29] vgl. die Interviewpassage "Ich war zuerst schon ein bißchen verzagt, in vier Tagen soll ich jetzt wissen, wie das geht?"

[30] vgl. die Interviewpassage "Ich habe mir nicht vorstellen können, daß Kinder ein Wort, wenn sie es oft spuren, so im Gehirn gefestigt haben, daß es abrufbereit ist und richtig aufgeschrieben wird."

Die Auseinandersetzung über den Projektunterricht und darüber, wie Schule und Unterricht gestaltet werden sollen, setzt schon auf einem unausgesprochenen Minimalkonsens über die Aufrechterhaltung der Organisation 'Schule' auf. Weiters ist zu vermuten, daß es weitgehende Übereinstimmung zwischen den LehrerInnen in vielen anderen Fragen gibt (z.B. ob Klassenschülerzahlen und Lehrverpflichtung erhöht, die Verbeamtung aufrecht erhalten, die Schule von den Eltern unterstützt und im übrigen besser ausgestattet werden soll usw.) Nicht alle Konsensbereiche müssen sich im Zweifelsfall wirklich als stabil erweisen: So wären sich wohl die meisten LehrerInnen dieser Schule auf abstrakter Ebene einig über die Bedeutung einer 'professionellen Autonomie' und würden Eingriffe von außen ablehnen. Dennoch würden es Projektbefürworter im konkreten Einzelfall wahrscheinlich als legitim ansehen, wenn der neue Landesschulinspektor ihre 'konservativ-bequemen' KollegInnen auf die Lehrplananforderungen hinwiese und deren Durchführung verlangte.

In der machtstrategischen Perspektive wird der Konsensbegriff letztlich aufgelöst: Konsensbereiche erscheinen als zeitlich und räumlich beschränkte 'Koalitionen' zur machtvolleren Durchsetzung von Partialinteressen. Einem solchen 'aufgelösten Konsens' könnte mit HABERMAS ein 'starker Konsensbegriff' gegenübergestellt werden: Eine auf vernünftiger Aushandelung beruhende Übereinstimmung, auf die sich gleichberechtigte Akteure ohne Rückgriff auf Machtmittel in einem freien Diskurs einigen und die sie jederzeit wieder zur Diskussion zu stellen bereit sind. Es steht zwar möglicherweise ein Konflikt am Anfang des Diskurses, dieser wird jedoch durch den 'zwanglosen Zwang des besseren Arguments' aus der Welt geschafft.

Während also in der konfliktorientierten Perspektive der Konsensbegriff im Machtbegriff aufgelöst wird, trennt HABERMAS den Konsensbegriff konsequent von Macht.[31] Demgegenüber plädieren wir hier für eine dritte Option, nämlich *die Beziehung zwischen Macht und Konsens in spezifischen empirischen Fällen jeweils zu bestimmen, statt sie vorauszusetzen.* Dieses Verständnis von Konsens basiert auf der Annahme eines „Sozial- und Produktivitätspaktes" (MALSCH/SELTZ 1987, 29), d.h. auf einer teils unausgesprochenen Einigung auf die Gültigkeit bestimmter Prinzipien und Normen im Bewußtsein wechselseitiger Abhängigkeit. Diese 'Einigung' hat in der Regel durchaus einen 'machtdurchdrungenen Kern': *„Macht hat Konsens nicht (nur) zum Gegenbegriff; Macht bedingt nicht nur logisch Konsens; Macht verschränkt sich nicht nur mit Konsens; sondern: Konsens erzeugt Macht und Macht erzeugt Konsens, einen traurigen Konsens allerdings, der das Stigma seiner Herkunft nicht recht verleugnen kann." (ORTMANN 1992a, 24f)* Ein so beschriebener Konsens ist ein schwacher, fragiler und keineswegs der Organisation vorgängiger, sondern in ihr von den Akteuren produzierter Konsens. Im alltäglichen Sprachgebrauch bringt der Begriff

[31] Dies wurde HABERMAS gelegentlich vorgeworfen, und er hat darauf auch reagiert. Demnach liegt der Kritik eine unzulässige Vermischung der formalpragmatisch und der soziologisch gerichteten Analyse der Lebensformen zugrunde (vgl. HABERMAS 1986, 371ff). Genau genommen müßten wir also von Konsens und Dissens, Kooperation und Konflikt sprechen. In der Terminologie von HABERMAS: Einerseits verwandelt sich Konsens unter anderem in ein Konfliktphänomen, sobald Beteiligte den Konsens nicht länger in performativer Einstellung als gelungene Verständigung betrachten, sondern ihn strategisch einsetzen. Andererseits kann auch ein strategisch eingesetzter Dissens Kooperation produzieren.

'Kompromiß' einige wichtige Facetten dieses Konsensbegriffes zum Ausdruck: Er beinhaltet sowohl ein gegenseitiges Nachgeben als auch eine gegenseitige Zustimmung und kommt nur zustande, wenn er (explizit oder implizit) ausgehandelt wird.

Die Interpretation von Beispiel 4 ist u.E. auf der Basis eines derartigen 'schwachen Konsensbegriffes' am plausibelsten: Die Lehrerin hat zwar nicht nach einer intensiven Diskussion mit der Direktorin, den KollegInnen, SchülerInnen, Eltern usw. aus innerer Überzeugung heraus, sich für die Erstunterrichtsmethode entschieden. Aber sie hat eingewilligt, hätte sogar die Alternative, eine 3. Klasse zu übernehmen, gehabt. Die Einwilligung ist eingebettet in die Hilfestellung der Direktorin und der Kolleginnen, und selbst in diesen Hilfen kommt die Ambivalenz von Macht und Konsens in Form einer verbesserten Kontrollmöglichkeit zutage. Die Nicht-Annahme des Angebots der Direktorin, 'zum Horchen' zum Elternabend mitzugehen, kann als Zurückweisung dieses Kontrollanspruches interpretiert werden. Entscheidend ist, daß es aktuell aus Sicht der Beteiligten (neue Lehrerin, Direktorin, Eltern usw.) einen Konsens über die Vorteile der 'freien Methode des Erstunterrichts' gibt.

Konsens ist nicht nur auf Macht gegründet. COLLINS (1992) argumentiert, daß alle Kontrakte eine expressive Basis hätten: Konflikte und Herrschaft auf der Makroebene seien überhaupt nur auf der Grundlage der Integration von Gruppen auf der Mikroebene möglich. Für ihn besteht ein wesentlicher Integrationsmodus in der emotionalen Solidarität: *„Das grundlegende Wesen von Politik ist die Meinungsverschiedenheit und die Auseinandersetzung zwischen verschiedenen Gruppen. Der entscheidende Punkt besteht aber darin, daß keine spezielle Gruppe in der Lage wäre, andere zu dominieren, wenn ihr die Solidarität in den eigenen Reihen abginge. Damit in einer Gruppe Solidarität besteht, müssen ihre Mitglieder damit aufhören, ihre Eigeninteressen gegenüber anderen Gruppenmitgliedern zu kalkulieren, und stattdessen ihr gemeinsames Interesse als Gruppe spüren. Dies erfordert, daß sie einem gemeinsamen nicht-rationalen Gefühl anhängen, das sie dazu bringt, zur Gruppe beitragen zu wollen, statt nur Nutznießer zu sein. Aus diesem Grund sind auch Ideologien, Symbole und Gefühle in der Politik so wichtig." (COLLINS 1992, 24; zit. nach STAUBMANN 1993, 265).*

Organisationen lassen sich schwerlich allein als Konglomerat von Konflikten, Machtspielen, Gewalt und Täuschung konzipieren. Ihre Stabilität wird erst durch die partielle Produktion von Konsens verständlich. *Die macht- und emotionsdurchsetzte Konsensproduktion erfolgt dabei nicht nur in expliziten Aushandelungsprozessen, sondern wird auch aus „lebensweltlichen Quellen" gespeist:* Diese bestehen aus tradierten, nicht weiter hinterfragten, als unproblematisch vorausgesetzten und zu stabilen, mehr oder weniger diffusen Überzeugungen geronnenen Wertvorstellungen, Normen, Weltbildern usw., vor deren Hintergrund und in deren Horizont die Akteure sich strategisch oder verständigungsorientiert aufeinander beziehen. Die Lebenswelt kann als mehr oder weniger diffuser, historischer 'Konsens' vorangeganger Generationen betrachtet werden, der durch aktuelle Handlungen reproduziert wird[32].

Bei der Integration der neuen Lehrerin steuern die 'lebensweltlichen Quellen' Vorstellungen über legitime Hierarchien und Befugnisse der Direktorin, über den Stellenwert der Eltern für die Schule, über die Bedeutung und mögliche Ausformungen 'kindorientierter Unterrichtsmuster' in der Primarerziehung usw. bei. Diese führen dazu, daß eine erfahrene und verbeamtete, wenn auch an dieser Schule neue Lehrerin nicht auf der alternativen Norm der 'Methodenfreiheit' besteht und sich - zunächst skeptisch - auf neue Lernprozesse einläßt.

5.4.3 Handlung und Struktur

Wir kommen nun zur zweiten Frage dieses Kapitels: Warum haben Organisationen und organisationale Praktiken Bestand? Wie läßt sich ihre *relative Stabilität und Dauerhaftigkeit* erklären? In der bisherigen Analyse des Projektunterrichts-Beispiels (Fallbeispiel 2) haben wir die interessensgeleiteten Handlungen der Akteure (Boykott, Eskalation usw.) hervorgehoben. Darüber hinaus hat allerdings die *Organisation* kaum an (begrifflichen) Konturen gewonnen. Sie blieb eine vage definierte 'politische Arena', eine Spielwiese, die Akteure, je nach Geschick, unterschiedlich für sich nutzen konnten: Die Spielregeln der Organisation waren z.T. unklar, sie konnten unterlaufen, um- bzw. hintergangen, uminterpretiert, ignoriert werden und waren selbst Gegenstand von Spielen in Organisationen. Auch die Bedeutung der Rahmenbedingungen des Handelns haben wir nur durch gelegentliche Verweise auf Veränderungen des Handlungskontextes berücksichtigt: z.B. haben sich durch den Wechsel in der Direktion die Mittel verändert, die den Akteuren zur Durchsetzung ihrer Interessen zur Verfügung stehen.

Wir benutzen im folgenden den Begriff *Spiel.* Dieser wurde von CROZIER/FRIEDBERG (1993) in ihrem bahnbrechendem Essay über das Verhältnis von Akteur und System eingeführt, um der Beziehung zwischen einer handlungsbezogenen und einer strukturbezogenen Perspektive eine begriffliche Fassung zu geben. Der Begriff wurde in der mikropolitischen Literatur häufig aufgenommen, jedoch oft in einer eher vagen, metaphorischen Weise: Das Spiel wurde häufiger über 'Einsatz', 'Risiko', 'Gewinn' und 'Durchsetzung' von wettbewerbssüchtig gestimmten AkteurInnen (d.h in einer machtstrategischen Perspektive) beschrieben, seine *beziehungsstiftende, soziale Integrationsfunktion* jedoch weniger betont. ORTMANN et al. (1990, 54ff) haben jüngst wieder auf das theoretische Potential des Spielkonzepts *sensu* CROZIER/FRIEDBERG hingewiesen und dessen theoretische Nähe zu GIDDENS' (1992) Theorie der Strukturierung betont.

Die Spiel-Metapher wird auch in der Sprache der Organisationspraxis selbst verwendet. Wenn ein Organisationsmitglied eine Initiative setzen will, dann müssen die anderen 'mitspielen'. Je mehr 'Trümpfe' es in der Hand hat, desto eher werden die Partner

---

32 Im Gegensatz zu (HABERMAS 1981, insb. 182ff) binden wir den Lebensweltbegriff nicht so stark an verständigungsorientiertes Handeln. Wir gehen weiters von der Existenz spezifischer organisationaler Lebenswelten aus (vgl. TÜRK 1989, 109; VOLMERG et al. 1986).

sich dazu auch bereit erklären. In bestimmten Situationen laufen 'Spielchen' ab, für die alle Mitspieler schon gewisse Routine erworben haben.

In Fallbeispiel 2 deuten Etikettierungen, wie „Profilierungssüchtige und Konservativbequeme", auf den eingespielten Charakter der Interaktionen hin. Der früheren Direktorin wird nachgesagt, daß sie sehr darauf bedacht war, *„daß sich nichts an den bestehenden Gepflogenheiten und täglichen Abläufen änderte, und so wagte auch niemand den Versuch."* Tatsächlich hatte es schon früher den Vorschlag einer Projektwoche gegeben, der aber nicht weiterverfolgt wurde, obwohl die AutorInnen retrospektiv „bei Entschlossenheit" Erfolgschancen gesehen hätten. Vielleicht hatte sich ein Spiel von 'Vorschlag, Verhinderung und Hilflosigkeit' eingespielt.

Der Spielbegriff soll zunächst bewußt machen, daß es bei der Analyse von Interaktionen *nicht um Einzelhandlungen* geht, sondern um *deren Verkettung*: Einzelhandlungen gewinnen ihre Bedeutung erst aus ihrer Eingebundenheit in die 'Serialität des Alltagslebens' (vgl. GIDDENS 1992, 53). Auch die verschiedenen Spiele werden in komplexen Organisationen nicht isoliert voneinander gespielt. Relative Stabilität erhalten Organisationen gerade dadurch, daß die für sie typischen Spiele *eng verwoben und hierarchisch verschachtelt* sind (vgl. CROZIER/FRIEDBERG 1993, 172): *„Subtile Spielstrukturen und Spielweisen haben sich zu einem mikropolitischen Netz ausgebildet, das aus feingesponnenen Fäden besteht und gerade deswegen die nötige Elastiztät hat, um auch bei rauherem Wind nicht zu zerreißen." (ORTMANN et al. 1990, 465).*

Zweitens konzipiert der Spielbegriff *Handlung und Struktur als komplementäre* (CROZIER/FRIEDBERG 1993, 8), als *ineinander verschränkte Begriffe*. Handlung und Struktur sind analytisch getrennte Konzepte, die nur in ihrer Verbindung Sinn machen: Es gibt nur strukturierte Handlung und gehandelte Strukturen. GIDDENS (1992, 7ff) hat diesen Gedanken mit dem Konzept *Dualität von Struktur* umschrieben und damit ein Verständnis bezeichnet, nach dem Strukturen sowohl Medium als auch Ergebnis von Handlungen sind, die sich rekursiv[33] ergeben. Einerseits müssen sich Akteure in ihren Handlungen immer und notwendig auf einengende, aber auch ermöglichende Strukturen beziehen. Andererseits existieren Strukturen gleichsam nur in der Handlung, insoferne sie im Handeln reproduziert und so mit Stabilität über Raum und Zeit versehen werden. Das Verhältnis von Struktur und Handlung können wir auch als *quasi-dialogisch* (JOAS 1992a, 235)[34] beschreiben: Einerseits sind Handlungen Antworten auf wahrgenomme Situationen, andererseits sind Situationen nicht stumm, sondern „sprechen" zurück.

---

[33] "Der Wiederholungscharakter von Handlungen ... ist die materiale Grundlage für das, was ich das rekursive Wesen des gesellschaftlichen Lebens nenne. (Unter rekursivem Wesen verstehe ich, daß die Strukturmomente des sozialen Handelns - mittels der Dualität von Struktur - eben aus den Ressourcen, die sie konstitutieren, fortwährend neu geschaffen werden.)" (GIDDENS 1992, 37).

[34] Über die Beschreibung strukturierter Handlungen als 'quasi-dialogisch' lassen sich u.E. Beziehungen zu Handlungstheoretikern, die stärker den Aspekt der Kompetenz- und Wissenentwicklung thematisiert haben (wie SCHÖN 1983), herstellen (vgl. ALTRICHTER 1990).

Wir versuchen den Gedanken der 'ständigen Reproduktion von Strukturen' an der Bedeutung der Elternabende in Beispiel 4 klarer zu machen. Die 'intensive Elternarbeit' und im besonderen die von den Lehrerinnen didaktisch überlegt gestalteten Elternabende sind zentrale Elemente im Selbstverständnis der Lehrerinnen dieser Volksschule und in deren Wahrnehmung durch Eltern, Schulaufsicht usw. (vgl. ALTRICHTER et al. 1994, 60ff). Die Direktorin erwartet wie selbstverständlich von der neuen Lehrerin, diese Tradition aufrechtzuerhalten. Im Konfliktfall wäre wahrscheinlich auch deutlich geworden, daß dies auch von den Eltern erwartet wird. Insoferne besteht 'Zwang'. Direktorin und eine Kollegin bieten Hilfen an, um wahrscheinlich einerseits die 'Zwangssituation' abzudämpfen, andererseits aber auch um die speziellen Gestaltungsformen der Schule zu tradieren. Die neue Lehrerin lehnt diese Hilfe ab, führt aber selbständig einen Elternabend durch, der offenbar von Direktion und Eltern als 'erfolgreich' eingeschätzt wird. Dadurch reproduziert - und 'verfestigt' - sie bestehende Merkmale der Schule. Sie nutzt diese traditionellen Formen der Schule aber auch gleichzeitig, um ihre Kompetenz und Kenntnis der diese Schule konstituierenden Strukturen gegenüber der Direktorin und den Eltern zu demonstrieren. Damit hebt sie das Vertrauen in ihre Kompetenz als Mitglied dieser speziellen Organisation und verschafft sich einen gewissen Handlungsspielraum.

Wie 'zwingend' sind nun organisationelle Strukturen? Üblicherweise denken wir bei 'Strukturen' an Bedingungen, die den Handlungen *vorgängig* sind: Handlungen werden durch vorgegebene Strukturen (mit mehr oder weniger Verbindlichkeit) in bestimmte Bahnen 'gezwungen'. Sieht man Handlungen und Strukturen als komplementär an, so macht eine solche Sichtweise keinen Sinn mehr. Handlungen sind weder vollkommen frei noch vollkommen determiniert. Sie finden vor dem Hintergrund der sozialen Ordnung(en) der Organisation statt, durch die sie sowohl eingeschränkt als auch ermöglicht werden und die sie sowohl reproduzieren als auch verändern.

Der Lehrerin steht zunächst eine *in bestimmter Weise strukturierte* Schule 'gegenüber'. Die Struktur drückt sich einerseits in einem spezifischen Schulprofil mit Erstunterrichtsmethode, Hochschätzung von Elternarbeit usw. und andererseits in bestimmten Handlungs- und Entscheidungssituationen aus: die Direktorin *stellt sie vor* die Wahl (Erstunterrichtsmethode in der ersten Klasse oder dritte Klasse), sie *muß* - obwohl sie in der neuen Situation noch keine Sicherheit gefunden hat - einen Elternabend gestalten, *die* Organisation (Direktorin und KollegInnen, möglicherweise auch Eltern und SchülerInnen) *fordert* von ihr einen Unterricht gemäß der Erstunterrichtsmethode usw.
Allerdings stehen diese Strukturen der Lehrerin nur gegenüber, weil sie sich selbst gleichsam *vis-à-vis* stellt: Zum einen betreffen sie die Lehrerin nur deshalb, weil sie selbst - aus Gründen des Fahrtweges - an dieser Schule unterrichten wollte. Zum anderen ist die Bewertung dieser Strukturen stark von ihrer bisherigen Schulerfahrung geprägt, ihrer Unkenntnis der Erstunterrichtsmethode, ihrer Hochschätzung des Unterrichtens in einer ersten Klasse usw. Dadurch nimmt diese Lehrerin einen strukturellen Zwang wahr, zwischen einer 'dritten Klasse' oder einer 'ersten Klasse mit Erstunterrichtsmethode' entscheiden zu müssen.

Das Spiel „vereint Freiheit und Zwang. Der Spieler bleibt frei, muß aber, wenn er gewinnen will, eine rationale Strategie verfolgen, die der Beschaffenheit des Spieles entspricht, und muß dessen Regeln beachten. Das heißt, daß er zur Durchsetzung seiner Interessen die ihm auferlegten Zwänge zumindest zeitweise akzeptieren muß." (CROZIER/FRIEDBERG 1993, 68)

Auch die *Autonomie* der Akteure ist also *relativ*: Alle Akteure besitzen *prinzipiell* Macht, insoferne für sie Wahlmöglichkeiten und Gestaltungsoptionen existieren. Indem sie einerseits ein *Wahl*element haben, andererseits aber auf 'Existierendes' zurückgreifen müssen, unterliegen sie einer *„dialectic of control"* (GIDDENS): Akteure können Strukturen nur verändern, indem sie sich auf sie beziehen.

Allerdings sind die 'Gestaltungsoptionen' in Organisationen wie in anderen sozialen Feldern in der Regel nicht gleich verteilt und können in manchen Fällen sehr begrenzt sein, sodaß ein Verweis darauf zynisch erscheint - z.B. im Grenzfall: Geld oder Leben. Dennoch bleibt die Ausübung von Macht auf eine Beziehung angewiesen. Um ihre eigenen Interessen zu verfolgen, müssen sich die Organisationsmitglieder zumindest partiell an die Spielregeln halten. Dadurch reproduzieren sie diese. Gerade die 'Mächtigen' müssen ein Interesse daran haben, daß ihre Partner weiterspielen wollen, und daß die Organisation als Arena ihrer Machtausübung erhalten bleibt. In Verfolgung ihrer Interessen leisten die Organisationsmitglieder damit indirekt Beiträge zu Bestand der Organisation.

In der Alltagspraxis ist allerdings ein feiner Unterschied zwischen dem Gefühl, 'sich ein Spiel aufzwingen zu lassen', und jenem, 'mitzuspielen', um (sofort, später oder in einem anderen Bereich) Gratifikationen zu bekommen, den Verbleib in der Organisation oder ihren Fortbestand zu sichern. In allen Fällen wird jedoch durch das 'Spielen' des Spiels seine Bedeutung in der Organisation unterstrichen.

Was wissen die Akteure über die Spielregeln? Strukturen stehen den Handelnden nicht als etwas Äußerers 'gegenüber': *„Struktur ist den Individuen nicht 'äußerlich': in der Form von Erinnerungsspuren und als in sozialen Praktiken verwirklicht, ist sie in gewissem Sinne ihren Aktivitäten eher 'inwendig' ..." (a.a.O., 77f)*. Das Wissen über die Regeln ist den sozialen AkteurInnen in vielen Fällen nicht 'bewußt': es beruht auf einem 'praktischen' Bewußtsein (d.h. nicht unbedingt auf einem diskursiv artikulierten Bewußtsein; GIDDENS); es ist in dem, was wir zuvor als 'Lebenswelt' bezeichnet haben, eingelagert und erlaubt, daß ein Großteil der sozialen Praktiken in normalen Organisationen routinisiert abläuft. Dennoch kommt oft in den Handlungen der AkteurInnen ein ausgesprochen detailliertes Wissen zum Ausdruck, z.B. über organisationstypische Sanktionen (vgl. ORTMANN et al. 1990, 58). Ein expliziter Konsens über die Spielregeln ist vielfach nicht notwendig (TÜRK 1989, 130) - die Routinen der sozialen Praxis 'erinnern' auch den, der sich die Spielregeln nicht explizit bewußt hält, daran, was zu tun ist (die orientierende Kraft des *comme il faut*). Die Bedeutung von Spielregeln wird meist erst dann bewußt, wenn sie verletzt werden, wie man an GARFINKELs (1963) Krisenexperimenten studieren kann (vgl. auch Kap. 5.5.1.1 zu Routinespielen).

Der 'Unmut', den der Lehrerläufer in Fallbeispiel 2 auslöst, deutet auf eine Verletzung einer etablierten Spielregel, jene der Nicht-Einmischung in die Unterrichtsarbeit, hin.

Wodurch entstehen Organisationsstrukturen? Klarerweise ist in dieser Perspektive nicht die Formalstruktur einer Organisation, die kodifizierten Ziele und Regeln, das Wesentliche. Die Struktur einer Organisation ist die Gesamtheit tatsächlich gespielter, miteinander verschachtelter Spiele (vgl. CROZIER/FRIEDBERG 1993, 68f). Strukturen entstehen durch Spielen; sie werden durch Handeln geschaffen und reproduziert. *„Ohne menschliches Handeln gäbe es menschliche Gesellschaften oder soziale Systeme überhaupt nicht. Das heißt aber nicht, daß Handelnde soziale Systeme erschaffen: sie reproduzieren und verändern sie, indem sie immer wieder neu schaffen, was in der Kontinuität von* Praxis ... *bereit existiert". (GIDDENS 1992, 224)* Wenn Akteure in einem sozialen Feld, das immer schon *'vorgängig'* strukturiert ist, handeln wollen, müssen sie sich auf bestehende Spielstrukturen beziehen. Sie benutzen die Ressourcen und Regeln, die diese Struktur bereit stellt, um ihrer Handlung Gestalt zu geben. Dieser Bezug der Handlungen auf vorgängige Strukturen läuft allerdings nicht 'wie auf Schienen'; er ist ein reflexiver Bezug gebrochen über Wahrnehmungs-, Deutungs- und Beurteilungsprozesse, die ihrerseits wiederum durch Strukturen beeinflußt werden.

Die Reproduktion von Strukturen erfolgt zwar durch intentionale, sich bewußt auf bestimmte Ziele richtende Handlungen; daraus folgt aber keineswegs, daß die Handlungen die Aufrechterhaltung der Strukturen beabsichtigen, und daß Strukturen immer oder zumeist das Resultat der Umsetzung beabsichtigter Entwürfe darstellen. Die Strukturierung der Organisation geschieht viel öfter als *unbeabsichtigtes Nebenprodukt der Verfolgung eigener Interessen*; sie geschieht durch unintendierte Handlungsfolgen.

Die neue Lehrerin in Beispiel 4 reproduziert eine bestimmte soziale Praktik, die Erstunterrichtsmethode, die anscheinend von vielen als wesentlicher Bestandteil der Definition dieser Schule angesehen wird. Ihr Sinnen war vorerst darauf gerichtet sein, eine erste Klasse zu unterrichten und sich dabei nicht gleich mit der Direktorin, den Kolleginnen und möglicherweise auch noch den Eltern (vgl. 'Wunschkinder'!) anzulegen. Es ging ihr dabei sicher nicht darum, eine ihr unbekannte Unterrichtsform in der Schule weiter zu etablieren. Genau dies war aber das Resultat ihrer Handlungen.
Beispiel 2 zeigt, daß strukturell bedeutsame Handlungsfolgen durchaus den strategischen Handlungsintentionen widersprechen können. Hätte es nicht nachhaltigen Widerstand der Projektunterrichtsgegner gegeben, hätten sich die Befürworter möglicherweise nicht zur Teilnahme an einem Forschungsprojekt entschieden. Wäre nicht massiv über organisatorische Probleme geklagt worden, Projektunterricht würde in dieser Schule vielleicht heute noch unkoordiniert ablaufen und sich durch 'technische Probleme' diskreditieren, bis möglicherweise auch einige der Befürworter resigniert

hätten. So aber, den KritikerInnen sei gedankt, hat sich relativ rasch nach einigen Konflikten eine für alle Beteiligten relativ verbindliche Organisationsstruktur für Projektunterricht herausgebildet, die den 'Gegnern' die Grundlage für öffentliche Opposition entzogen hat. Ihr Widerstand hat zur Etablierung 'professionellen Projektunterrichts' beigetragen.

Wir fassen zusammen: In Kap. 5.2 haben wir den konstruierten und changierenden Charakter von Organisationen betont, ihre Zieldiversivität und ihre nicht klar bestimmbaren Grenzen. Dies gilt nach wie vor. In Kap. 5.4 versuchten wir zu präzisieren, in welchem Verhältnis die Handlungen der Organisationsmitglieder zur Struktur der Organisation stehen. Manche mikropolitischen Analysen und Konzeptionen tendieren dazu, die Handlung als abhängig *(kontingent)* von den strukturellen Handlungsbedingungen zu beschreiben. Demgegenüber plädieren wir hier für einen *konstitutives Verhältnis* zwischen Struktur und Handeln (vgl. JOAS 1992a, 235ff): Handeln schafft Struktur (und benutzt sie). Struktur ist Ergebnis und Ressource sozialen Handelns, welche Handeln sowohl einschränkt als auch ermöglicht, nie aber determiniert.

Organisationen sind in unserem Verständnis Interaktionszusammenhänge interessensgeleiteter Menschen (vgl. TÜRK 1989, 122). Das Problem der Organisation ist es, die zur Erreichung gemeinsamer Ziele notwendige Zusammenarbeit relativ autonomer Akteure trotz ihrer widersprüchlichen Interessenlagen und Zielvorstellungen zu ermöglichen und sicherzustellen (vgl. CROZIER/FRIEDBERG 1993, 7). Hier wirken nun die für eine Organisation typischen *Spiele „als indirekter Integrationsmechanismus divergierender und/oder widersprüchlicher Verhaltensweisen von relativ autonomen Akteuren*" (a.a.O., 4). Das 'Spiel' (oder die 'soziale Praktik') ist der begriffliche Schnittpunkt, an dem die analytisch getrennten Elemente 'Handlung und Struktur' zusammenkommen und Form gewinnen, und es ist der soziale Schnittpunkt der Vielzahl sich aufeinander beziehender Akteure. Um zu handeln und eigene Interessen zu verfolgen, müssen die Organisationsmitglieder zumindest teilweise vorhandene strukturelle Handlungsressourcen benutzen, d.h. 'sich an Spielregeln halten'. Dadurch reproduzieren sie diese. Die *Funktionsweise einer Organisation* wird also *„als das Resultat einer Reihe untereinander artikulierter Spiele, deren formelle und informelle Regeln indirekt die Integration der widersprüchlichen Machtstrategien der Organisationsmitglieder bewirken,*" (ORTMANN et al. 1990, 56) erklärt. Diese 'Verschachtelung' sowie der routinisierte ('unbewußte') Charakter sozialer Praktiken sind Gründe für die *relative Stabilität* von Organisationen. Durch die wiederkehrende Benutzung und Reproduktion von bestimmten 'Spielen' oder 'sozialen Praktiken' bekommen Organisationen einen sozialen Ort (eine gewisse 'raum-zeitliche Erstreckung', d.h. eine geographische Situierung und eine relative Dauerhaftigkeit).

5.5 Überlegungen zu einer mikropolitischen Theorie der Entwicklung von Organisationen.

Das in diesem Buch dokumentierte Forschungsprojekt hat bei Schulentwicklungsprozessen seinen Ausgangspunkt genommen und es soll auch - nach diesem Umweg über die Analyse von Organisationen und des Handelns in ihnen - wieder einen Beitrag zum Verstehen und Gestalten von Entwicklungsprozessen liefern. Dies ist aber, wie wir zugeben müssen, nicht allzu einfach, und zwar aus folgenden Gründen:

- Erstens hat sich eine gleichsam 'flimmernde' Vorstellung von Organisation herausgeschält, die immer in Bewegung ist. Organisation besteht nur in den Spielen ihrer Mitglieder, durch die sie zwar laufend reproduziert, aber eben nicht unbedingt identisch reproduziert wird und damit einer Veränderung unterliegt. Die mikropolitische Perspektive hatte ja zunächst die Situation umgekehrt: Nicht Wandel mußte erklärt werden, sondern Stabilität. Das war eine nützliche Provokation, doch längerfristig wird man sich gerade für das Verhältnis und das Ineinandergreifen von Wandel und Stabilität interessieren. In Kap. 5.5.1 wird in diesem Sinne versucht, einige Präzisierungen zu einem *mikropolitisch-konstitutionstheoretischen Konzept von Wandel* vorzunehmen.
- Zweitens ist dem - von mikropolitischen Konzeptionen an zentraler Stelle verwendeten - *Begriff der Macht* eine Aura von Unterdrückung, Kampf und Gefahr eigen, die ihn als nicht besonders brauchbar zur nüchternen Thematisierung von Entwicklungsprozessen erscheinen läßt. In Kapitel 5.5.2 versuchen wir uns von solchen Konnotationen abzusetzen, indem wir unser Begriffsverständnis schrittweise klarer machen. Die dabei erarbeiteten Kategorien benutzen wir danach dazu, um an konkreten Beispielen die Frage „Was verleiht einem Argument oder einer Handlung Gewicht im Kontext schulischer Entwicklungsprozesse?" zu beantworten.
- Drittens scheint ein Bezugspunkt für die Gestaltung von Entwicklungsmaßnahmen zu fehlen. Machtstrategische Mikropolitik-Konzeptionen neigen dazu, organisationales Handeln als eine Auseinandersetzung isolierter und bindungsloser, aktiver und agressiver Marktsubjekte zu betrachten, deren einziges Interesse der Aufbau von Macht zur Kontrolle der organisationalen Interaktion zwecks Gewinn von Ressourcen und Freiraum ist. Wenn man nicht eine rasche technologische Kehre in Richtung Machiavellismus empfehlen will oder seine Aufgabe als Organisations-Kulturkritiker *nach* der Tat versteht, bleibt nicht viel Raum für das Handeln in Entwicklungsprozessen. Konstitutionstheoretische Ausformungen der mikropolitischen Perspektive, wie wir sie in Kap. 5.4 vorgetragen haben, stehen wiederum in Gefahr, eine 'kontemplativ-apolitisch-ahistorische Politikkonzeption' zu vertreten, deren Stärken eher in der retrospektiven Analyse denn in der Planung und Gestaltung liegen. Wir wollen argumentieren, daß *normative Bezugspunkte* notwendig sind, damit Konstitutionstheorien für Entwicklungsprozesse fruchtbar werden (vgl. auch JOAS 1992a, 347). Unseren Vorschlag, mit dem wir in Aushandlungsprozesse über die 'Verfahrensethik' in konkreten Schulentwicklungsprojekten einsteigen, stellen wir abschließend zur Diskussion.

5.5.1 Der Wandel von Organisationen

5.5.1.1 Routinespiele und Innovationsspiele

Die skizzierte Sichtweise des Zustandekommens von Organisationen durch die strukturierenden Interaktionen der Organisationsmitglieder hat uns mit einem Bild des Alltags von Organisationen versorgt, das gleichsam vor dramatischer Bewegung 'flimmert', das aber anscheinend gleichzeitig der Organisationsreform ihre Dramatik nimmt: Wenn sich Organisationen dauernd ändern, warum viel Aufhebens über Reformen machen? Andererseits ist Veränderung offensichtlich nicht gleich Veränderung, und man kann statischere und dynamischere Organisationen unterscheiden. Wo liegt das Differenzierungskriterium?

ORTMANN et al. (1990, 464ff) versuchen ein solches durch die Unterscheidung von Routine- und Innovationsspielen zu gewinnen. *Routinespiele* sind meist Kooperationsspiele, aus denen die TeilnehmerInnen formal vorgesehene oder informell gewachsene Gewinne ziehen. D.h. nicht, daß in Routinespielen alle an einem Strang ziehen müssen. Man kann sich auch andere Konfigurationen vorstellen: „ein relativ stabiler Gleichgewichtszustand zwischen einerseits einer dominierenden Mehrheitsstrategie und andererseits einer oder mehrerer Minderheitsstrategien" (CROZIER/FRIEDBERG 1993, 71) oder eine friedliche Koexistenz einander neutralisierender Supermächte. Routinespiele sind unspektakulär und daher selten Gegenstand mikropolitischer Studien, aber auch in ihnen werden nicht nur Prozeduren 'wie auf Schienen' ausgeführt - auch hier wird 'gespielt', 'verhandelt' und 'strukturiert'.

Innovationsspiele dagegen zerstören (potentiell) die feinen Spielstrukturen der Routinespiele. *„Sie gefährden eben noch sichere Gewinnchancen im alten Routinespiel, dessen Regeln sich ja gerade ändern. Sie sind Metaspiele, in denen es um Einsätze, Regeln, Strukturen, Gewinn- und Verlustchancen und bisher erfolgversprechende Strategien innerhalb der Routinespiele geht" (ORTMANN et al. 1990, 467).* Während Routinespiele innerhalb etablierter Spiele bleiben (und dabei - wenn man die Begriffe von ARGYRIS/SCHÖN (1974) verwendet - *single loop* Handlungen vollführen), versuchen Innovationsspiele (in einer *double loop* Strategie), die Funktionsprinzipien der Spiele selbst zu verändern.

! In Beispiel 2 (Kap. 2.1) über 'Projektunterricht' wird das prekäre Verhältnis von Routine- und Innovationsspielen sichtbar - und damit die Bedeutung von Routinen für die Konstitution von Organisationen. Rund um 'routinierten Unterricht', wie er von der ursprünglichen Direktion forciert worden war, entstand eine Reihe von miteinander verwobenen Routinen: Für die LehrerInnen war die Anerkennung der Direktorin, des Landesschulinspektors, eines Teil der KollegInnen und teilweise wohl auch der Eltern eng an diese Spielart des Unterrichts gekoppelt. Auch benötigen LehrerInnen bei 'routiniertem Unterricht' für ihr fixes Gehalt in der Regel am wenigsten Zeit und bekommen am sichersten ein gewisses Maß an Anerkennung.
Aber nicht nur LehrerInnen, DirektorInnen und LandesschulinspektorInnen spielen mit. Auch die SchülerInnen können mehr oder weniger aktiv an der Verfestigung von

Routine beteiligt sein. DOYLE/PONDER (1976) interpretieren beispielsweise die Schwierigkeiten, die bei der Einführung von komplexeren Lernaufgaben in Primarschulen entstanden, als 'Aushandlungsprozeß': Die - pädagogisch vielleicht wertvolleren - Aufgaben führten zu einer Steigerung der Unsicherheit bei den SchülerInnen: ihre Zuversicht, den Anforderungen entsprechen zu können, sank. Sie 'drohten' daraufhin mit Undiszipliniertheit und boten den LehrerInnen einen 'Handel' an: Sicherheit für die SchülerInnen (durch relativ sicher bewältigbare, einfachere Aufgaben) gegen Sicherheit für die LehrerInnen (durch Disziplin)[35].
Die Durchführung eines Unterrichtsprojektes wird in vielen Schulen noch keine besonderen Auseinandersetzungen hervorrufen, wenn sie durch das Routinespiel 'Variation des Unterrichts innerhalb der Privatheit des Klassenzimmers' akkommodiert werden kann. Andererseits kann Projektunterricht wegen seines fachübergreifenden Charakters - besonders wenn er häufiger oder von mehreren Personen durchgeführt wird - als ein Veränderungsversuch eben dieses Routinespiels angesehen werden. Genau das geschieht in Fallbeispiel 2: KollegInnen beklagen sich über „einen Eingriff in deren Unterricht" und d.h. auch über eine Einengung ihres Handlungsspielraumes: *„Zu diesem Zeitpunkt begannen vor allem nicht an den Projekten beteiligte KollegInnen zu kritisieren, daß sie die SchülerInnen in ihren 'Fachstunden' fast nicht mehr zu sehen bekämen und daß sie mit ihren Stoffen oft nicht durchkämen: 'Ich habe die SchülerInnen in meinem Fach nur einige Stunden im ganzen Semester gesehen.'„* Der Versuch des Schulleiters durch Lehrerläufer und Koordinationsversammlung, Projektunterricht zu forcieren, bedeutet dann aber einen unmißverständlichen Bruch des überkommenen Routinespiels und ruft folgerichtig „Unmut" hervor.

5.5.1.2 Merkmale sozialen Wandels

Wenn wir vom *Wandel* einer Organisation oder von Organisationsentwicklung sprechen, dann meinen wir solche *Phasen, in denen Innovationsspiele charakterisierend sind* (was nicht heißt, daß dann keine Routinespiele stattfänden). Was sind nun die *Merkmale sozialen Wandels* nach dem hier skizzierten Verständnis?

- Erstens geschieht sozialer Wandel durch die strukturierenden und strukturierten Handlungen der Akteure eines sozialen Feldes und ist daher selbst eine *soziale Konstruktion*, ein *„Prozeß kollektiver Schöpfung ..., in dessen Verlauf die Mitglieder einer bestimmten Gesamtheit neue Spielweisen für das soziale Spiel der Zusammenarbeit und des Konflikts, mit einem Wort eine neue soziale Praxis* erlernen, *d.h. erfinden und festlegen, und in dessen Verlauf sie sich die dafür notwendigen kognitiven, relationalen und organisatorischen Fähigkeiten aneignen." (CROZIER/FRIEDBERG 1993, 19)*

- Zweitens bedeutet ein solcher Wandel einen „Bruch mit alten, bereits institutionalisierten Konstrukten sozialen Handelns" (a.a.O., 250) und d.h. auch eine *Veränderung der die Spiele charakterisierenden Machtverhältnisse.* Dieser Bruch wird von

[35] Eine Folge davon ist, daß manche LehrerInnen, die wohlmeinend eine Innovation einführen wollen, von SchülerInnen wieder in alte Bahnen 'umgeleitet' werden (vgl. ALTRICHTER/POSCH 1994, 53f).

den MitspielerInnen im allgemeinen auch *als eine Krise erlebt*. Während jede Veränderung eine Krise bedeutet, bringt noch nicht jede Krise einen tiefgreifenden Wandel mit sich: *„Aber ein Wandel der Kräfteverhältnisse führt nicht* notwendig *zur Entwicklung einer neuen Fähigkeit und zur Veränderung der Beschaffenheit und Regeln des Spiels." (a.a.O., 247)* Es gibt auch 'regressive' Krisen, nach deren krisenhafter Erschütterung sich die bestehenden Spiele erhärten. Daher ist es wichtig zu untersuchen, *„wie und unter welchen Bedingungen eine Krise Erneuerungs- und nicht Regressionsmechanismen auslöst" (a.a.O., 240).*

- Sozialer Wandel ist ein *Prozeß kollektiven Lernens* mit zwei Gesichtern: einerseits werden auf der Strukturseite eine neue Beschaffenheit und neue Regeln der Spiele erfunden und festgelegt; andererseits werden auf der Akteursseite *„die notwendigen Ressourcen und Fähigkeiten der Beteiligten für den Aufbau neuer Spiele mobilisiert oder gar geschaffen ..." (a.a.O., 246).* Eine 'regressive Krise' wird vermieden, wenn neue Fähigkeiten entwickelt werden (oder schon in Ansätzen vorhanden sind), die zu neu entwickelten (oder schon in Ansätzen vorhandenen) Strukturen passen: *„Die Kräfteverhältnisse wandeln sich, wenn sich eine bessere Fähigkeit in einer neuen Organisationsform zu bewähren beginnt." (a.a.O., 247)*

- Charakteristisch für sozialen Wandel ist auch die *partielle Konstanz* des sich Wandelnden. *„Das neue kollektive Konstrukt kann sich nämlich nur auf der Grundlage des alten entwickeln, das die einzig verfügbare menschliche Erfahrung darstellt; es vollzieht aber zugleich einen Bruch mit diesem Konstrukt und muß sich also gegen es entwickeln." (a.a.O., 254)* Wie kann es aber zu Veränderungen kommen, wenn sie sich nur auf der Grundlage der bereits existierenden Fähigkeiten und Strukturen entwickeln können? Die Lösung dieses Widerspruchs liegt darin, daß auch in Phasen, die durch die Vorherrschaft von Routinespielen gekennzeichnet sind, *menschliches Handeln einen Mehrwert entwickelt*: Durch 'Kreativität', nicht-intendierte Handlungsfolgen, Irrtum, Zufall, Kontakte mit der Organisationsumgebung (Anstoß von außen) usw. werden neue Fähigkeiten und Spielmöglichkeiten erfunden, die nicht sofort zu dominierenden Spielen, wohl aber für später sich ändernde Konstellationen verfügbar werden.

Schulentwicklung meint in diesem Sinne eine Restrukturierung der Organisation durch menschliche Interaktionen. Sie zielt auf die Veränderung der organisationstypischen Spiele sowie deren Regeln und Ressourcen durch 'Innovationsspiele'.

5.5.1.3 Gesichtspunkte für Interventionen in Entwicklungsprozessen

Als Anregung für weitere Diskussion und zum Vergleich mit alternativen Entwicklungskonzeptionen fassen wir einige Hypothesen für die Gestaltung von Interventionen in Entwicklungsprozessen, die aus den Überlegungen der 'Ur-Mikropolitiker' CROZIER und FRIEDBERG (1993) zu entnehmen sind, zusammen.

1. Entwicklungsprozesse erfordern, daß *die Organisationsmitglieder eine strategische, eine Akteursperspektive einnehmen*: Das Erlernen neuer Spiele ist nur dann

möglich, „wenn zunächst einmal jeder seinen Freiraum anerkennt, anders zu spielen als nach den routinemäßigen Strategien“ (CROZIER/FRIEDBERG 1993, 261). Besonders am Anfang von Interventionen wird es wichtig sein, sich ein Bild davon zu verschaffen, welche und wieviele Organisationsmitglieder sich als ‘Akteure’ verstehen und welche eher einer Haltung ‘gelernter Hilflosigkeit’ anhängen (die wir in einem überraschend hohen Ausmaß auch bei Mitgliedern engagierter österreichischer Schulen festzustellen glaubten; vgl. ALTRICHTER 1994b, 335ff). Es sollte versucht werden, Situationen zu schaffen, in denen sich Beteiligte als aktive Akteure erleben können (vgl. das Beispiel einer paradoxen Intervention bei CROZIER/FRIEDBERG 1993, 259ff).

2. Ziele und Strategien des Wandels können sinnvoll nur in Beziehung auf das System abgeschätzt werden; die für den Wandel verwendbaren Ressourcen bestehen „nur teilweise aus rationalen, zählbaren Ressourcen, zumeist aber aus erst freizusetzenden Potentialen“ verschiedener Systemmitglieder (CROZIER/FRIEDBERG 1993, 258). Es klingt wie eine Trivialität: Die *Kenntnis des Systems* ist für Interventionen in Entwicklungsprozesse wesentlich, jedoch praktisch nicht so einfach zu erreichen, weil - aufgrund der für Organisationsspiele besonders bedeutenden kontra-intuitiven Effekte von Handlungen[36] - Intuition nicht ausreicht.
   Dabei ist aber zu beachten, daß *Information* selbst eine wesentliche Ressource in den Organisationsspielen und daher nicht unbehindert zugänglich ist. Daraus ergibt sich auch ein Grunddilemma jedes geplanten Wandels: Es ist wichtig bei den Mitspielern die verfügbaren Ressourcen für den geplanten Wandel zu mobilisieren. Die Organisationsspiele setzen aber gerade dieser Mobilisierung Hindernisse entgegen. Wenn es andererseits gelingt, eine Kenntnis wichtiger Funktionsweisen des Systems zu erarbeiten, dann bedeutet dies den ersten Bruch dieses Dilemmas und daran anschließender Organisationsspiele (vgl. a.a.O., 257).

3. Diese grundlegende Kenntnis des Systems wird jedoch nicht mit einem Schlag etwa in einer Diagnosephase am Beginn eines Projekts zu erreichen sein. Bei einer Intervention hat man in der Regel nicht genug Kenntnisse, um Strukturreformen zu steuern. Andererseits kann man zusätzliche Kenntnisse im Prozeß gewinnen. Die Beziehung zwischen jenen, die eine Entwicklung vorantreiben wollen, und ihren ‘Gegenspielern’ ist eine Verhandlungsbeziehung: Als Antwort auf eine Intervention werden von den Mitspielern Gelegenheiten ergriffen, d.h. die Spielangebote werden z.T. genutzt und z.T. verändert. Jene, die eine Reform betreiben, sollten etwaige Veränderungsversuche der Spiele nicht als Irrtum oder bösen Willen der Mitspieler ansehen, sondern zunächst als willkommene Information zur Vertiefung ihrer ersten unvollkommenen Diagnose (vgl. CROZIER/FRIEDBERG 1993, 267f). Ebenso werden neue Spielvorschläge wohl kaum jemals sofort in die Praxis umgesetzt, sondern werden ausgehandelt, nach und nach adaptiert und weiterentwickelt. Insoferne ist ein *iteratives Vorgehen sowohl bei der Diagnose als auch beim Versuch, neue Spiele zu etablieren,* angezeigt. Strukturveränderungen müssen *als Entwicklungsprozesse konzipiert* werden. Ein Entwick-

[36] Diesen Begriff verwenden CROZIER/FRIEDBERG (1993) für die unerwarteten (d.h. der Intuition widersprechenden) Folgen zweckgerichteten Handelns

lungsprojekt „muß auch auf die Reaktionen der Menschen, auf den Zustand ihrer gegenwärtigen inidviduellen und kollektiven Fähigkeiten und v.a. auf die Entwicklungsmöglichkeit dieser Fähigkeiten setzen. ... Ein solches Setzen auf die Entwicklungsfähigkeit der vom Wandel Betroffenen ist jedoch nur *im* Veränderungsprozeß einlösbar" (a.a.O., 264).

4. Interventionen in Entwicklungsprozessen müssen *Widerstände als Informationen*, statt als zu überwindende Handlungen nehmen. Widerstände können drei wichtige Gründe haben, deren Verständnis jeweils wichtige Rückschlüsse auf das System erlaubt: Erstens basieren sie oft auf einer vernünftigen Einschätzung der Risiken von Veränderungsprozessen. Jede Organisationsveränderung stellt für einen Akteur die Bedingungen seines Spiels, seine Machtquellen und seine Handlungsfreiheit in Frage; sog. 'Widerstand' kann bedeuten, daß Mitspieler Verluste wittern und der *Bedrohung ihrer Autonomie entgegentreten* (vgl. CROZIER/FRIEDBERG 1993, 245). Zweitens ist Widerstand ganz einfach ein Ergebnis der *Vorstrukturiertheit des Handlungsfeldes*; d.h. die Aufeinanderbezogenheit von Handlung und Struktur drückt sich darin aus, daß sie „die Erfahrung der Beteiligten vorstrukturiert und so ihre jeweiligen Fähigkeiten bedingt, andere Beziehungsweisen und neue Spielregeln zu erfinden" (a.a.O., 249). Drittens ist Widerstand Ausdruck der bemerkenswerten „Fähigkeit jeglichen menschlichen Systems, *alle formalen Änderungen zu absorbieren, ohne seine wesentlichen Merkmale zu verlieren"* (a.a.O., 243; Hervorhebung durch die Verf.). Die Analyse konkreter Widerstände hilft daher, den Charakter der Vorstrukturiertheit des konkreten Handlungsfeldes, seiner spezifischen Sensibilitäten und Absorptionsmechanismen zu verstehen.

5. Wenn man durch seine Interventionen die Entwicklung einer Organisation unterstützen will, so muß man langfristig *„mit dem System handeln und nicht gegen es"* (CROZIER/FRIEDBERG 1993, 259). Dieser Satz richtet sich gegen Urknall-Theorien, die meinen, von Null beginnen zu können, und gegen zu weitgehende Planungsvorstellungen: die Umsetzung hat Vorrang gegenüber der Planung (a.a.O., 273).
„Der Akteur ist im Grunde nicht in der Lage, zuerst ein Ziel zu wählen, und dann von diesem Ziel her zu entscheiden, mit welcher Strategie es am besten zu erreichen ist." Er steht in einem sozial konstruierten Handlungssystem, das „sich aber vor und außer ihm gebildet hat; und in gleicher Weise ist er ständig mit den Veränderungen dieses Systems konfrontiert." (a.a.O., 254) D.h. er steht nicht einem System gegenüber, das darauf wartet von ihm verändert zu werden, sondern es verändert sich ständig, und wenn er eingreifen will, dann muß er sich in diesen Strom der Veränderung stellen. „Das bedeutet, daß er zuerst seinen wirklichen Handlungsfreiraum entdecken und ihn, eventuell, ausdehnen muß, und daß er, bevor er zu erneuern beginnt, zunächst einmal sich anpassen und reagieren, dann den Kurs ändern und korrigieren muß." (ebenda) *Intervention braucht eine überlegte Balance von Systembestätigung und Systemirritation.*
So schön das auch wäre, aber üblicherweise lassen sich Organisationen, wenn sie auch noch so funktional fragmentiert erscheinen, schlecht in unabhängige Einhei-

ten zerlegen. Personen sind Mitglieder mehrerer Subsysteme, gewinnen daraus einen Teil ihrer Autonomie und sorgen für das Ausufern von Irritation über die Subsysteme hinaus. Mit dem System zu arbeiten, bedeutet daher auch, Organisationsspiele *an konkreten Ansatzpunkten*, aber *umfassend* anzugehen.

6. Wenn man auch das System umfassend im Blick hat, so bedeutet das nicht, daß es eine gesunde Perspektive wäre, das ganze System mit allen seinen Spielen einer Totalreform unterziehen zu wollen. *Interventionen haben einen unveränderlich bruchstückartigen und indirekten Charakter.* „Außer in Ausnahmesituationen und/oder schweren Krisen schaffen sie (i.e. Führungskräfte, aber man könnte hier auch einsetzen: InnovatorInnen; d. Verf.) nämlich die organisatorischen Spiele nicht *ex nihilo* und können sie auch nicht radikal ändern. Die Spiele sind schon da und besitzen, als politische und kulturelle Konstrukte, eine gewisse Autonomie und Permanenz. ... Ihre Eingriffe sind insofern immer *partiell* als sie nicht alle Parameter der Spiele beherrschen, und *indirekt*, weil sie selbst durch die Logik und die Regulierungen der vorgegebenen und noch immer geltenden Spiele vermittelt und verändert sind." (CROZIER/FRIEDBERG 1993, 75)

7. Interventionsstrategien müssen ein *„paralleles, aufeinander abgestimmtes Vorgehen zur Veränderung von Strukturen und Verhaltensweisen"* (CROZIER/ FRIEDBERG 1993, 262ff) enthalten: Wenn Fähigkeiten trainiert werden, ohne strukturelle Ausübungsmöglichkeiten bereitzustellen, können sie nicht angewandt werden. Wenn Strukturen aufgebaut werden, die die Organisationsmitglieder aufgrund mangelnder Fähigkeiten nicht nutzen können, sind alle Beteiligten frustriert.

8. Nachdem sie zwischen 'Basis' und 'Spitze' einer Unternehmung unterschieden haben, meinen CROZIER/FRIEDBERG (1993, 281; Hervorhebung durch die Verf.): „die *unumgänglichen Entscheidungen zwischen den verschiedenen Zielen und Zwecken*, die in jeder Gesellschaft gleichzeitig und in Konkurrenz zueinander verfolgt werden, lassen sich *am besten an der Basis treffen*." Dies ist so, weil an der Basis die Widersprüche zwischen verschiedenen Zielen erlebt werden, weil dort praxisbezogene Neuformulierungen der Ziele entwickelt ebenso neue Beziehungsmuster entdeckt werden können und weil dort schließlich die entscheidende Arena für die Realisierung von Änderungsvorhaben ist (a.a.O., 279ff). Die 'Spitze' könnte nie ein normatives Gesamtmodell oder die Aufrechterhaltung einer klaren Hierarchie der Ziele durchsetzen. Sie sollte Anfangspunkte setzen, sie sollte die Fähigkeit des 'proaktiven impliziten Verhandelns' bei der Ausarbeitung neuer Spielstrukturen haben, aber der Basis „die Möglichkeit geben, die auf ihrer Ebene tatsächlich vorhandenen Widersprüche der Werte und Ziele zu entdecken und Mittel zu ihrer Lösung zu finden" (a.a.O., 285).

9. Jegliche Längerfristigkeit sozialer Phänomene ist für CROZIER/FRIEDBERG ein Ergebnis ihrer sozialen Konstruktion als Spiel. So sehen sie auch „Ethik ... als ein soziales Konstrukt ..., als eine menschliche Erfindung, die das Handlungsfeld derart strukturiert, daß die Akteure in Verfolgung ihrer eigenen Interessen sich nicht gegenseitig ruinieren" (a.a.O., 10), an. Auch die *Herstellung von 'ethischen*

Verhältnissen' ist eine Aufgabe von Organisationspielen, die CROZIER/ FRIEDBERG (1993, 277) durchaus auch für ihre Entwicklungshandlungen gelten lassen, für die sie empfehlen, „daß wir unsere Beziehungen so organisieren müssen, daß wir uns gegenseitig vertrauen können."

10. Wenn der Beitrag zu relativer Emanzipation und zu vertrauensvollen Verhältnissen ein *Kriterium* darstellt, mit dem Entwicklungsprozesse und Interventionen beurteilt werden können und sollen, so gilt dies offenbar *nicht für jede Einzelhandlung*. Handlungen müssen in ihrer strategischen Verkettung gesehen und beurteilt werden, wie sich aus dem Beispiel der 'impliziten Verhandlung' entnehmen läßt.
CROZIER/FRIEDBERG (1993, 268) verweisen auf Situationen, in denen „jede offene Verhandlung in bereits bestehenden institutionellen Kanälen gefangen bleibt, deren Widerstandskraft so groß ist, daß sie jeden Wandel verhindern können." „Die Gegenspieler können eine explizite Verhandlung, die sie in Zugzwang brächte und ihre Handlungsfreiheiten einschränkte, nicht ertragen." Eine *implizite Verhandlung* dagegen achte die Freiheit beider Parteien: Dabei setzt zunächst eine Partei Maßnahmen. Die Reaktionen der anderen Parteien darauf werden als 'Antwort und wenig expliziter Aufruf' verstanden und durch eine neue Aktion gleichsam wiederum beantwortet. Durch diesen Quasi-Dialog können die Parteien Handlungsspielräume erkunden und implizite Erfahrungen mit der Vertrauenswürdigkeit der Verhandlungspartner machen, was „zu einem wirklichen Lernprozeß führen kann, aufgrund dessen es schließlich möglich ist, offenere Verhandlungen einzuleiten."

11. Interventionsstrategien orientieren sich daher nicht an Krisenvermeidung *per se*, wohl sind sie aber darauf angelegt, „das *Ausarten der notwendigen Brüche in regressive Krisen zu verhindern* und tatsächliche dauerhafte Neuerungen durch das Erproben und Erlernen neuer Spiele sowie neuer Steuerungs- und Regulierungsweisen hervorzubringen." (a.a.O., 266)

12. Die *Wandlungsfähigkeit einer sozialen Struktur* hängt auch von den *Spielräumen* ab, die sie erlaubt (vgl. CROZIER/FRIEDBERG 1993, 251): Systeme mit *„relationalem und institutionellem Reichtum und Überfluß"* (d.h. es sind viele unterschiedliche Beziehungen zwischen Systemmitgliedern, Subsystemen und der Systemumwelt möglich) und mit einer *weniger weitgehenden Integration* (d.h. es sind viele Spielvariationen möglich und Systemintegration wird nicht durch stark zwingende Maßnahmen betrieben) haben mehr Spielräume und können mit Veränderungen leichter umgehen (vgl. auch WEICK 1976). In diesem Sinne können Interventionen auch darauf zielen, die Spielräume im System vor oder begleitend zu Veränderungprozessen zu erhöhen, z.B. durch Förderung der Beziehungsaufnahme zwischen organisationalen Untereinheiten und der Umwelt, Förderung des Aufbaus 'mehrerer Standbeine' von Organisationsmitgliedern, Dezentralisierungsmaßnahmen usw.

13. „Wenn wir wollen, daß alles so bleibt, wie es ist, dann ist es nötig, daß sich alles

verändert“, lautet das berühmte Prinzip von Lampedusas *Leopard* (ROQUES 1994). Die Einsicht, daß für Veränderungen strategische Bewahrung notwendig ist, genauso wie man für Bewahren wissen muß, wo Überkommenes zu transformieren ist, kennzeichnet offenbar die großen Strategen auf beiden Seiten, auf jener des Bewahrens und jener des Veränderns[37].

Damit ist aber auf der Ebene der aktuellen Handlungen gar nicht so leicht unter- und entscheidbar, ob hier eine Veränderungs- oder Konservierungsstrategie verfolgt wird. Normalerweise lesen wir das an der ideologischen Begleitmusik der Worte ab. Allerdings werden - vielleicht konservierend oder verändernd intendierte - Aktionen durch ihre Einbettung in größere raum-zeitliche Kontexte abermals transformiert. Ob bestimmte Maßnahmen als Bewahrung oder Veränderung einzuschätzen sind, kann - nachdem diese durch die List der Geschichte klein- und eingearbeitet wurden - aus einer gewissen Distanz wiederum anders ausschauen.

Werden durch diese *Dialektik von Bewahren und Verändern* uns alle Maßstäbe genommen? Vielleicht sind Innovationen und Entwicklungsmaßnahmen als ein Spiel mit der Zukunft zu begreifen, bei dem man so gut spielt, wie es das eigene Blatt erlaubt, bei dem man aber üblicherweise sehr schwer abschätzen kann, welche Karten die Geschichte in der Hand hat. Daraus ergibt sich unseres Erachtens erstens eine weiteres Argument für den forschenden Charakter der Entwicklungstätigkeit (vgl. Punkt 3), und zweitens der Vorschlag, die Bewertungsfrage dem Urteil einer informierten betroffenen Öffentlichkeit zu überlassen (und damit eine Konkretisierung von Punkt 8). Im Entwicklungsprozeß sind jeweils Situationen für die betroffene Öffentlichkeit zu schaffen, in denen der Wert der Entwicklungsmaßnahmen eingeschätzt wird. *'Schaffen von Bewertungssituationen'* impliziert wiederum, daß jene, die mit deren Organisation betraut sind, größeren Einfluß auf den Prozeß des Bewertens nehmen können: Zu welchen Zeitpunkten werden welche Informationen gegeben und in welcher Kommunikationsstruktur diskutiert? Aber auch hier ist das Spiel selten voll antizipierbar.

14. Bei der Gestaltung von Interventionen müssen die *Grenzen menschlicher Belastbarkeit durch Veränderungen* in Betracht gezogen werden: „Nicht jeder kann, will oder muß immer experimentieren. Sicherlich kann und muß ein System immer in Bewegung sein, aber dies muß nicht für alle ihm angehörigen Individuen gelten. Die Größe des Menschen besteht darin, daß er ein Lebewesen ist, das Probleme lösen kann. Aber er ist nicht immer, und vor allem nicht immer im Bereich sozialen Lernens, mit der Lösung von Problemen beschäftigt.“ (CROZIER/ FRIEDBERG 1993, 285)

Das Plädoyer ist hier also für eine offenendige, selbstkritische, entwickelnde und darum immer wieder die konkreten Bedingungen der Innovation erforschende Strategie des Wandels, die sich nicht in einem selbstgewissen, wenn auch vielleicht wohlmeinenden Absolutismus von den Erfahrungen und Bedürfnissen ihrer KlientInnen abkoppelt.

---

[37] vgl. dazu das Gedicht "Status quo (zur Zeit des Wettrüstens)" von Erich FRIED (1981, 93): "Wer will/ daß die Welt/ so bleibt/ wie sie ist/ der will nicht/ daß sie bleibt."

5.5.2 Macht in schulischer Mikropolitik

5.5.2.1 Macht, Handlung und Struktur

Der Begriff der Macht spielt eine entscheidende Rolle bei mikropolitischen Analysen. Insoferne lohnt es, seine Bedeutung klarer zu machen.

(1) Handlung setzt Macht voraus; Macht ist Handlungsfähigkeit
Zunächst muß man sich bewußt halten, daß Macht für die MikropolitikerInnen nicht viel mehr als *Handlungsfähigkeit* bedeutet. Für CROZIER/FRIEDBERG (1993, 39) besteht Macht in der *„Möglichkeit, auf andere Individuen oder Gruppen einzuwirken"*. Und auch für GIDDENS (1990, 66f) hängt Handeln *„von der Fähigkeit des Individuums ab, 'einen Unterschied herzustellen' zu einem vorher existierenden Zustand oder Ereignisverlauf, d.h. irgendeine Form von Macht auszuüben."*

Daraus folgt aber: Jede Handlung ist 'machtvoll'. Handlung schließt Macht logisch mit ein. Die *Stärke* dieses Machtbegriffs ist u.E. seine Anschlußfähigkeit an Handlungstheorien; seine *Schwäche* liegt aber in den dramatisierenden Konnotationen, die durch ihn in Handlungstheorien eingeführt werden. Dies zeigt sich schon daran, daß die klassische Definition von Max WEBER (1972, 28), die in die Richtung der oben zitierten Aufassungen geht, gerne ohne das Wörtchen 'auch' wiedergegeben wurde, wodurch der Aspekt der 'Dominierung' überbetont wurde: *„Macht bedeutet jede Chance, innerhalb einer sozialen Beziehung den eigenen Willen auch <!> gegen Widerstreben durchzusetzen, gleichviel worauf diese Chance beruht."*

MikropolitikerInnen würden betonen, daß Macht nicht notwendigerweise Unterdrückung impliziert. Jede Handlung ist zwar interessensgebunden, muß aber nicht unbedingt einem egoistischen Interesse folgen. *„Macht ist nicht notwendigerweise gebunden an Konflikt, verstanden als Interessengegensatz oder als aktive Auseinandersetzung, und ebensowenig ist Unterdrückung der Macht inhärent. ... Macht ist die Fähigkeit, Ergebnisse herbeizuführen; ob diese Ergebnisse mit rein partikularen Interessen verknüpft sind oder nicht, gehört nicht zum Kern der Definition. Macht ist kein Hindernis für Freiheit und Emanzipation, sondern deren Medium - freilich wäre es töricht, den ihr auch eignenden Zwangscharakter zu ignorieren. Das Vorhandensein von Macht setzt Herrschaftsstrukturen voraus, innerhalb derer die in den Prozessen sozialer Reproduktion 'sanft fließende' (und gleichsam 'unerkannte') Macht ihre Wirkung entfaltet." (GIDDENS 1990, 314)*

Solcherart erscheint *„Macht als grundlegende und unausweichliche Dimension sozialer Beziehungen: nicht, weil der Mensch schlecht ist, sondern weil und soweit er ein relativ autonomer Akteur ist." (ORTMANN et al. 1990, 41)* Die Frage ist dann nur, wozu es den Begriff der 'Macht' überhaupt braucht, wenn er eben nicht mehr als 'Handlungsfähigkeit' bedeutet. Außerdem werden dadurch Rechtfertigungsprobleme eher erschwert denn erleichtert (vgl. JOAS 1992b, 23). Unser Vorschlag ist, den Kern des Begriffs in der akkumulierten, relativ verfestigten Handlungsfähigkeit zu sehen, wie wir sie in Satz (3) und (4) entwickeln.

(2) Macht braucht Beziehung

Auch die zweite Aussage ist nicht besonders überraschend: Wenn Macht an Handeln gebunden ist, dann ist sie kein Gut und auch keine Eigenschaft von Menschen, die sich unabhängig von Handlungen entfalten könnte - in unserem Falle unabhängig von sozialen Interaktionsbeziehungen[38]. Dies ist im Alltag unmittelbar einsichtig: z.B. kann eine spezifische Reputation, die in bestimmten Situationen Einfluß verleiht, in anderen kontraproduktiv sein; z.B. kann Wissen, obwohl sachlich vielleicht relevant, aufgrund anderer Kriterien in der mikropolitische Konstitution der Organisation ignoriert werden usw.

So versteht FRIEDBERG (1990, 41) Macht 'ohne moralische Einfärbung' als *Beziehung*, als „Austausch-, d.h. Verhandlungsbeziehung", bei der über reziproke Handlungsmöglichkeiten verhandelt wird. Für BALL (1990, 25) ist Macht auch ein *Ergebnis* von mikropolitischen Auseinandersetzungen, in denen potentielle Machtmittel erst zur aktuellen Entfaltung gebracht werden. Auch GIDDENS (1990, 67) betont dieses Phänomen, das er mit dem Begriff Dialektik der Kontrolle/Herrschaft versieht: *„Macht innerhalb sozialer Systeme ... setzt geregelte Beziehungen von Autonomie und Abhängigkeit zwischen Akteuren oder Kollektiven in sozialen Interaktionskontexten voraus. Aber alle Formen von Abhängigkeit stellen gewisse Ressourcen zur Verfügung, mit denen die Unterworfenen die Aktivitäten der ihnen Überlegenen beeinflussen können."*

Die Betonung von 'Beziehung' weist auf zweierlei hin: *Erstens* kommt nicht nur der Beitrag der dominierenden, sondern auch jener der schwächeren Partner einer Machtbeziehung in den Blick. Machtbeziehungen brauchen Mitspieler, sie müssen den Dominierten gewisse Vorteile bringen und deren Erwartungen zumindest teilweise erfüllen. Daher kann FRIEDBERG (1990, 43) sagen: *„...jede Machtbeziehung beruht auch auf* Kollusion *und produziert sie gleichzeitig."*

Zweitens haben auch die mächtigen Mitspieler meist ein Interesse daran, die Beziehungen aufrecht zu erhalten, weil sie sonst ihre Machtbasis verlören. Akteure können ihrem Eigeninteresse meist nur dann längerfristig effektiv nachkommen, wenn sie die Interessen der anderen Mitspieler bzw. das Überleben der Organisation zumindest partiell mitberücksichtigen. Sie handeln in einer 'gemischten Motivation' von Macht und Machtteilung, in einer „Dialektik von Gegnerschaft und Abhängigkeit" (NEUBERGER 1990, 263), in *doppeltem Interesse an eigener Dominanz und Funktionsfähigkeit der Mitspieler und der Organisation*[39]. Und es ist diese Interessensverschränkung, die in den 'Organisations-Spielen' zum Ausdruck kommt: *„Das Spiel ... erzeugt einen kritischen, brüchigen, in sich widersprüchlichen Konsens, indem es*

[38] „Handlungsfähigkeit" bei CROZIER/FRIEDBERG dürfte konsequenterweise nicht als individueller Begriff verstanden werden. Handlungsfähigkeit ist nur bestimmbar in Hinblick auf eine Beziehung zwischen Individuum und Struktur. Man kann nur handlungsfähig sein in Hinblick auf bestimmte oder zu bestimmende Strukturen, was noch nicht automatisch einschließt, daß man diese Handlungsfähigkeit auch in Hinblick auf andere Strukturen hat. In ähnlicher Weise müßte der (der individuellen Handlung gegenüberliegende institutionelle) Begriff "Handlungsfähigkeit (und Fortbestand) der Organisation" relational gefaßt werden.

[39] "Wenn ein Akteur seine Interessen verwirklichen will, muß er so - ob er will oder nicht - auf die Interessen anderer reagieren. In diesem Sinne sind Organisationen immer auch 'unfreiwillige Kooperationsgebilde'" (BRÜGGEMEIER/FELSCH 1991, 135).

Bedürfnisse provoziert, produziert, 'organisiert' und befriedigt, die insgesamt eine viel tragfähigere Stütze der betrieblichen Funktionsfähigkeit sind als direkter Zwang, Befehl und Kontrolle." (ORTMANN 1992a, 23)

(3) Macht geschieht in vorstrukturierten Handlungsfeldern und strukturiert diese ihrerseits
Die Beziehungsperspektive der Macht bringt also einesteils den Beitrag beider Parteien, auch der schwächeren, bei der Etablierung von Ordnung zum Ausdruck, steht aber andererseits in Gefahr, 'Macht' zu einem „allzu luftigen, liquiden Phänomen" zu machen (ORTMANN 1992b, 219). Man sollte daher einen genaueren Blick darauf werfen, wie sich Macht entfaltet.

Wir sagten schon: Handeln geschieht immer in schon vor-strukturierten Handlungsfeldern, d.h. in Strukturen. Diese stellen Handlungsmittel (Ressourcen und Regeln) zur Verfügung, die in bestimmten Handlungen leichter verwendet werden können als in anderen. *„Konstitutiv für die Machtausübung ist der Gebrauch von Mitteln, die aus einer Herrschaftsordnung (Struktur) stammen, die durch eben diese Machtausübung zugleich reproduziert - und vielleicht verändert - wird." (ORTMANN et al. 1990, 14)*

Strukturen haben sich jedoch, wie wir schon wissen, durch 'Verstetigung' des Handelns herausgebildet: *„Strukturmomente sozialer Systeme existieren nur gleichsam in der Handlung, nicht abgelöst von ihnen; sie existieren nur insofern, als sie im Handeln beständig reproduziert und so mit Stabilität über Raum und Zeit versehen werden." (a.a.O., 34)* Ihre Stabilität ist zwar prinzipiell prekär, aber eben doch eine relative Stabilität. Daraus ergibt sich, daß die Mittel für die Machtausübung in einer Organisation einer *relativ* stabilen - verstetigten - Struktur entstammen. Macht in organisatorischen Strukturen ist in der Regel verfestigt und hierarchisch verteilt. *„In diesen Tauschverhältnissen sind die Voraussetzungen strukturell bedingt asymmetrisch, dennoch ist kein Akteur dem anderen völlig ausgeliefert." (BRÜGGEMEIER/FELSCH 1991, 134).*

Daraus folgt: 'Macht' muß zwar *prinzipiell* immer wieder durch Handlung hergestellt ('mobilisiert') werden und ist insoferne 'kein unabhängiges Gut oder Attribut einer Person'. In bestimmten *historischen und organisatorischen* Situationen können spezifische Akteure allerdings mit gutem Grund damit rechnen, daß ihnen das strukturierte Handlungsfeld bestimmte Machtmittel zur Verfügung stellen wird: *„Man* hat *Ressourcen, Hebel, Trümpfe, - und damit Macht. Ob und wie man sie ausüben kann, ist prinzipiell offen, aber nur graduell offener als die Frage, ob man für sein Geld das Gewünschte bekommt." (ORTMANN 1992b, 219)*

Machtquellen und Einflußchancen sind in Organisationen ungleich zwischen den verschiedenen Mitspielern verteilt, wobei die spezifische Art und Weise dieser Verteilung jeweils für bestimmte historische und organisatorische Situationen empirisch bestimmt (statt vorausgesetzt) werden sollte. Die jeweilige Verteilung hat typischerweise nicht Ewigkeitswert, weil sie in Interaktionen immer wieder reproduziert werden muß: Macht ist nicht nur Voraussetzung und Objekt der organisationalen

Interaktion, sondern auch ihr Ergebnis. Und doch sind diese Interaktionsergebnisse in aller Regel *relativ überdauernd* in dem Sinn, daß vergleichbare Interaktionen immer wieder ähnliche Ergebnismuster bringen, weil sie sich auf 'verstetigte' Strukturen und Spielregeln beziehen. Wenn auch immer wieder neu gespielt wird, werden die Karten offenbar nicht jedes Mal neu gemischt.

(4) Machtmittel sind in bestimmten historischen und institutionellen Situationen 'speicherbar'; 'gespeicherte Macht' muß jedoch interaktionell 'mobilisiert' werden
Im letzten Zitat spielte ORTMANN (1992b, 219) - scheinbar unmotiviert - auf Geld an, doch führt dieser Gedanke hier weiter. Auch Geld ist an Beziehungen, Tausch und Verhandlung gebunden: Geld wird nur wirksam, wenn jemand anderer bereit ist, dafür etwas einzutauschen. Dennoch gilt Geld im Alltag als 'Besitzstand, als Attribut von Akteuren' und die Erfahrung in unseren sozio-historischen Bedingungen lehrt, daß man für Geld ziemlich viel und zwar relativ unabhängig von speziellen Beziehungen[40] bekommt.

'Machtmittel', die relativ unabhängig von den Spezifitäten der Beziehung sind, müßten auch relativ gut 'speicherbar' sein, d.h. man kann sie in spätere oder andere Beziehungen mitnehmen, und sie lassen sich dort noch immer als 'Machtmittel' mobilisieren - was ja für Geld offensichtlich zutrifft. Worauf wir hinaus wollen: Die 'konstitutionstheoretische' Handlungs- und Sozialtheorie müßte gerade *durch eine Analyse der in bestimmten historischen und organisatorischen Situationen aufzufindenden materiellen und sozialen Verstetigungsprozesse ergänzt* werden, die relativ stabilisierte Strukturen und Machtmittel verfügbar gemacht haben: Durch *Routinisierung* können soziale Prozesse verstetigt werden, durch *Speicherung* materielle Güter[41]. Eine erste Skizze zu einer solchen Analyse für die Organisation Schule enthält Kap. 5.5.2.3.

Das *Kapitalkonzept von BOURDIEU* bietet einige ergänzende Kategorien für eine solche Analyse. Für BOURDIEU (1983, 183f) ist Kapital offenbar *aus Handlung entstanden*; er beschreibt es als „akkumulierte Arbeit, entweder in Form von Materie oder in verinnerlichter, 'inkorporierter' Form." Weiters wird Kapital mit Macht gleichgesetzt und als Kraft bezeichnet, „die den objektiven und subjektiven Strukturen innewohnt, ... die dafür sorgt, daß nicht alles gleich möglich oder gleich unmöglich ist." (a.a.O., 183). Weiters betont BOURDIEU *den relativ stabilen und verstetigten Charakter* von Kapital: Es habe ein „Beharrungsvermögen", das der Welt „Trägheit" verleihe. Gerade durch Akkumulation und Vererbung von Besitztümern und Eigenschaften" gewinne die Gesellschaft Struktur[42].

---

[40] Im Sinne einer *hohen Ersetzbarkeit der Mitspieler*: Wenn mir eine Person eine Sache für Geld nicht verkaufen will, dann stehen die Chancen gut, daß eine andere dazu bereit ist.

[41] So argumentiert GIDDENS (1990, 317), daß die Expansion des Kapitalismus nicht ohne "Techniken zur Erhaltung und Aufbewahrung verderblicher Güter" möglich gewesen wäre.

[42] Trotz einiger Parallelen klingt dies deutlich 'objektiver' als unsere bisherigen Bestimmungen: Kapital wird gleichsam selbst zum 'Akteur' stilisiert ("Kraft, die ... innewohnt, ... die dafür sorgt", 'produziert Profite'). An anderer Stelle sagt BOURDIEU (1983, 191) jedoch: *"Der Umfang von Sozialkapital, das der einzelne besitzt, hängt demnach sowohl von der Ausdehnung des Netzes von Beziehungen ab, die er tatsächlich mobilisieren kann, als auch vom Umfang des (ökonomischen, kulturellen oder symbolischen) Kapitals, das diejenigen*

Kapitalien sind in historische und soziale Strukturen eingelagerte Machtmittel, die durch Handlung 'mobilisiert' werden müssen (z.B. einem Gefangenen, dem man keine Gelegenheit zum Sprechen gibt, wird sein Geld für Bestechungen nichts nutzen). Allerdings kann man von Machtmitteln, die diesen Namen verdienen, unter bestimmten historischen Situationen relativ sicher annehmen, daß sie mobilisierbar sind (z.B. wird in einem korrupten System bestimmten Gefangenen üblicherweise Gelegenheit für Bestechungen gegeben).

Welche *Kapitalformen* unterscheidet nun BOURDIEU?

- Die Kapitalform, die allen anderen zugrunde liegt, ist *ökonomisches Kapital* in Form von Geld oder direkt in Geld konvertierbar (a.a.O., 185).
- Davon wird *kulturelles Kapital* unterschieden, das in drei Formen auftritt: Erstens als *inkorporiertes Kulturkapital*, worunter BOURDIEU (1983, 185) 'dauerhafte Dispositionen des Organismus' - man könnte auch sagen: bestimmten Menschen eigene 'Bildung' - versteht. Zweitens als *objektiviertes Kulturkapital*, wie z.B. in kulturellen Gütern, Bildern, Büchern, Instrumenten, Maschinen. Diese sind zwar als juristisches Eigentum materiell übertragbar und in vielen Fällen in ökonomisches Kapital konvertierbar, doch schließt die materielle Aneignung nicht die kulturellen Fähigkeiten zu ihrem Gebrauch ein: zu ihrer symbolischen Aneignung muß es der materielle Eigentümer mit (seinem eigenen oder jenem des 'Personals') inkorporiertem Kulturkapital koppeln (vgl. a.a.O., 189). Kulturkapital läßt sich auch sozial institutionalisieren: Während der Autodidakt standig unter Beweiszwang ist, wird durch schulische Titel kulturelles Kapital sanktioniert und rechtlich in einer Form garantiert, die formell unabhängig von der Person ihres Trägers ist (*institutionalisiertes Kulturkapital*).
- Schließlich gibt es *soziales Kapital*. Das ist die *„Gesamtheit der aktuellen und potentiellen Ressourcen, die mit dem Besitz eines dauerhaften Netzes von mehr oder weniger institutionalisierten* Beziehungen *gegenseitigen Kennens oder Anerkennens verbunden sind; oder anders ausgedrückt, es handelt sich dabei um Ressourcen, die auf der* Zugehörigkeit zu einer Gruppe *beruhen." (a.a.O., 190f)*

Gesellschaften entwickeln bestimmte Formen der Institutionalisierung, um ihre typischen Kapitalien dauerhaft und speicherbar zu machen: Auf die Institutionalisierungsform von Kulturkapital als 'schulische Titel' haben wir schon hingewiesen. Ökonomisches Kapital läßt sich in der Form des Eigentumsrechts sozial institutionalisieren. Sozialkapital kann gesellschaftlich z.B. in der Form von Adelstiteln institutionalisiert und garantiert werden.

(5) 'Gespeicherte Macht' ist unter gewissen Bedingungen 'umwandelbar', was jedoch üblicherweise Transformationskosten mit sich bringt.

BOURDIEU (1983, 197) geht nun von einer gegenseitigen Konvertierbarkeit der verschiedenen Kapitalarten aus: Ein 'Geschenk' mag wie eine Verschwendung ökonomischen Kapitals aussehen, kann aber gute soziale Zinsen tragen. Soziale

---

besitzen, mit denen er in Beziehung steht." Hier wird jedenfalls - in Einklang mit unseren vorhergehenden Überlegungen - der 'Besitz' von (Sozial-)Kapital nicht als unabhängiges 'Attribut' einer Person gesehen, sondern als etwas, das in und durch Beziehungen erst aktiv gemacht werden kann.

Beziehungsarbeit kostet Zeit und Geld und erfordert Wissen (z.B. über Genealogie, Manieren), ist aber unter bestimmten Voraussetzungen selbst wieder in Geld konvertierbar, z.B. in Form von Kreditwürdigkeit. Der Erwerb von Kulturkapital kostet Zeit. Die Investition in Bildungstitel ist meist nur attraktiv, *„wenn die Umkehrbarkeit der ursprünglichen Umwandlung von ökonomischem in kulturelles Kapital zumindest teilweise objektiv garantiert ist" (a.a.O., 190).*

Ökonomisches Kapital liegt nach BOURDIEU allen anderen Kapitalarten zugrunde; andere Kapitalarten „können mit seiner Hilfe erworben werden, aber nur um den Preis eines mehr oder weniger großen Aufwandes an *Transformationsarbeit*" (a.a.O., 195). Nach dem 'Prinzip der Erhaltung sozialer Energie' werden Gewinne in einer Kapitalform mit Kosten auf einer anderen Ebene bezahlt, wobei die *Arbeitszeit* als universelles Transformationsmaß verwendet werden kann. Kapitalumwandlung bringt zwar Transformationskosten und Schwundrisiko im Vorgang der Umwandlung mit sich, kann aber Vorteile bei der Diversifizierung oder Verschleierung des Kapitals bieten. Dabei sind *„die transformierten ... Erscheinungsformen des ökonomischen Kapitals niemals ganz auf dieses zurückzuführen ..., weil sie ihre spezifischsten Wirkungen überhaupt nur in dem Maße hervorbringen können, wie sie verbergen (u.zw. zu allererst vor ihrem eigenen Inhaber), daß das ökonomische Kapital ihnen zugrundeliegt und insoferne, wenn auch nur in letzter Instanz, ihre Wirkungen bestimmt." (a.a.O., 196)*

5.5.2.2 Macht in Organisationen

Was verleiht einem Argument oder einer Handlung Gewicht im schulischen Kontext? Nach den Überlegungen in Abschnitt 5.5.2.1 wäre eine Machtbasis in jenen Mitteln (Regeln und Ressourcen) zu suchen, die aus einer verstetigten Struktur entstammen und die in aktuellen Prozessen der Machtausübung mobilisierbar sind. Erstens ist anzunehmen, daß die allgemein in der Gesellschaft bedeutsamen (ökonomischen, kulturellen und sozialen) Kapitalien auch in der Organisation Schule nicht ganz außer Kraft gesetzt sind. Zweitens ist nach Machtquellen zu fragen, die für *Organisationen* typisch sind, was in diesem Abschnitt geschieht. Und drittens sind die sich ergebenden Hypothesen *für die spezifische Organisation Schule* zu überprüfen und weiterzuentwickeln (vgl. Kap. 5.5.2.3).

Was also sind typische *Quellen organisatorischer Macht*? Wenn Macht Handlungsfähigkeit ist, dann liegt organisatorische Macht in der Fähigkeit, die Handlungsfähigkeit einer Organisation, d.h. ihren Bestand und ihre Leistungsfähigkeit, zu erhalten. CROZIER/FRIEDBERG (1993, 50ff) nennen die folgenden typischen Machtquellen in Organisationen:

1. *Kontrolle des spezifischen Sachwissens*: Der „Besitz einer nur schwer ersetzbaren funktionalen Fähigkeit oder Spezialisierung" (a.a.O., 51) verleiht oft Einfluß in einer Organisation. Man muß dazu kein reales Wissensmonopol besitzen, wenn es nur schwierig und kostpielig ist, Träger von Fachwissen zu ersetzen. Gruppen können sich eine einflußreiche Stellung verschaffen, wenn sie durch Organisierung ihr Wissen für andere unzugänglich machen (z.B. in Professionen).

2. *Kontrolle der Beziehungen zwischen der Organisation und ihrer Umwelt:* Da Organisationen von irgendeiner Form der Austauschbeziehung mit einer Umwelt abhängig sind, hat Einfluß, wer z.B. weiß, wie man Ressourcen bekommen oder Produkte verkaufen kann. Akteure, die sich in mehreren Handlungssystemen bewegen (z.B. Vertreter; Personen mit einer zusätzlichen Mitgliedschaft bei einer Partei usw.) haben hier Vorteile.
3. *Kontrolle der Kommunikation und Informationsflüsse:* Information beeinflußt die Handlungsfähigkeit der Akteure; wer sie kontrolliert, hat Vorteile.
4. *Benutzung organisatorischer Regeln:* Die formellen Regeln einer Organisation sind „Antwort der Organisationsleitung auf das durch die drei anderen Machtquellen gestellte Problem“ (a.a.O., 53). Sie sollen Ungewißheitszonen ausschalten (z.B. indem sie festlegen, wie Kommunikation zu fließen hat), schaffen aber dadurch auch neue Ungewißheitszonen (wer weiß, wie Kommunikation normalerweise fließt, kann leichter Informationen so eingeben, daß bestimmte Personen, Abteilungen usw. umgangen werden). „Da unter normalen Umständen für einen reibungslosen Dienstablauf mehr getan werden muß, als die Regeln vorschreiben“ (a.a.O., 54), sind Regeln mehr eine Verhandlungsbasis als feste Schienen.

5.5.2.3 Was verleiht Einfluß in der schulischen Mikropolitik?

Aus Kap. 5.5.2.1 und 5.5.2.2 hat sich folgendes vorläufige Analyseschema ergeben, mit dem nun nach potentiellen Machtquellen in Schulen gesucht wird. Aus unserer empirischen Erfahrung versuchen wir erste Beispiele zu geben:

	Machtquellen (aus Kap. 5.5.2.1 & 5.5.2.2)	*Machtquellen in Schulen (vgl. Kap. 5.5.2.3)*
Kapitalien (BOURDIEU)	ökonomisches Kapital	(6) Zeit und Geld, materielle Ressourcen und Stundenpläne
	soziales Kapital	(4) Beziehungen und Reputation
	kulturelles Kapital	(3) Bildung, Qualifikation und spezifisches Sachwissen
Quellen organisatorischer Macht (CROZIER/FRIEDBERG)	Kontrolle des organisationsspezifischen Sachwissens	siehe (3)
	Kontrolle der Beziehungen zwischen der Organisation und ihrer Umwelt	(2) Außenbeziehungen und Organisationserhalt
	Kontrolle der Kommunikation und Informationsflüsse	(5) Kommunikation und Informationsfluß
	Benutzung organisatorischer Regeln	(1) Organisatorische Ordnung und Regeln

(1) Organisatorische Ordnung und Regeln

- *legale Ordnung (formelle Ämter, Ziele und Verfahrensweisen)*

Formelle Regeln müssen zwar erst in der informellen Ordnung der Organisation durchgesetzt werden, doch wer sich auf die formelle Ordnung berufen kann, hat eine wichtige Legitimationsbasis für seine Einflußnahmen.

In Fallstudie 2 war ein 'pädagogischer Machtwechsel' in der Schule eingetreten, indem plötzlich die wichtigsten Positionen formeller Macht im Schulwesen (*critical reality definers*), der Direktor und der Landesschulinspektor, mit neuen Personen besetzt wurden, die neue pädagogische Überzeugungen befürworteten. Gestützt darauf sahen projektunterrichtsfreundliche LehrerInnen neue Einflußmöglichkeiten und „bessere Chancen, Projekte durchzuführen".
Der Schulleiter kann in diesem Beispiel zwar seiner Befürwortung von Projektunterricht mit dem Verweis auf den Lehrplan, das legale Normensystem für Unterricht, zusätzliches Gewicht verleihen, dennoch ist dadurch nicht 'alles klargestellt': Einzelne LehrerInnen äußern 'Unmut', der auf konkurrierenden Ordnungssystemen beruht.

Die Erklärung des Direktors, die lernzielorientierte Leistungsbeurteilung wäre nur eine Kann-Bestimmung der Schulversuchsbeschreibung, entzog dem Innovator aus Beispiel 3 die formelle Legitimität für weitere Verhaltensforderungen und machte ihn verwundbar für Vorwürfe, sein persönliches Steckenpferd und nicht legitime, kollektive Interessen zu betreiben.

- *traditionelle Ordnung (Geschichte, eingespielte Abläufe, Arbeitsroutine)*

„Gültige Normen und Werte sind die stärksten Koalitionspartner" (NEUBERGER 1990, 264). 'Gültig' ist aber nicht immer das, was in Gesetz oder Verordnung steht, sondern manchmal auch das, was lange die Organisationspraxis geprägt hat. Auch informelle, traditionelle Regeln definieren, was erlaubt ist und welche Handlungsspielräume zur Verfügung stehen. Schon früher 'etwas getan zu haben' („Das war schon immer so!"), ist oft ein gutes Argument für die Fortsetzung dieses Tuns, während Veränderungen oft unter spezieller Argumentationspflicht stehen („Da könnt' ja jeder kommen!"). So gebiert 'alte Macht' 'neue Macht'.

Die Stabilität und damit die Bevorzugung der herrschenden Ordnung ist in Schulen üblicherweise ein innerorganisatorischer Wert an sich, weil die meisten Organisationsmitglieder ein Interesse an der Aufrechterhaltung der Organisation haben und die existierende Ordnung jedenfalls berechenbarer ist als eine vage zukünftige. Besondere innovatorische Aktivitäten sind eher unter der Bedingung inneren oder äußeren Leidensdrucks zu erwarten. Je weiter sich neue Ordnungen von der eingespielten Praxis entfernen, desto höher ist der Aufwand zu ihrer Durchsetzung und Aufrechterhaltung. In diesem Sinne sind auch innovatorische Aktivitäten nur von jungen oder nicht etablierten Personen, die nicht viel zu verlieren haben, bzw. von besonders einflußreichen und starken Personen zu erwarten, die sich zutrauen, ihren Einfluß im Transformationsprozeß aufrechterhalten und Verluste abwehren zu können.

Stabilität kann, wo es keine andere Bindungen im Kollegium gibt, zur *ultima ratio* der organisationalen Interaktion werden. So beobachtete BALL (1990, 227) folgendes: *„Wo die Beziehungen zwischen den LehrerInnen schlecht sind, kann beinahe jeder Innovationsversuch den politischen oder Karriere-Motivationen der Betreibenden zugeschrieben werden."* Jegliches Engagement, so gut es auch inhaltlich argumentierbar sein mag, wird dann von den schulischen Stabilitätspolitikern als Bedrohung erlebt und bekämpft, z.B. mit den bekannten Killerargumenten der 'G'schaftlhuberei' oder

'Du willst wohl 'was werden!' .

So stellte eine Lehrergruppe fest, daß ihre Veränderungsbemühungen zu einer „Polarisierung" im Lehrkörper" führten: *„Je mehr sich die Innovationsgruppe engagierte und deklarierte, umso mehr verdeckten, aber doch spürbaren Widerstand gab es seitens der KollegInnen." (MESSNER 1992a, 3).*

• *autonome und private Territorien und ihre Grenzen*
Wenn es Organisationsmitgliedern gelingt, akzeptierte Grenzen zwischen Einflußsphären zu ziehen, so können sie sich dadurch ein eigenes 'Hoheitsgebiet' mit partieller legislativer Gewalt und dadurch einen autonomen Handlungsspielraum in der Organisation sichern. Akzeptierte autonome Territorien, sofern sie keine Ghettos sind, bringen auch Vorteile bei Ressourcenforderungen: Da andere nicht 'mitreden können', müssen die Forderungen autonomer Gebiete akzeptiert werden. Allerdings kann es hier fragile Aushandlungssituationen geben: das Überziehen von Forderungen kann dazu führen, daß sich 'andere einmischen' und der 'autonome Status' in Gefahr gerät.

Interessant ist in Fallstudie 2, daß der direktorale Hinweis auf eine „verbindliche Verordnung" von manchen LehrerInnen noch immer als „beinahe" und nicht als „ganze Verpflichtung" interpretiert wird. Diese LehrerInnen empfinden offensichtlich die gesamte Unterrichtsarbeit so sehr als 'autonomes Territorium', daß sie den Lehrplan nicht als verbindliche Richtlinien interpretieren und den Verweis darauf als eine 'Einschränkung und Einmischung in ihre Unterrichtsarbeit' sehen, die Unmut hervorruft.

Die 'Tendenz zur Sicherung autonomer Territorien' könnte auch erklären, warum in Lehrplänen traditionell nur die Themenaufgliederungen gelesen bzw. beachtet werden. Durch einen nicht bloß fachlich interpretierten Lehrplan, durch die Beachtung der Allgemeinen Bildungs- und Lehraufgabe und der Didaktischen Grundsätze könnten sich Einschränkungen für die fachlich begründete, individuelle Autonomie der Lehrenden ergeben.

Eine der gesellschaftlich am besten akzeptierten Grenzziehungen für autonomen Handlungsspielraum ist jene zwischen Privatheit und Öffentlichkeit. Allerdings wandelt sich, was als 'privat' angesehen wird, wie man beispielsweise gegenwärtig am Thema 'Gewalt in der Familie' oder 'sexuelle Belästigung am Arbeitsplatz' nachvollziehen kann. In der Schule ist das Klassenzimmer traditionell ein relativ 'privater Raum' gewesen: SchülerInnen konnten als 'Unmündige' definiert werden, und die Einmischung von Eltern und KollegInnen galt als verpönt. Erweiterung und Verrechtlichung der Schüler- und Elternmitbestimmung sowie unterrichtsorganisatorische Innovationen, wie Teamteaching und integrative Förderung, 'veröffentlichen' das Klassenzimmer und bedrohen damit die traditionelle 'Privatheit'.

Bei mikropolitischen Analysen darf der Unterschied zwischen der öffentlichen und privaten Ebene nicht vernachlässigt werden (vgl. BALL 1990, 38ff): Die Sprache der Politik, die Konkurrenz um die Definition von Werten und Prozeduren, die klirrenden

Konflikte und die fixierenden, Macht oder Ohnmacht verleihenden Entscheidungen finden in der *öffentlichen Arena der Debatte* statt. Hier sind die Kontraste deutlich, mutige Statements und persönlicher Standpunkt ist erforderlich. In der *privaten Arena der Praxis* herrscht hingegen der alltägliche Diskurs des Pragmatismus angesichts der Komplexität der Realität vor. Ein Wandel der politischen Rhetorik sollte nicht mit einem Wandel der Praxis verwechselt werden. Mikropolitik bezieht sich zunächst auf die erste Ebene, obwohl auch mikropolitische Strategien angewandt werden, um die zweite zu verändern oder zu verteidigen: Beispielsweise ist der Versuch, die Definition eines eigenen Handlungsbereiches als 'privat' durchzusetzen, selbst eine mikropolitische Strategie. 'Private Räume', z.B. des Klassenzimmers oder des Faches, bieten die Gelegenheit, inhaltsschwere Traditionen oder entleerte Routinen weiterzuleben und zu bestärken, wenn auch äußerlich eine Fassade der Innovation aufrecht erhalten wird. Zu starker Konformitätsdruck kann daher in einer Schule, die bis dahin viele 'private Zufluchtsstätten' geboten hatte, leicht zu 'innerer Emigration' oder 'innerer Kündigung' führen.

Privatheit bietet eine Zufluchtsmöglichkeit für Personen, die keine Entwicklungsmöglichkeit in ihrem Beruf mehr wahrnehmen. So stellte BALL (1990, 62f) in vielen englischen Konferenzzimmern eine kleine Anzahl von LehrerInnen mit nicht mehr als *continuance commitment* fest. Ein solche Motivation weisen Personen auf, *„die ihr kognitives Engagement für das Lehren verloren haben oder niemals gehabt haben. Sie sind durch familiäre Verpflichtungen, Hypotheken oder die Aussicht auf eine Pension in einem Beruf gefangen, den sie nicht (mehr) mögen. ... Der Vorteil des Verbleibens im Beruf und die Verluste, die durch eine Kündigung zu gewärtigen wären, sind auf eine bloße Finanzkalkulation reduziert. Auf Fragen, die mit Veränderungen verbunden sind, nehmen solche Gruppen normalerweise eine nicht-involvierte und uninteressierte Haltung ein oder reagieren auf der Basis eng definierter persönlicher Interessen. Sie werden gegen alles opponieren, was ihre minimalistische Beteiligung an der Arbeit der Schule stört, können aber bereit sein, Vorschläge, die 'das Leben leichter machen', zu unterstützen."*

In Schulen sind die *Gegenstände* die akzeptiertesten autonomen Territorien, und je wichtiger das Fach in der Selbstdefinition der Schule ist, desto unbezweifelter ist sein Status. Auch wenn dem Unterrichtsfach in Fallbeispiel 2 sein Recht auf Alleinherrschaft abgesprochen wurde, so ist es weiter ein wesentlicher Baustein der allgemeinen Definition von Schule, zumal in höheren Schulen, was sich schon an seiner prominenten Stellung in den Lehrplänen ausdrückt. Es stellt eine Machtbasis für die Sicherung eines Ressourcenanteils dar (vgl. BALL 1990, 248), und Angriffe auf seine Integrität müssen sehr gute Argumente vorweisen können, um Chancen auf Durchsetzung zu haben. LehrerInnen bestimmter Fächer, z.B. der sog. 'typenbildenden Fächer' in BHS oder der 'Hauptfächer', können in manchen Schulen mit erhöhtem Einfluß rechnen.

! Das Argument von KollegInnen, „daß sie die SchülerInnen in ihren 'Fachstunden' fast nicht mehr zu sehen bekämen und daß sie mit ihren Stoffen oft nicht durchkämen", ist insoferne gewichtig, als damit implizit behauptet wird, daß gegen die fachliche Aufgabe der Schule verstoßen würde.

• *Betroffenheit und Engagement*
Durch die Argumentation von 'Betroffenheit' (d.h das 'eigene Territorium' wird durch Maßnahmen berührt) können Personen, Abteilungen usw. erreichen, gehört werden. Das aktive Engagement und der Arbeitseinsatz einzelner, der das Kollektiv entlastet und zur Erreichung akzeptierter Ziele verhilft, kann einen gewissen Einfluß in der Organisation verschaffen, der über das durch sonstige Kapitalien (wie z.B. Position, Geld) erreichbare Maß hinausgeht. In stark stabilitätsorientierten, aber sozial desintegrierten Organisationen besteht allerdings die Gefahr, daß Engagement als Bedrohung des *status quo* angesehen und bekämpft wird.

ROSENBERGER et al. (1993) schildern folgenden Fall: In einem Lehrkörper herrschte ein temporär unstrukturierter Raum: der Wille etwas zu tun, ist da, aber wenige Ideen. Seine Bereitschaft, einen großen Teil der Planungsarbeit und die Ausarbeitung unterstützender Materialien für alle KollegInnen zu übernehmen, gab einem Mitglied des Lehrkörpers die Gelegenheit, seinen eigenen Vorschlag zur Initiative der Schule zu machen. In der Folge zeigte sich jedoch, daß der Sieg auf der Ebene der öffentlichen Erklärung sich nicht bis auf jene der Praxis fortsetzte. Eine Kollegin analysierte: *„Der Einsatz des Kollegen war groß. Er hatte gute Ideen und investierte viel Zeit. Auf sich allein gestellt, schaffte er es nicht, auf allen Schulstufen das Wasserprojekt ohne Unterstützung der anderen durchzuführen. Jeder hat sich in Wirklichkeit vorm 'Wasser' gedrückt, weil er etwas anderes machen wollte." (a.a.O., 5).*
Die entstehende Situation wurde in der Folge gemeinsam analysiert mit u.a. folgenden Ergebnissen: *„Die Mitarbeit einiger KollegInnen im Sinne von Gewährenlassen erzeugt bei einzelnen TeilnehmerInnen mehr Unsicherheit, als würden Vorbehalte und Schwierigkeiten unmittelbar nach ihrer Wahrnehmung benannt werden. Die Übernahme der Verantwortung und der Federführung für das Projekt durch eine/n Lehrer/in und nicht wie gewohnt durch den/die Schulleiter/in wirkte verunsichernd auf alle Beteiligten." (a.a.O., 6)* Der kritische Punkt war offenbar erreicht, als die Idee von der Ebene der Debatte in jene der Praxis übergeführt werden hätte sollen, was die Mitarbeit der zuvor Entlasteten nötig machte.
Auch Fallbeispiel 3 ist ähnlich interpretierbar: Engagement auf der Ebene der verbalen Deklaration wird zugelassen. Als dieses jedoch in Forderungen nach Veränderung von Praxis umschlägt, wird es von den 'Betroffenen' zunehmend als Handlungsdruck interpretiert.

(2) Außenbeziehungen und Organisationserhalt
Die Umwelt ist für Organisationen eine „Unsicherheitszone", zu der in Austauschbeziehungen zu treten aber unumgänglich ist (zwecks Mobilisierung von Ressourcen, Absatzes der Produkte, Inanspruchnahme der Dienstleistungen). Die „Fähigkeit, Umweltungewißheit für die Organisationen zu verringern" ist für organisationsinterne wie -externe Personen und Gruppen eine „Quelle für Machtbeziehungen" und eine Grund, Gegenleistung erwarten zu dürfen (vgl. ORTMANN et al. 1990, 59f).

• *Schülerzahlen*
Bei einer Untersuchung 'guter Schulen' (vgl. ALTRICHTER et al. 1994) stellte sich

heraus, daß die Erhaltung der notwendigen Anzahl von SchülerInnen in allen Schulen als wesentlichster Erfolgsindikator angesehen wurde.

In Fallbeispiel 4 ist die Aussage der Volksschuldirektorin, daß eine spezielle Unterrichtsmethode von den Eltern gewünscht würde und ein expliziter Grund für große Anmeldungszahlen wäre, ein starkes Argument, dem sich eine neu in den Lehrkörper eintretende Lehrerin schwer entziehen kann.

- *externe Autoritäten und persönliche Beziehungen zu ihnen*

Der Bezug auf externe Autorität und persönliche Beziehungen zu externen Machtträgern können den innerschulischen Einfluß festigen. Die parteipolitische Verankerung von LehrerInnen und SchulleiterInnen sowie das Bekleiden eines außerschulischen Amtes, das mit gesellschaftlichem Einfluß versehen ist (z.B. Bürgermeister), können sich auf den innerschulischen Einfluß auswirken.

In Beispiel 2 untermauert der Direktor seine Befürwortung von Projektunterricht mit dem Hinweis auf die Autoritäten „Schulaufsicht“ und „Lehrplan“.

- *SchulleiterInnen als AußenministerInnen*

Bei der erwähnten Untersuchung 'guter Schulen' (vgl. ALTRICHTER et al. 1994) wurden die formellen Außenkontakte der Schule z.B. zu Schulbehörde und Gemeinde meist vom Lehrkörper den SchulleiterInnen überlassen. Diese zeigten sich in der Regel als bedeutend besser informiert, aber auch weniger defensiv und pessimistisch gegenüber externen Anforderungen. Aktive SchulleiterInnen wirken offenbar als eine Art Außenminister, als *gatekeeper*, der die Grenzen der Schule sichert und dadurch dem Lehrkörper eine relativ unbeeinflußte Arbeit (Privatheit im Klassenzimmer) sichert, dafür aber viel Handlungsspielraum zugestanden bekommt.

(3) Bildung, Qualifikation und spezifisches Sachwissen

Einerseits würde man erwarten, daß in Organisationen, die mit der Vernmittlung von kulturellem Kapital befaßt sind, die Verfügung der Berufstätigen über solches Kapital von entscheidendem Einfluß ist. Andererseits dürfte dieses in segmentierten Organisationen, die landesweit als formell gleich gelten, in denen die Berufstätigen gleichen formellen Qualifikationsgrad (Bildungstitel) aufweisen[43] und in denen qualitative Differenzierung bei Rekrutierung und im Organisationsalltag ('Gleichheitsmythos') unüblich ist, eine nur geringe Rolle spielen.

Dort, wo Schulen jedoch eigenständige Profile aufzubauen versuchen, zeigt sich, daß sie Einfluß auf die Neueinstellung nehmen wollen (vgl. ALTRICHTER et al. 1994). Bestimmte Informationen und Fähigkeiten, die für die Argumentation und Realisierung eines spezifischen 'Schulprofils' Schlüsselcharakter haben, können deren BesitzerInnen eine Einflußposition in der Schule verschaffen: z.B. national anerkannte Informatiker in einer Schule, die stolz auf ihren Informatikschwerpunkt ist; SportlehrerInnen, die den Sportschwerpunkt aufgebaut haben, der einer Hauptschule die

---

[43] Schulen mit formell unterschiedlich qualifizierten Personal (z.B. HTLs) müßten gesondert untersucht werden.

notwendigen Schülerzahlen gebracht hat.

Auch die Entscheidung der projektunterrichtsfreundlichen Lehrergruppe in Beispiel 2, eine Fallstudie zum Thema „Projektorganisation" durchzuführen, kann als Versuch verstanden werden, die eigene Argumentationsbasis durch die Produktion von Wissen (oder durch externe Reputation - 'wissenschaftliches Projekt'; siehe nächsten Punkt) zu verbessern.

(4) Beziehungen und Reputation
In feudalen wie in demokratischen Gesellschaften stellt die *Zahl* und die *Loyalität* der Befürworter einer Sache ein gewichtiges Argument dar, wenn sich auch die Arten der Befürwortung geändert haben mögen. Entscheidend ist dabei, wie langfristig es gelingt, Loyalität zu binden und welche Gegenleistungen dafür aufgewandt werden müssen. Die geringe Zahl der in Fallbeispiel 2 zur Koordinationssitzung erschienenen LehrerInnen wird vom Schulleiter als eine Herausforderung seines Einflusses interpretiert. Gelänge es den 'Projektunterrichtsgegnern' Gefolgschaft in entsprechender Zahl und mit längerfristiger Loyalität zu rekrutieren, so wäre seine Handlungsfähigkeit tatsächlich sehr eingeschränkt.

Reputation ist eine Schlüsselressource und ein Ergebnis von Mikropolitik (vgl. BALL 1990, 248). So wird auch Wissenschaft, worauf schon in Fallbeispiel 1 angespielt wurde, nicht unbedingt immer wegen ihrer inhaltlichen Ergebnisse als Mitspieler im Schulbereich geschätzt, sondern auch wegen der Reputation, die die alte Institution Universität trotz aller Vorwürfe der 'Praxisferne' noch immer genießt.

(5) Kommunikation und Informationsfluß
Wer infomiert ist und wer nicht, ist häufig ein Gesprächsthema in Konferenzzimmern: Wir haben häufig Klagen von LehrerInnen gehört, daß sie von Ministerium oder Direktion nicht richtig oder zu allerletzt informiert würden. Mindestens ebenso oft hörten wir Klagen von SchulleiterInnen, daß LehrerInnen Informationen nicht zur Kenntnis nähmen. Wenn man die Vorgänge um die Koordinationskonferenz in Fallbeispiel 2 in Erinnerung hat, sollte auch die Hypothese untersucht werden, inwieweit in Organisationen, in denen hohe Arbeitsplatzsicherheit herrscht und qualitative Differenzierung zwischen Berufstätigen offiziell nicht vorkommt, eine wichtige Strategie zur Aufrechterhaltung eines geschützten Territoriums darin besteht, 'sich dem Informationsfluß zu entziehen'

(6) Zeit, Geld, und Stundenpläne
Der Zugang und das Verfügen über begehrte und knappe materielle und zeitliche Ressourcen sind zwar Gegenstand innerorganisatorischer Spiele, doch herrschte in den von uns untersuchten Schulen durch zentrale Regelung und Traditionen des 'Gießkannenprinzips' relativ wenig Spielraum. Ein viel bedeutsameres Objekt der innerorganisatorischen Auseinandersetzung sind unserer Beobachtung nach jedoch die Lehrfächerverteilung und die Stundenpläne der Lehrkräfte. Hier entfaltet sich an manchen Schulen eine reiche Interventionstätigkeit, in der es um 'brave Klassen', solche mit geringen Schülerzahlen, Stundenpläne mit wenigen 'Fenstern' und günstige

freie Tage geht. Gewinne auf diesem Terrain sind jedoch wahrscheinlich eher Ausdruck von Macht, denn in weiteren Interaktionen benutzbare Machtquelle.
Da Zeit nach BOURDIEU als universelles Transformationsmaß Verwendung findet, verwundert es nicht, daß Betroffene in Entwicklungsprozessen häufig auf den 'Zeitaufwand' verweisen. Dies deutet an, daß sie eine (wie immer 'provisorische') Kosten-Nutzen-Abschätzung der eingesetzten Kapitalien vornehmen.

5.5.3 Normative Bezugspunkte für Entwicklungsprozesse.

5.5.3.1 Entwicklungskonzeptionen

Wir fassen die bisherigen Überlegungen zusammen, indem wir einige idealtypische *Entwicklungskonzeptionen* nebeneinander stellen: Die mikropolitische Perspektive macht zunächst darauf aufmerksam, daß die Entwicklung von Organisationen nicht nur als harmonisches Wachsen durch die Addition guter inhaltlicher Ideen gesehen werden kann, wie dies 'engagierte InnovatorInnen' nicht selten tun: „Ich will ja nur Euer Bestes!" ist ihr Schlachtruf, der ihnen unverstandenerweise oft schlecht vergolten wird. Man könnte diese Herangehensweise als *inhaltlich-missionarische Entwicklungskonzeption* bezeichnen. Die gemeinsame Zielorientierung auf ein 'pädagogisch Besseres', die diese Strategie unterstellt, fehlt nur zu oft in der Schule, die, wie andere Organisationen auch, in der Regel durch 'Zieldiversität' gekennzeichnet ist.

Die Entwicklung von Organisationen ist aber auch nicht nur ein Problem guten Managements und rationaler Planung des Wandels. Bei geglückten Schulentwicklungsprozessen kommt es nicht nur darauf an, daß Ideen durch gediegenes Design und gekonntes Prozeßmanagement zum Durchbruch verholfen wird, wie das Ansätze der Organisationsentwicklung, die einer *technisch-prozeßhaften Entwicklungskonzeption* verpflichtet sind, glauben machen.

Wandel ist vielmehr auch ein kulturell-politisches Phänomen und spielt sich als konflikthafte Auseinandersetzung zwischen Personen und Gruppen um die Definition von Schule und um eigene Einflußbereiche und Ressourcen ab. Innovation findet in einem Spannungsfeld von Subkulturen mit unterschiedlichen Interessen statt; sie versucht eine partielle Veränderung der aktuellen Definition der Organisation und ist daher ein Anschlag auf die herrschenden Machtverhältnisse und die etablierten Strukturen organisationaler Interaktionen. Innovationen eröffnen neue Handlungs- und Profilierungsmöglichkeiten, bedrohen etablierte Beziehungen, erfordern neue Fähigkeiten und bieten neue Regeln und Ressourcen. Innovation ist eine Umordnung der Organisation, die von manchen Organisationsmitgliedern vor allem als Unordnung erlebt wird. Aus mikropolitischer Perspektive ergibt sich so zunächst eine *sozial-prozeßhafte Entwicklungskonzeption.*

5.5.3.2 Zum Politikverständnis der mikropolitischen Perspektive

Wie aber sollen Mitglieder eines Kollegiums oder externe BeraterInnen handeln, wenn sie selbst als Akteure an Schulentwicklungsprozessen teilnehmen? U.E. kann man diese Frage auch folgendermaßen formulieren: *Welche 'Politik' sollen schulischen MikropolitikerInnen und BeraterInnen von Entwicklungsprozessen vertreten?* Anhand dieser Frage wird überraschenderweise deutlich, daß das Verständnis von 'Politik' der mikropolitischen AutorInnen in der Regel zu wenig inhaltlich präzisiert ist, um eine befriedigende Beantwortung dieser Frage zu erlauben.

In den gängigen mikropolitischen Anschauungen, so wie wir sie in Kap. 5.2 dargestellt haben und wie sie z.B. in der Arbeit von BALL zum Ausdruck kommen, scheint Wandel in Organisationen dadurch zustande zu kommen, daß Organisationsmitglieder ihre eigenen Interessen zur herrschenden Ordnung zu machen versuchen. Das Kriterium einer erfolgreichen Innovation aus der Akteursperspektive ist die Erhaltung und der Ausbau eigener Handlungsmöglichkeiten. Der Implementationsprozeß ist insoferne besonders bedeutsam, als in ihm erst die 'Innovation' durch strategische Abstriche, Modifikationen oder Neuinterpretationen ihre Form gewinnt. Dem gewieften Mikropolitiker, zumindest nach dem Bild, das uns in der Literatur gezeichnet wird, ist die inhaltliche Gestalt der Innovation gegenüber seinen eigenen Einflußinteressen sekundär. Hinter solchen Vorstellungen steckt eine *konflikthaft-machtstrategische Entwicklungskonzeption* und Machiavellismus ist ihre Handlungsorientierung.

Das Politikverständnis, das in einem Großteil der mikropolitischen Literatur (mit der deutlichsten Ausnahme der Arbeiten von ORTMANN et al. 1990) zum Ausdruck kommt, ist überraschend unpolitisch: Politik ist ein Gegenbegriff zu Wahrheit, Vernunft, wird mit Intrigen und Einflußakkumulation assoziiert (z.B. bei HANDY 1993, 108). Das Wort 'Demokratie' kommt nirgends vor. Wie populistische PolitikerInnen geben sie der Politik die Konnotation, etwas 'Schmutziges' zu sein, und beschäftigen sich doch damit. Traditionelle mikropolitische Konzeptionen neigen dazu, Politik als eine Auseinandersetzung isolierter und bindungsloser, aktiver und agressiver Marktsubjekte zu betrachten, deren einziges Interesse der Aufbau von Macht zur Kontrolle der organisationalen Interaktion zwecks Gewinn von Ressourcen und Freiraum ist. Schon unser Hinweis auf die Bedeutung von Konsensbereichen und auf die teilweise durchaus überlappenden Interessen der Akteure (vgl. Kap. 5.4.2) hat unsere Skepsis gegenüber dieser Politikkonzeption angedeutet (vgl. auch die Kritik bei BLOOME/WILLETT 1991, 208).

Leider bietet auch eine konstitutionstheoretische Perspektive, wie wir sie in Kap. 5.4 vorgetragen haben, nicht den einfachen Ausweg. Sie steht in ihrer gegenwärtigen Ausformung in der Gefahr, zu einer 'kontemplativ-apolitisch-ahistorischen Politikkonzeption' zu führen. So bezeichnet TÜRK (1989, 131) CROZIER/FRIEDBERGs Ansatz als „ahistorische Formaltheorie. Spielstrukturen, Inhalte von Strategien, konkrete politische Interessen werden nicht auf eine empirische Theorie der konkreten historischen Gesellschaftsformation bezogen, in der sie leben." Auch nach JOAS (1992a, 346) *„laufen die Konstitutionstheorien in ihrer Betonung der Offenheit allen Handelns und aller Geschichte in Gefahr, sich so nah an die Geschichte anzuschmiegen, daß sie keinerlei aussagekräftige Theorie gesellschaftlicher Entwicklung mehr bieten, sondern nur mehr eine abstrakte und unliterarische Wiedergabe abgelaufener Entwicklungen". Sie neigen so zu „einer radikalen Trennung der 'realistischen'*

Betrachtung des sozialen Wandels von seiner Bewertung durch den Theoretiker" (ebda.).

So haben auch wir in unserer bisherigen Diskussion von Fallbeispielen scheinbar wertfrei Situationen und Abläufe geschildert und interpretiert. Wir haben weder inhaltlich für oder gegen den Projektuntericht bzw. die Erstunterrichtsmethode argumentiert, noch haben wir den Prozeß der Einführung des Projektunterrichts bzw. der Integration einer neuen Lehrerin in Hinblick auf seine technische Effizienz oder seine moralische Wünschbarkeit beurteilt, auch wenn vielleicht einige LeserInnen Bewertungen zwischen den Zeilen lesen werden.

Wenn man nicht - wie manche machtstrategische Mikropolitik-Konzepte - eine rasche technologische Kehre in Richtung Machiavellismus empfehlen will, noch sich mit der konstitutionstheoretischen Interpretation abgelaufener Prozesse begnügen will, dann ist für die konstruktive Wendung des bisher entwickelten Begriffsinstrumentariums ein normativer Bezugspunkt nötig. JOAS (1992a, 347) sieht den normativen Kern z.B. von GIDDENs Konstitutionstheorie in der *„Idee der Selbstbestimmung*; da diese Idee das Begehren der Handelnden ausdrückt, ihre soziale Ordnungen anzuerkennen, als wären sie ein Werk ihres Willens. Die Idee der Selbstbestimmung muß aber durch die Bezeichnung der individuellen und kollektiven Akteure, die das Recht auf Selbstbestimmung genießen wollen, sowie der Reichweite der Kriterien ihrer Selbstbestimmung spezifiert werden. Durch die Verknüpfung mit differenzierungstheoretischen Überlegungen[44] wird so die abstrakte Idee der Selbstbestimmung zu einer Theorie der Demokratie. Die Frage nach den Ursachen, Trägern und Wirkungen von Demokratisierungsprozessen sowie den institutionellen Strukturen demokratischer Gesellschaften oder einer demokratischen Welt wird damit zur zentralen Achse der Theoriebildung. Es ist deshalb ein gravierender Mangel einer Konstitutionstheorie, wenn sie die normative Klärung des Demokratie-Ideals, aber auch die empirische Klärung der Ursachen und Folgen von Demokratisierungsprozessen von ihrer Anlage her ausspart".

Auch CROZIER/FRIEDBERG (1993, 255) sind sich dessen bewußt, daß der Blickwinkel der Akteure letztlich nicht nur eine analytische, sondern auch eine normative Perspektive erfordert. Allerdings warnen sie davor, sich zu früh abstrakte Orientierungen zu setzen, bevor die Ressourcen des Kontexts und der Akteure geklärt sind: man kann „nur die Ziele setzen, für die man genügend Handlungsfähigkeit, d.h. Macht, mobilisieren kann" (a.a.O., 275). Für sie ist es wichtiger, die empirischen Handlungsstrukturen in konkreten Bereichen jeweils kritisch zu untersuchen, als sich in der Ausarbeitung utopischer Modelle zu verlieren.

Für sie besteht kein Ziel darin, Macht abzubauen und Führung überflüssig zu machen. Wohl weisen sie aber darauf hin, daß Machtbeziehungen auf sehr unterschiedliche Weise geregelt sein können (a.a.O., 276). Das Problem der Macht und der Führung löse man nicht durch seine Negation, sondern dadurch, „daß man das Vorhandensein

---

[44] Mit dem Begriff 'Differenzierungstheorien' bezeichnet JOAS (1992a, 326ff) jene evolutionistischen und funktionalistischen Konzeptionen, von denen sich GIDDENS' (vgl. 1992, 28ff & 42f) Konstitutionstheorie zunächst abheben wollte (vgl. JOAS 1992b, 16).

dieses Phänomens anerkennt und es einer immer größeren Zahl von Personen ermöglicht, in das Spiel der Machtbeziehungen mit mehr Autonomie, Freiheit und Entscheidungsmöglichkeiten einzutreten ... <und; die Verf.> die größtmögliche Zahl von Personen ermutigt, Initiativen zu ergreifen und formale und informelle Führungsfunktionen zu übernehmen ..." (a.a.O., 276f). Diese Zielorientierungen wären nicht ihre eigenen normative Setzungen, sondern Normen, auf die die Autoren bei ihrer Zusammenarbeit mit sich entwickelnden Organisationen immer wieder getroffen wären: „... hinter allen an der Basis und an der Spitze erlebten Zielsetzungen scheint sich ein und diesselbe tieferliegende Zielvorstellung herauszuschälen: zur Emanzipation der Menschen beizutragen." (a.a.O., 281) Nachdem der Zwang der Strukturen ebenso wie die Autonomie der Akteure jeweils *relativ* sind, denken CROZIER und FRIEDBERG hier offenbar an ein Konzept der *relativen Emanzipation*: Emanzipation bedeutet nicht die Befreiung aus jeglicher Bedingtheit des Handelns, sondern die Chance einer immer größeren Zahl von Menschen, mit mehr Autonomie, Freiheit und Entscheidungsmöglichkeiten in die Spiele einzusteigen, in denen die Bedingtheiten des Handelns sozial konstruiert werden.

Wir übertragen die Argumentationen von JOAS und CROZIER/FRIEDBERG in folgender Weise auf Schulentwicklungsprozesse:

- Auch Schulentwicklungsprozesse brauchen für strategisches Handeln *einen normativen Bezugspunkt.* Es sind Alternativen zu inhaltlich-missionarischen, technisch-prozeßhaften und machiavellistisch-machtstrategischen Entwicklungskonzeptionen zu begründen, die sich an einer Idee relativer Selbstbestimmung von interaktiv konstituierten, dann aber wieder relativ zwingenden Strukturen orientieren.
- Solche Entwicklungskonzeptionen mit ihren normativen Bezugspunkten sollten *in abstracto* nicht zu weit getrieben werden. Die allgemeine Gestalt einer Entwicklungskonzeption kann zwar einerseits als Kriterium zur Beurteilung von konkreten Entwicklungsprozessen verwendet werden; andererseits benötigen diese Normen *„interpretation in context"* (CRONBACH 1975), und ihre Bedingungen und Folgen sind selbst wieder *in und an konkreten Vorhaben der Schulentwicklung zu untersuchen.* Dies spricht für eine *reflexive und iterative Gestaltung von Entwicklungsprozessen*, die auch deren normative Basis nicht aus der Reflexion und Aushandelung ausschließt.

5.5.3.3 Verhaltenswelt II als Orientierung für das Handeln in Organisationen

Wir wollen abschließend einen möglichen normativen Orientierungspunkt für Schulentwicklungspozesse zur Diskussion stellen. Das machiavellistisch-machtstrategische Sozialitätsmodell erinnert frappant an das von ARGYRIS/SCHÖN (1974; vgl. ALTRICHTER 1990a, 74ff) beschriebene *Verhaltensmodell I.* Dieses kommt im Alltag sehr häufig vor und beschreibt die Art und Weise, wie einzelne Personen oder ganze Organisationen ihre Interaktionen strukturieren. Ein entsprechend Modell I handelnder Akteur will Situationen dadurch meistern, daß er die sich stellenden Aufgaben einseitig kontrolliert, seine InteraktionspartnerInnen nur selektiv mit Informationen versorgt und auch emotional als 'Meister' erscheinen will: seine Devise ist *mystery and mastery.* Dadurch baut er aber eine 'Verhaltenswelt' auf, die durch Defensivität

Abb. 1: Handeln in Modell I (Übersetzung von ARGYRIS/SCHÖN 1974, 68f)

Leitvariablen	Handlungsstrategie	Konsequenzen für die Handlungswelt	Konsequenzen für das Lernen
Definiere die Ziele und versuche, sie zu erreichen	*Plane und lenke die Umwelt einseitig* (sei überzeugend, appelliere an höhere Ziele)	Der Handelnde wird gesehen als defensiv, inkonsistent, inkongruent, auf Wettbewerb orientiert, kontrollierend, in Furcht, verletzt zu werden, manipulierend, Gefühle zurückhaltend, übermäßig besorgt wegen der eigenen Person und wegen anderer oder wenig besorgt wegen anderer	'Sich selbst versiegelnd' (sich selbst abschließend)
Maximiere Gewinne und minimiere Verluste	*Es ist Deine Aufgabe; kontrolliere sie!* (beanspruche, daß Du im Besitz der Aufgabe bist; sei der Wächter der Definition und der Ausführung der Aufgabe)	Defensive interpersonale und Gruppenbeziehungen (Abhängigkeit vom Akteur, wenig Additivität, wenig Hilfe für andere)	Ein-Schleifen-Lernen
Minimiere die Generierung oder den Ausdruck negativer Gefühle	*Beschütze Dich einseitig* (sprich mit erschlossenen Kategorien, die von wenig/ keinem beobachtbaren Verhalten direkt begleitet werden; sei blind gegenüber dem Einfluß auf andere und der Inkongruenz zwischen Rhetorik und Verhalten; reduziere die Inkongruenz durch defensive Handlungen, wie Tadeln, Stereotypisieren, Gefühle Unterdrücken, Intellektualisieren)	Defensive Normen (Mißtrauen, mangelnde Risikobereitschaft, Konformität, Wendung nach außen, Betonung von Diplomatie, machtzentrierter Wettbewerb, Rivalität)	Geringes öffentliches Überprüfen von Theorien, häufiges privates Überprüfen von Theorien
Sei rational	*Beschütze andere einseitig vor dem Verletztwerden* (Halte Informationen zurück; kreiere Regeln, um Informationen und Verhalten zu zensurieren; halte private Treffen)	Wenig Wahlfreiheit, wenig Bindung nach innen und wenig Risikobereitschaft	

Abb. 2: Handeln in Modell II (Übersetzung von ARGYRIS/SCHÖN 1974, 87)

Leitvariablen	Handlungsstrategie	Konsequenzen für die Handlungswelt	Konsequenzen für das Lernen	Konsequenzen für die Lebensqualität
Valide Information	*Entwickle Situationen oder Umwelten, in denen die Teilnehmer 'Ursprünge der Handlung' sein können und hohe persönliche Verursachung erfahren können* (Psychologischer Erfolg, Bestätigung, Wesentlichkeit)	*Der Akteur wird in minimaler Weise defensiv erfahren* (Facilitator, Mitarbeiter, Schöpfer von Wahlmöglichkeiten)	Widerlegbare Prozesse	*Lebensqualität wird eher positiv als negativ sein* (hohe Authentizität und hohe Wahlfreiheit)
Freie und über 'verfügbare Daten' informierte Wahl	*Aufgaben werden gemeinsam kontrolliert*	*Zwischenmenschliche Beziehungen und Gruppendynamik sind von minimaler Defensivität*	Zwei-Schleifen-Lernen	*Effektivität der Problemlösung und Entscheidungsfindung wird groß sein, besonders für schwierige Probleme*
Interne Verpflichtung dem Gewählten gegenüber, laufende Beobachtung seiner Verwirklichung	*Der Schutz der eigenen Person ist ein gemeinsames Unternehmen und orientiert sich an Lernen und Entwicklung* (Sprich in direkt beobachtbaren Kategorien, suche Blindheit hinsichtlich eigener Inkonsistenzen zu reduzieren)	*Normen orientieren sich am Lernen* (Vertrauen, Individualität, offene Konfrontation bzgl. schwieriger Fragen)	Öffentliches Testen von Theorien	
	Zweiseitiger Schutz anderer			

und 'Spielen mit verdeckten Karten' gekennzeichnet ist. Lernen ist in einer solchen Verhaltenswelt nur in begrenztem Maße möglich, weil Akteure zwar einseitig ihre Strategien und rhetorischen Kniffe gut überlegen, die Situationsdefinition selbst, die sie ja gegenüber dem Interaktionspartner durchsetzen wollen, jedoch nicht zur Disposition stellen. Zudem verfügen die Agierenden aufgrund ihrer Geheimniskrämerei über beschränkte und unsichere Informationen. Die Folge längerfristigen Handelns nach Modell I ist, daß die interpersonelle Defensivität zu- und die Fähigkeit, Handlungsprobleme zu lösen, abnimmt (vgl. Abb. 1; ARGYRIS/SCHÖN 1974, 63ff; SCHÖN 1983, 226ff).

Gibt es eine Alternative zu diesem Handlungsmodell? Wenn die gängige mikropolitische Perspektive Politik als konflikthafte Auseinandersetzung zwecks einseitiger Situationskontrolle definiert, so scheinen sich zwei Alternativen anzubieten:

(1) *Beibehaltung einseitiger Situationskontrolle, aber keine konflikthafte Auseinandersetzung*

Dieser erste Ausweg wäre möglich, wenn sich eine Organisation vollständig in autonome Einflußbereiche, zwischen denen kein Koordinationsbedarf besteht, auflösen ließe: Jeder hat volle Kontrolle über sein Territorium. Niemand anderer mischt sich dort ein. Daher gibt es auch keine konflikthaften Auseinandersetzungen. Obwohl der Ausweg in der Kurzdarstellung auf den ersten Blick absurd erscheinen mag, ist er doch nur die letzte Konsequenz einer *Ideologie des individualistischen Professionalismus*, der - wenn auch in weniger extremen Ausformulierungen - viele PraktikerInnen und TheoretikerInnen des Schulwesens anhängen. Diese Spielart des Professionalismus ist eine Politik der Nicht-Politik, der Verleugnung von Interessensauseinandersetzungen. „Professionalismus wird als Alternative zu Politik gebraucht. Offene Politik ist ... unakzeptabel und unangebracht." (BALL 1990, 142). Politische Probleme sind nach dieser Anschauung technische Probleme, die in die Hände der professionellen Experten gehören. Diese verfügen über das entsprechende technische Wissen, woraus sich ein machtvoller Ausschlußmechanismus ableiten läßt: Wo Wissen ins Werk tritt, ist es unnötig, daß andere sich einmischen.

Gegen das Bild der Organisation als Ansammlung von einander nicht überlappenden autonomen Einflußbereichen läßt sich einwenden, daß es sehr wohl bereichsübergreifende Aufgaben der Organisation 'Schule' gibt und es daher die Möglichkeit zur Koordination und Kontrolle ihrer formellen Machtträger geben sollte. Unter dieser Perspektive wird eine individualistische Lehrer-Autonomie zu einer Isolierung und Separierung der Organisationsmitglieder, zu einer Strategie des 'Teile und herrsche!': *„Autonomie ist eine behagliche Illusion, die ein Gefühl professioneller Unabhängigkeit bei LehrerInnen ermutigt, sie aber nichtsdestoweniger in das institutionelle Regime ihrer Schule einbaut. ... Indem die Schulleitung LehrerInnen autonome Entscheidung über eine Reihe spezifischer Klassenzimmer- und Curriculumfragen zugesteht, kann sie sie in effektiver Weise von der Mitsprache bei einer großen Zahl von Themen ausschließen, die die ganze Organisation betreffen und damit auch die Begrenzungen, innerhalb derer ihre Autonomie angesiedelt ist." (BALL 1990, 122f)*

(2) *konflikthafte Auseinandersetzung, aber keine einseitige Situationskontrolle*

Wie steht es um den zweiten Ausweg? Bei ihrer Alternative zu Verhaltenswelt I gehen ARGYRIS und SCHÖN (1974) von folgendem Gedankengang aus: Wenn PraktikerInnen selbst entsprechend Modell I-Regeln agieren oder auf eine Verhaltenswelt treffen, die nach solchen Maximen gestaltet ist, dann wird die Erforschung und Lösung praktischer Probleme eingeschränkt bis ganz verunmöglicht. Die längerfristige Lösung sozialer Probleme erfordert eine anders gestaltete Verhaltenswelt, die ARGYRIS/SCHÖN (1974, 87) Modell II nennen. Sie orientiert sich an Leitvariablen, wie 'valide Information', 'freie und informierte Wahl' und 'Verpflichtung und Kritik'. Sie benützt Handlungsstrategien, mit denen die Problemlösung, die dafür nötige Informationsbeschaffung sowie das emotionale Bestehen in der Situation zur zweiseitigen Aufgabe gemacht werden (vgl. Abb. 2).

Die *Entwicklungskonzeption* hinter diesem Modell könnte man als *konflikthaft-aushandlungsbezogen* bezeichnen. Man sollte Modell II im Sinne des vorher gesagten nun nicht zu einer abstrakten Zielperspektive hochstilisieren, unter die empirisch Vorfindliches gezwungen werden muß. Als regulative Leitidee kann es aber praktische Orientierung für Entwicklungsprozesse bieten, auch ohne 1:1 umsetzbar zu sein. Verschiedene Elemente des Modells (wie z.B. 'valide Information', 'freie und informierte Wahl' und 'Verpflichtung und Kritik') können auch Kriterien abgegeben, nach denen AkteurInnen wie BeraterInnen ihr Handeln und die dadurch aufgebauten Strukturen untersuchen können.

Drei Gründe scheinen für konflikthaft-aushandlungsbezogene Strategien zu sprechen, normative, epistemologische und ökonomische. *Erstens* sollten pädagogische Innovationen auch vor *pädagogischen Zielen* her rechtfertigbar sein: der Zweck der Durchsetzung (eines vermeintlich Guten) heiligt nicht die (machtstrategischen) Mittel. Entwicklungshandeln in sozialen Organisationen sollte demokratische Zielsetzungen und die Menschenrechte nicht verletzen. *Zweitens* erfordert effektives Erforschen und Lösen von sozialen Fragestellungen schon aus *epistemologischen* Gründen eine demokratische, kooperative und offene Herangehensweise. Lernen durch Reflexion und Aktion wird dort gefördert, wo persönliche Verantwortung für Handlungen übernommen wird und wo es gleichen Zugang für situativ bedeutsame Informationen gibt. Komplexe berufliche Fragestellungen scheinen eine Handlungsgestaltung nach Verhaltenswelt II zu erfordern (vgl. SCHÖN 1983).

Drittens wären schließlich unter *ökonomischer* Perspektive in einer machtstrategisch geprägten Schule die Kontrollkosten sehr hoch (vgl. ORTMANN 1990, 51ff). Der Charakter der Lehrerarbeit widersetzt sich engen Kontrollstrategien, die im Rahmen der Schule eher zu einer Atomisierung und Chaotisierung des Schullebens als zu einer geordneten Erfüllung der Ziele der Schule führen würden. PURKEY/SMITH (1991, 33) halten die organisationstheoretische Vorstellung für „widerlegt, daß Schulen klassische bürokratische Organisationen seien". Vielmehr funktionieren sie nach dem Prinzip von *loosely coupled systems*, weil die Lehrerarbeit zum großen Teil unabhängig von der unmittelbaren Aufsicht des Schulleiters, die Technologie der Erziehung relativ weich und eine Standardisierung der Aufgaben und Verhaltensweisen schwierig ist. Angesichts der relativen Autonomie der Organisationsmitglieder in der Schule lassen sich Innovationen langfristig nicht machtstrategisch durchsetzen, weil sie in der Privatheit des Klassenzimmers immer wieder unterlaufen werden können, etwa wenn sich unter dem Banner der 'Methodenfreiheit' oppositionelle Allianzen bilden usw.

5.5.3.4 Ein Dialog zum Konzept der Verhaltenswelt II und zu seiner Verwendung in Schulentwicklungsprozessen

Abschließend sollen einige *Zweifel* am Modell der Verhaltenswelt II festgehalten und unsere *Vorstellungen über seine mögliche Rolle in Entwicklungsprozessen* in Form eines Dialoges präzisiert werden:

Nachdem wir 'Zieldiversität' als Merkmal von Organisationen akzeptiert haben, sollen wir nun plötzlich wieder ein einheitliches, für alle Organisationsmitglieder geltendes, Konsens forderndes Ziel in Form der Leitvariablen nach ARGYRIS und SCHÖN akzeptieren? Fällt da die mikropolitische Argumentation nicht hinter ihre eigenen Standards zurück?
Erstens entsprechen diese neuen Ziele nicht den üblichen inhaltlichen Unternehmenszielen (z.B. in Form der Allgemeinen Bildungs- und Lehraufgabe), sondern stellen Meta-Ziele, eine 'Verfahrensethik', dar, die sich auf die Aushandlungsprozesse (zum Zwecke der Spezifizierung dieser Ziele und der Gestaltung der Umsetzungsprozesse) in der Organisation beziehen. Der Meta-Charakter dieser Ziele macht die Sache allerdings nicht einfacher. Zweitens, und das ist der entscheidende Punkt, schlagen wir eine andere *Verwendung dieser Normen* vor:
(1) Verhaltensmodell II ist nicht *die* abstrakte Ethik, nach der sich alles zu richten hätte, sondern stellt einen *Verhandlungsvorschlag für eine Verfahrensethik*[45] dar, mit dem wir in Entwicklungsprozesse hineingehen und den wir unseren PartnerInnen vorlegen. Eine solche Verfahrensethik ist auch kein 'Aufruf zur Abschaffung von Macht': In Kap. 5.5.2.1 wurde Macht als Handlungsfähigkeit, als „Möglichkeit, auf andere Individuen oder Gruppen einzuwirken" (CROZIER/FRIEDBERG 1993, 39), angesehen. Eine solche Verfahrenstehik stellt den Versuch dar, die in Entwicklungsprozessen akzeptablen 'Verfahren', und d.h. auch die Handlungsspielräume, die Macht oder die Einflußmöglichkeiten, die den AkteurInnen zugestanden werden, explizit zu machen.
(2) Dieser Vorschlag soll aber auch auf unsere *persönliche, nicht hintergehbare Wertbasis* hinweisen *(So flexibel ist der Mensch auch wieder nicht!):* Unsere Beratungstätigkeit in Entwicklungsprozessen soll langfristig zu einer *relativen Emanzipation* der Organisationsmitglieder in dem Sinne beitragen, daß sie „einer immer größeren Zahl von Personen ermöglicht, in das Spiel der Machtbeziehungen mit mehr Autonomie, Freiheit und Entscheidungsmöglichkeiten einzutreten ... <und> die größtmögliche Zahl von Personen ermutigt, Initiativen zu ergreifen und formale und informelle Führungsfunktionen zu übernehmen ..." (CROZIER/FRIEDBERG 1993, 276f).
(3) In seinen konkreten Verfahrensaspekten ist der Vorschlag jedoch nicht bloß

[45] Wir konzipieren diese hier in Analogie zu den *ethischen Codes* der AktionsforscherInnen (vgl. ALTRICHTER et al. in Vorb.).

verhandel*bar;* es ist vielmehr *notwendig*, daß ein *Verhaltenscode* zwischen den Beteiligten konkreter Entwicklungsprozesse *ausgehandelt* wird[46]. Auch Ethik wird durch Organisationspiele, d.h. Aushandlungsprozesse, hergestellt - die Frage ist nur, auf welche Weise und mit welchen Ergebnissen. CROZIER/FRIEDBERG (1993, 277) haben für Entwicklungshandlungen jedenfalls empfohlen, „daß wir unsere Beziehungen so organisieren müssen, daß wir uns gegenseitig vertrauen können."
(4) Das Ergebnis diese Aushandlung soll den Beteiligten eines Entwicklungsprozesses einen normativer Bezugspunkt für strategisches Handeln bieten und den Aufbau einer gewissen Orientierungssicherheit erlauben. Zum Zeitpunkt der Aushandelung ist der ethische Code jedoch nicht mehr als ein 'Projekt': Auch wenn sich die AkteurInnen auf bestimmte Verfahrensregeln geeinigt haben, ist damit noch nicht gesichert, daß ihnen erstens diese Einigung zu späteren Zeitpunkten noch als 'glückliche Idee' erscheinen wird, und zweitens auch nicht, daß diese Verfahrensregeln zu den erhofften Auswirkungen führen werden. Insoferne sollten auch diese Interaktionsnormen *nicht von der grundsätzlichen Reflexivität und Iterativität von Entwicklungsprozessen ausgenommen werden*: Auch sie müssen begleitend beobachtet und auf ihre Auswirkungen reflektiert werden. Auch über sie wird man durch ihre Praktizierung klüger werden. Erfahrungsgewinn und veränderte Lage können zu neuen Aushandlungsprozessen und einer Veränderung des ursprünglichen Verhaltenscodes führen (vgl. die Punkte 3, 4 und 8 in Kap. 5.5.1.3).

Und wird dann die Welt besser, wenn nur ein paar InnovatorInnen damit anfangen, 'ethischer zu handeln'?
Wir glauben *nicht an eine Automatik der Veränderung*, die sich aus Einzelhandlungen ergibt. Vielmehr braucht es ein „paralleles, aufeinander abgestimmtes Vorgehen zur Veränderung von Strukturen und Verhaltensweisen" (CROZIER/FRIEDBERG 1993, 262ff). D.h. auch, es müssen begleitend *stützende Strukturen für das Handeln der Organisationsmitglieder, die ihnen das Praktizieren der Leitvariablen erleichtern*, aufgebaut und schon bei der Aushandlung der Verfahrenscodes festgehalten werden. Die konkrete Ausformung dieser stützenden Strukturen hängt natürlich wieder vom jeweiligen Kontext ab, doch mögen die folgenden Maßnahmen als Beispiele dienen: Aufbau eines erweiterten Schulleitungsteams (vgl. ALTRICHTER 1994b), dessen Sitzungen öffentlich zugänglich sind; Protokollierung der Beschlüsse von Arbeitsgruppen und Konferenzen, die allen Mitgliedern der Schule routinemäßig (z.B durch Auftrag an das Sekretariat) zugänglich gemacht werden; Aufbau einfacher Informationsmedien zur Verbreitung von Informationen in der Schule (z.B. Litfaßsäule im Eingangsbereich); Möglichkeit, externe Moderation für Arbeitsgruppensitzungen und Konferenzen anzufordern; schulinternes Schlichtungsgremium für die Bearbeitung von Meinungsverschiedenheiten (vgl. POSCH/ALTRICHTER 1993, 42) usw.

Bedeutet dieser Konsens über einen Verhaltenscode nicht neuen Zwang für die AkteurInnen? Konsens wird üblicherweise als etwas 'Gutes' verstanden, aber kommt die Bildung von Konsens nicht einem 'Konkurs der Pluralität' (LYOTARD 1986, 188) gleich?

---

[46] Wenn es sich um eine Arbeitsbeziehung zwischen BeraterInnen und KlientInnen handelt, die vertragsmäßig festgelegt wird, so ist dieser Verhaltenscode Teil des Vertrages.

In Kap. 5.4.2 haben wir schon auf das Zwingende von Konsens hingewiesen. Im übrigen sollte man bei der Festlegung von Verfahrensregeln nicht übereifrig sein. Strukturen mit *Spielräumen* sind *wandlungsfähiger* (vgl. Punkt 12 in Kap. 5.5.1.3). Wie bei inhaltlichen Zielorientierungen ohnehin weit verbreitet, sollten auch die Verfahrensübereinkünfte in Schulentwicklungsstrategien in der Form eines knappen *Mindestkonsens* formuliert sein, der eben durch die Tatsache, daß an sich bedeutsame Bereiche auch ungeregelt bleiben, unterschiedliche Interessen nebeneinander bestehen läßt.
Außerdem wird es einer gewissen *Toleranz* bei Regelübertretungen bedürfen, um den PartnerInnen die Chance zu geben, wieder in ein Kooperationsspiel zurückzukehren. Allerdings darf diese Toleranz nicht so weit ausgedehnt werden, daß bei anderen MitspielerInnen der Eindruck entsteht, ihre Kooperation würde systematisch ausgebeutet (vgl. POSCH in Kap. 6.1.1).

Wenn man wie ARGYRIS/SCHÖN davon ausgeht, daß Organisationen vorwiegend nach Modell I strukturiert sind: Sind dann nicht mystery and mastery-Techniken notwendig, um überhaupt Entwicklungsprozesse in Gang zu bringen? Tun Gestalter von Schulentwicklungsprozessen nicht gut daran, Machtträger besonders gut und früh zu informieren, dem Projekt einen tollen Rahmen zu geben, Euphorie zu verbreiten, Bedenken zu zerstreuen, Niederlagen zu kaschieren usw.? Die Grenze zur Manipulation von Information ist hier sehr schmal. 'Machtkämpfe' müssen auch nicht nur Energien verbrauchen, sondern können auch zusätzliche Energien entfachen, die sonst nicht vorhanden wären und können zu Situationen und Strukturen führen, die langfristig nicht zwangsläufig destruktiv sein müssen. Aus falschen und unvollkommenen Informationen können wichtige Schlußfolgerungen für Entwicklungsprozesse gezogen werden.
Wahrscheinlich macht es nicht besonders viel Sinn, *jede Einzelhandlung* nach den genannten Kriterien zu beurteilen. Das verursacht erhebliche Kontrollkosten, gibt Gelegenheit, sich häufig Versagensgefühlen auszusetzen und entspricht zudem nicht dem hier eingenommenen Standpunkt, daß Handlungen in ihrer strategischen Verkettung gesehen und beurteilt werden müssen (wie sich aus dem Beispiel der 'impliziten Verhandlung' bei CROZIER/FRIEDBERG entnehmen läßt; vgl. Punkt 10 in Kap. 5.5.1.3).
Auf der anderen Seite sollte nicht sofort eine flotte 'Zweck heiligt Mittel'-Philosophie dagegen gestellt werden. Entwicklungsprozesse in Schulen sollten ihre Innovationsstrategie *längerfristig* so anlegen, daß sie nicht eine Kultur des *mystery and mastery* verstärken, sondern durch eine reflexive Gestaltung des Entwicklungsprozesses zu einer relativen Emanzipation der Organisationsmitglieder beitragen. Die begleitende Prüfung des Sinns und der Auswirkungen des Verfahrenscodes, wie er oben vorgeschlagen wurde, sollten *einzelne* AkteurInnen laufend vornehmen; für die Prüfung des Verfahrenscodes auf institutioneller Ebene sollten jedoch im Code selbst Zeitpunkte und soziale Orte für 'Zwischenbilanzen' festgelegt werden.

Welche Menschen braucht es, die in einer Modell I-Welt leben, sich aber entsprechend Modell II verhalten sollen? Heißt das, daß Menschen auf ihren egoistischen Nutzen verzichten und - im Sinne von Modell II - 'altruistisch' handeln sollten? Heißt das, daß Menschen ihre Interessen, Bedürfnisse und Emotionen im Hinblick auf ein vage definiertes Gesamtwohl oder einen noch vager bestimmten Lernprozeß hintanstellen sollen? Zumal die Einforderung der ARGYRIS/SCHÖN'schen Leitvariablen möglicherweise eine tückische List in der mikropolitischen Strategie der Gegner sein kann.

Das Argument geht davon aus, daß einzelne Mitglieder einer machtstrategischen Modell I-Organisation ihre Interessen recht gut befriedigen können, und Modell II einen Verzicht bedeutete. POSCH zeigt weiter unten (in Kap. 6.1.1) auf, daß dies nicht der Fall sein muß sowie unter welchen Bedingungen das Gegenteil eintritt und Modell II zu einer besseren Befriedigung auch der individuellen Bedürfnisse führt. Im übrigen verzichten die Beteiligten eines Entwicklungsprozesses durch ihre Einigung auf einen ethischen Code nicht auf ihre Interessen, sondern nur darauf, bestimmte Taktiken zur Interessensdurchsetzung anzuwenden.

Anmerkung

Wir danken Peter Posch herzlich für seine Rückmeldungen und Anregungen zur Rohfassung dieses Aufsatzes. Kapitel 5.1, 5.2 und 5.4 dieses Beitrages sind in gekürzter Form unter dem Titel „Mikropolitik der Schule. Schultheorie als Theorie der interaktionellen Konstituierung von Organisationen." In: H.G. ROLFF (Hrsg.): *Zukunftsfelder von Schulforschung.* Deutscher Studienverlag: Weinheim 1995, S. 9-40 erschienen.

Kapitel 6

Rahmenbedingungen für Innovationen an der Schule.

Peter Posch

In diesem Abschnitt werden zunächst einige allgemeine Kategorien organisationaler Entwicklungs- und Veränderungsprozesse untersucht und Gemeinsamkeiten herausgearbeitet. Vor diesem Hintergrund wird der Begriff 'Innovation' präzisiert. Anschließend werden drei Rahmenbedingungen für Innovationen an der Schule anhand von Erfahrungen aus dem Innovationsprojekt ausführlicher dargestellt.

6.1 Modelle der Gestaltung organisationaler Prozesse.

Im folgenden werden einige Modelle organisationaler Entwicklungsprozesse unterschiedlicher Herkunft dargestellt, die aber tendenziell ähnliche Entwicklungsperspektiven eröffnen.

6.1.1 Von Verhaltensmodell I zu Verhaltensmodell II

In Kapitel 5 wird die in der Literatur dominierende mikropolitisch-machtstrategische Sichtweise organisationaler Prozesse kritisch beleuchtet. Mit Verhaltensmodell II von ARGYRIS und SCHÖN (1974) wird auf einen Weg hingewiesen, der weiterführende Perspektiven eröffnen könnte. Ich möchte im folgenden zu zeigen versuchen,

(1) daß auch Modell II als mikropolitischer Ansatz angesehen werden kann,
(2) daß daher ein mikropolitischer Ansatz nicht notwendig die humane Qualität des Handelns und die Zielsetzungen der Organisation außer acht lassen muß,
(3) daß zwar der Übergang von Modell I zu Modell II schwierig ist, daß aber Modell II unter bestimmten Bedingungen in Hinblick auf die Durchsetzung von Interessen der Handelnden erfolgreicher ist als Modell I und damit auch eine konkrete Realisierungschance hat,
(4) daß die Herstellung solcher Bedingungen auch durch bildungspolitische Entscheidungen beeinflußbar ist.

Zunächst sollen die Ansätze von ARGYRIS/SCHÖN (1974) und SCHÖN (1983) zur Gestaltung organisationaler Prozesse noch etwas genauer ausgeführt werden. Die beiden Autoren haben das Verhalten von Personen in Situationen untersucht, die als potentiell bedrohlich wahrgenommen werden. Sie haben dabei festgestellt, daß in solchen Situationen Handelnde primär (und ganz im Sinne traditioneller mikropolitischer Interpretationen) versuchen, andere unter ihre Kontrolle zu bringen bzw. dort zu halten und sich selbst zu schützen. Bei diesem Verhaltensmodell I *(mystery and mastery)* versucht eine Person(engruppe), die Situation vor allem dadurch einseitig zu kontrollieren, daß sie Informationen zurückhält *(mystery)* und ihre Interaktionspartner (z.B. Klienten) emotional bevormundet *(mastery)*.

Diesem Verhaltensmodell stellen ARGYRIS und SCHÖN (1974) das „Modell II" gegenüber und ordnen ihm folgende Verhaltenstrategien zu: Die gemeinsame Kontrolle der Handlungsergebnisse erfolgt durch jene, die auch an der Planung und Realisierung von Handlungen beteiligt sind. Statt offen oder verdeckt die eigenen Interessen zu verfechten, wird das Eintreten für eigene Interessen mit ihrer kritischen Untersuchung (und damit grundsätzlichen Infragestellung) verbunden. Konträre Positionen werden sichtbar gemacht, um ihre öffentliche Prüfung zu ermöglichen. Von diesem Verhaltensmodell erwarten die Autoren neben einer Minimierung defensiver Verhaltensweisen große Effektivität bei der individuellen und organisationalen Problemlösung und hohe Bereitschaft, die mit den beruflichen Aufgaben verbundenen Risiken zu übernehmen. Auch völlig neue Problemdefinitionen seien auf diese Weise möglich.

Der wesentliche Gedanke bei der mikropolitischen Interpretation von Handlungen besteht darin, daß die Motivation der Handelnden in der Maximierung des persönlichen Vorteils, d.h. in der Durchsetzung des Interesses an autonomen Handlungsmöglichkeiten, Ressourcen und Definition der Organisation liegt. Wie in Kapitel 5.5.3.3 ausgeführt, wird in einer Organisation, deren Mitglieder nach Modell I handeln, die *„Erforschung und Lösung praktischer Probleme deutlich beeinträchtigt bis ganz verunmöglicht"*. Aber nicht nur für die Organisation hat das Modell I Nachteile. Auch die einzelnen Mitglieder können sich in einer von Modell I dominierten Umgebung nur wenig entfalten, da ein großer Teil der Energie in die Verteidigung des eigenen Einflußbereiches investiert werden muß und zudem die Arbeitsatmosphäre von gegenseitigem Mißtrauen geprägt sein wird. Selbst aus mikropolitischer Perspektive kann es sich demnach unter Modell II besser leben als unter Modell I.

Trotzdem zeigen Untersuchungen von ARGYRIS und SCHÖN, daß von den meisten Personen Modell I praktiziert wurde, obwohl es in vielen Fällen sogar ihren verbalen Äußerungen über ihr Verhalten widersprach. Ja selbst wenn ihnen das Modell II erklärt wurde und wenn sie versuchten, dem Modell in ihrem praktischen Handeln zu entsprechen, gelang ihnen dies nicht, sobald sie sich mit praktischen Problemen befaßten, die kontroversiell bzw. bedrohlich erschienen.

Wie ist es zu erklären, daß alle nach Modell I handeln, obwohl Modell II gegenüber Modell I so viele Vorteile bringt? Dieser scheinbare Widerspruch löst sich auf, wenn man sich in die Position eines Handelnden versetzt: Wenn mein Gegenüber nach Modell I handelt, so ist es für mich besser, ebenfalls nach Modell I zu handeln, da er mich sonst ausnützt. (Wenn ich nach Modell II handle, erhält er z.B. meine Informationen, während er die seinen zurückhält.) Handelt er dagegen nach Modell II, ist es für mich ebenfalls besser, nach Modell I zu handeln, da ich ihn ausnützen kann und so meine Interessen optimal realisieren kann. Nachdem jeder von dieser Überlegung ausgeht, werden daher beide - der 'mikropolitischen Vernunft' folgend - nach Modell I handeln. Trotzdem ist - wie oben gezeigt wurde - diese Konstellation für alle Beteiligten unbefriedigend. Es stellt sich nun die Frage, ob es nicht doch Bedingungen gibt, unter denen auf ihren Vorteil bedachte Mitglieder einer Organisation Modell II anwenden?

Hinweise auf eine mögliche Antwort liefert ein spieltheoretisches Modell (vgl. SIGMUND 1992, 46): *„Zwei Spieler sind an einem gemeinsamen Unterfangen beteiligt. Stellen wir uns beispielsweise vor, daß sie an einem Spieltisch gegen die Bank spielen. Beide haben je zwei Strategien zur Auswahl, nämlich kooperieren oder desertieren. Wenn beide kooperieren, erhalten sie als Lohn für die Zusammenarbeit 3 Punkte. Wenn beide desertieren, bekommen sie bloß einen Punkt. Desertiert aber einer und kooperiert der andere, so kriegt der Deserteur fünf Punkte, während der andere gar nichts bekommt.*
Wie wird der rationale Spieler handeln? Er wird unbedingt desertieren. Das ist die rechte Wahl, wenn der andere Kooperation wählt - es bringt 5 Punkte, Kooperieren bloß 3 - und es ist auch das Richtige, wenn der andere desertiert - es bringt immerhin einen Punkt, und Kooperieren bringt überhaupt nichts. Desertieren ist somit in jedem Fall das Beste. Doch leider denkt der andere genau so. Daher desertieren beide Spieler, erhalten also jeweils nur einen Punkt. Kooperation hätte hingegen 3 gebracht."

Die entscheidende Frage ist nun, unter welchen Bedingungen Personen kooperieren. SIGMUND nennt zwei Voraussetzungen, die er mit spieltheoretischen Argumenten und Versuchen belegt: Eine dieser Voraussetzungen ist *Kontinuität der Beziehung*. Dies ist durchaus plausibel, wenn man an Geschäftspartner denkt, die nicht nur eine, sondern *mehrere* (bzw. eine unbestimmte Zahl von) Austauschbeziehungen erwarten: sie können nur einmal 'mit Gewinn' desertieren, weil dann der andere ebenfalls desertiert bzw. die Austauschbeziehung abbricht. Wenn hingegen beide kooperieren, haben beide einen größeren Vorteil auf längere Zeit.

Die zweite Voraussetzung besteht darin, daß der eine Partner im Falle einer Desertion des anderen zumindest grundsätzlich auch desertiert, sich also *nicht ausbeuten läßt*. Versuche zeigten jedoch, daß eine gewisse Bereitschaft, zu 'verzeihen' längerfristig mehr Vorteile verschafft als die schematische Vergeltung 'Gleiches mit Gleichem'. Der Grund liegt darin, daß nach einem 'Fehltritt' wieder die Möglichkeit der Rückkehr ins Kooperieren eröffnet wird. Das Rezept lautet demnach, *„nach Möglichkeit nie das Gute vergessen, aber manchmal (nicht immer!) das Böse, das einem angetan wird" (a.a.O., 54).*

Wenn man nun als Gedankenexperiment die eine Strategie *(desertieren)* durch das Verhaltensmodell I und die andere Strategie *(kooperieren)* durch Verhaltensmodell II ersetzt, so ergeben sich interessante Parallelen. Wenn man SIGMUNDs *Bedingungen für das Funktionieren der Strategie „Kooperation"* auf das Modell II anwendet, kommt man auf folgende Voraussetzungen, die teilweise eng miteinander zusammenhängen:

- *Kontinuität der Beziehung:* Es muß viele Gelegenheiten geben, die Vorteile von Modell II zu erleben, Übergänge von Modell I auf Modell II zu honorieren und Personen, die auf Modell I ausscheren, zu 'bestrafen'.
- Der *Übergang* von Modell I auf Modell II ist ein *langsamer Prozeß*, der Vertrauen erfordert, das *schrittweise durch 'vertrauensbildende Maßnahmen'* aufgebaut werden muß. Dies ist deshalb nötig, weil Modell II Vertrauen darauf voraussetzt, daß auch andere sich nach diesem Modell verhalten. Gelegenheiten für informelle Kontakte können zum Aufbau des erforderlichen Vertrauens beitragen.
- *Gegenseitige Abhängigkeit in der beruflichen Tätigkeit* ist eine wesentliche Voraussetzung dafür, daß eine kontinuierliche Arbeitsbeziehung entsteht. Sie ist auch

notwendig, um Gelegenheit zu haben, das Ausscheren zu bestrafen.
- *Eine flache Hierarchie:* Die Partner müssen im wesentlichen gleichberechtigt sein, damit sie in gleicher Weise Zugang zu positiven und negativen Sanktionsmöglichkeiten haben (z.B. Zugang zu Informationen, die sie notfalls zurückhalten können). Bei steiler Hierarchie kann ein Partner zum Kooperieren gezwungen werden, auch wenn der andere ausschert.
- *Eine Vielfalt von Kommunikationsmöglichkeiten:* Sie erschweren eine selektive Informationspolitik einzelner Personen und verringern die Möglichkeit (und damit auch die Versuchung), sich durch ein verdecktes Vorgehen rasch Vorteile zu verschaffen.

6.1.2 Von der technischen zur reflexiven Rationalität

Technische Rationalität beruht nach SCHÖN (1983) auf folgenden drei Grundannahmen:
- Es gibt allgemeine Lösungen für praktische Probleme, die als theoretische Vorgaben formuliert werden können;
- diese Lösungen können außerhalb der Situationen, in denen die Probleme auftreten, entwickelt werden (in der Verwaltung, in Forschungseinrichtungen etc.);
- die Lösungen können durch verschiedene Maßnahmen (Verordnungen, Veröffentlichungen, Fortbildungsmaßnahmen) in angemessenes Handeln der Praktiker umgesetzt werden.

Diesen Annahmen entsprechen eine Trennung von Wissen und Handeln, eine Trennung von Experten und Praktikern und eine eher mechanistische Konzeption institutioneller Veränderungen, die im *Input-Output-Modell* begriffliche Gestalt gewonnen haben. Diesem Modell liegt der Gedanke zugrunde, daß Produktionsfaktoren (Input) in einer bestimmten Kombination (Prozeß) ein bestimmtes Ergebnis (Output), wie z.B. Schüler mit bestimmten Qualifikationen, erzeugen. Was in der Schule geschieht, ist bei dieser Sichtweise durch Gesetze, Ressourcen und Rahmenorganisation bereits weitgehend vordefiniert. Dem entspricht die Annahme, daß durch administrative Maßnahmen sowie durch entsprechende Kontrollmechanismen die schulische Praxis verändert werden könne. HOUSE (1974, 231) hat diese Annahme die *Doktrin der Transferierbarkeit* genannt. Sie besagt, daß Problemlösungen auf administrativem Wege auf praktische Situationen (oder von einer praktischen Situation auf andere) übertragen werden können.

Die Logik der technischen Rationalität fördert ein grundsätzliches Mißtrauen gegenüber Praktikern und baut die sogenannte *Hierarchie der Glaubwürdigkeit und Kompetenz* auf. Diese besagt, daß die jeweils übergeordnete Ebene in der beruflichen Hierarchie als prinzipiell glaubwürdiger und kompetenter gilt als die untergeordnete: der Lehrer gilt als glaubwürdiger als der Schüler, der Schulleiter als glaubwürdiger als der Lehrer, der Inspektor als glaubwürdiger als der Schulleiter usw.

Der Erfolg technischer Rationalität beruht auf der Annahme, daß man die Situationen und die Handlungserfordernisse zu ihrer Bewältigung relativ genau vorherbestimmen kann. Dies war in einer eher statischen Gesellschaft durchaus möglich. Mit der Zunahme an Komplexität, Unbestimmbarkeit und Unvorhersehbarkeit der Situationen, in denen gehandelt werden muß, und mit zunehmender Widersprüchlichkeit der Erwartungen an die Schule, verliert diese Annahme jedoch an Berechtigung und zentrale Regelungen zur Vordefinition von Praxis werden ab einer bestimmten „Dichte" dysfunktional (vgl. POSCH/ALTRICHTER 1992). D.h. sie behindern das Entstehen von Bewältigungsstrategien, die auf die lokalen Verhältnisse abgestimmt sind (Dequalifizierungseffekt) und erschweren das Wachsen des erforderlichen Verantwortungsbewußtseins, weil ja zentrale Problemlösungen tendenziell lokale Verantwortung reduzieren (Demoralisierungseffekt).

Auch das Alternativmodell *reflektive Rationalität* läßt sich auf drei Annahmen aufbauen:

- Komplexe praktische Probleme erfordern spezifische Lösungen. Oft müssen die Probleme erst definiert werden, bevor Lösungen gefunden werden können.
- Die Problemdefinitionen und die erforderlichen Strategien müssen innerhalb der Praxis durch die Praktiker und in Zusammenarbeit mit Betroffenen entwickelt werden.
- Diese Lösungen können nicht direkt auf andere Situationen übertragen und in ihnen angewendet werden; sie können aber Praktikern zugänglich gemacht werden und Anregungsgehalt für eine 'reflektive Übertragung' haben. Die Problemlösungen werden dabei zu Hypothesen, die die Praktiker in ihrer eigenen Situation überprüfen und weiterentwickeln können.

Die grundlegende Idee reflektiver Rationalität ist das Vertrauen in das Potential des professionellen Praktikers. Unter dieser Annahme verändert sich die Beziehung der Verwaltung (oder der Wissenschaft) zur Praxis. Beide konzentrieren sich nicht mehr auf die Übertragung extern konzipierter Regelungen oder Modelle auf die Schulpraxis, sondern verlegen sich auf die gezielte Stimulierung und Unterstützung des Wissens und der Werte, die im Beruf bereits vorhanden sind. LehrerInnen werden nicht als im wesentlichen passive Personen betrachtet, denen man erst sagen muß, was für ihre Praxis gut ist; sie werden vielmehr als proaktiv Handelnde angesehen, die fähig sind, ihre Praxis innovativ zu gestalten. Wenn man von dieser Perspektive ausgeht, muß die Doktrin der Transferierbarkeit (oder der technischen Rationalität) durch die *Logik der Unterstützung von Wachstumsprozessen* ergänzt werden. Diese Logik beruht auf der Annahme, daß lokale Initiativen bereits bestehen und daß ihr Wachstumsprozeß symbolisch und instrumentell gestützt werden kann. Dieses Verständnis erfordert grundsätzliche Veränderungen in der Beziehung zwischen LehrerInnen und pädagogischer Infrastruktur (vgl. POSCH/ALTRICHTER 1992, 83ff).

6.1.3 Von der bildungspolitisch tauben zur bildungspolitisch aktiven Schule

Die drei folgenden Modelle charakterisieren Schulen, die sich in ihrer Fähigkeit unterscheiden, bei der Auseinandersetzung mit gesellschaftlichen Anforderungen selbst Leitperspektiven auszuarbeiten, in inhaltliche Schwerpunktprogramme umzusetzen und sich selbst kontinuierlich Rechenschaft über den Erfolg abzulegen (vgl. POSCH

1987):

Bildungspolitisch taube Schulen sind sich des Zusammenhangs zwischen gemeinsamer Reflexion und der Qualität professionellen Handelns nicht bewußt. Sie haben oft eine geringe institutionelle Identität, sind in hohem Maße abhängig von Außendruck und reagieren unreflektiert darauf. Sie nehmen Information von außen auf, sind aber nicht in der Lage, sie zu verwerten. Die Übernahme von Verantwortung für Innovationen wird vermieden und allgemeine Diskussionen ersetzen die individuelle und kollektive Reflexion im und über das Handeln. Personalistische Antworten auf Probleme (und entsprechende Schuldzuschreibungen) werden strukturellen vorgezogen und dies hält Initiativen auf einem niedrigen Niveau. Die interne und externe hierarchische Struktur spielt bei diesen Schulen eine große Rolle.

Bildungspolitisch bewußte Schulen zeigen zwar, daß ihnen die Entwicklung eines gemeinsamen Selbstverständnisses und seine reflektierte Übersetzung in professionelles Handeln ein Anliegen ist, sind aus verschiedenen Gründen (z.B. personelle Konstellationen, zuwenig organisatorische Erfahrung, zuwenig wahrgenommener Spielraum, Unüberschaubarkeit etc.) nicht in der Lage, eine Philosophie zu entwickeln und umzusetzen. Sie nehmen eher, was ihnen geboten wird. Solche Schulen können zahlreiche Aktivitäten entfalten; diese erfolgen jedoch eher isoliert oder auf einem oberflächlichen Niveau, weil sie nicht auf einer tieferen, verbindlichen Ebene zusammenhängen. Derartige Schulen konzentrieren sich oft mehr auf Mittel (bzw. Moden) als auf Ziele, mehr auf Defizite (und ihre Bewältigung) als auf Stärken.

Bildungspolitisch aktive Schulen ergreifen selbständig die Initiative bei der Analyse ihrer eigenen Situation und arbeiten an einer von allen Mitgliedern des Lehrkörpers getragenen 'Philosophie', die die grundlegenden gemeinsamen Wertvorstellungen zum Ausdruck bringt. Sie versuchen diesen Wertvorstellungen in ihrer inhaltlichen Arbeit Form zu geben. Sie organisieren auf systematische Weise und unter Einbeziehung der Schüler den internen Kommunikationsfluß und den Austausch mit dem gesellschaftlichen Umfeld. Wenn Unterstützung von außen benötigt wird, wird diese aktiv gesucht.

Eine langfristige Perspektive pädagogischer und administrativer Unterstützung von Schulen könnte darin bestehen, *den Anteil bildungspolitisch aktiver Schulen zu erhöhen*, d.h. jene Werthaltungen und Kompetenzen innerhalb von Schulen zu stärken, die für innovative Prozesse grundlegend sind: hohe Wertschätzung von Problemidentifikation, Schülerorientierung, systematische Prozeßreflexion, experimentelle Einstellung zur Praxis, Vernetzung mit dem schulischen Umfeld, Bereitschaft zur Übernahme kontrollierter Risiken und hohe Wertschätzung des in der Institution verfügbaren Potentials an menschlichen Ressourcen.

6.1.4 Von der fragmentierten Schule zur Problemlöseschule

Hans-Günther ROLFF unterscheidet ebenfalls drei Schulentwicklungsmodelle und verwendet die *Problemlösekapazität* der Schule als unterscheidendes Merkmal: Das erste Modell ist die *fragmentierte Schule*. ROLFF (1991, 881f) bezeichnet diese Schule als die Normalschule. *„Ihre Struktur läßt sich als Leitung plus einer Anzahl nur lose miteinander gekoppelter Klassen beschreiben"*. Es gibt keine teamartige Kooperation im Arbeitsbereich der LehrerInnen. Es gibt weder ein abgestimmtes Zielkonzept noch ein konsistentes System von Programmen. Die Beziehungen zur Umgebung sind eher zufällig.

Das zweite Modell ist die *Projektschule*. In Schulen dieses Typs finden zwar Erneuerungsaktivitäten in Form von Projekten statt. Diese Projekte sind miteinander jedoch nicht verbunden. *„Sie fügen sich nicht zu einer Struktur, es fehlt ein koordinierendes Zielsystem, die Beziehungen sind wohl innerhalb, aber nicht zwischen den Projekten entwickelt" (a.a.O., 882f)*. Programme, im Sinne von zusammenhängenden Initiativen, entstehen eher sporadisch.

Das dritte Modell ist die *Problemlöseschule*. Diese Schule kann ihre Entwicklungsprobleme selbst lösen und sich selbst erneuern. Sie gibt den Mitgliedern Gelegenheit zu professioneller Entwicklung, praktiziert teamartige Kooperation und klärt vor dem Hintergrund gemeinsamer Diagnosen regelmäßig die Ziele, trifft Vereinbarungen und setzt sie in Handlungsprogramme um.

6.1.5 Von der segmentierten zur lernenden Organisation

MARX und VAN OJEN (1993) unterscheiden *drei Organisationsmodelle*, in denen unterschiedliche Konzeptionen von individueller bzw. institutioneller Autonomie realisiert sind. Das wesentliche Merkmal der Schule als *segmentierter Organisation* ist die individualistische und autonome Position der LehrerInnen im Verhältnis zur Schulleitung. Schule und LehrerInnen orientieren sich an den Vorschriften der Behörden. Im übrigen aber bestimmt jeder Lehrer für sich, was er tut und unterläßt. Die Schulleitung achtet darauf, daß die LehrerInnen sich an die externen Vorschriften halten. Die Koordination zwischen LehrerInnen beruht *„in hohem Maße auf den internalisierten Regeln (Sprache und Denkschemata, 'Standards') und ihrer (fach)wissenschaftlichen Ausbildung, wodurch sie zwar selber (autonom) entscheiden, aber trotzdem in starkem Maße von ihrer Fachwelt aus gelenkt werden. Die Arbeit an der Schule ist einseitig kognitiv-fachinhaltlich gefärbt" (a.a.O., 174)*.

Stärken dieses Modells bestehen nach MARX/VAN OJEN in der Effizienz und Einfachheit und in der individuellen Autonomie, die es LehrerInnen gewährt. Wichtigste Nachteile sind Immobilität im Unterricht (d.h. Verbesserungen sind kaum zu verwirklichen, vor allem dann nicht, wenn sie Zusammenarbeit erfordern), Monotonisierung der Arbeit und Vereinsamung in der beruflichen Tätigkeit. Schulen, die viele segmentale Merkmale haben, kommen nach MARX/VAN OJEN in Schwierigkeiten, wenn von innen heraus oder durch äußeren Druck Änderungen erforderlich werden.

Das zweite Modell ist die *kooperativ sich regulierende Organisation*. Sie unterscheidet sich von der segmentierten durch die Beteiligung der LehrerInnen an der Vorbereitung und Durchführung schulinterner Entscheidungen. Die Schule verfügt über eine

Stab-Linien-Organisation mit unterstützenden Abteilungen (z.B. Fachgruppen) und hierarchisch strukturierter Lehrerschaft; größere Schulen haben ein mittleres Management. Kollegiale Beratung wird als wichtig erachtet. Als Vorteile nennen MARX/VAN OJEN hohe professionelle Effektivität, kollegiale Verhältnisse, Sicherheit und Anerkennung. Verbesserungen kommen innerhalb der gewohnten organisatorischen Struktur relativ leicht zustande. Nachteile sind mangelhafte Anpassungsfähigkeit der Struktur selbst, die durch die gegenseitige Abhängigkeit ihrer Merkmale große Stabilität erhält. Ein Problem ist auch ihre Resistenz gegenüber außerprofessionellen Einflüssen (z.B. von Eltern).

Das dritte Modell ist die *lernende Organisation.* Die Schule umfaßt zwei oder mehr organisatorische Einheiten, die innerhalb der Schule relativ autonom sind. Eine Einheit wird aus einer Gruppe von LehrerInnen gebildet, die für eine oder mehrere Schülergruppen (z.B. für einen oder mehrere Jahrgänge) verantwortlich ist. Unterrichts- und Verwaltungsaktivitäten werden auf der Ebene der relativ autonomen Einheiten miteinander verbunden. Innerhalb gewisser Grenzen kann jede dieser Einheiten ihre eigene Kultur entwickeln und die Arbeitsweise auf die (oft veränderlichen) Bedürfnisse ihrer Mitglieder (z.B. im Hinblick auf Arbeitsbedingungen, Weiterbildung usw.) abstimmen (MARX/VAN OJEN 1992, 177).

Stärken des Modells bestehen darin, daß die Einheiten relativ klein sind und eine überschaubare Umwelt haben. Die Schule als Ganzheit ist flexibel, weil nach Bedarf neue Einheiten eingerichtet werden können. Dieses Modell läßt erhebliche Entscheidungsspielräume für LehrerInnen offen und weist dem Management eine hauptsächlich unterstützende Rolle zu. Die einzelnen Teams sind miteinander nur lose verbunden, Erfahrungsaustausch ist jedoch auf mehreren Ebenen institutionalisiert. Das Modell ermöglicht große Flexibilität, Innovationsorientierung und Schülerorientierung. Für die LehrerInnen wirkt es vitalisierend und fordert viele Fähigkeiten heraus. Nachteile sind die hohen Ansprüche an die LehrerInnen, seine Kompliziertheit und die mit der Flexibilität verbundenen höheren Kosten. Eine besondere Stärke der 'lernenden Organisation' besteht nach MARX/VAN OJEN im Umstand, daß sie durch die vielen Feedbackmechanismen und relativ autonomen Einheiten ihren Mitgliedern auch das 'Verlernen' von Verhaltensweisen erleichtert. *„Verlernen ist ein wichtiger Aspekt von 'double loop learning', bei Personen ebenso wie bei Kollektiven (Gruppen und Organisationen). Einsicht in die Art dieser doppelten Lernprozesse (die nicht nur Optimierung der Mittel, sondern auch Weiterentwicklung der Ziele umfassen; der Verf.) und die Fähigkeiten, damit umzugehen, führen zum Lernen des Lernens. Durch diese Potenz kann eine Organisation innovativ sein" (a.a.O, 179).*

Die beiden Autoren befürworten eine Entwicklung von Schulen in Richtung auf lernende Organisationen. Sie halten es aber für erstrebenswert, ein Gleichgewicht zwischen kooperativ sich regulierender und lernender Organisation zu erreichen und möglichst auch einige Elemente der segmentierten Organisation zu erhalten, da auch diese Organisationsform gewisse Stärken in das System einbringt. MARX/VAN OJEN (1993, 180) meinen auch, daß der Übergang von einer stark segmentierten zu einer lernenden Organisation nicht zu rasch und über eine Annäherung an die kooperativ sich regulierende Organisationsform verlaufen sollte, damit sich die Führungsverhältnisse festigen können.

6.1.6 Gemeinsamkeiten der Modellvorstellungen

Jede dieser Modellgruppen zeigt eine *Entwicklung von einer tendentiell eher statischen Konzeption menschlichen Handelns zu einer dynamischen Konzeption.* In jeder zeigt sich zugleich eine Tendenz zur Individualisierung der Handelnden und gleichzeitig zu einem Angewiesensein der einzelnen auf andere. In jeder zeigt sich eine Tendenz zur Zunahme der Bedeutung von Kommunikation. Es dürfte kein Zufall sein, daß gerade in der Gegenwart diese Dynamik besonders deutlich wird. Sie dürfte im wesentlichen mit der enormen Zunahme an Komplexität in der Gesellschaft zusammenhängen. Ein spanischer Philosoph hat den Menschen mit einem Kopffüßler verglichen, dem immer mehr künstliche Glieder wachsen, mit denen er seine beschränkten anatomischen Fähigkeiten, die Welt zu verstehen und zu gestalten, erweitert (ARRANZ 1987). Er verwendet diese 'kognitiven Glieder', um sich Informationen zugänglich zu machen, sie zu speichern, zu verarbeiten, zu nutzen. Die Vielfalt dieser vom Menschen geschaffenen Gliedmaßen, ihr rasches Wachstum und ihre vielfältigen Interaktionen mit natürlichen Systemen haben wesentlich zur Komplexität beigetragen, die wir heute erleben. Die Wirkungen und Nebenwirkungen dieser Entwicklung werden immer weniger vorhersehbar und kontrollierbar. Auf globaler Ebene führt dies dazu, daß dem Lebenspotential technischer Entwicklung ein wachsendes Todespotential gegenübersteht.

Eine Auswirkung dieser Komplexität ist die Abnahme der Problemlösefähigkeit sozioökonomischer Systeme und damit verbunden eine Rückverweisung von Verantwortung auf den einzelnen Bürger. Was früher auf die gesellschaftlichen Eliten beschränkt war (Politiker, Künstler, Unternehmer), wird heute von mehr und mehr Erwachsenen verlangt: nämlich die Fähigkeit und Bereitschaft, an der Gestaltung des beruflichen und öffentlichen Lebens verantwortlich mitzuwirken. Komplexität und wachsende Risiken erzwingen sozusagen eine Dezentralisierung von Initiativen, Verantwortung und Kompetenzen von den Institutionen und traditionellen Machtträgern nach unten (vgl. POSCH/ALTRICHTER 1992, 21ff).

Eine interessante Illustration der Entwicklung in Richtung auf dynamischere Interpretationen des menschlichen Handelns bieten die Befunde von PETERS und WATERMAN (1984). Diese Autoren untersuchten die Unternehmenskultur amerikanischer Wirtschaftskonzerne. Sie fanden dabei u.a. folgende *Merkmale erfolgreicher Unternehmen* (vgl. auch HANDY 1984):

- Probleme werden aktiv gesucht.
- Problemidentifikation wird fast noch mehr geschätzt als das Lösen von Problemen.
- Kontrolliert wird nach dem Ergebnis und nicht vorher. Die Aufforderung lautet: 'Versuche es und wir werden sehen, ob es geht' und nicht: 'Frage um die Erlaubnis, bevor du irgend etwas tust'.
- Die Nähe zu den 'KundInnen' wird gesucht, ihre Zufriedenheit mit der Leistung des Unternehmens wird hoch geschätzt; sie kennenzulernen, ihnen zuzuhören, um

herauszufinden, was sie brauchen, gehört zu den zentralen Tätigkeiten dieser Unternehmen.

- Die Übernahme überlegter Risiken wird erwartet, Mißerfolg wird nicht bestraft, wenn daraus gelernt wird.
- Auf informelle Kommunikation in kleinen Teams wird großer Wert gelegt, damit gute Ideen verbreitet werden.
- Es wird darauf vertraut, daß die MitarbeiterInnen selbst Interesse an einer guten Erfüllung ihrer Aufgaben haben, und Vertrauensvorschuß spielt eine große Rolle.
- Leistungen werden auf vielfältige, aber unspektakuläre Weise anerkannt. Es besteht die Auffassung, daß sich jeder Mitarbeiter in seinem Aufgabenbereich erfolgreich fühlen können soll.
- Erfolgreiche Unternehmen glauben, nicht alles zu können, sondern konzentrieren sich auf jene Bereiche, in denen sie am leistungsfähigsten sind.
- Die Leitideen des Unternehmens haben mehr Einfluß auf seine Leistungen als andere Faktoren (wie technische und wirtschaftliche Ressourcen, organisatorische Struktur etc.). Sie werden als gemeinsame ideelle Grundlage der Arbeit angesehen.

Diese Charakteristika spiegeln deutlich Merkmale des Verhaltensmodells II, reflektiver Rationalität, der lernenden Organisation und der problemlösenden und bildungspolitisch aktiven Schule.

Auch der Begriff *Innovation* wird von diesen Modellvorstellungen beeinflußt. Innovation bedeutet zunächst nicht mehr als Neuerung, Einführung und Realisierung neuer Ideen. In diesem Alltagsverständnis suggeriert das Wort viererlei: einmal eine *implizite Entwertung des Bestehenden* (würde es zufriedenstellen, müßte man ja nichts Neues einführen). Damit ist weiters die Erwartung verbunden, eine Innovation müsse eine *Verbesserung* darstellen. Drittens legt die übliche Verwendung des Wortes nahe, daß Innovation ein *einmaliges Ereignis* darstellt, etwa die Einführung eines Verfahrens oder die Herstellung eines neuen Produktes. Sobald das Verfahren eingeführt und das Produkt in Serie gegangen ist, verlieren sie den Charakter einer Innovation. Schließlich wird Innovation auch häufig als *etwas von außen Kommendes* gesehen, das in das Bestehende eindringt und es verändert.

Die oben skizzierten Modelle organisationalen Handelns legen eine andere Bedeutung des Begriffs Innovation nahe: *Innovation wird zu einem integralen Merkmal eines sich dynamisch entwickelnden sozialen Systems.* Wenn Innovation als Systemmerkmal gesehen wird, verändern sich alle vier der oben genannten Bedeutungen. Innovation wird nicht als Bedrohung des Bestehenden gesehen, sondern als ein wichtiges Instrument der Anpassung an sich ändernde Umfeldbedingungen. Innovation stellt auch nicht notwendig eine Verbesserung dar, sondern ist lebendiger Ausdruck einer dynamischen Entwicklung. Innovation ist auch kein einmaliges Ereignis, sondern ein kontinuierlicher Prozeß. Schließlich ist Innovation nicht etwas, das einem System von außen aufgedrängt wird, sondern sie gehört zum Selbstverständnis des Systems und wird von diesem getragen. Innovation ist in diesem Sinn eine Eigenschaft eines Systems, welches aktiv Wertvorstellungen unter veränderlichen Umweltbedingungen zu verwirklichen sucht.

Beide Bedeutungen von Innovation stehen in einem Spannungsverhältnis zueinander: Die erste Bedeutung entspricht eher den Anforderungen überschaubarer und sich nur langsam verändernder Handlungsfelder. Je komplexer und je weniger vorhersehbar die Bedingungen beruflichen, privaten und politischen Handelns werden, desto bedeutsamer wird das Verständnis von Innovation als Systemmerkmal, das nicht in bestimmten Ereignissen (bzw. Produkten) zum Ausdruck kommt, sondern eher in einer individuellen und kollektiven Haltung, bei der die Identifikation und reflektive Verarbeitung von Diskrepanzen zwischen Wertvorstellungen, Handeln und situativen Bedingungen zur Selbstverständlichkeit geworden ist. Dieser Innovationsbegriff läßt den tiefgreifenden Wandel besser verstehen, der sich gegenwärtig sowohl in den Aufgaben der Schule abzeichnet als auch in der Art und Weise, wie Schulen auf diesen Wandel antworten.

In den folgenden Kapiteln werden *drei Rahmenbedingungen* untersucht, unter denen sich dieses neue Verständnis von Innovation entwickeln könnte. Bei der Diskussion dieser Fragen wird vor allem auf die Arbeiten zurückgegriffen, die im Rahmen des Innovationsprojekts entstanden sind:

- Welche *Strukturen der Meinungsbildung und Zusammenarbeit* sind für schulinitiierte Entwicklungsprozesse förderlich?
- Wie kann das an den Schulen verfügbare *menschliche Potential für Entwicklungsprozesse* genutzt werden?
- Wie können *Entwicklungsprozesse von außen unterstützt* werden?

6.2 Strukturelle Bedingungen innovativer Arbeit an der Schule.

Schulen zeichnen sich durch einen auffallenden Mangel an strukturbildenden Elementen aus. Neben dem Schulleiter besteht ein weitgehend amorpher Lehrkörper. Die einzigen strukturbildenden Elemente an allgemeinbildenden Schulen sind Klassenvorstand und Kustoden, die aber sehr schwach verankert sind, wenig bis keine Kompetenzen haben und jährlich wechseln können. Es gibt praktisch überhaupt keine Teamstruktur. Konferenzen des gesamten Kollegiums gehören zu den frustrierendsten Erfahrungen vieler Lehrer.

6.2.1 Strukturarmut und ihre Auswirkungen

In den Schulen des Innovationsprojekts erwies sich das Fehlen derartiger Strukturen in mehreren Fällen als hemmender Faktor. Dies kommt in den Studien allerdings nur indirekt zum Ausdruck, offenbar weil mangels konkreter Erfahrung Alternativen zur vorgefundenen Realität kaum vorstellbar erschienen. Eine Konsequenz dieser Armut an Strukturen ist die Schwierigkeit, in einem Lehrkörper überhaupt zu Entscheidungen zu kommen (*„In unserem Lehrkörper werden viele Ideen geboren, aber keine wird umgesetzt"; BINDER et al. 1993),* vor allem aber zu Entscheidungen zu kommen, die vom Lehrkörper auch getragen werden.

Das folgende Beispiel, das in Kap. 2.4 ausführlicher dargestellt ist, illustriert die

Problematik der Entscheidungsfindung in Konferenzen, wenn es sich um sensible Sachverhalte handelt. An einer berufsbildenden höheren Schule wurde durch Initiative des Direktors von einer Arbeitsgruppe ein Leitbild ausgearbeitet und in zwei pädagogischen Konferenzen verabschiedet. Als logisch nächster Schritt erschien eine 'Image-Analyse', um aus der Perspektive der (erwachsenen) SchülerInnen festzustellen, inwieweit sich die 'Realität' vom Leitbild unterscheidet. Zu diesem Zweck wurde ein Fragebogen mit 45 Fragen erarbeitet und auf einer pädagogischen Konferenz allen LehrerInnen zur Verabschiedung vorgestellt. Er löste geteilte Stellungnahmen aus, wobei sich vor allem an einer Frage die Diskussion entzündete: *„'Beurteilen Sie folgende Gegenstände nach dem folgenden Schema mit 1 bis 4. Allgemeine Wichtigkeit (1 = sehr wichtig; 4 = unwichtig).'*
Im Verlauf der Auseinandersetzung über diese Frage wurde von einem Lehrer eine 46. Frage in den Fragebogen hineinreklamiert: „wenn schon, dann wollen wir es genau wissen". Diese Frage lautete: „Beurteilen Sie die Professoren, die Sie heuer unterrichten, nach folgendem Schema mit 1 bis 4: Vortrag durch den Lehrer 1 = gefällt mir sehr gut; 4 = gefällt mir überhaupt nicht." (EICHINGER et al. 1993, 3). Wie man sich leicht vorstellen kann, führte die Ausführung dieses 'Beschlusses' zu erheblichen Spannungen im Lehrkörper. Es war ein Beschluß, den vermutlich fast niemand ernsthaft gewollt hätte, wenn vorher eine Bewußtseinsbildung über das gesamte Vorhaben und eine Auseinandersetzung mit seinen Stärken und Schwächen erfolgt wäre.

Der Mangel an Strukturen zur professionellen Klärung von Interessen spiegelt sich auch in der periodischen Einrichtung von Arbeitsgruppen, die sich mit bestimmten Themen beschäftigen sollten, wobei aber von vornherein schon erwartet wird, daß sie teilweise im Sande verlaufen. *„Wie die Erfahrung gelehrt hat, wird es in einigen Fällen weiterhin so sein, daß Namensnennung und Übernahme von Aufgabenbereichen lediglich Alibihandlungen darstellen ..."* (a.a.O, 19).

Eine weitere Beobachtung, die direkt (wenn auch nicht allein) mit dem Fehlen von Struktur zusammenhängen dürfte, ist die Scheu vor kritischer Auseinandersetzung (vgl. dazu auch DONNERER 1993). Dies kommt in einer Studie (vgl. ausführlicher in Kap 2.2) recht deutlich zum Ausdruck. Die Autorin stellte im Anschluß an einen konfliktreich verlaufenen Elternabend zum Thema 'Lernzielorientierte Leistungsbeurteilung' fest, daß bei der Reflexion über die innovative Arbeit an der Schule Konflikte ausgeklammert wurden.
„Meine Vermutung: Wir scheuten uns, kritisches Material zu sammeln, weil es uns zu persönlich erschien und wir einander nicht verletzen wollten. Besonders unsolidarisch erschien uns das wohl der Kollegin gegenüber, auf deren Lernzielkatalog kritisch reagiert wurde. Unser Umgang mit Kritik? - Sie war peinlich, störte den schönen, ungetrübten Fortgang der Innovation. Man durfte darüber tuscheln, aber nicht offen diskutieren - dafür war auch weder Zeit noch Raum vorgesehen. Weder innerhalb unseres Teams noch nach außen wurde darüber offen diskutiert.
Kritik an der Innovation traf den Direktor als Letztverantwortlichen, der in der besonders ausgesetzten Position der neuen Schulversuchsschule vor allem die Zufriedenheit von Eltern und SchülerInnen sicherstellen wollte. Seine Reaktion auf die Kritik war der Versuch, die Kontrolle über die Innovation zu übernehmen: 'Alle

Lehrer der 1d versammeln sich in der großen Pause, ich muß mir einen Überblick verschaffen'. Die Unterredung endete schließlich in einer ausführlichen Information. Mein Eindruck: Hier wurde die Spannung im Feld InnovatorInnen - Leiter - KollegInnen am deutlichsten sichtbar und wir wollten sie nicht sehen, daher kein Material. Was aber noch mehr zählt: Wir verzichteten auf eine echte, lebendige, das heißt, auch durch ihre Fehler geprägte Auseinandersetzung mit der Kollegenschaft und dem Leiter. Bei all der vielen Arbeit wollten wir nicht dafür auch noch Zeit erübrigen und von anderen fordern. Hier zeigt sich für mich eine klassische Dilemmasituation: Einerseits hatten wir Angst, intensive Auseinandersetzung, und dazu gehören neben der Entwicklung einer Innovation auch Reflexion und ein kreativer Umgang mit Kritik, zu fordern und dadurch die Toleranz der Kollegenschaft zu überreizen. Andererseits war es uns gerade durch den Verzicht darauf nicht möglich, eine wirkliche Akzeptanz der Innovation zu erreichen" (BAUER 1993a, 8).

Das Beispiel illustriert auch den Druck, der auf dem Schulleiter lastet, Initiative an sich zu ziehen, wenn in einer amorphen Struktur Probleme auftauchen.

Das Fehlen von Teamstrukturen dürfte ein wesentliches Hindernis für die flexible und konstruktive Anpassung der Schule an gesellschaftliche Veränderungen sein. Planung, Realisierung und Kontrolle von Arbeitsprozessen im Rahmen überschaubarer Teams ist eine Antwort auf zunehmende Komplexität. Diese Erkenntnis wurde zuerst in wirtschaftlichen Unternehmungen gewonnen (vgl z.B. LEHNER/WIDMAIER 1992). Das Bildungswesen ist davon noch kaum berührt. Die Funktion einer Teamstruktur besteht darin, pädagogische und organisatorische Prozesse überschaubar zu machen. Überschaubarkeit ist eine Voraussetzung dafür, daß Entwicklungsprozesse kontinuierlich initiiert, geprüft und modifiziert werden können. Dazu ist weder der einzelne Lehrer noch ein vielköpfiges Kollegium in der Lage. *„Erst durch die Arbeit in überschaubaren Gruppen wird es möglich, daß Unterrichtsarbeit aus dem individuellen Arbeitszusammenhang der LehrerInnen heraustritt und in der gemeinsamen kritischen Reflexion die Offenheit gewinnt, die pädagogische Weiterentwicklungen zuläßt" (OFFENE SCHULE KASSEL-WALDAU 1991, 27).*

6.2.2 Ansätze für Teamstrukturen im Innovationsprojekt

Im Innovationsprojekt sind Entwicklungen zur Einrichtung stabiler Teamstrukturen erst in Ansätzen sichtbar. Eine Ausnahme bildet die Modellschule Graz (ERKER et al. 1993 und pers. Mitt.), die eine durchkomponierte, etwas kompliziert anmutende, aber offenbar erfolgreiche professionelle Entscheidungsstruktur entwickelt hat. Dazu gehört die *Generalversammlung* (ein Gremium, das alle LehrerInnen, die Eltern und alle Schüler umfaßt und für Grundsatzentscheidungen, Appellationen, Wahl des Direktors und des vereinsrechtlichen Vorstands zuständig ist) und ein kleines paritätisch besetztes *Kuratorium*, in dem über Aufnahme und Ausschluß von SchülerInnen entschieden wird und die 'Wahl' von LehrerInnen erfolgt. Daneben gibt es auf der Schülerseite den *Schülerrat*, in dem jede Klasse vertreten ist und der der Meinungsbildung unter den Schülern dient. Das klassenübergreifende *Elternforum* dient der Meinungsbildung der Eltern.

Wichtig ist in unserem Zusammenhang vor allem die Entscheidungsfindung unter den LehrerInnen. Der kollektiven Leitung dient die wöchentliche *Lehrersitzung*. Ein zweimonatlich wechselnder *Häuptling* leitet diese Sitzungen und erledigt laufende Geschäfte. Die Vorbereitung der Entscheidungen und die Kontrolle der Durchführung ist die Aufgabe eines von den LehrerInnen gewählten *Vierergremiums*. Der *Direktor* ist der formelle Repräsentant der Schule nach außen. Die Modellschule ist mit dreißig LehrerInnen eine eher kleine Privatschule, sodaß die für eine professionelle Entscheidungsfindung wichtige Überschaubarkeit der Aufgabenbereiche und Flexibilität relativ leicht erreichbar sind.

Diese strukturbedingte Flexibilität fehlte an den anderen Schulen des Innovationsprojekts. Trotzdem zeigten sich Ansätze. An einer Schule wurde z.B. ein Schulkoordinationsteam eingerichtet, in dem Funktionsträger und gewählte Vertreter des Lehrkörpers mit dem Direktor und Administrator operationelle Entscheidungen vorbereiteten und trafen. Die Gruppe hatte sich selbst ein Aufgaben- und Entscheidungsprofil gegeben und dieses in einer Konferenz zur Diskussion gestellt. Inzwischen ist diese Gruppe zu einem anerkannten professionellen Organ der Schule geworden (vgl. BAUER 1993b).

An einer anderen Schule bildete sich ein LehrerInnenteam zur gemeinsamen Betreuung einer 'Modellklasse'. *„Die Unzufriedenheit mit der pädagogischen Situation, dem sozialen Klima und den bürokratischen Einschränkungen des Unterrichts führte 1989 an unserer Höheren Technischen Lehranstalt dazu, daß in sogenannten 'Freitag-Treffs' die Probleme im kleinen Kreis einiger LehrerInnen angesprochen und Wünsche und Utopien diskutiert wurden. In diesen Sitzungen wurde die Initiative für ein selbstorganisiertes Seminar ergriffen, um eine konkrete Initiative vorzubereiten. Das Seminar hat im Juli 1993 stattgefunden und wurde vom Pädagogischen Institut finanziert. Dreizehn LehrerInnen verschiedener Abteilungen und der Werkstätte haben daran teilgenommen. In diesem Rahmen wurde das Projekt 'Gemeinsam Unterrichten' mit folgenden Zielvorstellungen konzipiert:*

- *Förderung von Selbstverantwortung, selbständigem Arbeiten, vernetztem und kritischem Denken und von Kreativität.*
- *Realisierung fächerübergreifenden Unterrichts, projektorientierten Unterrichts und sozialen Lernens.*

LehrerInnen, die sich diese Zielsetzungen zu eigen machten, sollten als Team in einer Klasse unterrichten und auch außerhalb der Unterrichtsstunden zum Erwerb von Zusatzqualifikationen im Bereich des 'Sozialen Lernens' bereit sein. Im Schuljahr 1990/91 wurde dieses Vorhaben in drei weiteren eintägigen Seminaren innerhalb der Nachrichtenabteilung konkretisiert und ein LehrerInnenteam zusammengestellt, das bereit war, eine Klasse bis zur Matura zu führen. Die Zustimmung der Eltern- und LehrerInnenvertretung und des Schulgemeinschaftsausschusses hat die Realisierung der schulreformerischen Initiative wesentlich erleichtert. Im Schuljahr 1991/92 wurde eine 1. Klasse bereits als 'Modellklasse' geführt. Der bestehende Lehrplan wurde nicht verändert, aber innerhalb des Lehrplans wurden die eingangs erwähnten, durch die allgemeinen Bildungsziele legitimierten Schwerpunkte gesetzt.

Von den vorgesetzten Stellen wurde die Initiative genehmigt und die folgenden

Rahmenbedingungen zugestanden:

- *Durchführung von Lehrer-Schüler-Konferenzen während der Unterrichtszeit,*
- *die Genehmigung eines zweiwöchigen fächerübergreifenden Projekts (bei aufgelöstem Stundenplan) und von Projektzeiten während des Unterrichts,*
- *Reservierung von zwei Wochenstunden für gemeinsame Besprechungen der LehrerInnen. Drei projektbezogene Fortbildungstage pro Jahr, für die ein externer Berater zur Verfügung stand und die je nach Bedarf beansprucht werden konnten" (ANDERWALD/GAISBACHER 1993).*

Dieses Beispiel illustriert auf *Klassenebene* eine ähnliche Struktur, wie sie auf Schulebene das Schulkoordinationsteam darstellt. Allerdings handelt es sich dabei um eine Anomalie im System, die vom besonderen Engagement einzelner LehrerInnen getragen ist, von außen gestützt und von innen geduldet wird, aber nicht als Strukturelement dieser Schule angesehen werden kann. Derartige Initiativen kommen oft zu einem raschen Ende, wenn sich Schlüsselpersonen zurückziehen, weil sie institutionell nicht verankert sind.

Im folgenden werden zwei weitere Beispiele etwas ausführlicher dargestellt, an denen man die Funktionalität einer Teamstruktur ebenfalls deutlich erkennen kann. Das erste stammt aus Deutschland, das zweite aus den USA.

6.2.3 Das Teamkonzept der *Offenen Schule Waldau*

Wie eine Teamstruktur für eine ganze Schule aussehen kann, läßt sich an der Offenen Schule Waldau in Hessen untersuchen. An dieser Schule werden sogenannte *Jahrgangsteams* gebildet, das sind LehrerInnenteams, die die Parallelklassen eines Jahrgangs betreuen. Jedes Jahrgangsteam besteht aus etwa zwölf LehrerInnen, die gemeinsam für sechs Parallelklassen zuständig sind. Die meisten dieser LehrerInnen unterrichten auch noch in anderen Klassen, weil sie in 'ihren' sechs Klassen nicht ihre gesamte Lehrverpflichtung absolvieren können. Sie sind aber nur Mitglieder eines Teams. Jede Klasse hat zwei Klassenvorstände, d.h. jedes Teammitglied ist auch Vorstand einer Jahrgangsklasse.

Das Jahrgangsteam plant gemeinsam den Unterricht und die außerunterrichtlichen Aktivitäten. Eine Vorstellung vom Charakter dieser Arbeit bietet folgendes Zitat: *„Durch die Arbeit in Teams verändert sich die traditionelle LehrerInnenrolle. Es ist nun in hohem Maße die Bereitschaft zur Übernahme konkreter Verantwortung im schulischen Alltag erforderlich. Nur wenn sich die einzelne LehrerIn verbindlich auf die inhaltliche und organisatorische Kooperationsbereitschaft der anderen Teammitglieder verlassen kann, können die Zielvorstellungen der offenen Schule realisiert werden. Die Erfahrung zeigt auch, daß die hohe Verbindlichkeit der Arbeit im Team eine Vielzahl von 'Sachzwängen' produzieren kann, doch erscheinen diese Zwänge nicht mehr als 'objektiv', sie sind gleichsam 'hausgemacht' und können ständig überprüft und ggf. abgebaut oder aber als sinnvoll erkannt werden" (OFFENE SCHULE KASSEL-WALDAU 1991, 27).*

Im Rahmen dieser Teams werden sämtliche Entscheidungen getroffen, die jene Klassen betreffen, für die das Team Verantwortung übernommen hat: u.a. die Absprachen über die pädagogische Arbeit mit den SchülerInnen, über das Freie Lernen und den Wochenarbeitsplan, über die Durchführung von Schwerpunktwochen, die Vertretungsregelung, die Verteilung der verfügbaren Entlastungsstunden, den Aufsichtsplan, die Zusammenarbeit mit den Eltern, aber auch über die Wahl der Teambeauftragten (TeamsprecherIn, Pädagogische Beauftragte, Beauftragte für Organisation). Teamübergreifende Agenden werden in der Pädagogischen Arbeitsgruppe, in der jedes Team vertreten ist und in der TeamsprecherInnenkonferenz behandelt.

Erfahrungen mit der Teamarbeit nach acht Jahren waren u.a. folgende: Die überschaubare Anzahl von Bezugspersonen bei Schülerinnen und LehrerInnen führte zu größerer persönlicher Nähe; die Informations- und Entscheidungsprozesse wurden transparenter und die Autonomie im pädagogischen und organisatorischen Bereich größer. Regelungen und Absprachen wurden verbindlicher und die LehrerInnenfortbildung kontinuierlicher. Andererseits erfolgte eine Einschränkung der pädagogischen Individualität und eine gewisse Belastung durch Konflikte. Obwohl sich die Teams (u.a. wegen der größeren Nähe und Verbindlichkeit) als anfällig für Störungen durch persönliche Konflikte zwischen Teammitgliedern erwiesen, wurde die pädagogische Notwendigkeit der Teamorganisation in einer Umfrage von niemandem (!) in Abrede gestellt. Statt dessen wird an der Verbesserung der Teamfähigkeit gearbeitet.

6.2.4 Das Teamkonzept der *Accelerated Schools*

Das folgende Beispiel des Schulentwicklungskonzepts *Accelerated Schools Project* (vgl. LEVIN 1992; HOPFENBERG et al. 1993), das in den USA außerordentlich erfolgreich ist, soll die Bedeutung (relativ) stabiler Teams für die Einleitung und Durchführung von Entwicklungsprozessen an Schulen illustrieren.

Die Arbeit einer Schule im Rahmen des Accelerated Schools Project beginnt mit einer Art *Inventur*. D.h. es wird versucht, alle wichtigen Dimensionen der Schule arbeitsteilig in Teams zu untersuchen, an denen LehrerInnen und, soweit möglich, auch SchülerInnen und Eltern beteiligt sind. Diese Befunde werden dann zusammengestellt, um ein gemeinsames Verständnis der aktuellen Situation der Schule zu gewinnen - vor allem der Stärken, auf denen künftig aufgebaut werden kann.

In einem zweiten (zeitlich parallelen) Schritt wird definiert, in welche Richtung die Schule gehen möchte. Es werden langfristige *Zielvorstellungen*, eine 'Vision', entwickelt. Auch hier geht es darum, möglichst jede(n) an der Schule Tätige(n) und auch Eltern einzubeziehen. In kleinen Gruppen werden Fragen der folgenden Art gestellt: Wie sollte eine Schule aussehen, die Sie sich für Ihre Kinder wünschen? Wie sollte eine Schule aussehen, die Sie in beruflicher und persönlicher Hinsicht befriedigt? Auch an der Vision wird zunächst in Gruppen gearbeitet, dann aber versucht, Gemeinsamkeiten zu finden.

In einem dritten Schritt wird die Inventur mit der gemeinsamen Vision verglichen und gefragt, worin die *Unterschiede zwischen dem status quo und den Zielvorstellungen* liegen. Es wird registriert, was sich in Zukunft ändern müßte; es werden Prioritäten gesetzt und entschieden, wo der Anfang gemacht werden soll. Dabei wird versucht, Veränderungen in den Leistungsanforderungen, in der Gestaltung des Lehrens und Lernens und in den organisatorischen Bedingungen gleichzeitig im Auge zu behalten, um unerwünschte Nebeneffekte von Einzelmaßnahmen zu vermeiden.

Anschließend werden *stabile Teams* gebildet, die in den Bereichen, die Priorität erhalten haben, an der Problemlösung arbeiten. Es wird ein *Lenkungsausschuß* gegründet, in dem jedes dieser Teams sowie InhaberInnen wichtiger Schlüsselpositionen an der Schule vertreten sind. Dieser Ausschuß koordiniert die Aktivitäten und sorgt für die Realisierung von Entscheidungen. Wichtige Entscheidungen werden in *Versammlungen der gesamten Schulgemeinschaft*, also unter Einbeziehung von SchülerInnen und Eltern getroffen.

In einer Schule, die nach diesem Entwicklungskonzept arbeitet, erhält der oder die Schulleiter(in) eine neue Aufgabe. Er oder sie übernimmt zentrale Verantwortung für die gemeinsame Arbeit an Zukunftsperspektiven für die Schule und schafft bzw. erhält die Rahmenbedingungen für die Veränderung. Bei diesem Konzept wird davon ausgegangen, daß die einzelne Schule über ein personelles Potential verfügt, das grundsätzlich in der Lage ist, bei der Gestaltung des Lehrens und Lernens Qualität zu bieten und zugleich persönlich befriedigende Arbeitsbedingungen zu schaffen. Abgesehen von diesem Vertrauensvorschuß nennt LEVIN (1992) noch einige weitere wichtige Merkmale des Konzepts, die sich aus der Erfahrung von ca. 250 am Programm beteiligten Schulen ergeben haben: der Aufbau gegenseitigen Vertrauens unter den LehrerInnen sowie zwischen ihnen und der Schulleitung. Ohne ein solches Vertrauen ist es unmöglich, gemeinsam an einer Vision zu arbeiten und sich auf die Nutzung bzw. Weiterentwicklung der gegenseitigen Stärken zu konzentrieren. Ein weiterer Aspekt ist die Bereitschaft, zu experimentieren und kontrollierte Risiken einzugehen. Ohne diese Bereitschaft sind nach LEVIN ebenfalls keine substantiellen Verbesserungen zu erwarten.

Einen hohen Stellenwert hat im Accelerated Schools Program die Reflexion. Es wird angenommen, daß LehrerInnen, Eltern und andere Mitarbeiter der Schule nicht nur das Recht haben, ihre Situation zu untersuchen, sondern geradezu die Pflicht dazu. Wenn eine Situation weiterentwickelt werden soll, müssen für Problemidentifikation, Recherche, Ideenaustausch und gemeinsame Arbeit an Handlungsstrategien Zeit reserviert und geeignete soziale Strukturen (Teams) geschaffen werden. Schließlich zeigte sich auch, daß erfolgreiche Schulentwicklung nicht in einem Vakuum möglich ist, sondern auch davon abhängt, wie gut es gelingt, Beziehungen zum schulischen Umfeld herzustellen und sich der Mitarbeit der Eltern an den Bildungsaufgaben zu versichern.

6.2.5 Strukturelle Perspektiven

Die Entwicklung überschaubarer Strukturen an der Schule, in denen Entscheidungen in einem pädagogisch professionellen Klima vorbereitet und getroffen werden können, dürfte zu den wichtigsten Voraussetzungen für die künftige Schulentwicklung gehören. Sie sollten gewährleisten, daß nicht nur der Alltag auf ökonomisch vertretbare, konstruktive und faire Weise zu bewältigen ist, sondern auch längerfristige Entwicklungsprioritäten und ein schulinterner Planungs- und Evaluationsprozeß entstehen, welche die Auswirkungen zufälliger Machtkonstellationen unter Kontrolle halten.

Aus den Erfahrungen mit dem Innovationsprojekt lassen sich vor allem folgende *Schlußfolgerungen* ziehen:

- Jene Schulen, die erste Versuche mit schulinternen Teamstrukturen und Entscheidungsstrukturen unternommen, bzw. unter relativ günstigen Rahmenbedingungen eine komplexe Entscheidungsstruktur bereits entwickelt haben, bieten wertvolles Erfahrungsmaterial, das für die Entwicklung gesamtösterreichischer Rahmenregelungen genützt werden sollte.
- Rahmenregelungen für schulinterne Entscheidungsstrukturen sollten sowohl professionelle Entscheidungen im engeren Sinn ermöglichen (die im wesentlichen LehrerInnen vorbehalten sind) als auch solche, an denen SchülerInnen und Eltern beteiligt sind. Beide Gruppen werden derzeit zumeist nur mit einem Minimum an Informationen versorgt und haben kaum die Möglichkeit, auf konstruktive Weise zur Entwicklung beizutragen.
- Die Rolle der SchulleiterIn für die Entwicklung einer Schule hat sich im Innovationsprojekt als außerordentlich bedeutsam herausgestellt. Diese Position hängt z.T. eng mit dem Fehlen einer professionellen Infrastruktur für Meinungs- und Entscheidungsbildung an den Schulen zusammen. Durch die Zuweisung autonomer Spielräume an die Schulen werden der Schulleitungsposition (explizit oder implizit) weitere Aufgaben zugeordnet. Dies könnte sich als Hindernis für die Weiterentwicklung der Schulen zu lernenden Organisationen herausstellen, wenn nicht zugleich eine Entlastung der Schulleiterposition durch Erweiterung der Entscheidungsstrukturen an den Schulen erfolgt.
  Die einseitige Vergrößerung des Dispositionsspielraums von SchulleiterInnen könnte das Konfliktpotential erhöhen, weil mit der Dezentralisierung von Entscheidungen auch die Kontrollinstanz näherrückt und damit 'informelle' Spielräume verkleinert werden, oder - bei konfliktscheuen Schulleitern - dazu führen, daß bestehende Spielräume gar nicht genutzt werden und der *status quo* auch dann beibehalten wird, wenn es sinnvollere Alternativen gäbe. Trotz der Bedeutung der *Person* des Schulleiters erscheint es wesentlich, Schulleitung auch als *Funktion* zu sehen, weil damit erst die Möglichkeit in den Blick kommt, Aspekte dieser Funktion auch anderen Personen anzuvertrauen und damit die Entscheidungsbasis zu verbreitern (vgl. ALTRICHTER et al. 1994).
- Es erscheint sinnvoll, zumindest für einen bestimmten Zeitraum *verschiedene* organisatorische Umsetzungen von Entscheidungsstrukturen zuzulassen bzw. auch zu unterstützen, weil damit einerseits situative Bedingungen Berücksichtigung finden können und andererseits eine breitere Erfahrungsbasis entstehen kann.

6.3 Kollegiale Lehrerfortbildung: Nutzung des an den Schulen verfügbaren menschlichen Potentials.

6.3.1 Thesen zur kollegialen Lehrerfortbildung

Mit kollegialer Lehrerfortbildung sind verschiedenste Formen der Fortbildung gemeint, bei der das im Lehrberuf verfügbare professionelle Knowhow zur Weiterentwicklung der Qualität des Lehrens und Lernens in der Schule genutzt wird. Im folgenden werden zunächst einige Thesen zur Diskussion gestellt, die sich aus Erfahrungen mit dieser neuen (in gewissem Sinn aber auch sehr alten) Form der Lehrerfortbildung ergeben haben.

a) Je komplexer eine Tätigkeit wird, desto mehr ist der Erfolg bildungspolitischer Maßnahmen von der Mitarbeit und vom 'Mitdenken' der Berufstätigen abhängig.
Bei wachsender Komplexität und Unvorhersehbarkeit lokaler Ereignisse können praktische Probleme immer weniger (durch generelle Regelungen) *für* die Institutionen bewältigt werden, sondern erfordern Maßnahmen, durch welche die Problemlösefähigkeit der einzelnen Institution verstärkt wird.

Dies soll im folgenden Beispiel illustriert werden. Eine Forschungsarbeit zum Thema Nachhilfeunterricht löste eine Medienkampagne aus, die einzelne Landesschulräte zu sehr verschiedenen Reaktionen veranlaßte: In einem Bundesland verfügte die Behörde, daß in Zukunft ein Drittel jeder Unterrichtsstunde Wiederholungen gewidmet werden müßte, um auf diese Weise den Nachhilfeunterricht einzudämmen. In einem anderen Bundesland sandte der Landesschulrat an alle Schulen Briefe, in denen das Problem skizziert wurde und um nähere Klärung des Problems bzw. um Vorschläge zur Bewältigung gebeten wurde.

Die erstgenannte Intervention geht von drei Annahmen aus: erstens, daß das Problem durch *eine* generelle Regelung bewältigt werden könne; zweitens, daß diese konkrete Regelung tatsächlich dazu geeignet sei, und drittens, daß sie nur verordnet werden müsse, um eine Lösung herbeizuführen. Die zweite Interventionsstrategie signalisiert den LehrerInnen zunächst, daß es sich um ein ernsthaftes Problem handelt. Damit wird eine öffentliche Erwartungshaltung an die Schule weitergeleitet und 'unspezifischer Druck' ausgeübt. Zweitens signalisiert die Verwaltung, daß sie die Kompetenz der LehrerInnen, auf Probleme im Bildungswesen konstruktiv und professionell zu reagieren, respektiert und daß Reflexion, Dokumentation und Kommunikation von Erfahrungen geschätzt werden.

b) Innovationen verbreiten sich umso rascher, je näher sie in zeitlicher, räumlicher und inhaltlicher Hinsicht jenen Situationen sind, in denen sie wirksam werden sollen.
Die Nutzung von Ideen zur Bewältigung komplexer Aufgaben ist primär eine Frage des Zugangs zu den richtigen Ideen zum richtigen Zeitpunkt. Dies bedeutet, daß das lokale Knowhow, das innerhalb eines Lehrkörpers zur Verfügung steht, ein hohes Potential für professionelle Entwicklung hat. Es ist in einem räumlichen und zeitlichen Sinn nahe und die Wahrscheinlichkeit, daß es in inhaltlicher Hinsicht relevant und

glaubwürdig ist, ist ebenfalls relativ groß, weil die Kontextbedingungen ähnlich sind.

c) „Innovationen bewegen sich entlang eines Netzwerks persönlicher Kontakte" (HOUSE 1974, 10).
Aus dieser These folgt, daß informelle Kontakte unter LehrerInnen für die Weiterentwicklung der Qualität von Unterricht große Bedeutung haben. In einem komplexen sozialen System besteht die Aufgabe der Verwaltung weniger darin, Antworten auf Probleme zu geben, sondern Gelegenheiten zur Kommunikation unter Praktikern zu schaffen, in denen Knowhow und Erfahrungen ausgetauscht und Praxis demonstriert werden können und in denen Ideen sich entlang persönlicher Beziehungen verbreiten können. Voraussetzungen dafür sind zeitliche und räumliche Bedingungen für Gespräche innerhalb von Schulen und auch formelle Strukturen, die Kommunikation erforderlich machen (z.B. Teamstrukturen, vgl. Kap 6.2.2). Es gibt z.B. Hinweise darauf, daß die Qualität der Kommunikation unter LehrerInnen (bzw. die Wahrscheinlichkeit, daß *small talk* professionelleren Austauschbeziehungen Platz macht) u.a. von der Zeit abhängt, die dafür zur Verfügung steht. An einer Schule hat sich gezeigt, daß die Verlängerung einer Pause auf eine halbe Stunde sowohl die berufsbezogene Kommunikation intensiviert, als auch die Atmosphäre nachhaltig verbessert hat.

d) Innovationen lassen sich nicht 'klonen'.
Eine Vervielfältigung von Innovationen ist vor allem deshalb nicht möglich, weil die individuelle Beziehung einer Person zu einer Innovation (ihr Gefühl, daß die Innovation zu ihr 'paßt', daß Werthaltungen, die ihr wichtig sind, in der Innovation zum Ausdruck gebracht werden können) ebenso große Auswirkungen auf den Erfolg einer Innovation haben wie ihre 'objektive Qualität'. Damit eine Innovation Erfolg haben kann, muß sie von der Person, die sie realisiert, in einem sehr persönlichen Sinn 'vereinnahmt' und aufgrund ihres eigenen situativen Verständnisses transformiert werden, mit der individuellen 'Farbe' getönt werden. SCHÖN (1983) spricht in diesem Zusammenhang von einer 'reflektierten Übernahme' praktischer Problemlösungen.

Dies bedeutet, daß grundsätzlich davon ausgegangen werden muß, daß LehrerInnen, die fremdes Knowhow nutzen, für dessen Realisierung in der eigenen Praxis auch Eigentümerrechte beanspruchen können. In vielen Fällen werden nicht Handlungsweisen von anderen übernommen, sondern Ideen und das Bewußtsein, daß etwas möglich ist. Wichtige Voraussetzung für den Mut, sich auf eine Innovation einzulassen, ist auch die Erfahrung, daß Perfektion unerreichbar und nicht selten sogar kontraproduktiv ist, weil sie die für den Erfolg unverzichtbaren Handlungsspielräume der SchülerInnen einschränken kann.

e) Essentielles praktisches Wissen muß von PraktikerInnen selbst generiert werden.
Das Wissen, das für die Realisierung von Innovationen in komplexen praktischen Situationen erforderlich ist, kann LehrerInnen nur in geringem Maße in Kursen, Materialien und Regelungen vermittelt werden, sondern muß von ihnen selbst produziert werden, indem sie sich mit ihrer eigenen beruflichen Praxis auseinandersetzen, um sie

besser zu verstehen und weiterzuentwickeln (vgl. ALTRICHTER/POSCH 1994). Voraussetzungen dafür sind:

- eine experimentelle, forschend-entwickelnde Einstellung zur Praxis,
- eine kontinuierliche Auseinandersetzung mit beruflichen Anforderungen und eine gemeinsame Festlegung der Prioritäten,
- eine erweiterte Verantwortung, die auch die Arbeit an den Rahmenbedingungen für den Unterricht (also Schulentwicklung) miteinschließt.

f) Schulen müssen ein Selbstverständnis als 'lernende Organisationen' gewinnen.
Kollegiale Lehrerfortbildung ist in hohem Maße davon abhängig, daß in überschaubaren Zusammenhängen Verantwortung geteilt wird. 'Geteilte Verantwortung' bedeutet, daß eine Gruppe von LehrerInnen gemeinsam für operationelle Entscheidungen, die ihre Arbeit betreffen, zuständig ist. 'Überschaubare Zusammenhänge' bedeutet auch, daß die Schüler- bzw. Klassenzahl, für die primäre Verantwortung übernommen wird, eine bestimmte Größe nicht übersteigt. Ein Beispiel für geteilte Verantwortung ist die Einrichtung von Lehrerteams, die jeweils für eine bestimmte SchülerInnenzahl primäre Verantwortung übernehmen und in diesem Rahmen für wesentliche operationelle Entscheidungen zuständig sind.

Auf diese Weise kann eine Schule selbst zur *Fortbildungseinrichtung* werden, die nach innen und außen wirksam wird. Voraussetzung ist allerdings, daß die Entfaltung einer Vielfalt an Kompetenzen als Wert angesehen wird. Auf diese Weise kann eine Dynamik entstehen, bei der aktuelle berufliche Tätigkeit und Weiterbildung engstens miteinander verwoben werden (vgl. dazu ALTRICHTER 1994a).

6.3.2 Kollegiale Lehrerfortbildung im Innovationsprojekt

Im Rahmen des Innovationsprojekts wurden Strategien untersucht, mit denen das professionelle Potential im Lehrberuf für die Weiterentwicklung der Qualität des Unterrichts genutzt wird. Die beiden folgenden Beispiele bieten Einblick in die Vielfalt der Möglichkeiten professioneller Kommunikation innerhalb der Schule.

An einer höheren technischen Lehranstalt fand sich für eine Klasse (sie wurde 'Modellklasse' genannt) ein Lehrerteam, dem die Verbesserung der Qualität ihrer Arbeit und der Beziehungen zu den SchülerInnen ein besonderes Anliegen war. In der Studie wird die Arbeit mit dieser Klasse so beschrieben: *„LehrerInnen und SchülerInnen (kamen) periodisch in Lehrer-Schüler-Konferenzen (LSKs) zusammen, um Probleme und Schwierigkeiten - und natürlich auch positive Erfahrungen zu besprechen. Damit sollten einerseits Konflikte vermieden bzw. besser aufgearbeitet werden, andererseits die Teamarbeit in der Gruppe geübt, sowie Artikulationsfähigkeit und Präsentationstechniken erworben werden.< ...> Die Konferenzen wurden in Kleingruppen (zu je fünf Schülern) vorbereitet: Wünsche etc. wurden gesammelt und auf Packpapier geschrieben, die Plakate in der Klasse aufgehängt. Für diese Vorbereitung standen 30 Minuten zur Verfügung. In der Konferenz selbst wurden die Inhalte den Mitschülern und anwesenden LehrerInnen präsentiert und anschließend zur Diskussion gestellt. Für die Diskussionsleitung der meist*

zweistündigen, während der Unterrichtszeit stattfindenden Konferenzen, stand ein externer Berater zur Verfügung. <...> Die LSK hat sich als Kommunikationsform der am Unterrichtsgeschehen direkt beteiligten Gruppen bewährt.
Durch sie ist im Laufe der Zeit eine Diskussionskultur entwickelt worden, in der Probleme und Wünsche in einer für alle Betroffenen annehmbaren Form vorgebracht werden konnten. Konflikte konnten teils vermieden, teils besser aufgearbeitet werden. Es blieb damit auch mehr Zeit für die Erarbeitung und Vermittlung von Lehrinhalten. Die LSK war aber auch eine konkrete Berufsvorbereitung, weil Erfahrungen mit Teamarbeit und mit der Aufarbeitung von Konflikten für die zukünftige Berufspraxis von Bedeutung sind, und die Schüler wohl auch an Artikulationsfähigkeit gewonnen haben." (ANDERWALD/GAISBACHER 1993, 5)

Im folgenden Beispiel ist Kommunikation aus dem gemeinsamen Interesse entstanden, eine kleine Volksschule für die Bedürfnisse der Gemeinde zu öffnen. Die Studie der LehrerInnen und der Schulleiterin dieser Schule (ROSENBERGER et al. 1993, 3ff) bietet einen Einblick in die gewundenen Wege zu diesem Ziel und in die Dynamik, die sich dabei entfaltet hat:
„Wir <formulierten> unser Ziel wie folgt: 'Wir wollen die Bedingungen in unserer Gemeinde so gestalten, daß Schule nicht einschränkend als abgegrenzter Ort für schulisches Lernen betrachtet wird, sondern als Platz der Begegnung möglichst vielen Menschen offen steht. Wir wollen Kultur umfassend sehen, bestehende Freiräume als Partner der Bevölkerung nutzen oder neue schaffen.'
Der erste Schritt war die gemeinsame Beobachtung und Analyse einer Unterrichtsstunde, das heißt von Kultur im Alltagshandeln.
Der zweite Schritt bestand im Versuch, das eigene Verständnis von Schulkultur und Kultur im allgemeinen offenzulegen. Jedes Teammitglied erstellte - gestützt auf Tagebuchaufzeichnungen - eine Liste seiner eigenen Kulturbegriffe als Anregung für einen gemeinsamen Gedankenaustausch.
Der nächste Schritt war ein gemeinsam geplantes Projekt (das Wasserprojekt) und der Versuch, in unregelmäßigen Abständen, Hemmendes und Förderliches auf einem im Konferenzzimmer ausgehängten Plakat festzuhalten. Es folgte eine längere Phase der Aufarbeitung von Erfahrungen in einer Art Zwischenbilanz.
Der bisher letzte Schritt war die Öffnung der Schule für Angebote der Erwachsenenbildung. Eine neue Partnerschaft wurde angeknüpft: Schule und Erwachsenenbildung. <...> Den Beginn machte ein Runder Tisch an der Schule: Bürgermeister der beiden schulerhaltenden Gemeinden, Elternverein, Erwachsenenbildung und Schule. Schon nach wenigen Wochen bildete sich ein offener Bildungs- und Kulturausschuß.
Der Ausschuß machte es sich zum Ziel, die Bedürfnisse der Bevölkerung aufzugreifen und darauf abgestimmte Veranstaltungen zu organisieren. Innerhalb eines halben Jahres wurde die Idee in konkretes Handeln umgesetzt und ein Veranstaltungskalender an alle Haushalte verschickt. Das bunte Angebot wurde durchwegs sehr positiv angenommen.
Auf Initiative einer Teilnehmerin wurde ein über zehn Abende laufendes Haltungsturnen organisiert. Wenig später wurde der Singkreis geboren. Jung und Alt treffen sich jeden Donnerstag zum offenen Singen in der Schule. Für den Juni ist ein Abend zu 'Klimaveränderung - Ozon - Treibhauseffekt' fix geplant. Die Bezugnahme

auf Kinder wie auch die Auswirkungen auf die Landwirtschaft sollen hiebei besondere Rücksichtnahme finden.
Wenige Wochen nach einem im Rahmen des Wasserprojekts organisierten Vortrag bildete sich völlig selbständig eine Umweltgruppe mit dem speziellen Interesse an Abwasserklärung. Sie erlangte innerhalb eines Jahres große Bedeutung, organisierte zwei sehr gut besuchte Exkursionen in Gemeinden mit privat geführten, alternativen Wasserkläranlagen und erreichte schließlich, daß der Gemeinderat die Forschungsgesellschaft Joanneum mit der Erstellung einer Abwasserstudie beauftragte."

Beide Beispiele illustrieren die Erfahrung, daß Kommunikation *gemeinsame Ziele* voraussetzt. Im ersten Beispiel ist es das Interesse einer Gruppe von LehrerInnen, in einer Klasse neue Formen von Unterricht (u.a. ein größeres fachübergreifendes Projekt) auszuprobieren und die Beziehung zu den SchülerInnen zu verbessern. Dazu war ein Mindestmaß an Zusammenarbeit unbedingt notwendig. Kooperation erfolgte nicht deshalb, weil sie direkt als Wert angestrebt wurde, sondern sie erfolgte sozusagen 'auf dem Rücken' anderer, nämlich professioneller Ziele. Im zweiten Beispiel ist es das Interesse des Lehrkörpers einer kleinen Schule, die Schule für die kulturellen Bedürfnisse der Gemeinde zu öffnen. Auch hier war ein gemeinsames Ziel die Voraussetzung für Zusammenarbeit.

So manche gescheiterten Versuche, Zusammenarbeit zu initiieren, dürften damit zusammenhängen, daß diese zwar allgemein als wünschenswert angesehen wird, aber ihre Funktion nicht klar und/oder nicht als wichtig genug eingeschätzt wird, um den damit verbundenen Aufwand zu rechtfertigen. Die bildungspolitischen Implikationen dieser Erkenntnis sind weitreichend. Wenn Zusammenarbeit als bedeutsam angesehen wird, genügt es nicht, sie nur zu fordern. Es müssen vielmehr *drei Bedingungen* erfüllt werden: Die wichtigste Bedingung sind *Aufgaben und Verantwortungsbereiche*, die nur dann adäquat bewältigt werden können, wenn LehrerInnen zuammenarbeiten. Die zweite Bedingung ist *Zeit*. Zusammenarbeit erfordert Zeit, die als professionelle Verpflichtung an der Schule verbracht werden muß. Die dritte Bedingung ist ein angemessenes *räumliches Ambiente*. Die Schulen sind in räumlicher Hinsicht nur sehr beschränkt auf eine professionelle Tätigkeit von LehrerInnen außerhalb des Unterrichts eingerichtet. Auch Voraussetzungen für die Betreuung von Kleinkindern fehlen noch weitgehend (vgl. aber erste Ansätze bei GABRIEL-PEER 1994). Der folgende Abschnitt geht auf zwei Voraussetzungen zur Förderung kollegialer Zusammenarbeit etwas näher ein, auf den Paradigmenwechsel in der Beziehung zwischen Schulverwaltung und Schule und auf die Bewältigung des Zeitproblems.

6.3.3 Voraussetzungen kollegialer Lehrerfortbildung

a) Paradigmenwechsel in der Beziehung zwischen Schulverwaltung und Schule
Das Verhältnis der Schulen zur regionalen und zentralen Schulverwaltung ist weitgehend geprägt von einer legistischen Auffassung des Bildungsprozesses, nach der die Schule und letztlich die LehrerInnen primär als Ausführungsorgane für Gesetze betrachtet werden. Die daraus ableitbaren bildungspolitischen Folgerungen lauten: dafür Sorge tragen, daß die Gesetze und Ausführungsbestimmungen präzise formuliert

sind, sodaß Interpretationsunterschiede minimiert werden, und der Schulverwaltung die Auflage zu erteilen, primär für die buchstabengetreue Einhaltung der Gesetze zu sorgen. Ausdruck dieses Verhältnisses zwischen Schulverwaltung und LehrerInnen ist die Auffassung, daß Probleme, die lokal auftreten, zentral gelöst werden müssen. Die zugrundeliegende Regelungslogik ist die sogenannte Input-Normierung: d.h. die Praxis wird durch präzise Vorgaben gesteuert. Wenn Probleme auftreten, müssen die Vorgaben präzisiert werden. Diese Regelungslogik setzt klare Zielvorgaben, einen gesellschaftlichen Grundkonsens über die Inhalte der Bildung, vorhersagbare praktische Situationen und wirksame allgemein formulierbare Bewältigungsstrategien voraus.

Diese Voraussetzungen sind jedoch kaum mehr gegeben. Die pädagogische Praxis ist vielmehr in zunehmendem Maße von komplexen, z.T. widersprüchlichen Anforderungen geprägt. Je komplexer und widersprüchlicher jedoch die Anforderungen an das Bildungswesen werden, desto schwieriger wird es, dieses traditionelle Aufgabenverständnis auch durchzusetzen, weil die Wirksamkeit traditioneller Steuerungsmechanismen abnimmt. Eine Schulleiterin (in einem anderen Land) hat einer Expertengruppe gegenüber erklärt: sie habe aufgehört, bestimmte administrative Regelungen genauer durchzulesen, weil sie ohnehin nicht anwendbar seien. In einer österreichischen Studie zur Schulqualität (ALTRICHTER 1994a, 99) wurde eine „Entfremdung" zwischen LehrerInnen und Schulverwaltung und Tendenzen zu einer geistigen Abkoppelung der Einzelschule von ihrer Administration festgestellt: *„Kaum jemand der Befragten konnte eine staatliche Maßnahme nennen, die seine/ihre Unterrichtstätigkeit gefördert hätte. Die tatsächlichen Verbesserungen (geringere Klassenschülerzahlen, die bessere Ausstattung der Schulen) zählen offensichtlich nicht zu den Erfahrungen, die das Bewußtsein der LehrerInnen über ihr Verhältnis zum Dienstgeber und Staat prägen".*

Das Verständnis schulischer Arbeit als 'Gesetze und Vorschriften ausführen' entspricht nicht mehr den Anforderungen. Diese verlangen vielmehr eine 'kreative, verantwortungsbewußte und situationsgemäße Interpretation rechtlicher Spielräume'. Dies wiederum erfordert eine Neubestimmung des Verhältnisses der Verwaltung zur Schule, die einem Paradigmenwechsel in ihrer Beziehung zur Schule gleichkommt. Statt die Praxis mit detaillierten Anordnungen zu steuern, dürfte die primäre Aufgabe der Verwaltung in Zukunft darin bestehen, Rahmenbedingungen zu schaffen, in denen LehrerInnen angeregt werden, selbst Probleme zu bearbeiten, Lösungen zu finden und in Kommunikation untereinander selbst Entwicklungsprozesse zu steuern. Untersuchungen zur Schulqualität zeigen immer deutlicher, daß vor allem folgende Prozeßmerkmale die Qualität einer Schule bestimmen:

- Eigenständige Auseinandersetzung der Schulgemeinschaft mit Vorgaben, Herausforderungen und Möglichkeiten im Umfeld der Schule und eine gemeinsame Entscheidungsfindung über pädagogische und organisatorische Fragen, über Zielsetzungen und Entwicklungsprioritäten, um ein von möglichst allen LehrerInnen, SchülerInnen und Eltern getragenes Verständnis der Aufgaben der Schule gemeinsam zu erarbeiten.
- Übernahme der primären Verantwortung für Innovationen im Bereich des Lehrens

und Lernens. Innovation wird nicht als etwas einmaliges, potentiell bedrohliches angesehen, sondern als ein zentrales Systemmerkmal einer guten Schule.

- Systematische Reflexion über die eigenen Stärken und Schwächen, um den Anforderungen angemessen und kreativ begegnen zu können (zu den Methoden vgl. ALTRICHTER/POSCH 1994).

Schulen, die diese Aufgaben übernehmen und auch entsprechende kollegiale Meinungsbildungs- und Entscheidungsstrukturen entwickeln, werden zu 'lernenden Organisationen'. Die einzelne Schule wird in diesem Entwicklungsprozeß einen wesentlich höheren Stellenwert erhalten als dies in der Vergangenheit der Fall war. Sie wird von der relativ anonymen Anstalt, in der Einzelkämpfer isoliert voneinander einen Gesetzesauftrag erfüllen zur „pädagogischen Handlungseinheit" und zum „Motor der schulischen Entwicklung".

Die Aufgaben der Verwaltung werden dadurch schwieriger und anspruchsvoller, weil sie sich stärker auf schulische Realitäten einlassen muß und weil sie Rahmenbedingungen für im Detail nicht vorhersehbare Entwicklungen bereitstellen muß. Dazu kommt noch die paradox erscheinende Notwendigkeit, daß große lokale Spielräume starke Rahmenbedingungen erfordern, weil nur dadurch die Spielräume geschützt werden können und ein Auseinanderdriften des Systems vermieden wird. Zu diesen Rahmenbedingungen gehören u.a. organisatorische Strukturen, welche die Zusammenarbeit von LehrerInnen erfordern und die sie zur Qualitätskontrolle ihrer Arbeit veranlassen usw. Dazu gehören aber auch 'symbolische Interventionen', wie z.B. die Identifikation und öffentliche Anerkennung besonderer beruflicher Leistungen.

b) Die Bewältigung des 'Zeitproblems'

Eine der gravierendsten hemmenden Bedingungen für die Nutzung des intellektuellen und menschlichen Potentials an den Schulen ist der Zeitmangel. Dies kommt in mehreren Studien zum Ausdruck:

„Der Diskurs über Kultur beeinträchtigte wegen des dafür geleisteten Zeit- und Energieaufwandes in mehreren Phasen des Projektes das Plansoll der unterrichtlichen Arbeit in der Klasse. So fiel die 'Innovation' oft weit nach unten in der Hierarchie der Wertigkeiten, man/frau schleppte sie mit (WE)." (ROSENBERGER et al. 1993, 7f)

„Und immer wieder die Bemerkung: 'Wir haben keine Zeit mehr füreinander'. <...> Immer mehr KollegInnen klagen über Zeitmangel und die daraus resultierende äußerst eingeschränkte Kommunikationsmöglichkeit" (BINDER et al. 1993, 7).

„Wir haben ohnehin schon soviel neues zu tun (Teamarbeit, Projektunterricht etc.), daß wir die 'Lernzielorientierte Leistungsbeurteilung' (LLB) nicht auch noch machen können. <...> Hilfe, wir sind überfordert. Die derzeitigen Belastungen und der Arbeitsaufwand für LLB sind zu groß" (BAUER 1993a, 10).

In einem der Workshops des Innovationsprojekts wurden Studien unter dem Thema „Zeit- und Energieaufwand" analysiert. Dabei wurden als Fazit folgende Thesen formuliert:

„Engagierte Lehrer/innen haben einen erheblich höheren Zeitaufwand. Das derzeitige

Besoldungssystem ist nicht leistungsbezogen. Das heißt, daß sich großes Engagement in der Schule meist nicht auf die Geldbörse niederschlägt. Obwohl positive Rückmeldungen und Anerkennung, die auf der emotionalen Ebene liegen, also jene von Schüler/innen, Kolleg/innen, Direktor/in, Behörden u.a., tiefer greifen und nachhaltiger wirken als die Anerkennung durch mehr Geld (einige Untersuchungen belegen das), steht die Forderung nach einer leistungsbezogeneren Entlohnung berechtigt im Raum." (EICHINGER et al. 1992)

Lehrerzeit ist der weitaus größte Kostenfaktor im Bildungswesen; eine möglichst sinnvolle Nutzung der verfügbaren Zeit ist daher auch in ökonomischer Hinsicht eine bedeutsame Zielperspektive. Eine der wichtigsten, wenn auch administrativ schwer beeinflußbaren Voraussetzungen dafür dürfte in einer *anregenden und anerkennenden Atmosphäre* an der Schule bestehen, die die LehrerInnen dazu veranlaßt, aktiv ihr eigenes Potential und das ihres Umfeldes zu nützen und 'professionelle Energie' in den Dienste schulischer Zielsetzungen zu stellen.

Es gibt aber auch *strukturelle Möglichkeiten*, Lehrerzeit effektiver zu nutzen, auf die die Verwaltung leichter Einfluß nehmen kann:

- *Flexibilisierung der Zeitplanung*
  Die einzelne Schule sollte die Möglichkeit erhalten, über die zeitliche Struktur der schulischen Aktivitäten und über die Verteilung der Arbeitszeit der LehrerInnen selbst zu entscheiden: Dies bedeutet, daß die Stundenplanhoheit (innerhalb allgemeiner Rahmenvorgaben) zur Gänze der Schule übertragen wird. Dazu gehört die Festlegung der Dauer, des Beginns und des Endes der Stundeneinheiten, Veränderungen des Stundenplans (z.B. Durchführung von Blockungen), die Dauer und zeitliche Placierung von nicht verpflichtenden Lehrangeboten (z.B. unverbindliche Übungen, Förderunterricht), die Zahl und Dauer der Wandertage, Exkursionen usw. Es zeigte sich an vielen Schulen des Innovationsprojekts, daß das organisatorische Korsett als sehr hemmend empfunden wurde und eine Bevorzugung administrativer auf Kosten pädagogischer Gesichtspunkte bewirkte.

- *Planungs- und Reflexionszeit an der Schule*
  Derzeit ist die Anwesenheit von LehrerInnen an der Schule im wesentlichen auf die Unterrichtszeit beschränkt. Das heißt, daß für verantwortliche kooperative Vorbereitung schulischer Arbeit keine Zeit zur Verfügung steht. Arbeitsrechtliche Regelungen könnten vorsehen, daß ein bestimmter Anteil der außerunterrichtlichen Arbeitszeit (in Norwegen sind es z.B. fünf Wochenstunden) an der Schule für Planungsarbeit, Entwicklungsarbeiten, Elternarbeit usw. zur Verfügung steht. Dies wäre auch eine wichtige Voraussetzung fur die Intensivierung des kollegialen Erfahrungsaustauschs. Allerdings bedeutet die Verlagerung von Planungs- und Reflexionstätigkeit an die Schule für manche LehrerInnen einen Verlust an zeitlicher Flexibilität und damit eines bedeutenden Anreizfaktors im Lehrberuf (vgl. ALTRICHTER 1995a).

- *Übertragung von Anrechnungsstunden in ein Verfügungsdeputat der einzelnen Schulen*

Dies würde eine Flexibilisierung der derzeit geltenden Stundenreduktionen für bestimmte Aufgaben (für Kustoden, Klassenvorstände, Koordinatoren usw.) ermöglichen. Es wäre denkbar, daß jede Schule ein bestimmtes Kontingent möglicher Stundenreduktionen erhält (das auf Erfahrungswerten beruht) und nach schulspezifischen Prioritäten die Verteilung vornimmt. Dazu sind allerdings professionelle, generell akzeptierte Entscheidungsstrukturen notwendig. Die Zuweisung derartiger Entscheidungen an die DirektorInnen würde diese überlasten und voraussichtlich zu unkontrollierten Nebenwirkungen führen.

Die Verbesserung zeitlicher Rahmenbedingungen erfordert wahrscheinlich eine *grundsätzliche Neustrukturierung der Lehrerarbeit in zeitlicher und finanzieller Hinsicht.* Ein interessanter Ansatz wird seit 1993 in Dänemark erprobt. Dänemark ist eines der ersten Länder, das im Zuge der Autonomisierung eine Art Leistungslohn für LehrerInnen eingeführt hat. Die übliche Arbeitszeit wird dabei eingeteilt in 'Unterrichtszeit' auf einer 60 Minuten Basis (wobei die tatsächliche Dauer von Unterrichtsstunden Sache der einzelnen Schule ist), „Vorbereitungszeit" und „Sonstige Zeit" (für pädagogische und administrative Aufgaben, Fortbildung, Elternarbeit). Die „Sonstige Zeit" muß mindestens 50% der Unterrichtszeit betragen und kann in gewissen Grenzen Unterrichts- und Vorbereitungszeit ersetzen. Auf dieser Basis wird ein Dienstplan für jede(n) Lehrer(in) erstellt. Nach einem sogenannten Normzeitraum (ca. 3 Monate) wird abgerechnet. Überstunden werden z.B. samt einer Zulage in den nächsten Normzeitraum übertragen. Bisheriges Ergebnis: Das System hat die Arbeit der LehrerInnen wesentlich transparenter gemacht und die Flexibilität der einzelnen Schule erhöht. Allerdings ist das System dadurch nicht billiger, sondern in manchen Gemeinden eher teurer geworden. Außerdem hat sich dadurch herausgestellt, daß LehrerInnen, die früher sehr hohes Engagement gezeigt haben, nun „ökonomischer" denken (CHRISTENSEN 1994).

6.4 Außenstützung von Schulentwicklungsprozessen.

In den vergangenen Jahren ist die Nachfrage nach Außenstützung von Schulen zur Bewältigung von Entwicklungsprozessen und Problemen außerordentlich rasch angewachsen, sodaß in kürzester Zeit nicht nur die für Lehrerfortbildung verantwortlichen Institutionen (vor allem Pädagogische Institute und Universitäten) Initiativen ergriffen und ihre Programmangebote teilweise darauf abgestimmt haben, sondern auch ein kommerzieller Markt für Supervision, Organisationsberatung, Coaching usw. entstanden ist. Im Innovationsprojekt wurde diese Nachfrage sehr deutlich spürbar, weil die sich entwickelnden Kompetenzen der beiden BetreuerInnen durch die öffentliche Sichtbarkeit des Projekts in zunehmendem Maße auch von anderen, am Projekt gar nicht beteiligten Schulen nachgefragt wurden. Im folgenden werden Formen der Außenstützung, die sich beim Innovationsprojekt herauskristallisiert haben, etwas näher untersucht. Abschließend werden einige Konsequenzen für die Lehrerfortbildung skizziert.

6.4.1 Außenstützung durch Beratungs- und Moderationstätigkeit an der einzelnen Schule

Im folgenden soll die Vielfalt unterschiedlicher Interventionsmöglichkeiten an den einzelnen Schulen anhand einiger Beispiele illustriert werden. Eine LehrerInnengruppe, die sich um die Entwicklung ihres Selbstverständisses als „Kulturträger" und um die Öffnung ihrer Schule zur Gemeinde hin bemühte, beschreibt die Rolle eines Betreuers auf folgende Weise:

„Ich entwickelte zum Betreuer von Anbeginn ein hohes Maß an Vertrauen. Seine Fähigkeit, bei aufkommenden Spannungen ausgleichend zu wirken, aber dem Prozeß dennoch nicht die Energie zur Veränderung zu rauben, schaffte mir oft eine Brücke zur Wertschätzung und Akzeptanz der Vielfalt. Ich erkannte in einsamen Zeiten in ihm einen Arbeitspartner, der bemüht war, mir zu helfen, zugleich aber sehr darauf bedacht war, das Anliegen des Schulteams insgesamt zu unterstützen.

Seine Arbeitshaltung (Verläßlichkeit, Genauigkeit) hat mich beeindruckt. Ich hatte sehr bald die Gewißheit gewonnen: ich will für mich die Chance zu lernen nützen, der Luxus einer Betreuung ist vergänglich.

Bei der Suche nach dem Förderlichen in der Betreuung komme ich nicht umhin, die Netzwerkzeitung (Innonet) als sehr unterstützendes Medium zu nennen. Ohne Öffentlichkeit hätte die von uns fast blauäugig begonnene Arbeit nicht jene Dynamik entwickelt, wie ich sie aus meiner Sicht erlebte." (ROSENBERGER et al. 1993, 8)

Eine andere Schule erhielt Unterstützung beim Aufbau eines Lehrerteams, das sich zum Ziel gesetzt hatte, in einer Klasse gemeinsam die Kultur des Lehrens und Lernens weiterzuentwickeln. Sie konnten an drei projektbezogenen Fortbildungstagen nach Bedarf einen externen Berater beanspruchen. Auch für die Realisierung einer ihrer Innovationen (die Lehrer-Schüler-Konferenzen) stand der externe Berater als Moderator zur Verfügung. Die Autoren schreiben über die Erfahrungen: *„Als besonders vorteilhaft hat sich aber erwiesen, daß der Moderator kein Lehrer der Klasse bzw. Schule war und dadurch als unparteiischer 'Dritter' agieren konnte. Als schulfremde Person hatte er eher die nötige Distanz zu beiden Diskussionsgruppen, den Schülern und den Lehrern, und war eher in der Lage, den Diskussionsverlauf objektiver zu beurteilen und entsprechend einzugreifen." (ANDERWALD/GAISBACHER 1993, 6)*

An einer anderen Schule wurde versucht, die Arbeitssituation durch Einführung eines LehrerInnen-SchülerInnen-Vertrages zu verbessern, in dem die Pflichten der SchülerInnen festgeschrieben wurden. Die Einführung des Vertrages wurde begleitend untersucht, und diese Untersuchung im Rahmen des Innovationsprojekts methodisch betreut. Interessant ist dabei die Beobachtung einer der MitarbeiterInnen an diesem Projekt: die begleitende Untersuchung, die schließlich zu einer Studie geführt hat (vgl. ERKER et al. 1993), hat wesentlich dazu beigetragen, daß die LehrerInnen die Schwierigkeiten, die bei der Realisierung aufgetreten sind, „durchgestanden" haben. Die Untersuchung hat offenbar einen Kontext bereitgestellt, der die erforderlichen zusätzlichen Energien mobilisiert hat.

Externe Beratung und Moderation hat sich als fruchtbar erwiesen, wenn sie folgende *Merkmale* aufweist:

- Sie steht in Zusammenhang mit einem Entwicklungsinteresse der Schule bzw. einer LehrerInnengruppe. Entwicklungsinteresse bedeutet hier das Interesse an der Realisierung von Zielperspektiven.
- Sie übernimmt nur Aufgaben, die nach einiger Zeit von den beteiligten LehrerInnen auch selbst wahrgenommen werden können.
- Sie erfolgt unter der Perspektive, die Schule selbst zu einer „Lehrerfortbildungseinrichtung" zu machen, in der das eigene oft „schlummernde" Potential geweckt wird und sowohl intern als auch zur Unterstützung anderer Schulen genutzt wird. LehrerInnen einer Handelsakademie haben z.B. mit einem Lehrerteam des Innovationsprojektes Kontakt aufgenommen, um Näheres über ein Unterrichtsprojekt („Schülerradio Weiz") in Erfahrung zu bringen. Das Lehrerteam wurde eingeladen, im Rahmen einer pädagogischen Konferenz über seine Erfahrungen zu berichten (DONNERER, pers. Mitt.).

Diese Gesichtspunkte, vor allem der erstgenannte, sind eine wesentliche Voraussetzung für eine wirksame Außenbetreuung unter vertretbarer Kostenbelastung. Es läßt sich auf diese Weise noch am ehesten vermeiden, daß Außenbetreuung zu einem Konsumartikel wird, der zwar dazu beiträgt, den Leidensdruck an der Schule zu verringern, aber an seinen Ursachen nichts ändert, sondern diese möglicherweise sogar noch stabilisiert, weil (z.B. durch Supervision) ein Ausgleich für die als belastend erlebte berufliche Praxis gefunden wurde.

6.4.2 Außenstützung durch Schaffung von Rahmenbedingungen für die Kommunikation unter LehrerInnen

Zunächst wieder einige Beispiele aus dem Innovationsprojekt: Vor Beginn des steirischen Innovationsprojekts hat der Landesschulrat für die Steiermark alle Schulen zu regionalen Foren für Innovationen an Schulen eingeladen. Bei diesen Foren haben LehrerInnen über Innovationen berichtet und sich Fragen interessierter KollegInnen gestellt (ARGIS 1991). Methodisch wurde dabei die Technik des Analysegesprächs verwendet, die es ermöglicht, sich auf die Arbeit jeweils einer Person zu konzentrieren, um ein möglichst differenziertes Verständnis für ihre Erfahrungen zu gewinnen (vgl. ALTRICHTER/POSCH 1994, 69ff). Diese Foren waren wahrscheinlich eine der ersten Veranstaltungen in Österreich, bei denen professionelle Kommunikationsmöglichkeiten für LehrerInnen auf regionaler, schulübergreifender Basis geschaffen wurden.

Eine weitere Initiative war die Veranstaltung *LehrerInnen berichten aus der Praxis*, bei der MitarbeiterInnen des engeren und äußeren Kreises des Innovationsprojekts eingeladen wurden, in Workshops vor interessierten LehrerInnen über ihre Arbeit zu berichten. Bei dieser Veranstaltungsart wurde versucht, einen Schritt weiter zu gehen und zu fragen: Wie müssen Erfahrungsberichte gestaltet werden, damit sie ein möglichst plastisches und ansprechendes Bild innovativer Praxis vermitteln, eine (selbst)kritische Perspektive enthalten und den TeilnehmerInnen die Möglichkeit geben, für ihre eigenen Vorhaben Gewinn zu ziehen?

Die Außenstützung dieser kollegialen Lehrerfortbildung bestand zunächst darin, in einer Art Probelauf den LehrerInnen Gelegenheit zu geben, ihr Konzept der Präsentation zu überprüfen und aus den Kommentaren einer freundlich-kritischen Kollegenschaft zu lernen. Die Organisation (in Zusammenarbeit mit dem Pädagogischen Institut) und die Evaluation des Fortbildungstages (also der „Ernstsituation") war der zweite Beitrag der Außenbetreuung. Die Evaluation der ersten Veranstaltung dieser Art zeigte u.a., daß bei den etwa hundert TeilnehmerInnen sehr vielfältige Erwartungen bestanden, die jedoch durchwegs die Sinnhaftigkeit der Idee eines Erfahrungsaustauschs unter LehrerInnen bestätigen. Welche Erwartungen verbinden LehrerInnen mit einem Erfahrungsaustausch? Sie lassen sich in folgende Kategorien (KRALL 1993b) gliedern (wobei jede durch einige Äußerungen von TeilnehmerInnen illustriert wird):

- TeilnehmerInnen, die gezielt Informationen für die eigene Entwicklungsarbeit (sowohl für deren Inhalt als auch den Prozeß) an ihrer Schule suchen. Sie haben bereits Erfahrungen mit Innovationen und daher ganz bestimmte Informationsbedürfnisse; die Erwartungen an die Tagung sind eng gekoppelt mit der *Absicht einer konkreten Umsetzung* der Lernerfahrungen.

  „Meine Kollegen haben mich gebeten, geh bitte her, weil bei uns läuft Ähnliches. Ich bin einfach mit der Absicht delegiert worden, Informationen zu holen, aus denen man lernen und etwas übernehmen kann".

  „Nachdem wir in der Schule viele Innovationen machen und ich durch die Projekte besonders informiert bin, habe ich mir vorgenommen, daß ich mir noch einmal genauer die anderen Schulen anschaue, ob das für unsere Schule auch in Frage komme. Vieles überschneidet sich ja. Ich möchte für mich einiges noch genauer unter die Lupe nehmen und an unserer Schule umsetzen. Ich werde am Nachmittag auch den Workshop über Teamteaching besuchen, weil das ist eines der heikelsten Themen. Mich würde interessieren, wie die das machen. Ich möchte mir einfach wieder neue Impulse und Anregungen holen."

- TeilnehmerInnen, die Informationen zu einem Themenbereich suchen, in dem sie Entwicklungsarbeiten an der eigenen Schule beginnen wollen, *aber noch keine konkreten Vorstellungen haben, welche Verbesserungen* möglich sind.

  „Ich wollte hier erstens einmal über Teamteaching hören. Ich habe Teamteaching selbst noch nie praktiziert. Ich habe vor 14 Tagen dieses Teamteaching in der Schule bei einer Unterrichtsbeobachtung kennengelernt und habe auch von dieser heutigen Tagung erfahren. Das ist sehr interessant, und ich möchte mich weiterbilden."

  „Ich erhoffe mir für meine Arbeit als Klassenvorstand einige Anregungen mitzunehmen, also speziell Zusammenarbeit mit anderen Lehrern, die in anderen Gegenständen unterrichten. Deshalb habe ich mich auch für den Arbeitskreis <...> gemeldet,, weil ich mir da eben Anstöße erwarte, die ich dann nächstes Jahr vielleicht in die Wirklichkeit umsetze."

- TeilnehmerInnen, die auf der *Suche nach neuen Anregungen* sind. Sie wollen sich informieren, was an anderen Schulen läuft. Das Interesse ist breit gestreut. Interessante Informationen sollen erste Impulse für die eigene Arbeit an der Schule liefern, ohne daß an eine konkrete Umsetzung gedacht wird.

„Ich möchte von anderen Schulen erfahren, was dort läuft und welche Initiativen es dort gibt, um wieder neue Ideen und Tips und Motivation zu holen.“

„Bei mir war es so, daß ich ziemlich im Alleingang in der Schule immer arbeite und daß ich einfach nicht weiß, wie ich meine Kollegen irgendwie dazu motivieren kann.“

„Ja, in erster Linie, um neue Erfahrungen zu sammeln und mir anzuschauen, was in anderen Schulen, vor allem in meinem Bereich - im AHS-Bereich passiert - mit welchen Ideen diese Lehrerinnen und Lehrer ihre Innovationen und ihre Projekte machen.“

Sämtliche Äußerungen zeigen zwar eine grundsätzliche Bereitschaft, voneinander zu lernen. Allerdings dominierten individuelle Interessen. Es gibt kaum Hinweise darauf, daß LehrerInnen mit einem ‘Auftrag’ ihrer Schule gekommen sind, sich ‘umzusehen’ oder spezielle Informationen einzuholen.

6.4.3 Außenstützung durch Veröffentlichung von LehrerInnenarbeit

Ein weiteres Angebot des Innovationsprojekts war die Herausgabe der Projektzeitung INNONET, die das Ziel verfolgte, auf einer etwas breiteren Basis die Kommunikation unter den LehrerInnen zu fördern. Eine explorative Studie zeigte ein Spektrum von Funktionen auf, die eine solche Zeitung erfüllen kann (SEIDL 1993). Zu den wichtigsten Funktionen gehören offenbar folgende:

a) Vernetzung

Die Zeitung wurde als Katalysator empfunden, der Gemeinsamkeit stiftete. Eine Lehrerin formulierte, daß es für sie über die Zeitung möglich war, *„Halt zu finden in der Großgruppe. Also nicht das Gefühl zu haben, das ich vorher immer hatte, man ist so ein Einzelkämpfer an einer Front, <...> sondern da gibt es eine Reihe von anderen, die auch versuchen, etwas zu bewegen“.*

Die Zeitung wurde auch als eine Art Bindeglied zwischen den beteiligten Schulen verstanden. *„Im Laufe der Zeit haben wir einfach schätzen gelernt, aus diesen Artikeln immer wieder zu sehen, wie geht es anderen, wo stehen sie.“*

„Wichtig war, Detaileinsichten zu bekommen von anderen Schulen, vom Forschungsprozeß, vom Zugang“. Diese Funktion zeigte sich auch bei ganz praktischen Details wie der Adressen- und Telefonliste, die auf dem hinteren Deckblatt der Zeitung abgedruckt war: *"Ich habe sehr viel Gebrauch von dieser Liste gemacht. Das war sehr hilfreich im Sinne der Vernetzung."*

b) Information

Die Zeitung sollte auch die ProjektteilnehmerInnen dabei unterstützen, bei aller Konzentration auf die jeweils eigenen Vorhaben, den Überblick über die Gesamtlandschaft des Projektes zu bewahren und den Stellenwert der eigenen Arbeit zu erkennen: *„Bei den Seminaren kriegt man <...> ein Stimmungsbild, aber was wirklich der Kern einer Innovation ist, das erfährt man viel besser aus dem Artikel, weil dann dort zusammengefaßt etwas steht.“*

„Für mich persönlich war das immer sehr toll, wenn <die wissenschaftlichen BetreuerInnen> die Sachen, die wir auf dem Seminar erarbeitet haben, so klar und präzise strukturiert zusammengefaßt haben. <...> Ich habe mich in der Arbeit, die wir dort auf dem Seminar geleistet haben, auch ernst genommen gefühlt. <...> Das war eine wesentliche Funktion für mich. <...> Da waren oft diese Zweifel, mein Gott, wozu machen wir das schon wieder <...>, und irgendwo war das dann immer der handfeste Beweis, es dann schriftlich in den Händen zu halten und klar strukturiert, das war was, da haben wir was geleistet."

(c) Außenwirkung

Über diese schul- und projektinternen Gesichtspunkte hinaus berichteten einige LehrerInnen, daß das Veröffentlichen von Artikeln über die Arbeit in der eigenen Schule andere LeserInnen auf die Schule und ihre Innovation aufmerksam gemacht hatte: *„<...> weil ich sehr viel positive Rückmeldungen von außen bekommen hab, das heißt, es sind sehr viele Lehrerkollegen auf unsere Schule aufmerksam geworden über diese Zeitung. <...> Die haben angerufen und gesagt, ich hab das dort gelesen und wir möchten mehr Informationen haben."*

„<...> hat mir mein Chef gesagt zu dem Artikel, den ich damals geschrieben hab, er kriegt schon so viele Anrufe, in denen sich die Leute darauf berufen."

(d) Anregung eigenen Schreibens

Alle GesprächspartnerInnen meinten, daß die Veröffentlichung von Artikeln - der eigenen und der von anderen - einen wesentlichen Faktor in der Entwicklung des eigenen Schreibens dargestellt hatte. Eine Lehrerin berichtete von der *„Herausforderung, selber etwas zu schreiben, und vergleichen zu können <mit> anderen in derselben Position, <...> was machen die daraus"*. Eine andere meinte: *„Ich glaub', daß es einfach wichtig ist <...> selbst wahrzunehmen, auf welchem Niveau kann ich über meine Arbeit berichten, sodaß die anderen von dieser Arbeit noch einen Funken von Verständnis haben können."*

Eine weitere Außenstützung bestand in der Anregung zum Verfassen kleiner Studien über die eigene innovative Tätigkeit, Studien, die sowohl der Dokumentation als auch der Reflexion dienen sollten. Die Studien, die als eigenständige Beiträge in der Reihe *Studien aus dem Innovationsprojekt* veröffentlicht worden sind, geben ein z.T. sehr anschauliches Bild fördernder und hemmender Bedingungen innovativer Arbeit an Schulen und der Initiativen, die zur Bewältigung von Problemen bzw. zur Verwirklichung von Entwicklungsperspektiven entstanden sind (vgl. die drei gekürzten und überarbeiteten Beispiele in Kap. 2 dieses Buches sowie die Übersicht vor dem Literaturverzeichnis). Die Studien scheinen - unabhängig von Ihrem Einfluß auf die LeserInnen - für den beruflichen und persönlichen Entwicklungsprozeß ihrer AutorInnen erhebliche Bedeutung gehabt zu haben, trotz (oder auch wegen) der Mühe und mancher Frustrationen, die damit verbunden waren.

6.4.4 Außenstützung von Entwicklungsinitiativen durch die Schulbehörde

Ein halbes Jahr nach Beginn des Innovationsprojekts konstituierte sich das sogenannte

KonsulentInnenteam. Die Mitglieder waren drei Landesschulinspektoren, die drei Abteilungsleiter des Pädagogischen Instituts, die Sprecherin des Arbeitskreises für Innovationen in der Schule[47], die Projektleiter und die beiden BetreuerInnen. Das Konsulententeam sollte eine formelle Verbindung zwischen dem Projekt, der Schulbehörde und dem für die Lehrerfortbildung in der Region primär verantwortlichen Pädagogischen Institut herstellen. Von den BetreuerInnen wurde vor diesem Gremium periodisch Rechenschaft durch ausführliche Arbeitsberichte und Gespräche abgelegt. Darüber hinaus dienten die Zusammenkünfte einer gemeinsamen Reflexion über konkrete Erfahrungen, aktuelle Themen der Schulentwicklung und deren bildungspolitische Implikationen.

Die Diskussionen sollten einerseits die Mitarbeiter am Projekt über die Anliegen von Repräsentanten der Schulverwaltung informieren und andererseits diesen die Gelegenheit zu einer Auseinandersetzung mit Erfahrungen aus dem Projekt bieten. Themen der Besprechungen waren u.a. Qualitätssicherung und der Entwicklungsprozeß zur 'guten' Schule, schulzentrierte und kollegiale Lehrerfortbildung, neue Anforderungen an die Schulverwaltung und an die Lehrerfortbildung, die Bedeutung schulinterner Entscheidungsstrukturen, die Finanzierung von Innovationen u.a.m. Diese Zusammenkünfte führten zu einem relativ großen Interesse der Schulverwaltung am Innovationsprojekt und auch zur Teilnahme einzelner Mitglieder des Konsulenteams an Seminaren und Veranstaltungen des Projekts.

Auf einer allgemeineren Ebene betrachtet war das Konsulententeam eine 'Einrichtung auf Gegenseitigkeit'. Durch seine bloße Existenz war es bereits eine Art legitimatorische Instanz für Innovationen an den Schulen. Sie bot auch eine Gelegenheit für 'vertrauensbildende Maßnahmen' zwischen Schule, Schulverwaltung und schulexternen Institutionen. Die Teilnahme einzelner Mitglieder der Schulverwaltung an den Veranstaltungen des Innovationsprojekts war zudem eine Anerkennung der Leistungen der LehrerInnen. Diese 'symbolische Intervention' erwies sich als außerordentlich wichtig und wird nicht selten unterschätzt.

Ein aufschlußreiches Beispiel bieten in diesem Zusammenhang Erfahrungen im Rahmen der Veranstaltung 'LehrerInnen berichten aus der Praxis'. An dieser Veranstaltung hatten mehrere VertreterInnen der Schulbehörde (u.a. auch der Präsident des Landesschulrats) teilgenommen. Wie dies bei ähnlichen Veranstaltungen üblich ist, waren manche nur beim Eröffnungsvortrag anwesend, nicht aber beim zentralen Ereignis dieses Tages, der Vorstellung der Lehrerinitiativen und auch nicht bei den anschließenden Workshops. Dies wurde von zahlreichen TeilnehmerInnen negativ vermerkt. Die TeilnehmerInnen wollten die Schulbehörde über die Innovationen und die dabei aufgetretenen Probleme informieren und Anerkennung für die geleistete Arbeit erhalten. Sie akzeptierten die Aufforderung der Behörde zu innovativer Arbeit, empfanden jedoch die Abwesenheit der Behördenvertreter bei der Präsentation als Desinteresse an eben dieser Arbeit. Dazu ein repräsentatives (und in der Formulierung gemäßigtes) Zitat aus der Evaluation (KRALL 1993b): *„Das einzige, was mich vielleicht ein bißchen gestört hat, war die Tatsache, daß jene Leute,*

[47] Von der ARGIS war die Initiative zum Innovationsprojekt ursprünglich ausgegangen.

die sehr oft bestimmen, ob ein Versuch, oder ob irgendwelche Erneuerungserscheinungen genehmigt werden oder nicht, daß die nicht anwesend waren oder früher gegangen sind. Also man sagt zwar, die Lehrer sollen was Neues erproben, aber <...> auf der anderen Seite zeigt man auch gar kein Interesse, indem man nicht da ist, also vor allem Verantwortliche aus dem Landesschulrat."

Die Bedeutung der symbolischen Botschaften, die von der Anteilnahme der Behörden ausgehen, wird sehr oft nicht gesehen, wohl weil diese in der Vergangenheit, in der von LehrerInnen hauptsächlich die Einhaltung der Gesetze und keine nennenswerte Eigeninitiative verlangt wurden, auch nicht nötig erschienen. Wenn jedoch die Schule wegen der vielfältiger und widersprüchlicher gewordenen Anforderungen mehr und mehr die Verantwortung für Innovationen übernehmen muß, erfordert dies eine Neuorientierung der Behörden. Ein wichtiger Aspekt dieser Neuorientierung sind Formen symbolischer Anerkennung, die eine grundsätzliche Wertschätzung dieser Arbeit zum Ausdruck bringen und signalisieren, daß es heute auf das professionelle Engagement im Lehrberuf wesentlich ankommt. Glaubwürdige symbolische Formen der Anerkennung zu entwickeln, dürfte eine wichtige Aufgabe der Schulverwaltung werden, weil dadurch Energien ausgelöst werden, die gar nicht bezahlt werden können.

6.4.5 Externe Sicherung einer schulinternen Qualitätskontrolle

Wenn Schulen von staatlichen Vorgaben unabhängiger werden, werden sie in höherem Maße rechenschaftspflichtig, als wenn sie nur Rechtsvorschriften ausführen. Die meisten Länder, die den Weg in Richtung größerer Autonomie gegangen sind, haben eine neue Art *schulübergreifender Kontrollstrukturen* eingeführt, z.B. Evaluationen, durch die von Fall zu Fall die Qualität schulischer Arbeit überprüft wird. Diese Aufgabe hat sich als sehr anspruchsvoll herausgestellt. In einem Bildungswesen geht es ja nicht nur um Kontrolle und Feststellung von Qualität, sondern in erster Linie um die *Weiterentwicklung der Qualität.*

Dazu kommt, daß Erfolg im Bildungswesen viel schwerer feststellbar ist, als in anderen Bereichen, z.B. in der Wirtschaft. Gerade die zentralen Ziele (wie z.B. Schlüsselqualifikationen) sind von dieser Unsicherheit betroffen. Damit Evaluationen Schulen zur Verbesserung der Qualität des Lehrens und Lernens veranlassen und nicht zur Rechtfertigung des *status quo*, muß die *Selbstevaluation der einzelnen Schule* einen zentralen Stellenwert erhalten: Inhaltliche Qualitätskontrolle müßte zu einer selbstverständlichen professionellen Aufgabe der Schule werden (z.B. in Form von *peer reviews*). Die *schulübergreifenden Kontrollstrukturen* sollten demnach weniger inhaltliche Kontrolle durchführen, sondern vielmehr überprüfen, ob die Schulen selbst angemessene Maßnahmen einer inneren Qualitätssicherung aufgebaut haben, und sie bei deren Aufbau unterstützen und beraten.

Ein Beispiel für eine schulextern initiierte, aber schulintern durchgeführte Qualitätskontrolle bietet die Studie der Modellschule (vgl. ERKER et al. 1993). An dieser Schule wurde ein Problem definiert, dessen qualitätsmindernde Auswirkungen offensichtlich waren: häufiges Fernbleiben von Schülern, mangelndes Pflichtbewußtsein in Bezug auf Hausaufgaben usw. Von den LehrerInnen wurde daraufhin der Lehrer-SchülerInnen-Vertrag konzipiert und eingeführt. Die Erfahrungen mit dem Vertrag, seine Wahrnehmung durch SchülerInnen und Eltern wurden begleitend untersucht und erforderliche Modifikationen vorgenommen. Dies kann als Modellfall für eine von einer Schule initiierte Maßnahme zur Qualitätssicherung angesehen werden. Das Innovationsprojekt und die Aufforderung an die beteiligten Lehrerteams, ihre innovative Arbeit zu reflektieren und die Übereinstimmung mit ihren Entwicklungsinteressen zu überprüfen, zeigte damit auch ein Potential zur schulinternen Qualitätssicherung auf. Der Erfolg des Unternehmens dürfte allerdings auch von der Qualität der professionellen Entscheidungsstruktur an dieser Schule abhängen. Es wird eine wichtige Aufgabe für die Zukunft sein, Strategien und Regelungen zu entwickeln, die Schulen zu einer kontinuierlichen Überprüfung ihrer Arbeit veranlassen.

6.4.6 Konsequenzen für die Lehrerfortbildung

Die Beispiele von Außenstützung sind - auf einer allgemeineren Ebene betrachtet - Beiträge zur Identifikation, Entwicklung und Ermutigung professioneller Potentiale an den Schulen. Was folgt aus diesen Erfahrungen für die Institutionen der Lehrerfortbildung?

- Eine der wichtigsten Aufgaben von Lehrerfortbildungseinrichtungen ist die *Identifikation von professionellem Potential im Lehrberuf*, d.h. von Personen, die über bestimmte Erfahrungen und spezifisches Knowhow verfügen und bereit sind, ihr Wissen mit anderen auszutauschen. Z.B. sollte eine Lehrerin, die Interesse hat, mit offenen Lernformen zu experimentieren, über die pädagogische Infrastruktur rasch, unbürokratisch über andere LehrerInnen informiert werden, die damit schon Erfahrungen haben (die z.B mit den Kindern jeweils ein Wochenprogramm mit verpflichtenden und optionalen Teilen vereinbaren und die Stärken und Schwächen dieser Innovationen bereits kennen). Diese Aufgabe unterstützender Einrichtungen (wie z.B. der Pädagogischen Institute) hat nicht nur organisatorischen Charakter, sondern hat als Erforschung des Berufsfeldes auch eine wissenschaftliche Dimension.

- Die *Schaffung von vielen kleinen Gelegenheiten zum Austausch von Wissen, zu gemeinsamer Planungs- und Entwicklungsarbeit interessierter LehrerInnen* (z.B. regionale Tagungen, bei denen LehrerInnen Erfahrungen mit Problemen und Problemlösungen zur Diskussion stellen, wie 'LehrerInnen berichten aus der Praxis'). Auch diese Aufgabe hat eine wissenschaftliche Dimension, weil sie es ermöglicht, die Art und Weise genauer zu untersuchen, wie Lehrerwissen sich ausbreitet, und wie dieser Prozeß unterstützt werden kann.

- Die Erleichterung der Kommunikation von KollegInnen, indem *Besuche bzw. Einladungen zwischen Schulen* fachlich, organisatorisch und finanziell unterstützt werden.

- Die *Anregung und Unterstützung von LehrerInnen, über ihre Erfahrungen zu reflektieren und darüber zu berichten*, gehört zu den wichtigsten Beiträgen, die infrastrukturelle Einrichtungen leisten können. Schulentwicklung kommt voran, wenn LehrerInnen an den Schulen selbst Entwicklungsarbeiten durchführen, ihre Qualität überprüfen und öffentlich machen. Dieser Einfluß von 'unten' auf die Öffentlichkeit ist zur Zeit sehr gering. Es müßte einer breiteren Öffentlichkeit deutlicher als bisher demonstriert werden, daß im Bildungswesen professionelle Leistungen erbracht werden, und daß auch Bemühungen um strukturelle Verbesserungen zum Selbstverständnis von LehrerInnen zählen.
  Dazu ist Selbstvertrauen nötig, das sich aber m.E. längerfristig nur durch die Kommunikation über die Leistungen des Berufs aufbauen läßt und das von der gesamten Lehrerschaft und den infrastrukturellen Einrichtungen direkt gefördert werden sollte. Dazu gehört auch die Veröffentlichung von Leistungen, die von LehrerInnen erbracht werden (z.B. Fallstudien, Berichte über Initiativen u.a.m.). Allerdings ist die Methodologie einer wirksamen Verbreitung von Lehrerwissen noch sehr wenig entwickelt.

- Der *Aufbau eines flexiblen Finanzierungskonzepts*, das es ermöglicht, LehrerInnengruppen oder Schulen, die Entwicklungsvorhaben initiieren, gezielt, unbürokratisch und rasch zu unterstützen. Die derzeit bestehende langfristige Planung des Mitteleinsatzes für Seminare ist für diesen Zweck nicht geeignet; ein Teil der Mittel müßte für Entwicklungsvorhaben an Schulen relativ kurzfristig verfügbar sein.

- Die derzeit noch relativ starren Grenzen zwischen Schularten, die sich auch in der Organisation der Pädagogischen Institute niederschlagen, sind für viele neuere Aufgaben der Lehrerfortbildung hinderlich und außerdem sehr kostspielig, weil sie die Nutzung professionellen Potentials im Lehrberuf erschweren.

- Es gibt bereits Ansätze in Österreich, die eine solche Konzeption von Lehrerfortbildung stützen: z.B. Regionale Pädagogische Zentren, die einen Kristallisationspunkt für die Bedürfnisse von LehrerInnen einer Region darstellen und ihnen den Ort und die Anregung bieten, ihre Erfahrungen auszutauschen und selbst lokale Entwicklungsarbeit zu betreiben (vgl. WALLMANN et al. 1995) oder die Einrichtung von *task forces* an Pädagogischen Instituten, die - relativ unbehindert von den Barrieren zwischen den Schularten - schulische Entwicklungsprozesse unterstützen und den Erfahrungsaustausch zwischen Schulen anregen.

6.5 Schluß.

Die wichtigste Rahmenbedingung für Innovationen an der Schule sind selbstbewußte und professionelle LehrerInnen, die sich bewußt sind, einen wertvollen Beitrag zur Weiterentwicklung der Gesellschaft zu leisten, und die bereit sind, konstruktive Antworten auf neue Herausforderungen an das Bildungswesen zu suchen sowie - sich und anderen - über diese Bemühungen Rechenschaft abzulegen. Dies zu würdigen und wissenschaftlich wie auch bildungspolitisch zu unterstützen, dürfte eine vordringliche Aufgabe für die Zukunft sein. Diese These ist das kurze, aber in seinen Implikationen weitreichende Fazit dieser Studie.

IV. EPILOG

Kapitel 7
Der Federl-am-Hut-Effekt.
Eine Innovationsstrategie aus Kakanien.

Herbert Altrichter

Dieser Beitrag erschien zuerst in der projektinternen Zeitschrift INNONET und sollte eine ironische Abwechslung in dieses sonst arbeitsame Organ bringen. Die Metapher, die er anbot, schien manchen ProjektmitarbeiterInnen dennoch zur Analyse ihrer Erfahrungen geeignet.

Wie oft hört man engagierte Leute zornig erzählen, daß sich andere Personen ihre Ideen, Erfindungen, Vorschläge usw. angeeignet hätten, sie nun selbst durchführten, dafür Lob und Beachtung bekämen und sich vielleicht sogar damit brüsteten. In besonders mißlichen Fällen bekommen derlei Geschichten noch dadurch eine pikante Wendung, daß es sich bei den 'anderen Personen' um Vorgesetzte handelt, die der Neuerung zu Beginn keineswegs unterstützend gegenüber- bis offen obstruktiv im Weg gestanden waren; als sich jedoch der Erfolg des Einzelkämpfers abzuzeichnen begann und die Aktivität Beachtung bei KollegInnen außerhalb der Schule oder vielleicht gar in den Medien fand, reklamierten diese Vorgesetzten den Erfolg für 'ihre Institution' und gestalteten ihn damit zu einer mehr oder weniger direkten Auswirkung ihrer pädagogischen Stimulation und Führungsfähigkeit um. Was eine engagierte Person mit viel persönlicher Kraft über einen längeren Zeitraum hinweg entwickelt, ausprobiert und weiterentwickelt hat, stecken sich, kaum daß es 'ausgereift' scheint, andere als 'Federl an den Hut'.

Ich will hier keine konkreten Beispiele nennen, weil ohnehin jeder eines parat hat, und ich will auch nicht derlei aus einer ethischen Perspektive diskutieren.

Innovieren gleicht dem Erziehen der eigenen Kinder. Ich stecke viel Mühe, Engagement und Verantwortung in diese Tätigkeit, aber ich muß sie doch reifen lassen, muß sie loslassen können, muß sie letztlich auch Wege gehen lassen, die sich von den meinigen unterscheiden.

Wer eine Institution innovieren will, muß sich wünschen, daß sich andere Personen seine Ideen zu eigen machen. Es ist schön, wenn sich die anderen daran erinnern, von wem die Idee ursprünglich ausgegangen ist. Für ihre Wirksamkeit ist das jedoch nicht notwendig. Sie immer wieder daran zu erinnern, wird bizarre, und v.a. nicht immer die gewünschten, Effekte zeigen.

Gute InnovatorInnen müssen daher *folgende drei Kompetenzen* aufweisen:

1. Federlproduktionskompetenz: Sie *produzieren viele Federln,* die sich die entscheidenden Personen in ihrer Institution (und das sind nicht nur die 'oberen') an den Hut stecken können. Gute InnovatorInnen suchen ihre Innovation nach möglichen Federln ab und sorgen sich darum, daß in regelmäßigen Zeitabständen einige Federln pflückbar sind und auch tatsächlich gepflückt werden.

2. Federldistributionskompetenz: Gute InnovatorInnen vermögen nicht nur Federln zur produzieren, sie *können sich auch wieder von ihnen trennen und sie anderen zukommen lassen.* Die Federldistributionskompetenz hat einen stark affektiven Grundgehalt. Eine ausführlichere Diskussion dieser Federldistributions*bereitschaft* und der ihr zugrunde liegenden Wertstruktur soll einem künftigen Aufsatz vorbehalten bleiben.

3. Metakompetenz in Sachen 'Federl': Gute InnovatorInnen sind sodann dadurch gekennzeichnet, daß sie *den 'Federl-am-Hut'-Effekt verstehen, sich aber nicht kurzfristig - aktiv oder passiv - von ihm abhängig machen.* Sie müssen mehr daran interessiert sein, für andere Federln zu erfinden, als sich selbst dauernd welche zukommen zu lassen. Langfristig sollte ihre Neuerung jedoch so für sie sprechen, daß sie auch etwas abbekommen: Inmitten der buntgeschmückten Hüte fällt natürlich eine/r mit *einer* dezenten Feder umso mehr auf.

Literaturverzeichnis.

ALTRICHTER, Herbert: Ist das noch Wissenschaft? Darstellung und wissenschaftstheoretische Argumentation einer von Lehrern betriebenen Aktionsforschung. Profil: München 1990a.

ALTRICHTER, H.: Das Umgehen mit Komplexität lernen. In: LENZ, W./BRÜNNER, C. (Hrsg.): Universitäre Lernkultur. Lehrerbildung - Hochschullehrerfortbildung - Weiterbildung. Böhlau Verlag: Wien - Köln 1990b, 34-53.

ALTRICHTER, H.: Case Studies on Teacher Education - Austrian Contribution to the OECD/CERI Project on Teacher Quality. Final Report. Univ. Innsbruck 1993a.

ALTRICHTER, H.: Was ist eine 'gute Schule' und wie entwickelt sie sich? In: Jahresbericht 1992/93 des Bundesrealgymnasiums Innsbruck. Innsbruck 1993b, 62-67.

ALTRICHTER, H.: Eben ein bisserl mehr für die Kinder. Fallstudie über eine vorstädtische Volksschule. In: ALTRICHTER, H./RADNITZKY, E./SPECHT, W.: Innenansichten guter Schulen. Fallstudien über Schulen in Entwicklung. BMUK: Wien 1994a, 43-109 (zit. nach dem Ms. Innsbruck 1993).

ALTRICHTER, Kritische Punkte in Schulentwicklungsprozessen. In: ALTRICHTER, H./RADNITZKY, E./SPECHT, W.: Innenansichten guter Schulen. Fallstudien über Schulen in Entwicklung. BMUK: Wien 1994b, 344-367.

ALTRICHTER, H.: Der Lehrberuf: Qualifikationen, strukturelle Bedingungen und Professionalität. Erscheint in: SPECHT, W. (Hrsg.): Schulqualität in Österreich. 1995a.

ALTRICHTER, H.: Wie gut flirten Sie eigentlich? Oder: Welche Informationen können LeserInnen dem Schulvergleich „Die besten Schulen" entnehmen? In: erziehung heute (1995b)1, 42-44.

ALTRICHTER, H.: Organisationsentwicklung von Schulen - die neue Mode der Saison? Erscheint in: Erziehung und Unterricht. Ms. Innsbruck 1995c.

ALTRICHTER, H./KAUFMANN, H. /WALLMANN, H.: Fragmente über eine ganze Sache. Intentionen, Entwicklung und Evaluation regionaler pädagogischer Zentren im Burgenland. In: ZV-Lehrerzeitung (1990)4, 12-20.

ALTRICHTER, H./LOBENWEIN, W./WELTE, H.: PraktikerInnen als ForscherInnen. Forschung und Entwicklung durch Aktionsforschung. In: FRIEBERTSHÄUSER, B./PRENGEL, A. (Hrsg.): Handbuch qualitativer Forschungsmethoden der Erziehungswissenschaft. Juventa: Weinheim (in Vorb.).

ALTRICHTER, H./POSCH, P. Lehrer erforschen ihren Unterricht. Eine Einführung in die Methoden der Aktionsforschung. Bad Heilbrunn: Klinkhardt ^{2}1994.

ALTRICHTER, H./RADNITZKY, E./SPECHT, W.: Innenansichten guter Schulen. Fallstudien über Schulen in Entwicklung. BMUK: Wien 1994.

AMMANN, U.: Klein, aber fein. Hauptschule Ötz. Unv. Ms. Universität Innsbruck 1993.

ANDERWALD, H./GAISBACHER, J.: Versuche in Zusammenarbeit. Studien aus dem Innovationsprojekt. Ms. Innovationsprojekt: Graz 1993.

ARGIS (Arbeitsgemeinschaft für Innovationen an der Schule): Forum für Innovationen an steirischen Schulen. Eine Dokumentation. ARGIS/Pädagogisches Institut: Graz

1991.
ARGYRIS, C./SCHÖN, D.A.: Theory in Practice: Increasing Professional Effectiveness. Jossey-Bass: San Francisco 1974.
ARGYRIS, C./SCHÖN, D.A.: Organizational Learning. Addison-Wesley: Reading, Mass. 1978.
ARRANZ, R. M.: Abgrund Mensch. Der Mensch im Gefüge der Natur unter dem Gesichtspunkt der Informatik. Ms. Salamanca 1987.
BALL, S.J.: The Micro-Politics of the School. Towards a theory of school organization. Routledge: London 1990.
BAUER, C.: Einführung der lernzielorientierten Leistungsbeurteilung - Warum war es so mühsam? Studien aus dem Innovationsprojekt Nr. 7. Innovationsprojekt: Graz 1993a (zit nach dem Ms.; in überarbeiteter Form in Kap. 2.2 dieses Buches).
BAUER, C.: Die Einführung der themenzentrierten Gruppen. Dokumentation 1992/93. Ms. Innovationsprojekt: Graz 1993b.
BINDER, S./MAYERL, D./SCHMIDINGER, G./ZENZ, B.: Zwei Schritte vor, ein Schritt zurück. Zur Geschichte eines Schulversuchs. Studien aus dem Innovationsprojekt Nr.9. Innovationsprojekt: Graz 1993.
BLASE, J. (ed.): The Politics of Life in Schools. Power, Conflict, and Cooperation. Sage: Newbury Park, Cal 1991.
BLOOME, D./WILLETT, J.: Toward a Micropolitics of Classroom Interaction. In: BLASE, J. (ed.): The Politics of Life in Schools. Power, Conflict, and Cooperation. Sage: Newbury Park, Cal 1991, 207- 236.
BOSETZKY, H.: Mikropolitik, Machiavellismus und Machtkumulation. In: KÜPPER, W./ORTMANN, G. (Hrsg.): Mikropolitik. Westdt. Verlag: Opladen ^{2}1992, 27-37.
BOURDIEU, P.: Ökonomisches Kapital, kulturelles Kapital, soziales Kapital. In: Soziale Welt (1983) Sonderheft 2, 183-198.
BRÜGGEMEIER, M./FELSCH, A.: Mikropolitik. In: DBW 52(1991)1, 133-136.
CENTURIONI, C.: pers Mitt. 1995.
CHRISTENSEN, E.: Dänisches Arbeitszeitmodell - eine kleine Revolution. In: Erziehung und Wissenschaft (1994)2, 19-20.
COLLINS, R.: Sociological insight: an introduction to non-obvious sociology. Oxford University Press: New York 1992.
CRESNAR, G./SCHATZDORFER, E./THOMA, E./WENDLER, E.: Berufsorientierung. Studien aus dem Innovationsprojekt Nr. 2. Innovationsprojekt: Graz 1993.
CRONBACH, L.J.: Beyond the two disciplines of scientific psychology. In: American Psychologist 30(1975), 116-127.
CROZIER, M./FRIEDBERG, E.: Die Zwänge kollektiven Handelns. Über Macht und Organisation. Hain: Frankfurt/M. 1993 (unveränderte Neuausgabe von „Macht und Organisation" 1979).
CYERT, R.M./MARCH, J.G.: A Behavioural Theory of the Firm. Prentice-Hall: Engelwood Cliffs, NJ 1963.
DALIN, P./ROLFF, H.G.: Institutionelles Schulentwicklungsprogramm. Eine neue Perspektive für Schulleiter, Kollegium und Schulaufsicht. Soester Verlagskontor: Soest 1990.
DONNERER, O.: Konflikte in den Aktionsforschungsstudien. Studien aus dem Innovationsprojekt. Ms. Innovationsprojekt: Graz 1993.

DONNERER, O./LAMINGER, W./SCHWARZ, H.: Schülerradio HTL Weiz. Ein Versuch zum sozialen Lernen an einer technischen Schule. Studien aus dem Innovationsprojekt Nr. 3. Innovationsprojekt: Graz 1993.

DOYLE, W./PONDER, G.A.: The practicality ethic in teacher decision making. Ms. North Texas State University: Denton, Tex. 1976.

EICHINGER, H./GÖTZ, W./KATTNIG, R.: Hat die Zukunft schon begonnen? Erfahrungen mit Organisationsentwicklung an der HAK für Berufstätige. Studien aus dem Innovationsprojekt, Ms. Graz 1993 (zit nach dem Ms.; in überarbeiteter Form in Kap. 2.4 dieses Buches).

EICHINGER, H./FISCHER, G./KUNZE, H./RAUCH, F./SCHATZDORFER, E./SIMBÜRGER, H.: Persönliche Bereitschaft, Zeit und Energie als fördernde oder hemmende Faktoren für Innovationen an Schulen. Ms. Innovationsprojekt: Graz 1992.

ELLIOTT, J.: Action-research: A framework for self-evaluation in schools. TIQL-Working Paper No. 1. Ms. Cambridge 1981.

ELLIOTT, J.: Action Research for Educational Change. Open University Press: Milton Keynes 1991.

ELLIOTT, J.: What have we learned from action research in school-based evaluation? In: Educational Action Research 1(1993)1, 175-186.

ERKER, W./HILBERT, L./TASCH, K./WINNERS, U.: Über die Klarheit zur Freiheit. Studien aus dem Innovationsprojekt Nr.5. Innovationsprojekt: Graz 1993.

FATZER, G./ECK, C. (Hrsg.): Supervision und Beratung. Ein Handbuch. Köln 1990.

FLOOH, E./FOROUTAN, M./MALISCHNIK, H./ROSENBERGER, S./TELLER-KRAINER, A.: Der (beinahe) vergessene Schüler. Studien aus dem Innovationsprojekt Nr. 1. Innovationsprojekt: Graz 1993.

FRIED, E.: Lebensschatten. Wagenbach: Berlin 1981.

FRIEDBERG, E.: Zur Politologie von Organisationen. In: KÜPPER, W./ORTMANN, G. (Hrsg.): Mikropolitik. Westdt. Verlag: Opladen ^{2}1992, 39-52.

GABRIEL-PEER, M.: Der „Zwergengarten" - Oder: Der steinige Weg einer Basisinitiative. Beiträge zur Schulentwicklung, N.12. IFF: Klagenfurt 1994.

GARFINKEL, H.: A conception of, and experiments with, 'trust' as a condition of stable concerted actions. In: HARVEY, O.J.: Motivation and Social Interaction. Ronald Press: New York 1963.

GIDDENS, A.: Die Konstitution der Gesellschaft. Grundzüge einer Theorie der Strukturierung. Campus: Frankfurt/M. 1992. (Orig.: The Constitution of Society. Polity Press: Cambridge, UK 1984)

GREENFIELD, W.D.: The Micropolitics of Leadership in an Urban Elementary School. In: BLASE, J. (ed.): The Politics of Life in Schools. Power, Conflict, and Cooperation. Sage: Newbury Park, Cal 1991, 161-184.

HABERMAS, J.: Theorie des kommunikativen Handelns. Band II. Suhrkamp: Frankfurt/M. 1981.

HABERMAS, J.: Entgegnungen. In: HONNETH, A./JOAS, H. (Hrsg.), Kommunikatives Handeln: Beiträge zu Jürgen Habermas' „Theorie des kommunikativen Handelns". Suhrkamp: Frankfurt/M. 1986.

HÄFELE, N.: Ein Jahr im Zeichen der „SCHULENTWICKLUNG". In: Jahresbericht 1992/93 des Bundesoberstufenrealgymnasiums Dornbirn-Schoren. Dornbirn 1993,

7-10.
HANDY, C.: Taken for Granted? Understanding schools as organizations. Longman: York 1984.
HANDY, C.: Im Bauch der Organisation. Campus: Frankfurt/M. 1993.
HARRISON, R.: Rollenverhandeln: Ein harter Ansatz zur Team-Entwicklung. In: SIEVERS, B. (Hrsg.): Organisationsentwicklung als Problem. Klett-Cotta: Stuttgart 1977, 116-133.
HIRNER, G./ZUBER-KLAMMER, H./MÜLLER, G./SCHÖGLER, J.: Projektunterricht und das Problem seiner Organisation. IP-Reihe Nr. 6. Innovationsprojekt: Graz 1993 (zit nach dem Ms.; in überarbeiteter Form in Kap. 2.1 dieses Buches).
HOFER, E.: Der Weg ist das Ziel. In: Jahresbericht 1992/93 des Bundesrealgymnasiums Innsbruck. Innsbruck 1993, 71-72.
HOFFMANN, R.-W.: Arbeitskampf im Arbeitsalltag. Formen, Perspektiven und gewerkschaftliche Probleme des verdeckten industriellen Konflikts. Campus: Frankfurt/M. 1981.
HOHENWARTER, G.: Ein Kind wird erwachsen. In: Innonet (1992)3, 14-15.
HOPFENBERG, W.S./LEVIN, H.M. et al. The Accelerated Schools Resource Guide. Jossey-Bass: San Francisco 1993.
HOUSE, E.: The Politics of Educational Innovation. McCutchan: Berkeley 1974.
HOYLE, E.: Micropolitics of educational organizations. In: Educational Management and Administration 10(1982), 87-98.
JOAS, H.: Die Kreativität des Handelns. Suhrkamp: Frankfurt/M. 1992a.
JOAS, H.: Eine soziologische Transformation der Praxisphilosophie - Giddens' Theorie der Strukturierung. In: GIDDENS, A.: Die Konstitution der Gesellschaft. Grundzüge einer Theorie der Strukturierung. Campus: Frankfurt/M. 1992b, 9-23.
KERN, A.: Einleitung. In: Schulinnovationen. Rundbrief 9 (1995), 2-3.
KÖNIG, E./VOLMER, G.: Systemische Organisationsberatung. Grundlagen und Methoden. Dt. Studienverlag: Weinheim 1993.
KRALL, H.: Begleitende Reflexion als förderliche Bedingung für Innovationen - Zwei Beispiele. Ms. Klagenfurt 1993a (in überarbeiteter Form in Kap. 3.1 dieses Bandes).
KRALL, H.: Evaluation der kollegialen LehrerInnenfortbildung vom 26. Mai 1993 an der Pädagogischen Akademie Eggenberg in Graz. Ms. Innovationsprojekt: Graz 1993b.
KRALL, H./MESSNER, E./RAUCH, F. (Hrsg.): Schulen beraten und begleiten. Reflexionen über externe Unterstützung von Schulentwicklungsinitiativen. StudienVerlag: Innsbruck 1995 (in Vorb.)
KÜPPER, W./ORTMANN, G. (Hrsg.): Mikropolitik. Westdt. Verlag: Opladen ^{2}1992.
LEHNER, F./WIDMAIER, U.: Eine Schule für eine moderne Industriegesellschaft. Strukturwandel und Entwicklung der Schullandschaft in Nordrhein-Westfalen. Neue Deutsche Schule Verlagsgesellschaft: Essen 1992.
LEVIN, H.: Accelerating the Education of All Students. In: Restructuring Brief No.2, Redwood Region Consortium for Professional Development: Santa Rosa, CA. 1992.
LORTIE, D.C.: Schoolteacher. A Sociological Study. University of Chicago Press: Chicago 1975.

LUHMANN, N.: Organisation. In: KÜPPER, W./ORTMANN, G. (Hrsg.): Mikropolitik. Westdt. Verlag: Opladen ²1992, 165-185.

LYOTARD, J.F.: Das postmoderne Wissen. Böhlau, Edition Passagen: Graz 1986.

MALSCH, T./SELZ, R. (Hrsg.): Die neuen Produktionskonzepte auf dem Prüfstand. Beiträge zur Entwicklung der Industriearbeit. Ed. Sigma Bohn: Berlin 1987.

MARX, E.C.H./VAN OJEN, Q.H.J.M.: Dezentralisation, Deregulierung und Autonomisierung im niederländischen Schulsystem. In: POSCH, P./ALTRICHTER, H.: Schulautonomie in Österreich. BMUK: Wien ²1993, 162-185.

MESSNER, E.: Eine wahre Geschichte zum „Federl-am-Hut-Effekt" nach Herbert Altrichter. In: Innonet (1991)1+2, 17-18.

MESSNER, E.: Aufzeichnungen zur Teamsitzung ... Ms. Innovationsprojekt: Graz 26.3.1992a.

MESSNER, E.: Bitte komm' und moderiere unsere Sitzungen! Betreuung eines Innovationsteams durch Vermitteln, Trennen und Vernetzen. Ms. Innovationsprojekt: Graz 1993a.

MESSNER, E./RAUCH, F.: Betreuung aktionsforschender Lehrer/innen. Studien aus dem Innovationsprojekt Nr. 4. Innovationsprojekt: Graz 1993.

NEUBERGER, O.: Führen und geführt werden. Enke: Stuttgart ³1990.

NEUBERGER, O.: Spiele in Organisationen, Organisationen als Spiele. In: KÜPPER, W./ORTMANN, G. (Hrsg.): Mikropolitik. Westdt. Verlag: Opladen ²1992, 53-86.

NEUBERGER, O.: Mikropolitik. In: ROSENSTIEL, L.v. et al. (Hrsg.): Führung von Mitarbeitern. Handbuch für erfolgreiches Personalmanagement. Schäffer-Poeschel: Stuttgart 1993, 39-47.

OECD: Quality in Teaching. OECD/CERI: Paris 1994.

OFFENE SCHULE KASSEL-WALDAU: Handreichungen. Gesamtschule Kassel-Waldau: Kassel ²1991.

ORTMANN, G.: Macht, Spiel, Konsens. In: KÜPPER, W./ORTMANN, G. (Hrsg.): Mikropolitik. Westdt. Verlag: Opladen ²1992a, 13-26.

ORTMANN, G.: Handlung, System, Mikropolitik. In: KÜPPER, W./ORTMANN, G. (Hrsg.): Mikropolitik. Westdt. Verlag: Opladen ²1992b, 217-225.

ORTMANN, G.: Formen der Produktion. Organisation und Rekursivität. Westdt. Verlag: Opladen 1995.

ORTMANN, G./WINDELER, A./BECKER, A./SCHULZ, H.-J.: Computer und Macht in Organisationen. Mikropolitische Analysen. Westdt. Verlag: Opladen 1990.

OSSWALD, E.: Organisationsentwicklung in Schulen - Ein Beitrag aus Basel. In: GREBER, U./MAYBAUM, J./PRIEBE, B./WENZEL, H. (Hrsg.): Auf dem Weg zur „Guten Schule": Schulinterne Lehrerfortbildung. Beltz: Weinheim 1991, 310-333.

OSWALD, M.: Leitbildentwicklung an Schulen. In: Erziehung und Unterricht 144 (1994) 9, 570 - 573.

PELINKA, A.: Politik- und Demokratiebegriff. In: GREILER , A. et al. (Hrsg.): Politisches Alltagsverständnis: Entwicklung des Politik- und Demokratiebegriffes. ÖBV: Wien 1986, 4ff.

PETERS, T./WATERMAN, R.: Auf der Suche nach Spitzenleistungen. Was man von den bestgeführten U.S. Unternehmen lernen kann. Verlag Moderne Industrie:

Landsberg/Lech 1984.
PFEFFER, J.: Power in organizations. Pitman: Boston 1981.
POSCH, P.: The Assimilation Perspective. In: MILES, M.B./EKHOLM, M. (eds.): Lasting School Improvement. Exploring the Process of Institutionalisation. Acco: Leuven 1987, 173-188.
POSCH, P./ALTRICHTER, H.: Förderliche und hemmende Bedingungen für Innovationen an der Schule. Antrag für ein Forschungsprojekt. ISS: Klagenfurt o.J. (1990).
POSCH, P./ALTRICHTER, H.: Bildung in Österreich. Analysen und Entwicklungsperspektiven. Österreichischer StudienVerlag: Innsbruck 1992.
POSCH, P./ALTRICHTER, H.: Schulautonomie in Österreich. Bundesministerium für Unterricht und Kunst: Wien ²1993.
PURKEY, S. C./SMITH, N. S.: Wirksame Schulen - Ein Überblick über die Ergebnisse der Schulwirkungsforschung in den Vereinigten Staaten. In: AURIN, K. (Hrsg.): Gute Schulen - Worauf beruht ihre Wirksamkeit? Klinkhardt: Bad Heilbrunn ²1991, S. 13 - 45.
RADNITZKY, E.: „... man kann fast sagen, eine Familie". Portrait einer ländlichen Hauptschule. In: ALTRICHTER, H./RADNITZKY, E./SPECHT, W.: Innenansichten guter Schulen. Fallstudien über Schulen in Entwicklung. BMUK: Wien 1994, 110-197. (zit. nach dem Ms. Klagenfurt 1993).
RAUCH, F.: Rollenverhandeln. Ms. Innovationsprojekt: Graz 1993a.
RAUCH, F.: Die „Plakataktion". Ms. Innovationsprojekt: Graz 1993b.
RAUCH, F.: Der Betreuer als „Machtverteiler". Ms. Innovationsprojekt: Graz 1993c.
RAUCH, F.: Das Strommeßgerät. Ms. Innovationsprojekt: Graz 1993d.
RAUCH, F.: Artikulationsräume für alle schaffen. In: Schulinnovationen. Rundbrief 9 (1995), 13-16.
RAUCH, F./MESSNER, E.: Aktionsforschung im Tandem. Erfahrungen von wissenschaftlichen BetreuerInnen in einem Aktionsforschungsprojekt. In: Unser Weg 47(1992)5, 170-173.
REZAC, H: Klausur am Akademischen. In: PE-I (1994), 20-21.
ROLFF, H. G.: Schulentwicklung als Entwicklung von Einzelschulen? Theorien und Indikatoren von Entwicklungsprozessen. In: ZfPädagogik 37(1991)6, 865-886.
ROLFF, H. G.: Wandel durch Selbstorganisation. Juventa: Weinheim 1993.
ROQUES, V.v.: Die Stunde des Leoparden. Italien im Umbruch. Europaverlag: Wien 1994.
ROSENBERGER, G./SEEREITER, W./KOLLARITSCH, A./GRIVEC, D.: Landschule als Kulturträger. Unsere Schule im Umbau! Studien aus dem Innovationsprojekt Nr. 8. Innovationsprojekt: Graz 1993.
RUTTER, M. et al.: 15000 Hours. Secondary Schools and their Effects on Children. Open Books: London 1979.
SCHEMPP, P.G./SPARKES, A.C./TEMPLIN, T.J.: The Micropolitics of Teacher Induction. In: American Educational Research Journal 30(1993)3, 447-472.
SCHLEY, W.: Organisationspsychologische Beratung an Schulen - Das Konzept der Systemberatung und Organisationsentwicklung. In: REIMERS, H. (Hrsg.): Beratung - Training - Supervision. Juventa: München 1992, 161-172.
SCHLEY, W.: Organisationsentwicklung in Schulen. Mitschrift eines Seminars.

Pöllauberg 1994.
SCHÖN, D.A.: The Reflective Practitioner. Temple Smith: London 1983 (²1991).
SEIDL, G.: Die Netzwerkzeitung INNONET: Eine explorative Studie. In: POSCH, P./ALTRICHTER, H. (Hrsg.): Förderliche und hemmende Bedingungen für Innovationen an der Schule (Innovationsprojekt). Forschungsbericht. Institut für Schulpädagogik und Sozialpädagogik: Klagenfurt 1993, 32-35.
SIGMUND, K.: Spiel und Biologie: Vom Mitspielen zur Zusammenarbeit. In: REICHEL, H.-C./PRAT DE LA RIBA, E. (Hrsg.): Naturwissenschaft und Weltbild - Mathematik und Quantenphysik in unserem Denk- und Wertesystem. Hölder-Pichler-Tempsky: Wien 1992, 45-58.
SPECHT, W.: Und sie bewegt sich doch! Portrait einer allgemeinbildenden höheren Schule in Entwicklung. In: ALTRICHTER, H./RADNITZKY, E./SPECHT, W.: Innenansichten guter Schulen. Fallstudien über Schulen in Entwicklung. BMUK: Wien 1994, 198-333. (zit. nach dem Ms. Graz 1993).
SPECHT, W.: Gute Schulen - Schlechte Schulen. In: Erziehung und Unterricht 144(1994)10, 665-671.
STAUBMANN, H.: Die Kommunikation von Gefühlen. Ein Beitrag zur Soziologie der Ästhetik auf der Grundlage von Talcott Parson's allgemeiner Theorie des Handelns. Habilitationsschrift. Univ. Innsbruck 1993.
STERN, T./EIPELDAUER, G.: Bericht von einem Pädagogischen Tag. Fallbeispiel: 2.3.1995, BG/BRG Wien 10. In: Schulinnovationen. Rundbrief 9 (1995), 4-12.
SUMETZBERGER, W.: Rahmenbedingungen für Beratung an Schulen & Schlußfolgerungen zur Organisation eines Beratungsangebotes für Schulen. In: Erziehung und Unterricht 144(1994)10, 619-630.
TÜRK, K.: Neuere Entwicklungen in der Organisationsforschung. Enke: Stuttgart 1989.
VOLMERG, B./SENGHAAS-KNOBLOCH, E./LEITHÄUSER, T.: Betriebliche Lebenswelt. Eine Sozialpsychologie industrieller Arbeitsverhältnisse. Westdeutscher Verlag: Opladen 1986.
WALLMANN, H./KAUFMANN, H./ALTRICHTER, H.: Regionale pädagogische Zentren im Burgenland. Ein Beispiel selbstgestalteter Lehrerfortbildung. Pädagogisches Institut: Eisenstadt 1995.
WEBER, M.: Wirtschaft und Gesellschaft: Grundriß der verstehenden Soziologie. Tübingen ²1972.
WEBER, T.: Schulentwicklung à la Reithmannstraße. In: PE-I (1994), 9-10.
WEICK, K.E.: Educational organisations as loosely coupled systems. In: Administrative Science Quarterly 21(1976), 1-19.
WIMMER, R.: Die Bedeutung der Gruppendynamik für die Professionalisierung unterschiedlicher Berufsfelder. Habilitationsschrift Wien 1990.
WIMMER, R./OSWALD, M.: Organisationsberatung im Schulversuch. Möglichkeiten und Grenzen systemischer Beratung in der Institution Schule. In: BREMERICH-VOS/-BOETTCHER, W. (Hrsg.): Kollegiale Beratung in Schule, Schulaufsicht und Referendarausbildung. Frankfurt, 123-176 (zit. nach WIMMER 1990).
WIMMER, R.: Was kann Beratung leisten? In: WIMMER, R. (Hrsg.): Organisationsberatung. Gabler: Wiesbaden 1992, 59-111.

Verzeichnis der AutorInnen.

Herbert Altrichter, Dr.phil., geb. 1954 in Wien. Studium der Pädagogik und Psychologie an der Universität Wien, Universitätsassistent an den Universitäten Wien und Klagenfurt, 1988 Habilitation für Erziehungswissenschaft. Forschungsaufenthalte und Zusammenarbeit mit englischsprachigen Aktionsforschern am Cambridge Institute of Education (1985) und an der Deakin University, Australien (1989). Seit 1991 Universitätsprofessor für Wirtschaftspädagogik, Vorstand des Instituts für Wirtschaftspädagogik und Personalwirtschaft der Universität Innsbruck.

Christa Bauer, Mag.phil., geb. 1955 in Lichtenegg, St. Oswald/Pl., Steiermark, Studium der Fächer Anglistik und Geschichte an der Universität Graz, seit 1981 Lehrerin für Geschichte und Englisch an verschiedenen AHS und BHS in der Steiermark. (Leitung des Großprojekts "Hexen" an der BHAK Bruck, mit Aktivitäten in Bruck und Graz). Absolvierung des Hochschullehrgangs für Politische Bildung, seit 1991 im Schulversuch Neue Mittelschule in Graz, Klusemannstraße.

Günter Cresnar, Berufsorientierungspädagoge am BRG Graz, Körösistraße während der Laufzeit des 'Innovationsprojektes'.

Herta Eichinger, Mag.rer.nat., geb. 1949 in Bruck/Mur, Studium der Mathematik und Physik an der Universität Graz. Seit 1972 Lehrerin für Mathematik und Physik/ Chemie am BG/BRG Weiz und seit 1981 an der BHAK Grazbachgasse. Mitarbeit an der Entwicklung des Leitbildes dieser Schule.

Werner Götz, Mag., geb. 1943 in Klagenfurt. Studium der Germanistik und Romanistik an den Universitäten Graz und Sorbonne. Seit 1969 Lehrer an den berufsbildenden Schulen HTBLA in Kapfenberg, BHAK in Bruck/Mur und seit 1974 an der BHAK Grazbachgasse in Graz; 1982-1985 Lehrer am St. Georgs-Kolleg in Istanbul. Neben der Lehrtätigkeit an Tages- und Abendschule 1980-1982 Lehraufträge am Institut für Romanistik der Universität Graz, seit 1985 an der Sozialwissenschaftlichen Fakultät der Universität Graz für "Wirtschaftsfranzösisch".

Günter Hirner, Mag.phil., geb. 1947. Studium der Fächer Englisch und Leibesübungen an der Universität Graz. Seit 1972 Lehrer am BG/BRG Bruck/Mur. Seit 1992 Mitarbeit im Schulversuch „Kooperatives/Integratives Modell".

Heidi Klammer, Mag.rer.nat. geb. 1958. Studium der Mathematik, Physik und Rechtswissenschaften an der Universität Graz. Seit 1983 Lehrerin am BG/BRG Bruck/Mur. Seit 1992 Mitarbeit im Schulversuch "Kooperatives/Integratives Modell".

Reinhard Kattnig, Mag., geb. 1950 in Rosegg/Kärnten, Studium der Betriebswirtschaftslehre an der Universität Graz und anschließend der Wirtschaftspädagogik an der Wirtschaftsuniversität Wien. Seit 1975 Lehrer für kaufmännische Gegenstände an der BHAK Grazbachgasse in Graz. Seit 1986 Lehrbeauftragter im Rahmen der wirtschaftskundlichen Ausbildung am Institut für Geographie der Karl-Franzens-Universität Graz. Seit 1987 Mitverwendung an der Berufspädagogischen Akademie des Bundes in Graz.

Argyro Kollaritsch, VOL, geb. 1950 in Athen, Studium an der Pädagogischen Akademie des Bundes in Graz (1969-71), Zusatzprüfungen für Französisch und Sonderpädagogik, seit 1971 Lehrerin an der Volksschule Wetzawinkel, Gleisdorf.

Harald Klucaric, OStR Dr., geb. 1940 in Graz, Studium der Anglistik und Germanistik an der Universität Graz, wissenschaftliche Hilfskraft und Vertragsassistent am Institut für Germanistik. Kommunikationstrainerausbildung der Internationalen Arbeitsgemeinschaft für Kommunikationspädagogik, durch 20 Jahre Verhaltenstrainings im Schul-, Sozial und Managementbereich. Lehrer an der BHAK und BHAK für Berufstätige, Grazbachgasse 71, Graz, und von 1972 - 1977 Administrator ebendort.

Hannes Krall, Mag. Dr., geb. 1963 in Wolfsberg/Kärnten, Lehramt für Hauptschulen, Studium der Pädagogik und Psychologie an den Universitäten Graz und Klagenfurt. Seit 1992 Universitätsassistent am Institut für Schulpädagogik und Sozialpädagogik an der Universität Klagenfurt mit den Schwerpunkten Schulentwicklung, Aktionsforschung, Organisationsentwicklung und Projektmanagement im Bildungsbreich.

Werner Laminger, Mag., geb. 1957 in Graz. Studium der Theologie und Religionspädagogik an der Karl-Franzens-Universität in Graz. Seit 1982 Lehrer für röm.-kath. Religion an AHS/BHS, dzt. an der HTBLA in Weiz. Ausbildung in Körperorientierter Psychotherapie (Integrative Biodynamik).

Doris Mayerl, HOL, geb. am 1949 in Graz, Studium an der Pädagogischen Akademie des Bundes in Graz. Lehramt für Volksschulen und für Hauptschulen in den Fächern Deutsch, Geographie, Geschichte und Englisch. Seit 1971 Lehrerin an Hauptschulen, dzt. an der Haptschule Frohnleiten. Teilnahme am Montessori-Lehrgang in Graz und Mönchen-Gladbach, Teilausbildung in Kinästhetik und NLP, Teilnahme am Hochschullehrgang "Politische Bildung".

Elgrid Messner, Mag., geb. 1956 im Burgenland, Lehramtsstudium Deutsch und Englisch mit Studienaufenthalt in Oxford und Tätigkeit als Assistant Teacher in London. Zwei Jahre Assistentin am Institut für Anglistik der Universität Graz und sieben Jahre Lehrerin an einer Grazer BHS, Besuch des Kurses "Introduction to Research" an der University of East Anglia in Norwich, England, Ausbildung in systemischer Supervision und Organisationsberatung. 1991 bis 1994 Vertragsassistentin am Institut für Schulpädagogik und Sozialpädagogik der Universität Klagenfurt und wissenschaftliche Betreuerin im steirischen Schulentwicklungsprojekt „Förderliche und hemmende Bedingungen für Innovationen an der Schule“. Seit 1994 Schulentwicklungskoordinatorin für den Schulversuch „Neue Mittelschule" im Schulverbund Graz-West.

Andrea Moser-Pacher, Mag.phil., geb. 1957 in Hartberg, Studium der Fächer Germanistik und Geographie an der Karl-Franzens-Universität Graz, seit 1985 Lehrerin an der HTBL Weiz.

Grete Müller, Mag.rer.nat., geb. 1950, Studium der Mathematik und Physik an der Universität Graz. Seit 1980 Lehrerin am BG/BRG Bruck/Mur. Seit 1994 Direktorin dieser Schule.

Peter Posch, Mag., Dr.phil. o.Univ.-Prof., geb. 1938 in Lienz/Tirol. Lehramtsstudium Englische Philologie und Geographie; Studium der Erziehungswissenschaft und Psychologie in Innsbruck; Lehrtätigkeit in Innsbruck, Konstanz, Wien und Stanford. Seit 1975 Professor an der Universität Klagenfurt. Dzt. Vorstand des Instituts für Schulpädagogik und Sozialpädagogik und Leiter der Abteilung "Schule und Gesellschaftliches Lernen" am Interdisziplinären Institut für Forschung und Fortbildung (IFF) in Klagenfurt.

Franz Rauch, Mag., Dr., geb. 1961. Lehramt Biologie und Umweltkunde, Doktorat für Pädagogik an der Universität Graz. Mehrere Jahre Lehrer an berufsbildenden mittleren und höheren Schulen. Von 1991 bis 1993 Vertragsassistent am Institut für Schulpädagogik und Sozialpädagogik der Universität Klagenfurt und wissenschaftlicher Betreuer im Projekt "Förderliche und hemmende Bedingungen für Innovationen in Schulen". 1993-1995 Assistent am Interdisziplinären Institut für Forschung und Fortbildung (IFF) und Betreuung des Programmbereichs Ökologische Bildung sowie Mitarbeit im Leitungsteam des Universitätslehrganges für ökologische Beratungsberufe. Mitarbeit am OECD-Projekt "Umwelt und Schulinitiativen". Lehrbeauftragter an den Universitäten Graz und Wien sowie an der Pädagogischen Akademie des Bundes in Graz.

Gaby Salzgeber, Mag.rer.soc.oec., geb. 1960 in Bludenz. Wirtschaftspädagogikstudium an der Universität Innsbruck, akademisch geprüfte Kommunikationsberaterin, Universitätsassistentin am Institut für Wirtschaftspädagogik und Personalwirtschaft an der Universität Innsbruck. Forschungsschwerpunkte: Betriebspädagogik, Schulentwicklung, zwischenmenschliche Kommunikation im Berufsleben.

Stefan Salzgeber, Mag.rer.soc.oec., geb. 1965 in Feldkirch. Wirtschaftspädagogikstudium an der Universität Innsbruck, Universitätsassistent am Institut für Wirtschaftspädagogik und Personalwirtschaft an der Universität Innsbruck. Mitarbeit bei Forschungsprojekten zu 'Internationaler Personalentwicklung' und 'Wettbewerbsfähiger Kollektivvertrag'. Forschungsschwerpunkte: (politische) Organisationstheorie, Personalentwicklung.

Renate Schnelzer, geb. am 1953 in Deutschlandsberg. Ausbildung zur Volksschullehrerin an der Pädagogischen Akademie in Graz-Eggenberg (1972-1974). Hauptschulprüfungen in Englisch, Bildnerische Erziehung und Leibesübungen. Seit 1991 Lehrerin im Schulversuch Neue Mittelschule (Schulverbund Graz West) am BG/BRG Klusemannstraße.

Johann Schögler, Mag., Studium in Graz von 1971-1975; von 1975-1980 Studium an der Universität Paris VIII (Erziehungswissenschaften und Politische Ökonomie); seit 1981 im Schuldienst in der Steiermark als AHS-Lehrer für Französisch und Leibeserziehung.

Wolfgang Seereiter, geb. 1953; seit 1976 Volksschullehrer, zur Zeit an der Volksschule Wetzawinkel, Gleisdorf.

Elisabeth Thoma, Mag.rer.nat., geb. 1951 in Graz, Studium der Fächer Mathematik und Physik für das Lehramt an Höheren Schulen an der naturwissenschaftlichen Fakultät der Karl-Franzens-Universität Graz, 1977/78 Vertragslehrerin am ORG Hartberg, von 1977/78 bis 1986/87 am BG/BRG Graz, Kirchengasse 1 und seit 1987/88 am neu gegründeten BRG Graz, Körösistraße für die Fächer Mathematik und Physik. Absolvierung des Hochschullehrganges „Pädagogik und Fachdidaktik (Mathematik)“ in den Jahren 1988-1990 am IFF Klagenfurt, Besuch des Kurses "Introduction to Research" an der University of East Anglia in Norwich, England, seit 1987/88 Lehrbeauftragte an der Karl-Franzens-Universität Graz, seit 1994/95 Lehrbeauftragte an der Universität Klagenfurt.

Tanja Weinberger, Mag rer.nat., Prof., geb. am 1950 in Graz, Studium der Mathematik, Physik und Chemie an der Universität Graz. Lehrerin am BRG Köflach (1974-1986), an der BHAK Grazbachgasse in Graz (1986-1991). Mitarbeit am Schulversuch "Integrierte Gesamtschule" an der Hauptschule Puntigam (1976-1979) und in der Projektgruppe zur Errichtung des Schulverbunds Graz-West (1990). Seit 1991 Lehrerin am BG/BRG Klusemannstraße. Seit 1992 Administratorin dieser Schule.

Verzeichnis der im Projekt erstellten Fallstudien.

(erhältlich beim Pädagogischen Institut Steiermark, Theodor-Körner-Straße 38, 8015 Graz, Tel: 0316/672350)

Else Flooh, Margareta Foroutan, Helga Malischnik, Siegbert Rosenberger, Angelika Teller-Kainer: Der (beinahe) vergessene Schüler. IP-Reihe Nr.1, Graz 1993.

Günter Cresnar, Erika Schatzdorfer, Elisabeth Thoma, Elisabeth Wendler: Berufsorientierung. IP-Reihe Nr. 2, Graz 1993.

Oswin Donnerer, Werner Laminger, Hannes Schwarz: Schülerradio HTL Weiz. Ein Versuch zum sozialen Lernen an einer technischen Schule. IP-Reihe Nr. 3, Graz 1993.

Elgrid Messner, Franz Rauch: Betreuung aktionsforschender Lehrer/innen. IP-Reihe Nr.4, Graz 1993.

Wolfgang Erker, Lotte Hilbert, Klaus Tasch, Ulla Winners: Über die Klarheit zur Freiheit. IP-Reihe Nr. 5, Graz 1993.

Günter Hirner, Heidrun-Huber-Klammer, Grete Müller, Johann Schögler: Projektunterricht und das Problem seiner Organisation. IP-Reihe Nr. 6, Graz 1993.

Christa Bauer: Einführung der lernzielorientierten Leistungsbeurteilung: Warum war es so mühsam? IP-Reihe Nr. 7, Graz 1993.

Dieter Grivec, Argyro Kollaritsch, Gerda Rosenberger, Wolfgang Seereiter: Landschule als Kulturträger. Unsere Schule im Umbau. IP-Reihe Nr. 8, Graz 1993.

Sigrid Binder, Doris Mayerl, Gudrun Schmidinger, Barbara Zenz: Zwei Schritte vor, ein Schritt zurück - Zur Geschichte eines Schulversuchs. Binnendifferenzierte Mittelschule Frohnleiten. IP-Reihe Nr. 9, Graz 1993.

Herta Eichinger, Werner Götz, Reinhard Kattnig: Hat die Zukunft schon begonnen? Erfahrung mit Organisationsentwicklung an der HAK für Berufstätige. IP-Reihe Nr. 10, Graz 1993.

Heinz Anderwald, Johann Gaisbacher: Versuche in Zusammenarbeit. Erfahrungen in der Modellklasse der HTL Graz-Gösting. IP-Reihe Nr. 11, Graz 1993.

Oswin Donnerer, Werner Laminger, Andrea Moser-Pacher, Hannes Schwarz: Das Leberblümchen auf der Leiterplatte. Ein Unterrichtsprojekt zum Thema Umweltschutz und Energie an der HTBLA Weiz. IP-Reihe Nr. 12, Graz 1994.

Evelin Fuchs, Franz Frech: Von Teamteaching zu Teamarbeit. Ein Bericht aus der Praxis. IP-Reihe Nr. 13, Graz 1994.

Elgrid Messner, Gusti Seidl: Professionalisierung von Lehrer/innen durch kollegialen Erfahrungsaustausch. IP-Reihe Nr. 14, Graz 1994.

Sachregister.

L

M

O

P

Q

R

Herbert Altrichter
Wilfried Schley
Michael Schratz (Hrsg.)

Handbuch zur Schulentwicklung

Das Handbuch dokumentiert umfassend den aktuellen Stand der Schulentwicklung und stellt einen maßgeblichen Beitrag zu deren Professionalisierung dar.
Das praxisnahe und praktikable Werk soll in die Hand genommen werden, um etwas zu planen, vorzubereiten, zu reflektieren oder als Stütze für die Vorhaben im eigenen Handlungsfeld genutzt werden.
Alle Beiträge dienen dazu, ein Programm der Schulentwicklung zu entfalten, in dem die Betroffenen zu Akteuren werden und die Verantwortung für ihre Schulkultur, die darin realisierte Qualität von Schule und die damit verwobenen Werte und Leitgedanken übernehmen. Notwendig ist es, den Umgang mit Zeit, die Gestaltung von Innovationen, die Entwicklung von Arbeitsplatzzufriedenheit und die Herstellung von Macht-Balance zu erlernen.
Die Beiträge stammen von anerkannten PädagogInnen und Fachleuten aus der Praxis: Herbert Altrichter, Xaver Büeler, Hans-Peter de Lorent, Ferdinand Eder, Ingrid Gogolin, Allan Guggenbühl, Uwe Hameyer, Leonhard Horster, Norbert Maritzen, Elmar Philipp, Peter Posch, Botho Priebe, Hans-Günter Rolff, Wilfried Schley, Jörg Schlömerkemper, Jutta Schöler, Michael Schratz, Barbara Schratz-Hadwich, Anton Strittmatter, Ewald Terhart, Wulf Wallrabenstein.
Das Standardwerk für alle LehrerInnen, KoordinatorInnen, BeraterInnen, Schulleitungen, Schulaufsichten, ForscherInnen, LehrerfortbildnerInnen, SeminarleiterInnen, MentorInnen, WissenschaftlerInnen.

Herbert Altrichter/Wilfried Schley/Michael Schratz (Hrsg.)
Handbuch zur Schulentwicklung
Bibliothek Schulentwicklung, Bd. 1
704 Seiten; öS 698,–/DM 96,–/sfr 87,–
ISBN 3-7065-1117-7

STUDIENVerlag
Innsbruck–Wien

Schulleitung und Schulaufsicht

Neue Rollen und Aufgaben im Schulwesen einer dynamischen und offenen Gesellschaft

Der immer rasantere wirtschaftliche, technologische und gesellschaftliche Wandel stellt herkömmliche Bildungssysteme vor neue Aufgaben. Komplexität, Offenheit und Dynamik kennzeichnen die damit verbundenen Prozesse, in denen Schulleitung und Schulaufsicht wichtige Schlüsselpositionen einnehmen. Ihre neuen Rollen und Aufgaben als *change agents* werden in diesem Buch vor dem Hintergrund der Situation in deutschsprachigen Ländern beleuchtet.

Aus dem Inhalt:
Konturen: Acht Thesen zur Schulentwicklung von Edwin Radnitzky
Teil 1:
Schulleitung und Schulaufsicht als Schlüsselposition im Prozess der Schulentwicklung. Eine systemische Annäherung.
Mit Beiträgen von Rainer Brockmeyer, Walo Hutmacher und Michael Schratz
Teil 2:
Die Situation von Schulleitung und Schulaufsicht in deutschsprachigen Ländern.
Mit Beiträgen von Rainer Brockmeyer (Länderbericht Deutschland), Heinz Rhyn (Länderbericht Schweiz) und Michael Schratz (Länderbericht Österreich)
Teil 3:
Work in progress. Ein Blick in die Praxis deutschsprachiger Länder.
Mit Beiträgen von Rainer Brockmeyer, Hans Dietrich, Monika Janssen, Klaus Milkereit, Anton Strittmatter, Edwin Gräupl und Elfriede Schmidinger
Teil 4:
Das Bild der Wissenschaft: Einblicke und Ausblicke.
Mit Beiträgen von Franz Rauch, Karen Kovacs und Ilsedore Wieser

Schulleitung und Schulaufsicht
Neue Rollen und Aufgaben im Schulwesen einer dynamischen und offenen Gesellschaft
Schulentwicklung, Band 28
344 Seiten; öS 348,–/DM 47,80/sfr 44,50
ISBN 3-7065-1331-5

STUDIENVerlag
Innsbruck–Wien

Peter Posch und Herbert Altrichter

Möglichkeiten und Grenzen der Qualitätsevaluation und Qualitätsentwicklung im Schulwesen

Das Interesse an der Qualität des Schulwesens ist in den letzten Jahren fast sprunghaft angestiegen. Mit dem Begriff Qualitätsevaluation werden sehr unterschiedliche Vorstellungen und Erwartungen verbunden, vorliegendes Buch bearbeitet das Thema unter verschiedenen Perspektiven:

1. Teil:
„Evaluation und Entwicklung von Schulqualität – Dimensionen, Modelle und strategische Vorschläge“ von Peter Posch und Herbert Altrichter
Gesellschaftliche Hintergründe, begriffliche Dimensionen von Qualitätsevaluation, Methoden und theoretische Ansätze, grundsätzliche bildungspolitische Empfehlungen
2. Teil:
„Schulqualität – Initiativen eines Schulleiters“ von Erwin Rauscher
Ein konkretes Beispiel einer höheren Schule, deren Bemühen um Qualität zu zahlreichen Initiativen geführt hat
3. Teil:
„Von der bürokratisch organisierten zur teilautonomen Schule - zur Qualitätsevaluation und Qualitätsentwicklung in der Bundesrepublik Deutschland“ von Jürgen Markstahler und Ulrich Steffens
Die Entwicklung in Deutschland und die Ansätze der Länder Baden-Württemberg, Bayern, Bremen, Hessen und Nordrhein-Westfalen.
4. Teil:
„The State of Quality Assurance in the United Kingdom, in the United States and in Sweden“ von Roger Aspland, Mike Atkins und Mats Ekholm
England, die USA und Schweden, in denen in den letzten Jahren weitreichende Maßnahmen zur Qualitätsevaluation im Bildungswesen ergriffen worden sind.

Peter Posch und Herbert Altrichter
Möglichkeiten und Grenzen der Qualitätsevaluation und Qualitätsentwicklung im Schulwesen
Bildungsforschung des Bundesministeriums für Unterricht und kulturelle Angelegenheiten, Band 12;
344 Seiten, öS 298,–/DM 40,80/sfr 38,–

STUDIENVerlag
Innsbruck–Wien